Epopeia da criação

Tradução, introdução e comentários
Jacyntho Lins Brandão

Epopeia da CRIAÇÃO

Enūma eliš

1ª edição
1ª reimpressão

autêntica C|L|Á|S|S|I|C|A

Título original: *Enūma elis*

COORDENADOR DA COLEÇÃO CLÁSSICA, EDIÇÃO E PREPARAÇÃO
Oséias Silas Ferraz

EDITORAS RESPONSÁVEIS
Rejane Dias
Cecília Martins

REVISÃO TÉCNICA
Guilherme Gontijo Flores

REVISÃO DE TEXTO
Carolina Lins

PROJETO GRÁFICO
Diogo Droschi

CAPA
Alberto Bittencourt (sobre detalhe de ilustração de L. Gruner, 1853)

DIAGRAMAÇÃO
Waldênia Alvarenga

Dados Internacionais de Catalogação na Publicação (CIP)
(Câmara Brasileira do Livro, SP, Brasil)

Epopeia da criação : Enūma eliš / tradução, introdução e comentários Jacyntho Lins Brandão. -- 1. ed.; 1. reimp. -- Belo Horizonte : Autêntica Editora, 2024. -- (Coleção Clássica.)

Título original: *Enūma elis*
Bibliografia
ISBN 978-65-5928-201-2

1. Babilônia 2. Cosmologia 3. Criação 4. Enūma eliš 5. Mitologia 6. Poesia - História e crítica I. Brandão, Jacyntho Lins. II. Série.

22-120901 CDD-213

Índices para catálogo sistemático:
1. Cosmologia : Criação 213
Eliete Marques da Silva - Bibliotecária - CRB-8/9380

GRUPO **AUTÊNTICA**

Belo Horizonte
Rua Carlos Turner, 420
Silveira . 31140-520
Belo Horizonte . MG
Tel.: (55 31) 3465 4500

São Paulo
Av. Paulista, 2.073, Conjunto Nacional
Horsa I . Sala 309 . Bela Vista
01311-940 . São Paulo . SP
Tel.: (55 11) 3034 4468

www.grupoautentica.com.br
SAC: atendimentoleitor@grupoautentica.com.br

Para Eliana Cláudia de Moura Castro
Ana Elisa de Azevedo Meyer
Neiva Ferreira Pinto
em celebração das grandes amizades.

A coleção Clássica

A coleção Clássica tem como objetivo publicar textos de literatura – em prosa e verso – e ensaios que, pela qualidade da escrita, aliada à importância do conteúdo, tornaram-se referência para determinado tema ou época. Assim, o conhecimento desses textos é considerado essencial para a compreensão de um momento da história e, ao mesmo tempo, a leitura é garantia de prazer. O leitor fica em dúvida se lê (ou relê) o livro porque precisa ou se precisa porque ele é prazeroso. Ou seja, o texto tornou-se "clássico".

Vários textos "clássicos" são conhecidos como uma referência, mas o acesso a eles nem sempre é fácil, pois muitos estão com suas edições esgotadas ou são inéditos no Brasil. Alguns desses textos comporão esta coleção da Autêntica Editora: livros gregos e latinos, mas também textos escritos em português, castelhano, francês, alemão, inglês e outros idiomas.

As novas traduções da coleção Clássica – assim como introduções, notas e comentários – são encomendadas a especialistas no autor ou no tema do livro. Algumas traduções antigas, de qualidade notável, serão reeditadas, com aparato crítico atual. No caso de traduções em verso, a maior parte dos textos será publicada em versão bilíngue, o original espelhado com a tradução.

Não se trata de edições "acadêmicas", embora vários de nossos colaboradores sejam professores universitários. Os livros são destinados aos leitores atentos – aqueles que sabem que a fruição de um texto demanda prazeroso esforço –, que desejam ou precisam de um texto clássico em edição acessível, bem cuidada, confiável.

Nosso propósito é publicar livros dedicados ao "desocupado leitor". Não aquele que nada faz (esse nada realiza), mas ao que, em meio a mil projetos de vida, sente a necessidade de buscar o ócio produtivo ou a produção ociosa que é a leitura, o diálogo infinito.

Oséias Silas Ferraz
[coordenador da coleção]

Lista de abreviaturas

BAB – BOTTÉRO, Jean. Antiquités assyro-babyloniennes. *Annuaire 1975-1976 de l'École pratique des hautes études*, Sciences historiques et philologiques, p. 77-126, 1976.

CAD – *The Assyrian dictionary of the Oriental Institute of the University of Chicago.* 21 vol. Chicago: The Oriental Institute/Glückstadt: J. J. Augustin Verlagsbuchlandlung, 1956-2010.

CDA – BLACK, Jeremy; GEORGE, Andrew; POSTGATE, Nicholas. *A concise dicionary of Akkadian.* Wiesbaden: Harrassowitz, 2000.

DNWP – DANZIG, David. *Name word play and Marduk's fifty names in* Enūma eliš. New Haven: Yale University, 2013. (Master's Thesis.)

EEE – ELLI, Alberto. *Enūma eliš: il mito babilonese della creazione.* Itália: Mediterraneoantico.it, 2015.

GDS – BLACK, Jeremy; GREEN, Anthony. *Gods, demons and symbols of Ancient Mesopotamia.* Illustrations by Tessa Rickards. Austin: University of Texas Press, 2003.

GEE – GABRIEL, Gösta Ingvar. *Enūma eliš: Weg zu einer globalen Weltordnung.* Tübingen: Mohr Siebeck, 2014.

HMCG – HOROWITZ, Wayne. *Mesopotamian cosmic geography.* Winona Lake: Einsenbrauns, 2011.

LBCM – LAMBERT, Wilfred G. *Babylonian creation myths.* Winona Lake: Eisenbrauns, 2013.

TBCM – TALON, Philippe. *The standard Babylonian Creation Myth* Enūma eliš. Helsinki: University of Helsinki – Neo-Assyrian Text Corpus Project, 2005.

TEE – TALON, Philippe. *Enūma eliš: Lorsqu'en haut…* Textes édités, traduits et présentés par Philippe Talon et Stéphanie Anthonioz. Paris: Les Éditions du Cerf, 2019.

TPE – TALON, Philippe. Le premier épisode de l'*Enūma eliš.* In BRENT, M., TALON, P. (Ed.). *L'atelier de l'orfèvre: Mélanges offerts à Philippe Derchain.* Leuven: Lettres Orientales, 1992. p. 131-146.

WIBP – WISNOM, Laura Selena. *Intertextuality in Babylonian narrative poetry:* Anzû, Enūma eliš, *and* Erra and Ishum. Oxford: University of Oxford, 2014. (Master's Thesis.)

15 Introdução
Jacyntho Lins Brandão

49 **Tabuinha 1**
57 **Tabuinha 2**
65 **Tabuinha 3**
71 **Tabuinha 4**
79 **Tabuinha 5**
87 **Tabuinha 6**
95 **Tabuinha 7**

105 **Comentários**

415 Referências

427 Sobre o tradutor

Introdução

Enūma eliš ("Quando no alto") são as palavras iniciais do poema babilônico que aqui se traduz. Como é usual nas culturas antigas do Oriente Médio, as primeiras palavras constituem o título da obra, a exemplo do que se dá também com os livros da Bíblia hebraica, de que o primeiro, conhecido no Ocidente, desde a Antiguidade, por seu título grego, *Gênesis*, se chamou originalmente *Berešit*, isto é, *No princípio*.[1]

Conhecido modernamente como *Epopeia da criação*, o poema foi conservado em tabuinhas de argila de procedência babilônica e assíria, escritas em duas colunas, o texto distribuindo-se por sete tabuinhas que contêm entre 132 e 168 versos. Os manuscritos assírios somam oitenta e seis testemunhos, tendo sido descobertos em escavações levadas a cabo em Assur (25 tabuinhas ou fragmentos), Sultantepe (13), Nimrod (2) e Nínive (46) – estas últimas tendo pertencido à biblioteca de Assurbanípal (685-628 a.C.), descoberta em 1849 pela expedição arqueológica liderada por Austen Henry Layard, na cidade atual de Mossul, no Iraque. Os manuscritos babilônicos, em número de noventa e cinco, têm procedência incerta, salvo sete exceções (tabuinhas encontradas em Kish, Úruk, Síppar e Tell Hadad), sendo do período neobabilônico (626-539 a.C.) ou mesmo da época persa (séc. VI-IV a.C.). Sete das tabuinhas encontradas em Assur são as mais antigas de que se tem conhecimento, datando da primeira metade do século IX a.C. (cf. LBCM, p. 3-4). Mesmo que essa documentação seja do primeiro milênio, acredita-se que o poema

---

[1] Na transliteração de palavras sumérias e acádias usam-se os seguintes tipos especiais: ā, ē, ī, ū = a, e, i, u longos; ĝ = -ng- (como em inglês, ou seja, -n- velar); ḫ = ch (em alemão); q = k enfático (k glotal); ṣ = s enfático (s glotal); š = ch (em português); ṭ = t enfático (t glotal). O mesmo valor têm os cinco últimos tipos na transliteração do hebraico.

tenha sido composto em torno de dois séculos antes, depois da conquista de Elam pelo rei Nebucadnezar (1125-1104 a.C.), provavelmente para celebrar essa vitória e a glória do deus de Babilônia, Marduk.[2]

Em linhas gerais, esses são os marcos cronológicos da história antiga do *Enūma eliš*, que, deixando de circular quando a escrita cuneiforme foi inteiramente abandonada e esquecida, nos albores da era cristã, permaneceu dois milênios literalmente enterrado sob a areia dos desertos do Iraque, até as descobertas de Layard, que permitiram que pudesse voltar a ser lido. Isso naturalmente dependeu dos trabalhos não só dos arqueólogos como também de linguistas, que, desde o início do século XIX, decifraram o cuneiforme e, a partir de 1850, se tornaram capazes de ler o acádio, a antiga língua semita da Mesopotâmia em que se escreveram inúmeros textos de todos os tipos, privados e públicos, incluindo obras legislativas, medicinais, poéticas, sapienciais, de presságios e até de culinária.[3]

---

[2] Cf. Yingling, Give me back my idol, p. 38. Inicialmente se supôs que o poema remontaria à época de Hamurabi (1792-1770 a.C.); hoje prevalece o parecer de que foi escrito nos dois últimos séculos do segundo milênio, cf. também Bottéro e Kramer, *Lorsque les dieux faisaient l'homme*, p. 603; e, com extensa abordagem da questão e argumentação convincente, LBCM, p. 439-444. Para detalhadíssima análise das circunstâncias externas de transmissão do texto, ver GEE, p. 29-69.

[3] A história da decifração da escrita cuneiforme, que se encontra detalhada e saborosamente contada em Bottéro, *Il était une fois la Mésopotamie*, tem algumas datas significativas: a) entre 1772 e 1778, Carsten Niebuhr publica as inscrições monumentais mandadas fazer pelos reis persas Dario e Xerxes em Persépolis (no território atual do Irã), em três línguas; b) em 1803, Georg Grotenfend, comparando as três escritas, identifica nelas os nomes de reis persas como Dario e Xerxes, bem como algumas fórmulas, dando os primeiros passos para a decifração; c) em 1846, Henry C. Rawlinson completa a decifração dos quarenta e dois signos da primeira escrita, mandada fazer por Dario (522-486), na rocha de Beshistun, a língua que ela registra, da família indo-europeia, sendo identificada como uma modalidade antiga do persa; d) a segunda escrita é decifrada na sequência, contando com uma centena de signos, numa língua que se convencionou chamar de elamita, porque esteve durante muito tempo em uso no sudoeste do Irã, outrora chamado de Elam, território conquistado pelos soberanos aquemênidas; e) avanços na decifração da terceira escrita se processaram paulatinamente por toda a primeira metade do século, em virtude do trabalho de muitos pesquisadores, até que, em 1857, a Royal Asiatic Society, de Londres, enviou o mesmo texto a quatro assiriólogos – Rawlinson, Hincks, Talbot e Oppert –, pedindo que cada qual o traduzisse isoladamente; como

No caso do *Enūma eliš*, a data inaugural de sua história moderna é 1876, quando vem à luz, em Nova York, o livro intitulado *The Chaldean Account of Genesis*, da autoria de George Smith, o mesmo assiriólogo britânico que, em 1872, havia dado a conhecer, também pela primeira vez, o relato do dilúvio presente em *Ele que o abismo viu*, a chamada epopeia de Gilgámesh (cf. Brandão, *Ele que o abismo viu*, p. 15-16). Da mesma forma que com relação ao dilúvio, chamava a atenção de Smith e de seus contemporâneos a semelhança de aspectos do *Enūma eliš* – em especial as águas primordiais – com a narrativa do *Gênesis* bíblico, isso estando suficientemente ressaltado no título por ele dado ao poema: "O relato caldeu de Gênesis". Quatorze anos mais tarde, em 1890, Peter Jensen, por sua vez, publica em Strasbourg uma tradução para o alemão, com transliteração do texto e comentários, que leva o título *Die Kosmologie der Babylonier* (*A cosmologia dos babilônios*), a que se seguem trabalhos devidos a outros acadêmicos também alemães, nomeadamente Heinrich Zimmer (Göttingen, 1895), Friedrich Delitzsch (Leipzig, 1896) e Peter Jensen (Berlim, 1900). Em 1902 o poema volta a ser traduzido para o inglês no livro de L. W. King *The Seven Tablets of Creation* [As sete tábuas da criação], publicado em Londres em dois volumes, o primeiro com a transliteração, a tradução e comentários, o segundo com a reprodução das tabuinhas em cuneiforme, às quais se ajuntam novos fragmentos identificados pelo autor. Nas primeiras quatro décadas do século XX, mais três traduções para o alemão foram lançadas, além de outras

as traduções coincidiam, entendeu-se que as bases para a decifração eram consistentes, essa terceira língua, da família semítica, tendo sido chamada de acádio, a partir do nome da capital do império de Sargão (2334-2279 a.C.), a cidade de Akkad (o texto da prova de 1857 era uma inscrição do rei assírio Teglatphalassar, que reinou entre 1114-1076 a.C.); f) finalmente, uma outra língua seria ainda identificada nas inscrições cuneiformes espalhadas por toda parte, o sumério, que não tem relação com nenhuma outra língua conhecida, as datas principais sendo as da publicação de duas obras, *Les inscriptions de Sumer et d'Akkad*, de François Thureau-Dagin, em 1905, e *Grundzüge der sumerischen Grammatik*, de Arno Poebel, em 1923. Desde então, decifrado o cuneiforme, constatou-se que ele foi usado também para escrever um total de onze línguas de diferentes famílias – sumério, acádio, eblaíta, elamita, persa, hurrita, hitita, palaíta, luvita, urartiano e ugarítico –, usadas em todo o Oriente Médio e na Ásia Menor, da atual Turquia até o Egito.

três para o inglês,[4] a que se somaram a primeira para o italiano (G. Furlani, *Il poema della creazione*, Bologna, 1934) e a primeira para o francês (René Labat, *Le poème babylonien de la création*, Paris, 1935).

Desde essa época, apenas em 1966 o texto recebeu novo tratamento crítico importante, por Wilfred G. Lambert e Simon B. Parker, em *Enūma eliš: The Babylonian epic of creation, the cuneiforme text*, publicado pela Clarendon Press, bem como surgiram traduções para outras línguas, algumas feitas a partir daquelas para o inglês e o francês. Mas desde o início do novo milênio as edições se sucedem. Em 2005, Philippe Talon publicou *The Standard Babylonian Creation Myth Enūma eliš*, com introdução, texto cuneiforme, transliteração, lista de signos, tradução para o francês e glossário, volume que integra a coleção "State Archives of Assyria Cuneiform Texts", da Universidade de Helsinki. Em 2012, apareceu o volume *Das babylonische Weltschöpfungsepos Enūma eliš,* da autoria de T. R. Kämmerer e L. A. Metzler, parte da série "Alter Orient und Altes Testament", publicada pela Universidade de Münster. Em 2013, a editora Eisenbrauns, de Winona Lake, lançou *Babylonian creation myths*, obra póstuma de Wilfred G. Lambert, com o texto acádio transliterado e tradução para o inglês, acompanhados dos comentários antigos do poema, ao que se somam extensos estudos sobre aspectos importantes da obra, posta em confronto com ampla documentação cosmogônica e mitológica suméria e acádia. Finalmente, em 2019 Philippe Talon publicou mais uma vez o texto acádio acompanhado de tradução para o francês em *Enūma eliš: Lorsqu'en haut.* Acrescente-se o trabalho de Alberto Elli, que em 2016 lançou *Enūma eliš: Il mito babilonese della creazione*, em que reproduz o texto cuneiforme da edição de Talon (de 2012), acompanhado de transliteração, normalização do acádio verso a verso e tradução para o italiano, a que se acrescem notas relativas ao léxico e a aspectos gramaticais, livro disponibilizado gratuitamente no *site* mediterraneoantico.it.

---

[4] A. Ungnad, *Die Religion der Babylonier und Assyrer* (Jena, 1921); Erich Ebeling, Das babylonische Weltschöpfungslied, in Bruno Meissner, *Altorientalische Texte und Untersuchungen* (Breslau, 1921); S. Langdon, *The Babylonian Epic of Creation* (Oxford, 1923); S. Langdon, *Babylonian Penitential Psalms to Which Are Added Fragments of the Epic of Creation from Kish* (Paris, 1927); E. A. Wallis Budge, *The Babylonian Legends of the Creation* (Londres, 1931); Anton Deimel, *"Enuma eliš" und Hexaëmeron* (Roma, 1934) – cf. Heidel, *The Babylonian Genesis*, p. 3.

Assim, pode-se dizer que a tarefa mais que secular de edição crítica do poema está feita, o texto com que se conta hoje sendo bastante completo, restando apenas algumas poucas passagens lacunares, especialmente na tabuinha 5.

O enredo do poema

Partindo de quando firmamento e solo não eram ainda nomeados, nem havia prados ou pântanos, o poema descreve como os deuses primordiais, Apsu e Tiámat, misturavam suas águas, para logo ter início a narrativa de como, em seu seio, surgiram outros deuses. Os movimentos sucedem-se rapidamente, levando do primeiro par, Láhmu e Láhamu, a Ánshar e Kíshar, os quais geram, como reflexo de si, Ánu (o Céu), que por sua vez gera Ea, também chamado de Nudímmud, a quem cabe a preeminência entre todas as divindades. Mesmo que o relato siga essa linha teogônica principal, supõe que inúmeros outros deuses vieram a ser, já que se afirma que Ea "não tinha igual entre os deuses, seus irmãos" (tabuinha 1, v. 20), e que esses "irmãos", associando-se, "disturbaram de Tiámat as entranhas" (v. 21-24), dando lugar ao primeiro movimento de secessão e sucessão. Assim, desde os primeiríssimos versos os dois motores da narrativa já se põem em movimento, genealogia e transmissão do poder.

Instalada a situação conflituosa que perturba a inatividade característica do estado inicial, Apsu dirige-se a Tiámat para reclamar da conduta de seus descendentes, os quais, com a algazarra, o impedem de repousar de dia e dormir de noite. Sua proposta é que os deuses sejam eliminados, "silêncio se restabeleça e durmamos nós" (v. 40). Tendo sido informado desse plano, Ea assume o comando e, depois de com seu encantamento fazer Apsu dormir, tira-lhe o tendão e a coroa, matando-o e fazendo nele a sua morada – pois, de fato, para sumérios, babilônios e assírios, Apsu é o lençol d'água subterrâneo donde procedem fontes e rios, morada de Ea. É nesse local que ele, Ea, e sua esposa Dámkina geram Marduk.

Embora Tiámat se houvesse posto enfaticamente contra a proposta de Apsu no sentido de eliminar sua prole, muda de posição quando Ánu cria e dá a Marduk quatro ventos, os quais provocam poeira e onda, disturbando não só ela própria como os deuses que "dia e noite desarvoravam-se" e "não a deixavam repousar" (v. 109-110). Prepara-se então para a guerra, criando vários seres monstruosos. Os deuses escolhem Marduk para liderá-los, o deus mais jovem vencendo Tiámat e matando-a. Como se havia passado com Apsu, a deusa torna-se lugares, pois Marduk, como um demiurgo, parte-a ao meio, como se faz com um peixe seco, e de sua metade superior faz o céu, da parte inferior fazendo a terra.

Confirmado assim em sua glória, Marduk recebe todos os poderes de seus pares, os deuses, o poema terminando com o registro de seus cinquenta nomes.

Cosmogonia e teogonia

O realce dos aspectos cosmogônicos do poema, de que dá testemunho a insistência com que modernamente foi chamado de "mito"/"epopeia" da "criação" ou "gênese", ou ainda, simplesmente de "cosmogonia" – o que, nos termos de Michalowski, constitui uma denominação "enganosa" (cf. Presence at the creation, p. 383) –, obscurece o fato de que se trata, do mesmo modo ou sobretudo, de uma teogonia. Ora, se é verdade que toda teogonia comporta uma cosmogonia, o inverso não se mostra necessariamente verdadeiro, bastando lembrar o caso do *Gênesis* hebraico.

Foi justamente a aproximação do *Enūma eliš* das tradições hebraicas que levou a que fosse recebido, desde o início, como cosmogonia. Esse é claramente o pressuposto de George Smith, que, em 4 de março de 1875, em artigo para o *Daily Telegraph* – que havia financiado duas escavações levadas a cabo por ele no Iraque –, começa declarando: "Tendo feito recentemente uma série de importantes descobertas relacionadas com o livro do *Gênesis*, entre outros importantes textos que formam parte da coleção presenteada ao Museu Britânico pelos proprietários de *The Daily Telegraph*, aventuro-me mais uma vez a trazer assuntos assírios a seus leitores" (Smith, *The Chaldean Account of Genesis*, p. 11). Note-se, pois, como é o livro da Bíblia que se toma como critério para a definição das tabuinhas por ele lidas pela primeira vez, após seu interesse ter sido despertado pela narrativa do dilúvio que lera, também pela primeira vez, em *Ele que o abismo viu*, dela falando, três anos antes, à Sociedade de Arqueologia Bíblica de

Londres. Conforme suas próprias palavras, "em minha leitura do relato caldeu do dilúvio, que apresentei em dezembro de 1872, teve início minha convicção de que todas as primeiras narrativas do *Gênesis* poderiam receber uma nova luz a partir das inscrições há tanto tempo enterradas nos montes caldeus e assírios" (Smith, *The Chaldean Account of Genesis*, p. 11). Como em qualquer opção de leitura, as consequências são vislumbradas, em termos do que faz sentido para o tempo de quem lê:

> A primeira série, que pode ser chamada "A história da criação e queda", quando completa havia de consistir de pelo menos nove tabuinhas, e a história nela é muito mais longa que o relato correspondente no livro do *Gênesis*. Com relação a essas narrativas do *Gênesis*, um furioso combate existiu por muitos anos; cada palavra foi examinada por ardentes especialistas e todo sentido possível que as várias passagens podem ter foi sugerido; enquanto isso, a idade e a autenticidade das narrativas foram discutidas por todos os lados. Em particular, pode ser dito que o relato da queda do homem, herança de todos os países cristãos, era o centro dessa controvérsia, por ser um dos pivôs em torno dos quais gira a religião cristã. (Smith, *The Chaldean Account of Genesis*, p. 13-14)

Não vem ao caso negar que a cosmogonia hebraica seja debitária das tradições mesopotâmicas, um aspecto que, de então até hoje, foi amplamente estudado e confirmado, mas cumpre chamar a atenção para o quanto essa opção preferencial pelo *Gênesis* influenciou a compreensão do gênero a que deveria pertencer o *Enūma eliš*, sabendo-se que o reconhecimento de um gênero implica controle social da recepção. Ora, quando da descoberta dos textos acádios e sumérios, os dois parâmetros conhecidos, os quais poderiam fornecer algum modelo genérico, provinham da Bíblia e dos poetas gregos, ambos tendo exercido sua influência, tanto fazendo com que *Ele que o abismo viu* e outros poemas semelhantes fossem lidos como "epopeia" quanto incitando que se lesse o *Enūma eliš* como uma "cosmogonia" (cf. Brandão, A "Epopeia de Gilgámesh" é uma epopeia?, p. 10-12).

No último caso, a consequência mais notável foi uma espécie de desmitologização do poema. Assim, por exemplo, comentando os primeiros versos, Smith afirmava:

> O fragmento do obverso [da tabuinha], quebrado como está, é precioso por trazer a descrição do caos ou desolado vazio anterior à criação do mundo e o primeiro movimento de criação. Isso corresponde aos dois primeiros versículos do primeiro capítulo do *Gênesis*.
>
> 1. No princípio Deus criou o céu e a terra
> 2. E a terra era sem forma e vazia; e trevas havia sobre a face do abismo. E o espírito Deus movia-se sobre a face das águas. (Smith, *The Chaldean Account of Genesis*, p. 64)

Ora, ainda que os dois textos compartilhem a mesma tradição das águas cosmogônicas, não é exato dizer que haja no poema a "descrição do caos ou desolado vazio anterior à criação", pois o que se apresenta são os dois protodeuses: Apsu e Tiámat. É evidente que a impressão de Smith da correspondência entre o *Enūma eliš* e o *Gênesis* decorre também da documentação de que então dispunha: além dos fragmentos da tabuinha 1, não mais que a sequência da tabuinha 5 em que Marduk, depois de vencer Tiámat, age como o demiurgo que organiza o mundo, em especial os céus, fixando os astros – ação que fazia Smith acreditar se tratasse de algo análogo aos feitos de Elohim nos sete dias da criação.[5]

Assim, não causa espécie a leitura inicial em chave cosmogônica, mas é estranho que, ampliando-se o conhecimento do texto bem como das tradições mesopotâmicas, se continue muitas vezes a dar pouca ênfase a seu caráter enquanto uma teogonia. Isso faz com que se ponham em segundo plano aspectos centrais do enredo, em especial o caráter antropomórfico e zoomórfico dos dois protodeuses, a dinâmica genealógica e o processo de transmissão de poder que conduz à glorificação de Marduk.

Comparatismos

Desde o terceiro milênio antes de nossa era, a zona de convergência cultural do Mediterrâneo Oriental e Oriente Médio, constituída

---

5 A melhor análise das relações entre o *Enūma eliš* e a Torah encontra-se em Anthonioz, De l'*Enūma eliš* à l'Écrit sacerdotal.

por Pérsia, Mesopotâmia, Síria, Palestina, Anatólia, Egito e Grécia, conta não só com tradições orais compartilhadas, como seria natural em qualquer circunstância, mas também com uma rede de textos em circulação, conservados em várias línguas e em três sistemas de escrita: os hieróglifos egípcios; o cuneiforme, criado pelos sumérios, mas usado também para escrever outras dez línguas, a saber, acádio, eblaíta, elamita, hurrita, persa, hitita, palaíta, luvita, urartiano e ugarítico; e o mais recente, o alfabeto, com que se escreveram, dentre outros, o fenício, o hebraico, o grego e o aramaico. Bastam essas referências para que se perceba tratar-se de uma área plurilinguística e multicultural, em que concepções, costumes e narrativas foram ininterruptamente compartilhados.

Assim, é natural que paralelos sejam observados, induzindo a estudos comparativos. No caso do *Enūma eliš*, três aspectos em especial se prestaram a esse tipo de investigação: a água primigênia; a sucessão divina; e o combate contra o mar.

As águas primigênias

Esse primeiro aspecto chamou vivamente a atenção do primeiro leitor moderno do poema, como vimos, o que demonstra o quanto tem de impactante:

> Quando no alto não nomeado o firmamento,
> Embaixo o solo por nome não chamado,
>
> Apsu, o primeiro, gerador deles,
> Matriz Tiámat, procriadora deles todos,
>
> Suas águas como um só misturam,
> Prado não enredam, junco não aglomeram. (1, 1-6)

Não é de provocar estranheza que povos que viveram nas areias dos desertos médio-orientais e a partir daí aprenderam a ver e pensar o mundo tenham concebido o universo como originado das águas e pela força delas articulado. A proeminência da água em seu pensamento cosmogônico e cosmográfico decorre certamente da consciência de quanto sua subsistência dependia dos dois rios, Tigre e Eufrates, em torno dos quais se desenvolveram, pelo menos desde o quinto milênio antes de nossa era, as civilizações mesopotâmicas. É uma experiência de mundo que se desdobra em várias direções: a valorização do trabalho como finalidade da existência humana, pois a produção agrícola é onerosa, dependendo da construção de canais para irrigar a terra seca;[6] o sentimento de que o excesso de população é perigoso, pois a terra não é pródiga e a produção de alimentos, limitada;[7] enfim, a ideia de que a vida brota das águas, do mesmo modo como brotaram os primeiros deuses. Admitido tudo isso, os paralelos se desdobram em duas tradições principais: a de hebreus e a de gregos.

Já salientei como Smith aproxima, em quase completa identificação, as águas do poema babilônico com águas primevas do *Gênesis*, na qualidade daquilo que precede a criação propriamente dita.[8] A favor dessa hipótese contava o uso, na Bíblia, do termo hebraico *teḫom* para falar do "abismo" de águas, palavra formada pela mesma raiz semítica *tḫm* donde provém também o acádio *tiāmtu* (de que *Tiāmat* é uma forma poética).

---

6 No poema denominado *Atrahasis* (*Supersábio*), a destinação da humanidade para o trabalho aparece de modo bastante claro: os deuses menores – os *Ígigi* – tendo-se revoltado contra os deuses celestes – os *Anunnáki* – após mil e duzentos anos de trabalho, estes últimos decidem criar a humanidade para atribuir-lhe a labuta que antes era dos primeiros. Esse é o início da longa tradição médio-oriental (que herdamos através dos judeus) de que o trabalho é não só o que justifica a existência humana como também o que a dignifica.

7 No mesmo *Atrahasis*, a humanidade, depois de criada, passa por três tentativas de extermínio da parte dos deuses. O motivo é o crescimento descontrolado da população, que, com seu vozerio, impede que os deuses descansem de dia e durmam de noite. Eles enviam então uma seca e uma peste, às quais, mesmo que a maioria pereça, os homens sobrevivem, mercê das instruções que o deus Ea dá ao Supersábio. O último flagelo é o dilúvio, de que escapam apenas o Supersábio e sua família, de novo orientado por Ea, que lhe ordenou a construção da arca.

8 Cf. Bottéro (*Nascimento de Deus*, p. 209), "o conceito de criação propriamente dita, *ex nihilo*", não aparece no *Gênesis*: "Deus organiza um imenso Caos, transforma-o, enche-o de coisas, mas esse Caos existia 'no princípio' e em nenhum lugar se diz claramente que Deus foi seu autor e o tirou de um nada absoluto. Ora, esta é uma característica do próprio problema cosmogônico da mitologia mesopotâmica, na qual só o *devir* é considerado, e não a *origem absoluta* dos seres". O conceito de criação *ex nihilo* se encontra, pela primeira vez, no segundo *Livro dos Macabeus*, "escrito em grego, em plena época helenística, e a influência do pensamento e da problemática grega necessariamente aí se encontra".

No caso dos gregos, na *Ilíada* encontra-se a breve referência ao "Oceano, origem de deuses, e a mãe Tétis" (*Ilíada* 14, 201), a aproximação de ambos com Apsu e Tiámat tendo sido proposta já em 1890 por W. E. Gladstone, sendo de notar que o grego *Thétis* pode proceder de *tiāmtu/têmtu* (ou seja, *Tiāmat*), o que é linguisticamente possível.[9] Mesmo que o verso homérico levante um problema importante de interpretação, a saber, se o epíteto "origem de deuses" ("*theôn génesin*"), aplicado ao Oceano, significa que ele é a origem de todos os deuses ou apenas de alguns, nomeadamente os marinhos, como afirma Hesíodo, sabe-se que a primeira leitura era admitida na própria Antiguidade, a crer-se em Aristóteles. Segundo este, "a maior parte dos que primeiro filosofaram creram que os únicos princípios (*arkhaí*) de todas as coisas eram de espécie material" e "Tales, o iniciador desse tipo de filosofia, disse ser a água – por isso também declarou que a terra está sobre água", o que reverbera o verso homérico:

> Tales talvez tenha adotado essa concepção por ver que o alimento de tudo é úmido e o próprio calor disso nasce e disso vive – e aquilo de que algo vem a ser, isso é o princípio de tudo; por isso ele adotou essa concepção e por perceber que as sementes de todas as coisas são úmidas, a água sendo o princípio da natureza do que é úmido. Há alguns dos que primeiro falaram sobre os deuses (homens antiquíssimos e muito anteriores à presente geração) que parecem admitir o mesmo sobre a natureza, pois fizeram do Oceano e de Tétis os pais da gênese, bem como da água o juramento dos deuses, a chamada, por eles, Estige (pelos poetas). Mais honrado é, com efeito, o mais velho, o juramento sendo o mais honrado. (Aristóteles, *Metafísica* 983b)

9 Cf. West (*The East face of Helicon*, p. 147), o acádio *tiam(a)tu, tâm(a)tu, têmtu* (todos com os significados de 'mar', 'produndezas', 'abismo', *Tiāmat* sendo uma forma poética), pode ter sido transposto como *thétis*, considerando-se que a sequência *-mt-* não é própria do grego. Apesar de atraente, menos convincente é outra hipótese, levantada por Germain e retomada por West (*The East face of Helicon*, p. 148): o adjetivo *apsorrhóou* (isto é, 'refluente'), aplicado por Hesíodo ao Oceano, poderia ser uma reminiscência, em seu primeiro elemento de composição (*apso-*), do acádio *Apsû*. As razões em contrário, a meu ver convincentes, encontram-se em Kelly, *ΑΨΟΡΡΟΟΥ ΩΚΕΑΝΟΙΟ*.

Ressalte-se que essa concepção da água como o primeiro princípio – divino ou não –, de que se encontram ecos também entre os egípcios[10] e outros povos da África,[11] não é a mais difundida na zona de convergência do Mediterrâneo oriental, nem mesmo no caso da Mesopotâmia, onde apenas um paralelo se conhece, as tradições sumérias sobre a deusa Nammu, de natureza aquosa e tida como "primeira mãe que deu origem a todos os deuses" (WIBP, p. 26-27). Mas, considerando todas as ocorrências, o que se observa é como, com exceção de Oceano e Tétis, citados por Homero, não há outro exemplo de casal primevo de águas masculina e feminina, nem muito menos de águas divinas que agem como personagens de narrativas teocosmogônicas, como é o caso de Apsu e Tiámat.[12]

Geração e sucessão

Parece natural que uma teogonia implique genealogia, como acontece no *Enūma eliš*, a passagem genealógica apresentando-se imediatamente após a inicial, o que potencializa seu impacto, ao conduzir o leitor da inércia de Apsu-Tiámat à dinâmica da sucessão de gerações até Ea, aqui chamado de Nudímmud:

> Quando dos deuses não surgira algum,
> Por nomes não se chamavam, destinos não destinavam,

---

[10] Embora as ideias, no caso das teocosmogonias egípcias, tenham de ser deduzidas de diferentes textos, o estado inicial, antes do próprio surgimento dos deuses, entende-se ser constituído por Nun, as águas primevas, definido em geral como "ausência", algo que "não pode ser explicado", que "não se parece com nada", que constitui uma espécie de "negativo do presente", o qual, uma vez organizado o mundo, assumiu a forma das águas que o envolvem inteiramente e alimentam os rios e o oceano (Cf. Sauneron et Yoyotte, La naissance du monde selon l'Égypte ancienne, p. 22-23).

[11] Cf. Pélicier, A origem, p. 24-25. Ressalte-se o caso do mito de criação iorubá, que envolve a construção, pelos orixás, de um plano de terra seca sobre um primitivo pântano.

[12] Do ponto de vista comparativo, o Caos, que é o primeiro dos deuses a surgir na *Teogonia* de Hesíodo, poderia ser aproximado das águas primevas na qualidade de um abismo (*kháein* significa 'abrir a boca', 'escancarar', *khásma* e *kháos* tendo o sentido de abertura). Comentários em Brandão, No princípio era a água; também em Walcot, *Hesiod and the Near East*.

Engendraram-se deuses no interior [de Apsu e Tiámat]:
Láhmu e Láhamu surgiram,   por nomes chamados.

Enquanto cresciam, avultavam-se,
Ánshar e Kíshar engendraram-se,   sobre eles avantajados.

Alongaram-se os dias,   somaram-se os anos,
Ánu foi deles primogênito,   igual a seus pais,

Ánshar em Ánu,   seu rebento, refletia-se,
E Ánu, tal seu reflexo, procriou Nudímmud.

Nudímmud a seus pais   era quem dominava, ele,
De todo agudo, sagaz,   em força robusto,

Vigorosíssimo, mais   que o procriador de seu pai, Ánshar,
Não tinha igual entre os deuses, seus irmãos. (v. 7-20)

Ea é quem, nesse primeiro movimento narrativo, derrotará, matará e sucederá Apsu, o que soma à genealogia um entrecho de sucessão. O mais importante, contudo, é que, tendo-se tornado a morada de Ea, o Apsu – ou seja, as águas subterrâneas – seja o local de nascimento do futuro soberano, Marduk, para o qual tanto genealogia quanto sucessão convergem:

Na capela dos destinos,   ádito dos ardis,
O sábio dos sábios, multíscio dos deuses,   o Senhor, foi gerado,

No interior do Apsu   foi engendrado Marduk!
No interior do puro Apsu   foi engendrado Marduk!

E engendrou-o Ea, seu pai,
Dámkina, sua mãe, pariu-o.

Sugou ele as mamas de deusas,
Uma nutriz o nutriu,   de terror o encheu:

Florescente em estatura,   brilhantes elevam-se seus olhos,
Viril de nascença,   potente desde sempre!

E viu-o Ánu,   genitor de seu pai,
Alegrou-se, brilhou,   seu coração de ventura encheu-se.

Fê-lo excelente, diverso em sua divindade,
Elevado em muito,   sobre eles excelso em tudo.

Não apreensível e prodigiosa sua dimensão,
De considerar-se, incompatível, de ver, difícil:

Quatro os seus olhos, quatro os ouvidos,
Os lábios, quando mexe, Fogo brilha.

Crescem-lhe as quatro orelhas
E seus olhos, como aquelas, contemplam a totalidade.

Elevado dentre os deuses, superior em estatura,
Seus membros alongados, de nascença, superior:

Filho de Utu, filho de Utu,
Filho do Sol, Sol dos deuses!

Vestido com a aura de dez deuses, com altivez recoberto,
Cinquenta terrores sobre ele se acumulavam. (v. 79-104)

Esse percurso narrativo, movido por genealogia e sucessão, de imediato sugeriu aproximações com Hesíodo, cuja teogonia, partindo da Terra e do Céu (Urano), desdobra-se em duas gerações de filhos que depõem os pais. Assim, Crono depõe Urano e assume a realeza, sendo em seguida deposto por Zeus, que é o ponto de chegada na sucessão divina (cf. Haubold, "Conflict, consensus and closure"...). Com a descoberta de poemas do ciclo de Kumárbi, mais um ponto de comparação se ofereceu com relação a isso. O chamado *O reinado dos céus* ou *Teogonia* é a versão para o hitita, datada entre os séculos XIX-XII a.C., de originais hurritas mais recuados no tempo, o que faz com que seja um dos mais antigos textos teogônicos da zona de convergência cultural do Mediterrâneo oriental de que se tem conhecimento. Nele, a linha de sucessão vai de Alalu a Ánu e deste a Kumárbi, para chegar enfim a Teshub. West provê um resumo do que aproxima a gesta de Kumárbi da *Teogonia* de Hesíodo:

> Existem algumas semelhanças impressionantes entre a canção hurro-hitita de Kumárbi e a *Teogonia* de Hesíodo, que, com a *Épica da Criação* babilônica [isto é, o *Enūma eliš*], formam um feixe de mitos com muitos motivos semelhantes. As semelhanças entre os dois primeiros são as seguintes:
>
> 1. Assumindo que Teššub deve ser tratado como o sucessor de Kumárbi e como o atual rei dos deuses, temos uma sequência Alalu,

> Ánu, Kumárbi, Teššub. Alalu, aparentemente um deus da terra, não tem contrapartida na sucessão hesiódica, mas os outros três correspondem a Urano, Crono e Zeus. O nome de Ánu, como *Ouranós*, significa Céu; ele é um empréstimo direto do mesopotâmico An ou Ánu. Kumárbi era um deus do milho hurrita; e Crono pode ter sido um deus da colheita. Teššub, como Zeus, é o deus da tempestade.
>
> 2. Ánu, como Urano, tem seus órgãos genitais decepados e, em seguida, vai para o céu. Dos órgãos genitais surgem outras divindades.
>
> 3. Como Ánu avisa Kumárbi que ele enfrentará problemas em consequência do que fez, Urano (*Teogonia* 210) avisa os Titãs que eles terão que pagar mais tarde por sua castração.
>
> 4. Kumárbi, como Crono, teve vários deuses em sua barriga por um tempo, incluindo o deus da tempestade. Os relatos hitita e grego fornecem explicações diferentes de como os deuses chegaram lá, mas ambos envolvem, pelo deus hospedeiro, atos deliberados de engolir.
>
> 5. A certa altura, Kumárbi realmente anuncia sua intenção de comer um de seus filhos e, como Crono, recebe uma pedra. Ele a leva à boca e a expele novamente, após o que é ela colocada como um objeto de culto.
>
> 6. Depois disso, o deus da tempestade se torna poderoso, e há hostilidades entre ele e Kumárbi/Crono, com seus respectivos aliados.
>
> 7. No texto hitita, a Terra dá à luz, no Apsu subterrâneo, duas crianças, que presumivelmente representarão uma nova ameaça para Teššub. De acordo com o poema de Hesíodo, a Terra, em união com o Tártaro, dá à luz Tífon, que representa uma nova ameaça para Zeus. Presumivelmente, Teššub destruiu com sucesso seus adversários, como Zeus fez com os seus. (West, *The East face of Helicon*, p. 279-280)

Não é o caso de discutir a propriedade dos paralelos, os mitologemas, pelo menos nos aspectos considerados, sendo de fato semelhantes, embora não se possam desconsiderar as diferenças: a sequência de Hesíodo desdobra-se de pai para filho (Urano-Crono-Zeus), o que não acontece em *O reinado dos céus*, em que a relação contemplada é entre escanção e seu rei (Ánu é o escanção de Alalu, assim como, em seguida, é a mesma relação que existe entre Kumárbi e Ánu), o que termina por configurar, sim, um mito de sucessão, mas não uma genealogia.

Ora, no contraponto com os dois poemas, o *Enūma eliš* mostra suas particularidades: há uma genealogia (com mais gerações que a de Hesíodo) envolvendo sucessão, mas não apenas de pai para filho (como na *Teogonia* hesiódica), uma vez que Ea, o qual sucede Apsu, é filho de Ánu, enquanto este, por sua vez, é filho de Ánshar e Kíshar, filhos (ou netos) de Apsu e Tiámat. Um segundo aspecto importante é que, se a sucessão de Apsu por Ea se dá por meio de violência – e o fato de que Ea retire o tendão do antigo deus poderia ser posto em paralelo com a castração de Urano por Crono, ou com o modo como Kumárbi morde, arranca e engole os órgãos sexuais de Ánu –, o mesmo não acontece quando Marduk sucede Ea, este não só cedendo a primazia ao filho, com benevolência, como instruindo-o sobre o modo de a ela aceder. Enfim, ressalte-se que, Ea tendo vencido Apsu, não se tornou o rei dos deuses, posto que, até a ascensão de Marduk, coube a Ánshar.

A luta contra o Mar (ou o *Chaoskampf*)

Um terceiro foco importante do comparatismo envolvendo o *Enūma eliš* é o motivo da luta do Deus do Trovão contra o Mar, ou a guerra contra o caos (*Chaoskampf*), assim denominada a partir do livro de Hermann Gunkel, *Schöpfung und Chaos in Urzeit und Endzeit*, publicado em 1895. Segundo Gunkel, esse motivo narrativo, de que ele apontava várias referências na Bíblia hebraica, tinha origens mesopotâmicas, o principal testemunho sendo a então recém-descoberta "epopeia da criação" babilônica, o *Enūma eliš*.[13] Dessa perspectiva, não só a mistura de águas primordial se lia como manifestação do caos (cf. Heidel, *The Babylonian Genesis*, p. 97), como sobretudo a luta de Marduk contra Tiámat se tinha como o exemplo prototípico do *Chaoskampf*.[14]

---

[13] Cf. Sonik, From Hesiod's Abyss to Ovid's *rudis indigestaque moles*, p. 1-2. Anota ela que "ainda que o conceito de *Chaoskampf* seja investigado em detalhe por Gunkel, o termo propriamente dito não aparece em seu estudo".

[14] Cf. Töyräänvuori, Weapons of the Storm God in ancient Near Eastern and Biblical traditions. Para uma discussão geral do motivo do *Chaoskampf*, ver o livro

Mesmo que deva ser discutida e relativizada a identificação de Tiámat com um primitivo caos, é preciso admitir que sua luta contra Marduk constitui um entrecho nuclear no *Enūma eliš*, pelo próprio fato de ser aquilo que consagra este deus.[15] Tanto os preparativos da deusa para o confronto – passagem repetida quatro vezes no poema – quanto o próprio enfrentamento são narrados com vivacidade, chamando bastante a atenção.

Castigada pelos ventos com que Ánu havia presenteado Marduk e decidida a confrontar a parte de sua prole que a perturba, Tiámat logo se prepara, reunindo sua armada e engendrando monstros:

> Em assembleia, os deuses, no interior dela,
> Males tramaram para os deuses que os engendraram.
>
> E formaram um círculo e ao flanco de Tiámat se alçam,
> Coléricos, tramando sem descanso noite e dia,
>
> Prontos para o combate, furibundos, ferozes,
> Em concílio postos, engendram a batalha:
>
> Mãe Húbur, que formou tudo,
> Multiplicou armas sem igual, procriou dragões
>
> De dentes agudos, sem piedade suas mandíbulas,
> De veneno, em vez de sangue, seus corpos encheu,
>
> Serpes furiosas, de terrores vestidas,
> Aura lhes aprontou, de deuses as fez reflexo:
>
> À sua vista, inane se pereça,
> Seus corpos arrebatem e não voltem atrás seus peitos.
>
> Fez erguerem-se Báshmu, Mushhúshu e Láhama,
> Procela, Cão-Selvagem e Homem-Escorpião,
>
> Tempestades ferozes, Homem-Peixe e Bisonte,
> Prontos em armas sem piedade, sem temer a contenda,
>
> Tremendos os decretos dela, sem igual eles são:
> De todo onze, como aquele, fez ela existir. (1, 127-146)

---

recente organizado por Scurlock; Beal, *Creation and Chaos*: A reconsideration of Hermann Gunkel's *Chaoskampf* Hypothesis.

15 Rackley (*Kingship, struggle, and creation*) estuda o Chaoskampf da perspectiva de suas relações com procedimentos de validação da realeza no Oriente Médio antigo.

A mesma intensidade narrativa observa-se no momento do enfrentamento, em que o embate verbal antecede o combate físico entre o Senhor [Marduk] e Tiámat:

E levantou o Senhor   o Dilúvio, sua grande arma,
E contra Tiámat, que irada,   assim ele arremeteu:

Por que paz   por fora aparentas
E tramas no teu coração   lançar-te à peleja?

Clamaram os filhos,   a seus pais ultrajaram,
Mas tu, que os procriaste,   detestas apiedar-te.

Nomeaste Quíngu para o que é do esposo,
Para o que não lhe convém o puseste,   para o rito do que é de Ánu.

Para Ánshar, rei dos deuses,   o mal buscaste
E para os deuses, meus pais,   tua maldade firmaste.

Monte-se tua armada!   cinjam eles tuas armas!
Aproxima-te! e eu e tu   façamos um duelo!

Tiámat isso quando ouviu
Enlouquecida tornou-se,   perdeu o senso;

Clamou pois Tiámat   com furor e ruidosa,
Nas raízes por completo   tremeram suas bases.

Recita ela um sortilégio,   lança seu encantamento
E os deuses da contenda   afiam, eles, suas armas.

E aproximaram-se Tiámat   e o multíscio dos deuses, Marduk,
Em duelo misturaram-se,   achegando-se em contenda;

E desdobrou o Senhor   sua rede, envolveu-a;
O Turbilhão, tomada ela por trás,   em sua face soltou

E abriu sua boca   Tiámat, para devorá-lo;
O Turbilhão fez ele entrar,   para não fechar ela os lábios:

Ventos coléricos   suas entranhas atulharam,
Inflou-se seu coração   e sua boca ela escancarou.

Ele atirou uma flecha,   rasgou suas entranhas,
Seu interior cortou,   retalhou seu coração.

Encadeou-a então, sua vida exterminou;
Seu cadáver lançou,   sobre ela ergueu-se. (4, 75-104)

Seriam manifestação do mesmo mitologema as referências, nas escrituras hebraicas, à luta de Yaweh contra monstros marinhos, nomeadamente nos salmos e em Jó, a saber:

> És poderoso, Iahweh, e tua verdade te envolve!
> És tu que dominas o orgulho do Mar,
> quando suas ondas se elevam, tu as amansas;
> esmagaste Raab como um cadáver,
> dispersaste teus inimigos com teu braço poderoso.[16]
>
> Tu dividiste o Mar com tua força,
> quebraste as cabeças dos monstros das águas;
> tu esmagaste as cabeças do Leviatã,
> dando-o como alimento às feras selvagens.[17]
>
> ... com seu poder [Yahweh] aquietou o Mar,
> com sua destreza aniquilou Raab;
> o seu sopro clareou os Céus
> e sua mão traspassou a Serpente fugitiva.[18]

Em termos tipológicos, exemplos da luta contra o Mar registram-se em contexto hitita, hurrita, egípcio, ugarítico e canaanita, além de hebraico e babilônico. Em trabalho recente, Ayali-Darshan sustenta que há duas versões dessa história, uma mais antiga, documentada no Egito, na Anatólia e em Ugarit, e outra mais recente, com testemunhos na Bíblia hebraica e no *Enūma eliš*. No primeiro caso, considerando o chamado *Papiro de Astarté*, de procedência egípcia, e a *Canção do Mar* hurro-hitita, trata-se de um enredo que descreve como, "o Mar tendo coberto a terra, o/a Deus/a-do-Grão (Kumárbi no texto hurro-hitita,

---

[16] Salmo 89, 10-12 (tradução da *Bíblia de Jerusalém*). Raab designa um monstro marinho. Ressalte-se que os salmos foram compostos antes da cosmogonia do *Gênesis*.

[17] Salmo 74, 12-14 (tradução da *Bíblia de Jerusalém*). O Leviatã é, ele também, monstro marinho, imaginado a partir da figura do crocodilo (ou seja, com uma cauda, como a de Tiámat).

[18] *Jó* 25, 12-13 (tradução da *Bíblia de Jerusalém*). A serpente a que se faz referência é o Leviatã. Para outros exemplos, Bottéro, *Nascimento de Deus*, p. 173-184; sobre a luta de Iahweh contra monstros marinhos – o que equivale à luta de Marduk contra Tiámat –, p. 201-205. Também, Ayali-Darshan, The question of the order of Job 26, 7-13 and the cosmogonic tradition of Zaphon.

Renenutet no egípcio) sugere que um tributo deva ser pago ao Mar, de modo a induzi-lo a regredir, a deusa mais próxima do Deus-do-Trovão (Anzíli/Shauska no texto hurro-hitita, Astarté no egípcio) sendo convocada para isso" (Ayali-Darshan, The other version of the history..., p. 35). Sobre a relação com o *Enūma eliš*, a mesma estudiosa observa:

> A impressionante divergência desses relatos [hurro-hitita, egípcio e ugarítico] com o do *Enūma eliš* – cujo manuscrito mais antigo data do século X a.C. – e os textos bíblicos atesta a existência de duas versões diferentes. Ainda que ambas partilhem o elemento do combate do Deus-do-Trovão contra o Mar e, ao que parece, sua entronização sobre todos os deuses, com a construção de um palácio em sua honra, falta nos últimos [*Enūma eliš* e Bíblia] a remessa de tributo ao Mar e a assistência (erótica) dada por uma deusa ao protagonista – motivos que ocorrem ou são aludidos nas versões egípcia, anatólia e ugarítica. Ao mesmo tempo, ambos incluem um motivo não encontrado nas outras versões – nomeadamente, o ato de criação. Especialistas despenderam muitos esforços na tentativa de encontrar traços do motivo da criação no ciclo de Baal, na crença de que essa versão tem um paralelo idêntico com o *Enūma eliš* e os textos bíblicos. Outros ignoram o motivo da criação em certos textos bíblicos (como Jó 26 e os Salmos 74 e 89), convencidos de que são paralelos com a versão ugarítica. Sugiro, contudo, que lidamos com duas versões diferentes. A versão A, o relato mais antigo, refletida nos documentos egípcio, hurro-hitita e ugarítico, e a versão B, um relato posterior, refletido nos textos bíblicos e mesopotâmicos. (Ayali-Darshan, The other version of the history..., p. 47-48)

Geração e demiurgia

Apontados com essa extrema brevidade os elos do *Enūma eliš* com outras narrativas do mesmo espaço cultural, retomemos a questão inicial: qual o peso que se deve emprestar, nele, aos aspectos teogônicos e cosmogônicos? O último comentário citado toca num ponto de especial importância para que se perceba a singularidade do poema babilônico. Ainda que ele divida com outros textos as águas primigênias, o modelo de geração e sucessão divina, bem como a luta contra o mar, falta nos exemplos grego e hurro-hitita o deus demiurgo que modela o mundo. E se é verdade que este está presente nas escrituras hebraicas, a par das águas primigênias e da luta contra o mar, falta nelas o motivo da geração e sucessão divina. Mais ainda, mesmo que os elementos citados se registrem no *Enūma eliš* e na Bíblia, nesta não se articulam numa narrativa concatenada.

Haubold considera que há duas possibilidades de apresentação de narrativas cosmogônicas, "a dinâmica e poeticamente produtiva alternativa entre nascimento e criação, com os textos explorando e tirando vantagem do fato de que as duas agem diferentemente". Assim, um exemplo extremo de cosmogonia por nascimento é a *Teogonia* de Hesíodo, do mesmo modo que, em termos de criação, a Torah constitui também um exemplo extremo. As diferenças são impactantes: narrativas baseadas em nascimentos enfatizam mudanças, pois os filhos crescem, os pais envelhecem e, na sucessão de gerações, o cosmo se mostra mergulhado em movimento – no sentido grego de que natureza, *physis*, significa 'geração'; relatos de criação enfatizam a permanência daquilo que é produzido pelo demiurgo, o mundo sendo enfocado da perspectiva de sua estabilidade (cf. Haubold, *Greece and Mesopotamia*, p. 58-59).

Ora, o *Enūma eliš* comporta as duas perspectivas, mas não apenas isso: concatena ambas num todo articulado, fazendo com que a primeira seja sucedida e mesmo substituída pela segunda. Refletindo sobre o fato de que Marduk, no poema, não tem esposa nem filhos, Haubold assim interpreta seu confronto com Tiámat:

> O que vemos aqui [na descrição da luta] é uma paródia da narrativa de nascimento clássica: Marduk penetrou Tiámat, mas apenas para matá-la. E ele trata seu corpo morto como um nascimento aberrante (em acádio, *kubu*), ridicularizando seu papel como mãe. O processo de criação a partir de uma morte é repetido, em escala menor, quando Marduk modela o homem com a carcaça do amante de Tiámat, o deus rebelde Quíngu. Tomados juntos, esses dois atos marcam uma quebra deliberada e consciente no processo de procriação, que aqui é associado ao caos pré-cósmico. O próprio Marduk não escolhe uma parceira e não tem descendência. Ainda que sua esposa Sarpanítum e seu filho Nabu fossem proeminentes na literatura e no culto mesopotâmico, no *Enūma eliš* ele se mantém sobretudo um filho, congelado nessa posição pelas frequentes referências aos deuses, seus pais. A vitória de Marduk contra as

> forças de procriação, junto com sua própria abstinência sexual, tem implicações poéticas importantes: por isso é que o *Enūma eliš* se apresenta como um texto deliberadamente fechado. O poema termina com o grande hino a Marduk: esta é a palavra final, não se sugere que algum outro evento importante possa seguir. (Haubold, *Greece and Mesopotamia*, p. 59-60)

Em resumo, o próprio enredo do *Enūma eliš* encena uma como que ultrapassagem dos dois modelos teocosmogônicos, mostrando como o poeta soube lidar com o que a tradição lhe fornecia de um modo sem paralelo no contexto em que produz sua obra, visando à celebração do deus viril de nascença, Marduk, num mundo de deuses masculinos que resulta da derrota da grande deusa mãe, Tiámat, progenitora deles todos.

O canto de Marduk

Se é evidente que o *Enūma eliš* trabalha com ideias, motivos e mesmos modelos narrativos em circulação no ambiente em que se produz, o que mais ressalta de sua análise cuidadosa é como não se reduz a nenhum dos padrões que o antecedem ou sucedem. Com efeito, o poema é desviante mesmo com respeito às tradições teocosmogônicas da própria Mesopotâmia, devendo ser encarado como um produto motivado pela promoção de Marduk ao mais alto patamar dentre os deuses, o que supõe também a consagração de sua cidade, Babilônia – isto é, trata-se de um poema em que não se podem negar interesses de ordem tanto teológica quanto política. Nos comentários que integram este livro o leitor encontrará a discussão desse caráter *sui generis*, fato que deve ser suficientemente destacado, a fim de evitar mal-entendidos.

Que a celebração do poder de Marduk é o ponto de chegada fica claro não só pela narrativa de como os deuses lhe atribuíram a preeminência, como também pelo registro dos seus cinquenta e dois nomes como coroamento do relato, o texto concluindo com estes versos:

> Revelações um antigo   falou-lhe em face,
> Escreveu e dispôs   para ser ouvidas no futuro:
>
> O destino de Marduk,   que exaltaram os deuses Ígigi.
> Onde quer que água se beba,   seu nome seja invocado,

Proclamem o canto de Marduk,
Que a Tiámat encadeou e assumiu a realeza! (7, 157-162)

É a importância da pronunciação do nome do deus e, em consequência, da saga que conduz até ele que justificava a leitura do poema no ritual das festas de ano-novo, o *akītu*: "No quarto dia, após a breve refeição do fim do dia, o grande-irmão do Ekua recitará, de braços levantados, o *Enūma eliš*, do começo ao fim, diante de Bel" (isto é, Marduk), uma prática mantida pelos assírios, que, quando quiseram impor à Babilônia seu deus nacional, Assur, simplesmente introduziram seu nome nos lugares onde originalmente se encontrava o de Marduk, mantendo a integridade do resto do texto (cf. Labat *et al.*, *Les religions de Proche-Orient asiatique*, p. 37).

Recitar o poema no momento em que o ciclo anual do tempo se renova implica fazer com que a saga das origens se repita e o mundo, tal qual habitamos, seja de novo simbolicamente estabelecido e referendado, bem como representa uma confirmação do poder do nome de Marduk, que é o que garante a manutenção da ordem cósmica. A força dos nomes, aliás, é central no *Enūma eliš*: o poema é aberto com o quadro de um momento inicial em que, mais que qualquer outra coisa, faltam nomes, para desembocar na longa série dos nomes de Marduk (6, 121-166; 7, 1-142).

Testemunhos antigos sobre o poema

Na Antiguidade, uma via de transmissão da tradição teocosmogônica babilônica para os gregos é constituída pela obra de Beroso intitulada *Babilônicas*, escrita na época helenística (séc. III a.C.), de que não se conservaram senão fragmentos.[19] Conforme nela se conta, foi

[19] As *Babilônicas* foram provavelmente escritas no primeiro quarto do século III a.C., sob o patrocínio de Antíoco I Salvador, não tendo sido conservadas senão através dos fragmentos citados por Alexandre Poliístor em sua *História caldaica* (séc. I a.C.), a partir da qual tanto Eusébio de Cesareia quanto Jorge Sincelo no-los transmitem (cf. Eusébio de Cesareia, *Crônicas bipartidas* 1, 31-37, texto conservado apenas na sua tradução para o armênio, realizada provavelmente já no século V; e Syncellus, *Ecloga chronographica* 30-31). Lambert (Berossus and Babylonian eschatology, p. 171) considera que a obra de Beroso não parece ter circulado muito, passando a ser mais conhecida por meio do citado Alexandre Poliístor. Ver também Burstein,

uma personagem surgida do Mar Eritreu,[20] de nome Oanes, um peixe anfíbio, com uma cabeça humana, além da de peixe, e pés também humanos, quem civilizou Babilônia, ensinando a agricultura, as artes e as letras, além de narrar a história das origens do mundo, antes de retornar ao mar. Segundo ele,

> Houve um tempo em que o todo era treva e água, e nela animais monstruosos, que tinham formas estranhas, foram gerados. Os homens, pois, nasciam com duas asas, alguns também com quatro pernas e com duas faces, tendo um corpo e duas cabeças, sendo homem e mulher, com duplos órgãos sexuais, masculino e feminino. E outros homens tinham pernas e chifres de bode, outros ainda patas de cavalo e a parte de trás de cavalo, a da frente sendo de homem, os quais tinham a forma de hipócentauros. Foram gerados também touros tendo cabeças de homem, cães com quatro corpos, tendo um rabo de peixe na parte de trás, cavalos com cabeça de cão e homens, e outros animais com cabeça e corpo de cavalo e rabo de peixe – e outros animais que tinham a forma de toda espécie de feras e, além desses, peixes, répteis, cobras e outros muitos espantosos animais que tinham diferenças de formas uns com relação a outros, cujas imagens no tempo de Belo foram depositadas. Governava esses todos uma mulher cujo nome era Homóroca – o que é em caldeu Talath, se traduz em grego como *Thálassa* [Mar] e, de acordo com o *isopsefo*, *Seléne* [Lua].[21] Assim estando todas as coisas, Belo chega e corta a mulher ao meio e com uma metade faz a terra, com a outra metade o céu, fazendo também com que desaparecessem os animais que nela havia. Mas diz ele [Beroso] que isso se narra, sobre a natureza, alegoricamente: pois sendo o todo úmido, animais nele nascendo, este deus tirou a própria cabeça, e os outros deuses misturaram o sangue que corria com

---

The Babyloniaca of Berosus. Sobre a transmissão das tradições babilônicas no espaço grego, ver Talon, *Enūma eliš* and the transmission of Babylonian cosmology to the West, p. 270-272.

20 Esse nome, em grego (*Erythrè thálassa*), pode ser aplicado tanto ao Golfo Pérsico quanto ao Mar Vermelho e ao Oceano Índico. Neste caso, acredito que a primeira opção seja a mais correta.

21 Um *isopsefo* (*isópsephon*) é um termo cujas letras, tomadas como numerais, dão o mesmo total que as de outro termo. Em grego, *thálassa* significa 'mar'; *seléne* é 'lua'.

> terra e plasmaram os homens; por isso são inteligentes e têm parte na sabedoria divina. Belo, que se traduz como Zeus, cortando ao meio a treva, separou a terra e o céu um do outro e organizou o mundo. Terminou Belo de fazer também os astros, o sol, a lua e os cinco planetas. Isso diz Alexandre Poliístor que Beroso narra no primeiro livro. (Syncellus, *Ecloga chronographica* 29-30)

Como se percebe com facilidade, uma das fontes de Beroso é certamente o *Enūma eliš*, considerando o seguinte: a) Homóroca/Taláth corresponde a Tiámat, sendo entendida como o próprio mar (*thálassa*);[22] b) em acádio, *Bēlu* significa 'Senhor', sendo o tratamento dado a Marduk (que, no gosto das confluções próprio do tempo, Beroso identifica com Zeus); c) as informações sobre a feitura do céu e da terra a partir das metades de Taláth coincidem com o que se narra no poema; d) a criação do homem a partir do sangue de um deus também coincide (embora a observação de que é por isso que os homens são inteligentes e participam da sabedoria divina pareça mais repercutir a narrativa do *Atrahasīs*); e) finalmente, a informação de que Belo organizou o céu e fez os astros é bastante exata. Que em Talath houvesse monstros corresponde ao que acontece quando Tiámat, na preparação para a guerra, gera os onze portentos, o fato de que tenham desaparecido quando Belo a corta ao meio podendo depender do destino que a eles dá Marduk, que os vence mas preserva suas imagens à porta do Apsu (5, 73-76), como aqui se diz que se encontram elas no templo do deus.

Outro testemunho surpreendente da recepção do *Enūma eliš* encontra-se no tratado do filósofo neoplatônico Damáscio, intitulado *Sobre os princípios*, escrito no séc. V d.C.! Acredita-se que sua fonte de informação possa ser Eudemo de Rodes, discípulo de Aristóteles, o que representaria outra via de transmissão, anterior a Beroso. Apesar de os dados serem transmitidos com bastante fidelidade, tudo o que dizia respeito à água foi eliminado, pois o que Damáscio tem em vista são entes inteligíveis:

---

[22] Cf. Talon (*Enūma eliš* and the transmission of Babylonian cosmology to the West, p. 271), Taláth é provavelmente uma corruptela de *Thaute* (forma que se encontra em Damáscio correspondente a Tiámat), por influência da palavra grega para mar, *thálatta*. Homóroca, por seu turno, pode estar relacionada com a expressão *ummu Hubur*, 'mãe Húbur', com que Tiámat é designada no *Enūma eliš*.

> Dentre os bárbaros, os babilônios parecem ter deixado em silêncio o princípio único do todo para postular dois, Tauthé e Apason, fazendo de Apason o marido de Tauthé e chamando esta de mãe dos deuses, dos quais nasceu um filho unigênito, Moumin, sendo ele, creio, o mundo inteligível procedente dos dois princípios. E dos mesmos procede uma outra geração, Dakhé e Dakhós. Então, de novo, a partir dos mesmos, houve uma terceira geração, Kissarés e Assorós, dos quais nasceram três: Anós, Íllinos e Aós; de Aós e Dauke um filho nasceu, Belo, que dizem ser o demiurgo. (Damáscio, *Sobre os princípios* 125, 1)

Como se vê, apesar de os nomes estarem corrompidos, reconhecem-se com surpreendente facilidade: Tauthé é Tiámat, e Apason, Apsu; Moumin é Múmmu; Dakhé é Láhmu, e Dakhós, Láhamu;[23] Kissarés corresponde a Kíshar, e Assorós a Ánshar; Anós é Ánu, Íllinos é Énlil, Aós é Ea, bem como Dauke é Dámkina e, finalmente, Belo é *Bēlu* (isto é, Marduk). Além disso, a sucessão das gerações coincide com o que se lê no *Enūma eliš*, exceto no que se refere a Énlil, que não é mencionado no poema, e a Ánu ser considerado irmão de Ea e não seu pai.[24] É curioso como Múmmu, que pode ser um simples epíteto de Tiámat, foi entendido como um terceiro deus, Moumin, filho daquela com Apsu.[25]

* * *

[23] No caso de Dakhé = Láhmu e Dakhós = Láhamu, deve-se considerar que a confusão se deve à forma das letras gregas delta (Δ) e lâmbda (Λ), sem que se possa saber se isso ocorreu no texto de Damáscio ou em sua fonte.

[24] Énlil integra a tríade de deuses principais: Ánu, relacionado com o céu; ele, Énlil, com a terra; Ea, com o *Apsû*. A inclusão de Énlil nessa sucessão, que tudo indica é tomada do *Enūma eliš*, levanta um problema com relação ao estado do texto conhecido por Damáscio ou pelas fontes donde sua informação provém. Para detalhamento de outros aspectos das informações transmitidas por Damáscio, ver Talon, *Enūma eliš* and the transmission of Babylonian cosmology to the West, p. 271-274.

[25] Registre-se que, através de Damáscio, a cosmogonia do *Enūma eliš* chega até Pselo, escritor bizantino do século XI.

Sobre a tradução e os comentários

Como indiquei no princípio, contamos com quatro edições críticas do texto acádio publicadas em anos recentes – Talon, 2005; Kämmerer e Metzler, 2012; Lambert, 2013; Talon, 2019 –, o que configura uma situação mais que desejável em termos de conhecimento do texto. Minha tradução adota a edição de Lambert (*Babylonian creation myths*, p. 45-134), embora eu não tenha deixado de cotejá-la com outras, bem como tenha considerado sistematicamente a normalização e a análise do texto feitas por Elli (*Enūma eliš*, p. 71-300).

Nos manuscritos, a maioria dos versos aparece dividida graficamente em duas partes, o que é cuidadosamente reproduzido na edição de Lambert. Essa disposição gráfica foi repetida na tradução, considerando-se ser significativa em termos poéticos e de sentido. Recorde-se que, sendo o *Enūma eliš* o único texto cuneiforme de que temos a informação de que era lido em voz alta, durante o *akītu*, a marcação da cesura termina por constituir um elemento rítmico importante.

O verso acádio não tem um metro definido nem usa de rimas, mas isso não implica que não seja ritmado, o ritmo provindo da sucessão de sílabas tônicas e átonas – no caso do *Enūma eliš*, os finais em geral apresentando ritmo trocaico.[26] Quando apresenta uma dimensão padrão, o verso divide-se em duas partes, ou seja, dois sintagmas, como no início do poema:

> *enūma eliš / lā nabû šamāmū*
> quando no alto / não nomeado o firmamento
> *šapliš ammatum / šuma lā zakrat*
> embaixo o solo / por nome não chamado

A tradução procurou manter-se o mais próxima possível do texto, respeitando inclusive sua sintaxe e os efeitos poéticos que dela decorrem. Como no acádio não existem artigos e nem sempre é necessário o uso de preposições para enunciados de sentido genitivo, a tradução tenderá sempre a ser mais longa, mesmo que eu tenha optado por deixá-la mais enxuta. Os títulos que aparecem nas diversas seções do

---

26 Para detalhamento do assunto, ver Soden, Untersuchungen zur babylonischen Metrik, Teil I; Idem, Teil II; Wisnom, Stress patterns in *Enuma elish*.

texto (como "A situação primeva", "Os primeiros deuses" etc.) não existem nos manuscritos e foram acrescentados por mim, apenas com a finalidade de auxiliar o leitor.

Com relação ao léxico, busquei fazer corresponder a cada termo acádio uma palavra em português, com a intenção de transmitir a variedade e riqueza de usos que o poema apresenta, enquanto uma obra erudita com marcado gosto pela sinonímia, o que torna o estilo muitas vezes excessivamente solene. Procurei também preservar expressões idiomáticas significativas, como, dentre outras, *mutir gimillīkunu*, traduzido por "o que devolve o feito a vós" (que em geral se verte apenas por 'vosso vingador'), ou *ipšā pîkunu*, "mandados de vossas bocas" (em vez de simplesmente 'vossas ordens'). Outro uso expressivo preservado foi quando da ocorrência de objeto direto interno, em construções como 'destinar um destino', 'traçar um traçado', vestir a vestimenta' ou 'glorificar a glória'.

Com relação aos nomes próprios acádios mantive o mesmo critério de minhas traduções anteriores, considerando que a identificação das sílabas tônicas segue normas bem precisas (cf. Huehnergard, *A grammar of Akkadian*, p. 3-4), o que orienta a forma como os acentuo, tendo em vista os usos do português. No que diz respeito aos nomes sumérios, uma língua de que se conhece mal o sistema fonológico, deixo-os sem nenhum acento, a não ser quando são correntes também em acádio, caso em que uso do critério anterior.[27]

É convenção na assiriologia que, quando das transliterações, as palavras acádias apareçam em itálico, as sumérias sendo deixadas no tipo normal. Apenas para evitar mal-entendidos e destacar as de último tipo, apresento-as entre aspas simples.

Nos locais em que o texto acádio se encontra mutilado, indico as lacunas com a sucessão de quatro hifens: ----

Os comentários que seguem à tradução fornecem informações visando a permitir uma compreensão mais acurada do texto, sem descurar de apontar também os recursos poéticos nele usados, considerando ainda o que se vem produzindo em termos de sua interpretação. Não tive, contudo, a pretensão de esgotar este último aspecto, a remissão às obras de que me valho se fazendo no texto ou nas notas, com a esperança

---

[27] Registre-se, contudo, a hipótese levantada por Jagersma, *A descriptive grammar of Sumerian*, p. 65-66, de que todas as palavras nesta língua deveriam ser oxítonas.

de que o leitor se sinta incitado a buscar os estudos referidos. Dois deles merecem destaque: o livro de Lambert a que já me referi, *Babylonian creation myths*; e o de Gabriel, enūma eliš*: Weg zu einer globalen Weltordnung*, em que o autor faz uma amplíssima análise do poema sob diferentes dimensões – pragmática, estrutural e composicional (sobre este último, veja-se a resenha de Seri, Some notes on *enūma eliš*).

Tudo isso demonstra a extrema riqueza e sofisticação desta obra que, por todos os direitos, se pode dizer uma obra-prima.

★ ★ ★

Este livro foi terminado durante meu período como professor visitante da Universidade Federal de Ouro Preto, em cujo Programa de Pós-Graduação em Letras tive a oportunidade de apresentá-lo pela primeira vez, em curso acontecido nos últimos meses de 2020. Foi-me dado, assim, cumprir a derradeira etapa dum trabalho deste teor, a de submetê-lo ao crivo dos estudantes, dos quais sempre se colhem reparos e sugestões sobre o que funciona ou não, tanto na tradução quanto nos comentários. Alguns meses antes, li parte da tradução também em curso oferecido pela Academia Mineira de Letras. A todos que acompanharam essas experiências, fica meu agradecimento.

Em especial, sou grato ao tradutor e poeta Guilherme Gontijo Flores pela leitura escrupulosa do original e pelas sugestões, incluindo a de adotar o título pelo qual a obra é hoje comumente conhecida, *Epopeia da criação*. Também de modo especial agradeço a Rejane Dias dos Santos e a Oséias Silas Ferraz, pelo acolhimento do livro na Autêntica Editora, a qual já havia publicado antes também minha tradução da *Epopeia de Gilgámesh*.

Escrito neste ano anômalo de 2020, não só pela pandemia como pelos problemas econômicos e sobretudo políticos que afetaram a todos, em especial a nós, brasileiros, o compartilhamento dos dias com Magda, com Bernardo, com Fernando, Roberta e Lucas, ainda que à distância, com Lorena, João Pedro e Francisco, com Renata e Estela, bem próximos – e com o nosso Pedro, diuturnamente presente na memória e no coração – foi capaz de fornecer-me as condições para o esforço de compreensão e fruição deste poema tão antigo quanto belo. Espero ter logrado transmitir ao leitor o vislumbre dessa beleza.

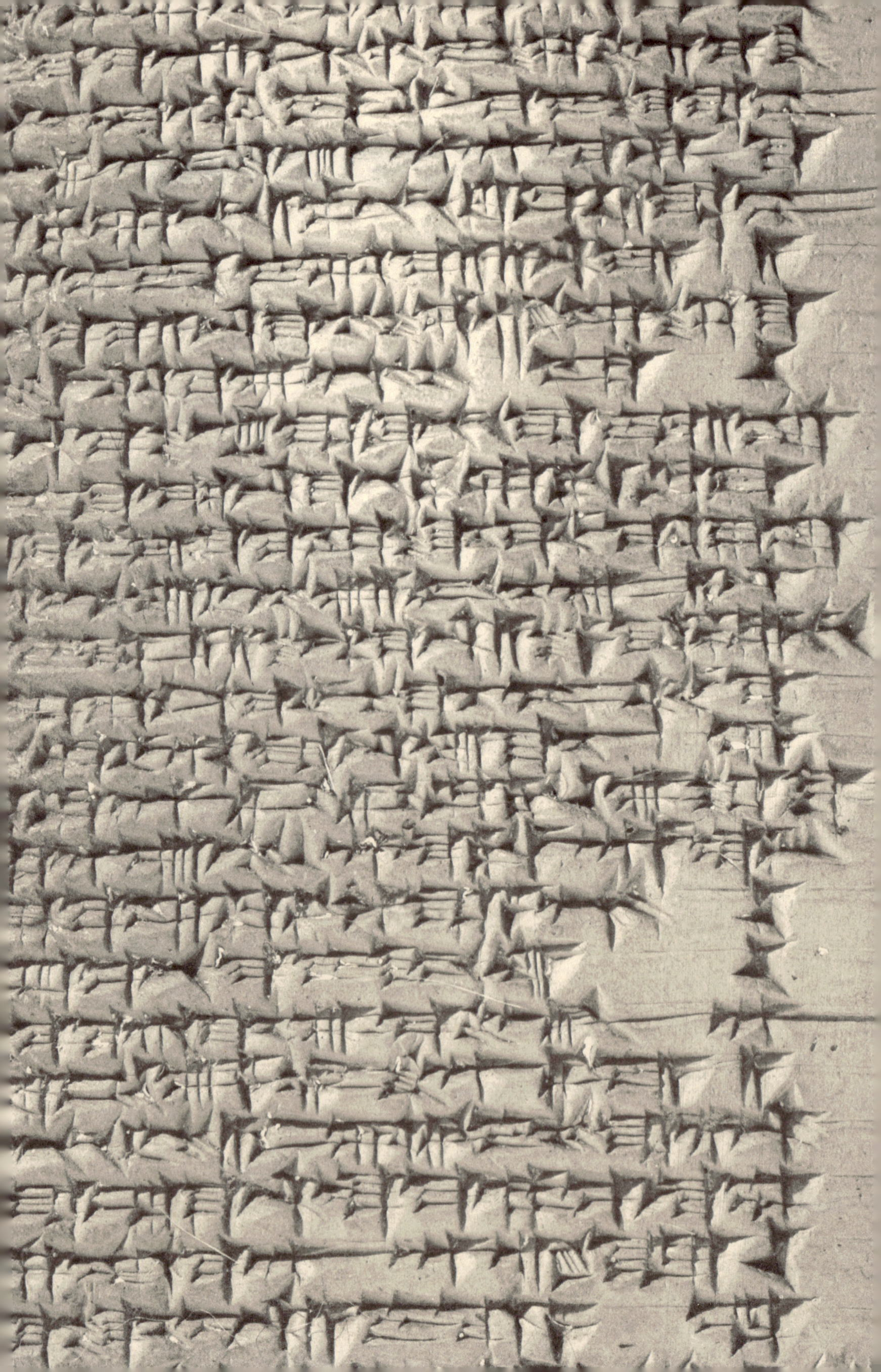

QUANDO NO ALTO

TABUINHA 1

A situação primeva

Quando no alto não nomeado o firmamento,
Embaixo o solo por nome não chamado,

Apsu, o primeiro, gerador deles,
Matriz Tiámat, procriadora deles todos,

Suas águas como um só misturam,
Prado não enredam, junco não aglomeram.

Os primeiros deuses

Quando dos deuses não surgira algum,
Por nomes não se chamavam, destinos não destinavam,

Engendraram-se deuses em seu interior:
Láhmu e Láhamu surgiram, por nomes chamados.

Enquanto cresciam, avultavam-se,
Ánshar e Kíshar engendraram-se, sobre eles avantajados.

Alongaram-se os dias, somaram-se os anos,
Ánu foi deles primogênito, igual a seus pais,

Ánshar em Ánu, seu rebento, refletia-se,
E Ánu, tal seu reflexo, procriou Nudímmud.

Nudímmud a seus pais   era quem dominava, ele,
De todo agudo, sagaz,   em força robusto,

Vigorosíssimo, mais   que o procriador de seu pai, Ánshar,
Não tinha igual entre os deuses, seus irmãos.

A perturbação de Apsu

E associaram-se os irmãos, os deuses,
Perturbaram Tiámat   e seu alarido irradiava-se.

E disturbaram de Tiámat as entranhas,
Com algazarra dura   no interior do Anduruna.

Não reduzia Apsu o seu bramido
E Tiámat emudecia em face deles.

Acerba sim sua ação diante dela:
Não sendo boa sua conduta, a eles resguardava.

Então Apsu,   gerador dos grandes deuses,
Conclamou Múmmu,   seu intendente, e disse-lhe:

Múmmu, intendente,   bom para meu ânimo,
Vem! junto de Tiámat vamos!

E foram, diante de Tiámat sentaram-se,
Com palavras ponderaram   sobre os deuses, seus rebentos.

Apsu sua boca abriu
E a Tiámat ruidoso disse:

É sim molesta sua conduta para mim:
De dia não repouso,   de noite não durmo;

Destrua-se sua conduta, seja dispersa!
Silêncio se faça   e durmamos nós!

Tiámat isso quando ouviu,
Encolerizou-se e clamou contra seu consorte,

Clamou assim apenada, enfurecida ela só,
Maldade lançara ele em suas entranhas:

Por que nós o que engendramos destruiríamos?
Sua conduta é molesta? Toleremos benignos!

A derrota de Apsu

Retrucou Múmmu, a Apsu aconselhou,
De intendente insubmisso, o conselho de seu Múmmu:

Destrói sim, meu pai, a conduta perturbadora,
De dia repouses, de noite durmas!

E alegrou-se Apsu, brilhou-lhe a face,
Pela maldade que tramou para os deuses, seus filhos.

Múmmu abraçou-lhe a nuca,
Assentou-lhe nos joelhos, a ele beijou.

O que tramaram numa tal assembleia
Aos deuses, seus rebentos, repetiu-se.

E ouviram os deuses e desarvoravam-se,
Silêncio os tomou, calados sentaram-se.

Superiormente agudo, experto, capaz,
Ea, em tudo sagaz, desvendou-lhes o plano,

E produziu todo o ardil, fê-lo firme,
Prodigioso: superior era seu encantamento puro.

E recitou-o, nas águas o fez repousar,
Sono nele inseminou, dormiu ele em paz,

E fez dormir Apsu do sono nele inseminado.
(Múmmu, o mentor, extenuado atordoava-se.)

Desatou-lhe os tendões, arrebatou-lhe a coroa,
Sua aura tirou, em si revestiu-a,

E encadeou Apsu, matou-o.
(Prendeu Múmmu, sobre ele pôs a tranca.)

Firmou sobre Apsu seu assento.
(Capturou Múmmu, reteve-lhe a brida.)

Após os malvados encadear, abater,
Ea ergueu-se em triunfo sobre seus adversários.

No interior de seus aposentos em repouso sossegou,
E denominou-os Apsu, mostrou seus santuários,

Naquele lugar sua câmara fixou,
Ea e Dámkina, sua esposa, com grandeza assentaram-se.

O nascimento de Marduk

Na capela dos destinos, ádito dos ardis,
O sábio dos sábios, multíscio dos deuses, o Senhor, foi gerado,

No interior do Apsu foi engendrado Marduk!
No interior do puro Apsu foi engendrado Marduk!

E engendrou-o Ea, seu pai,
Dámkina, sua mãe, pariu-o.

Sugou ele as mamas de deusas,
Uma nutriz o nutriu, de terror o encheu:

Florescente em estatura, brilhantes elevam-se seus olhos,
Viril de nascença, potente desde sempre!

E viu-o Ánu, genitor de seu pai,
Alegrou-se, brilhou, seu coração de ventura encheu-se.

Fê-lo excelente, diverso em sua divindade,
Elevado em muito, sobre eles excelso em tudo.

Não apreensível e prodigiosa sua dimensão,
De considerar-se, incompatível, de ver, difícil:

Quatro os seus olhos, quatro os ouvidos,
Os lábios, quando mexe, Fogo brilha.

Crescem-lhe as quatro orelhas
E seus olhos, como aquelas, contemplam a totalidade.

Elevado dentre os deuses, superior em estatura,
Seus membros alongados, de nascença, superior:

Filho de Utu, filho de Utu,
Filho do Sol, Sol dos deuses!

Vestido com a aura de dez deuses, com altivez recoberto,
Cinquenta terrores sobre ele se acumulavam.

A nova perturbação de Tiámat

E engendrou quatro ventos, procriou-os Ánu,
As mãos dele encheu: meu filho os faça revoltear!

Produziu poeira, na borrasca a lançou,
Fez existir a onda, disturbou Tiámat:

Disturbada Tiámat, dia e noite desarvoravam-se.
Os deuses – ela não repousava – lançavam-lhe ventos.

E tramando em suas entranhas o mal,
A Tiámat, a mãe deles, eles disseram:

Quando Apsu, teu consorte, mataram,
A seu flanco não ficaste, em silêncio assentada:

Agora engendrou ele estes quatro ventos que terríveis
Disturbam-te as entranhas e não dormimos nós!

Não está em teu coração Apsu, teu consorte?
E Múmmu, que encadeado? Sozinha assentas?

E mamãe não és tu? Em perturbação desarvora-te
E nós, que não descansamos, não nos amas?

Vê nossa fadiga, estropiados nossos olhos.
Lança fora o jugo sem descanso e durmamos nós!

Faze a contenda! O feito por eles devolve!
---- deles ação, em sopro torna-os!

A assembleia de guerra

E ouviu Tiámat tais ditos bons para si:
O que vós deliberastes, façamos hoje!

Em assembleia, os deuses, no interior dela,
Males tramaram para os deuses que os engendraram.

E formaram um círculo e ao flanco de Tiámat se alçam,
Coléricos, tramando sem descanso noite e dia,

Prontos para o combate, furibundos, ferozes,
Em concílio postos, engendram a batalha:

Mãe Húbur, que formou tudo,
Multiplicou armas sem igual, procriou dragões

De dentes agudos, sem piedade suas mandíbulas,
De veneno, em vez de sangue, seus corpos encheu,

Serpes furiosas, de terrores vestidas,
Aura lhes aprontou, de deuses as fez reflexo:

À sua vista, inane se pereça,
Seus corpos arrebatem e não voltem atrás seus peitos.

Fez erguerem-se Báshmu, Mushhúshu e Láhama,
Procela, Cão-Selvagem e Homem-Escorpião,

Tempestades ferozes, Homem-Peixe e Bisonte,
Prontos em armas sem piedade, sem temer a contenda,

Tremendos os decretos dela, sem igual eles são:
De todo onze, como aquele, fez ela existir.

A investidura de Quíngu

Entre os deuses, seus rebentos, que postos em assembleia,
Exaltou Quíngu, no meio deles fê-lo grande.

O ir à frente, em face da tropa, o comando da assembleia,
A prontidão em armas, a refrega, o lançar-se à peleja,

Dos que no combate a suprema liderança
Confiou à sua mão, fê-lo sentar-se no trono:

Lancei teu encantamento, na assembleia dos deuses fiz-te grande,
Da liderança dos deuses, a íntegra deles, tua mão enchi.

Que sejas supremo! Esposo único és tu!
Seja grande tua fala sobre todos eles, os Anúkki!

E deu-lhe a tabuinha dos destinos, no peito lhe prendeu:
Ditame teu não mude, seja firme o que vem de tua boca!

Quando Quíngu foi exaltado, assumiu o que é de Ánu,
Para os deuses, seus filhos, o destino destinou:

Mandados de vossas bocas   Fogo faça sossegar!
Teu veneno, ao acumular-se,   a força degrade!

TABUINHA 2

A reação de Ea

Reuniu Tiámat sua criação,
A contenda enredou para os deuses, sua prole.

Doravante, por causa de Apsu, foi malvada Tiámat.
A peleja, como urdida, a Ea delataram,

E ouviu Ea aquelas palavras,
Quieto emudeceu, calado sentou-se.

Após ponderar, sua cólera sossegou,
Para diante de Ánhar, seu pai, dirigiu-se ele

E entrou defronte do pai que o procriou, Ánshar;
Tudo que Tiámat tramara repetiu para ele:

Pai, Tiámat que nos procriou nos detesta,
A assembleia está posta e em fúria enraivece.

Voltaram-se para ela os deuses, a íntegra deles,
Até os que vós engendrastes a seu flanco vão.

Formaram um círculo e ao flanco de Tiámat se alçam,
Coléricos, tramando sem descanso noite e dia,

Prontos para o combate, furibundos, ferozes,
Em concílio estão postos e engendram a batalha:

Mãe Húbur, que formou tudo,
Multiplicou armas sem igual, procriou dragões

De dentes agudos, sem piedade suas mandíbulas,
De veneno, em vez de sangue, seus corpos encheu,

Serpes furiosas, de terrores vestidas,
Aura lhes aprontou, de deuses as fez reflexo:

À sua vista, inane se pereça,
Seus corpos arrebatem, não voltem para trás seus peitos.

Fez erguerem-se Báshmu, Mushhúshu e Láhama,
Procela, Cão-Selvagem e Homem-Escorpião,

Tempestades ferozes, Homem-Peixe e Bisonte,
Prontos em armas sem piedade, sem temer a contenda,

Tremendos os decretos dela, sem igual eles são:
De todo onze como aquele ela fez existir.

Entre os deuses, seus rebentos, que postos em assembleia,
Exaltou Quíngu, no meio deles fê-lo grande.

O ir à frente, em face da tropa, o comando da assembleia,
A prontidão em armas, a refrega, o alçar-se à peleja,

Dos que no combate a suprema liderança
Confiou à sua mão, fê-lo sentar-se no trono:

Lancei teu encantamento, na assembleia dos deuses fiz-te grande,
Da liderança dos deuses, a íntegra deles, tua mão enchi.

Que sejas supremo! Esposo único és tu!
Seja grande tua fala sobre todos eles, os Anúkki!

E deu-lhe a tabuinha dos destinos, no peito lhe prendeu:
Ditame teu não mude, seja firme o que vem de tua boca!

Quando Quíngu foi exaltado, assumiu o poder de Ánu,
Para os deuses, dela filhos, o destino destinou:

Mandados de vossas bocas Fogo faça sossegar!
Teu veneno, ao acumular-se, a força degrade!

O desconcerto de Ánshar

E ouviu-o Ánshar, palavras muito perturbadoras:
Ai! clamou. Seus lábios mordeu.

Encolerizou-se seu ânimo, sem sossego suas entranhas.
Sobre Ea, seu rebento, seu bramido esmorece:

Meu filho, que desafiaste para a guerra,
Tudo de teu flanco fizeste... suporta-o tu!

Enfrentaste Apsu, mataste,
E Tiámat, que enfureceste, onde um igual a ela?

Arguto em conselhos, príncipe de perspicácia,
Genitor da sabedoria, o deus Nudímmud,

Com palavras serenas, fala pacífica,
A Ánshar, seu pai, benigno responde:

Meu pai, de coração profundo, que destinas os destinos,
Com quem existir e destruir existem consigo,

Ánshar, de coração profundo, que destinas os destinos,
Com quem existir e destruir existem consigo,

Sentença te direi. Logo sossega!
Como uma palavra boa o fiz, tolere-o teu coração:

Antes que Apsu eu matasse
O que é que se via? Agora há isto.

Antes que me apressasse a extermína-lo,
Deveras o destruí, o que existia?

A missão de Ea

E ouviu Ánshar, as palavras eram boas para si.
Repousou seu coração, a Ea disse:

Meu filho, teus feitos a um deus convêm,
Colérico é teu golpe sem igual, és capaz ----

Ea, teus feitos a um deus convêm,
Colérico é teu golpe sem igual, és capaz ----

Vai diante de Tiámat, seu assalto repousa!
Sua fúria ---- reprime-a logo com teu sortilégio!

E ouviu a fala de seu pai Ánshar,
Tomou seu caminho, à sua rota dirigiu-se.

Foi Ea, os planos dela, Tiámat, desvendou,
Parou, emudeceu e volveu atrás.

E entrou defronte do eminente Ánshar,
Súplica o tomou e disse a ele:

Meu pai, excelsa é Tiámat e seus feitos para mim,
Seu intento desvendei e não se lhe equipara meu sortilégio:

Tremenda é sua força, cheia de pavor,
Sua assembleia é possante e não a enfrenta ninguém,

Não reduz seu grito farto.
Temi seu bramido, voltei atrás.

Meu pai, não esmoreças! Torna a arremeter contra ela!
A força da mulher, mesmo possante, não é plena como a do varão.

Dissolve sua hoste, seus conselhos dispersa, tu!
Antes que sua mão imponha sobre nós!

A missão de Ánu

Ánshar em cólera clamou,
A Ánu, seu filho, ele disse:

Primogênito cabido, clava deífica, campeão,
De quem tremenda é a força, sem igual seu ataque,

Apressa e diante de Tiámat ergue-te, tu!
Repousa seu ânimo, seu coração se abrande!

Mas se ela não ouvir tuas palavras,
Palavra de súplica profere e ela se acalme!

E ouviu ele a fala de seu pai Ánshar,
Tomou o caminho até ela e à sua rota dirigiu-se.

Foi Ánu, os planos dela, Tiámat, desvendou,
Parou, emudeceu e volveu atrás.

E entrou defronte do pai que o procriou, Ánshar,
Súplica tomou e disse:

Meu pai, excelsa é Tiámat e seus feitos para mim,
Seu intento desvendei e não se lhe equipara meu sortilégio.

Tremenda é sua força, cheia de pavor,
Sua assembleia é possante e não a enfrenta ninguém.

Não reduz seu grito farto.
Temi seu bramido, voltei atrás.

Meu pai, não esmoreças! Torna a arremeter contra ela!
A força da mulher, mesmo possante, não é plena como a do varão.

Dissolve sua hoste, seus conselhos dispersa, tu!
Antes que sua mão imponha sobre nós.

A comissão de Marduk

Emudeceu-se Ánshar, o chão encarou,
Acenou para Ea, balançou a cabeça.

Em assembleia estavam os Ígigi, todos eles, os Anúkki,
Seus lábios fechados e em silêncio assentados.

Deus algum enfrenta ----,
Defronte de Tiámat nada sai de seus lábios.

E o Senhor Ánshar, pai dos grandes deuses,
Irado em seu coração não conclamou ninguém.

Ao vigoroso primogênito, que devolve o feito a seu pai,
Que se lança à guerra, Marduk valente,

Conclamou Ea a seu lugar secreto,
O plano de seu coração proferiu-lhe:

Marduk, conselho ouve de teu pai,
Pois tu, meu filho, és quem abranda seu coração;

Diante de Ánshar bem perto chega
E abre tua boca, ergue-te, ao ver-te ele sossegará.

E alegrou-se o Senhor com as palavras de seu pai
E chegou, ergueu-se defronte de Ánshar,

E viu-o Ánshar, seu coração de paz encheu-se,
Beijou-lhe os lábios, seu pavor regrediu:

Meu pai, não os tenhas fechados, abre teus lábios,
Vá eu e satisfaça em tudo teu coração!

Ánshar, não os tenhas fechados, abre teus lábios,
Vá eu e satisfaça em tudo teu coração!

Qual varão em contenda saiu contra ti?
E Tiámat, que é mulher, enfrenta-te em armas?

Meu pai, genitor, alegra-te e aclama:
A nuca de Tiámat rápido pisarás tu!

Ánshar, genitor, alegra-te e aclama:
A nuca de Tiámat rápido pisarás tu!

Vai, filho, conhecedor por inteiro agudo,
Tiámat faz repousar com teu encantamento puro,

O carro da tempestade rápido dirige
E se sua face não se desvia, volte ela atrás!

E alegrou-se o Senhor com as palavras de seu pai,
Regozijou-se em seu coração e a seu pai disse:

Senhor dos deuses, destino dos grandes deuses,
Se eu próprio for o que devolve o feito a vós,

Encadear Tiámat e fizer-vos viver, a vós,
Ponde-vos em assembleia, excelso nomeai-me o destino!

No Upshukkinákku juntos e alegres sentai-vos
E mandado de minha boca seja como o vosso e o destino eu destine,

Não mude nada que engendre eu,
Não volte atrás, não se modifique a fala de meus lábios.

TABUINHA 3

A convocação da assembleia

Ánshar sua boca abriu
E a Kakka, seu intendente,   palavras disse:

Kakka, intendente,   bom para meu ânimo,
Até Láhmu e Láhamu   envio-te, a ti.

Busca! és perito,   em loquacidade és capaz:
Os deuses, meus pais,   introduze defronte a mim,

Introduzam-se os deuses, a totalidade deles,
Ditos se digam,   em festa se assentem,

Cereais comam,   tomem cerveja,
Para Marduk, o que devolve o feito a eles,   destinem o destino!

Avança, vai, Kakka,   perante eles ergue-te,
Tudo que te digo   replica para eles:

Ánshar, vosso filho, me enviou aqui,
Os decretos de seu coração   transmitiu a mim:

Mãe Tiámat, que nos procriou, nos detesta;
A assembleia está posta   e em fúria enraivece.

E voltaram-se para ela os deuses, a íntegra deles,
Até os que vós engendrastes   a seu flanco vão.

E formaram um círculo e ao flanco de Tiámat se alçam,
Coléricos, tramando   sem descanso noite e dia,

Prontos para o combate,   furiundos, ferozes,
Em concílio postos,   engendram a batalha:

Mãe Húbur,   que formou tudo,
Multiplicou armas sem igual,   procriou dragões

De dentes agudos,   sem piedade suas mandíbulas,
De veneno, em vez de sangue,   seus corpos encheu,

Serpes furiosas,   de terrores vestidas,
Aura lhes aprontou,   de deuses as fez reflexo:

À sua vista, inane se pereça,
Seus corpos arrebatem,   não voltem para trás seus peitos.

Fez erguerem-se Báshmu,   Mushhúshu e Láhama,
Procela, Cão-Selvagem e Homem-Escorpião,

Tempestades ferozes,   Homem-Peixe, Bisonte,
Prontos em armas sem piedade,   sem temer a contenda,

Tremendos os decretos dela,   sem igual eles são:
De todo onze,   como aquele, fez ela existir.

Entre os deuses, seus rebentos,   que postos em assembleia,
Exalta Quíngu,   no meio deles fê-lo grande.

O ir à frente, em face da tropa,   o comando da assembleia,
A prontidão em armas,   a refrega, o alçar-se à peleja,

Dos que no combate   a suprema liderança
Confiou à sua mão,   fê-lo sentar-se no trono:

Lancei teu encantamento,   na assembleia dos deuses fiz-te grande,
Da liderança dos deuses, a íntegra deles,   tua mão enchi.

Que sejas supremo! Esposo único és tu!
Seja grande tua fala sobre todos os Anúkki!

E deu-lhe a tabuinha dos destinos, no peito lhe prendeu:
Ditame teu não mude, seja firme o que vem de tua boca!

Quando Quíngu foi exaltado, assumiu o que é de Ánu,
Para os deuses, dela filhos, o destino destinou:

Mandados de vossas bocas Fogo faça sossegar!
Teu veneno, ao acumular-se, a força degrade!

Enviei Ánu, não foi capaz defronte dela,
Nudímmud temeu e volveu atrás.

Enfrentou-a Marduk, multíscio dos deuses, vosso filho,
Defronte de Tiámat seu coração a enfrentá-la conduziu,

Mandados de sua boca proferiu para mim:
Se eu próprio for o que devolve o feito a vós,

Encadear Tiámat e a vós fizer viver,
Ponde-vos em assembleia, excelso nomeai-me o destino!

No Upshukkinákku juntos alegres sentai-vos
E mandado de minha boca seja como o vosso e o destino eu destine,

Não mude nada que engendre eu,
Não volte atrás nem se modifique a fala de meus lábios.

Apressai-vos a vosso destino logo destinar-lhe
E que ele vá afrontar vossa forte inimiga!

A missão de Kakka

Foi Kakka, a sua rota dirigiu-se,
Até Láhmu e Láhamu, os deuses seus pais,

Prosternou-se e beijou a terra defronte deles,
Endireitou-se, ergueu-se, lhes disse:

Ánshar, vosso filho, me enviou aqui,
Os decretos de seu coração   transmitiu a mim:

Mãe Tiámat, que nos procriou, nos detesta.
A assembleia está posta   e em fúria enraivece.

E voltaram-se para ela os deuses, a íntegra deles,
Até os que vós engendrastes   a seu flanco vão.

Formaram um círculo e ao flanco de Tiámat se alçam,
Coléricos, tramando,   sem descanso noite e dia,

Prontos para o combate,   furibundos, ferozes,
Em concílio postos,   engendram a batalha:

Mãe Húbur,   que formou tudo,
Multiplicou armas sem igual,   procriou dragões

De dentes agudos,   sem piedade suas mandíbulas,
De veneno, em vez de sangue,   seus corpos encheu,

Serpes furiosas,   de terrores vestidas,
Aura lhes aprontou,   de deuses as fez reflexo:

À sua vista, inane se pereça,
Seus corpos arrebatem,   não voltem para trás seus peitos.

Fez erguerem-se Báshmu,   Mushhúshu e Láhama,
Procela, Cão-Selvagem e Homem-Escorpião,

Tempestades ferozes,   Homem-Peixe e Bisonte,
Prontos em armas,   sem piedade, sem temer a contenda,

Tremendos os decretos dela,   sem igual eles são:
De todo onze,   como aquele, fez ela existir.

Entre os deuses, seus rebentos, que postos em assembleia,
Exaltou Quíngu, no meio deles fê-lo grande.

O ir à frente, em face da tropa, o comando da assembleia,
A prontidão em armas, a refrega, o alçar-se à peleja,

Dos que no combate a suprema liderança
Confiou à sua mão, fê-lo sentar-se no trono:

Lancei teu encantamento, na assembleia dos deuses fiz-te grande,
Da liderança dos deuses, a íntegra deles, tua mão enchi.

Que sejas supremo! Esposo único és tu!
Seja grande tua fala sobre todos os Anúkki!

E deu-lhe a tabuinha dos destinos, no peito lhe prendeu:
Ditame teu não mude, seja firme o que vem de tua boca!

Quando Quíngu foi exaltado, assumiu o que é de Ánu,
Para os deuses, dela filhos, o destino destinou:

Mandados de vossas bocas Fogo faça sossegar!
Teu veneno, ao acumular-se, a força degrade!

Enviei Ánu, não foi capaz defronte dela,
Nudímmud temeu e volveu atrás.

Enfrentou-a Marduk, multíscio dos deuses, vosso filho,
Defronte de Tiámat seu coração a enfrentar ele conduziu,

Mandados de sua boca proferiu para mim:
Se eu próprio for o que devolve o feito a vós,

Encadear Tiámat e a vós fizer viver,
Ponde-vos em assembleia, excelso nomeai-me o destino!

No Upshukkinákku juntos, alegres sentai-vos
E mandado de minha boca seja como o vosso e o destino eu destine,

Não mude nada   que engendre eu,
Não volte atrás nem se modifique   a fala de meus lábios.

Apressai-vos a vosso destino logo destinar-lhe,
Vá ele afrontar   vossa forte inimiga!

A assembleia dos grandes deuses

Ouviram Lahha e Láhamu,   clamaram ruidosos,
Os Ígigi, a soma deles,   gemeram apenados:

Que de tão hostil   para ela tal ataque decidir?
Não soubemos nós,   de Tiámat, as ações!

Reuniram-se   e lá vão eles,
Os grandes deuses, todos eles,   que destinam os destinos.

Entraram diante de Ánshar,   de ventura cheios,
Beijaram os irmãos aos irmãos,   na assembleia ----,

Ditos se disseram,   em festa se assentaram,
Cereais comeram,   tomaram cerveja,

A bebida doce   verteram em suas goelas:
A birra ao sorver,   deleitaram seus corpos.

Muito acalmados,   ânimos em regozijo,
Para Marduk, o que devolve o feito a eles,   destinaram o destino.

TABUINHA 4

A entronização de Marduk

Lançaram para ele uma sede de soberano,
Defronte de seus pais,   em liderança fixou-se:

Tu és honrado   dentre os grandes deuses,
Teu destino não tem duplo,   tua fala é a de Ánu!

Marduk, honrado   dentre os grandes deuses,
Teu destino não tem duplo,   tua fala é a de Ánu!

De hoje em diante não se modifique tua ordem,
Exaltar e rebaixar,   isso esteja em tua mão!

Seja firme o que vem de tua boca,   sem mentira tua fala!
Nenhum   dentre os deuses teus limites transgrida!

Provisões requer a sede dos deuses,
O lugar de seu santuário   esteja firme em teu lugar!

Marduk, tu és   o que devolve o feito a nós!
Demos-te a realeza   sobre a soma de toda a totalidade!

Senta-te na assembleia,   que te exaltes com tua palavra!
Tuas armas não falhem,   aniquilem teus inimigos!

Senhor, de quem em ti confia   a vida resguarda!
E do deus que mal se teve   extirpa-lhe a vida!

Ergueram no meio deles   uma constelação única,
A Marduk, seu rebento,   eles disseram:

Que teu destino, Senhor,   seja igual ao dos deuses!
Destruir e engendrar,   comanda e assim seja!

Mandado de tua boca   destrua esta constelação,
Torna a comandar   e a constelação restabeleça-se!

Comandou com sua boca,   destruiu a constelação.
Tornou a comandar   e a constelação foi regenerada.

Quando o que vem de sua boca viram   os deuses, seus pais,
Alegraram-se, bendisseram: Marduk é o rei!

Ajuntaram-lhe cetro,   trono, reino,
Deram-lhe arma sem igual,   que subjuga o oponente:

Vai! a Tiámat   a garganta rompe-lhe,
Ventos o seu sangue,   como anúncio, conduzam!

E destinaram ao Senhor   seu destino, os deuses, seus pais.
Em rota de mercês e complacência   fizeram-no tomar o caminho.

As armas de Marduk

Produziu um arco,   por sua arma o reconheceu,
Uma flecha lhe sobrepôs,   firmou a corda.

Levantou a maça,   com sua destra susteve-a,
Arco e aljava   em seu flanco pendurou.

Pôs o relâmpago à face de si,
De flama ardente   seu corpo encheu.

Fez a rede,   para envolver por dentro Tiámat:
Os quatro ventos tomou,   para que não saísse nada dela,

Vento Sul, Norte, Leste, Oeste;
A seu flanco a rede achegou: eram eles oferendas de seu pai, Ánu.

Engendrou Turbilhão – vento mau –, Borrasca, Ciclone,
Vento-Quádruplo, Vento-Sétuplo, Vento-Tufão, Vento ----

E fez sair os ventos que engendrou, aqueles sete.
Para por dentro a Tiámat disturbar alçaram-se atrás dele.

E levantou o Senhor o Dilúvio, sua grande arma.
No carro da tempestade, sem igual e assombroso, montou

E jungiu-lhe quatro atrelados, em seu flanco os pendurou:
Assassino, Impiedoso, Inundação, Alado,

Abertos têm os beiços, seus dentes levam veneno,
Esmorecimento não conhecem, a devastar ensinados.

Fez erguer à sua destra Temível Contenda e Guerra,
À esquerda, Peleja, que subjuga todos os comparsas.

Por vestimenta, couraça de terror vestia
E aura aterradora cobria-lhe a cabeça.

A batalha

Seguiu direto o Senhor, à sua rota dirigiu-se,
Até Tiámat, que enfurecida: à sua face se pôs.

Em seus lábios um encantamento retém,
Erva para veneno exterminar segura sua mão.

Naquele seu dia, se lhe desarvoraram, os deuses se lhe desarvoraram,
Os deuses, seus pais, se lhe desarvoraram, os deuses se lhe desarvoraram.

Chegou o Senhor e o bucho de Tiámat contemplou,
De Quíngu, seu esposo, desvendou-lhe o plano.

Encarou-a e perturbou-se seu intento,
Dispersou-se sua decisão e confundiu-se sua ação.

E os deuses, dele aliados, que iam a seu flanco,
Viram o valente comandante, seu olhar perturbou-se.

Lançou seu encantamento Tiámat, sem volver a nuca,
Em seus lábios um engodo retinha de mentiras:

---- Senhor, os deuses alçam-se contra ti!
No seu lugar, em assembleia, estão no teu lugar.

E levantou o Senhor o Dilúvio, sua grande arma,
E contra Tiámat, que irada, assim ele arremeteu:

Por que paz por fora aparentas
E tramas no teu coração lançar-te à peleja?

Clamaram os filhos, a seus pais ultrajaram,
Mas tu, que os procriaste, detestas apiedar-te.

Nomeaste Quíngu para o que é do esposo,
Para o que não lhe convém o puseste, para o rito do que é de Ánu.

Para Ánshar, rei dos deuses, o mal buscaste
E para os deuses, meus pais, tua maldade firmaste.

Monte-se tua armada! cinjam eles tuas armas!
Aproxima-te! e eu e tu façamos um duelo!

Tiámat isso quando ouviu
Enlouquecida tornou-se, perdeu o senso;

E clamou Tiámat com furor e ruidosa,
Nas raízes por completo tremeram-lhe as bases.

Recita ela um sortilégio, lança seu encantamento
E os deuses da contenda, afiam eles suas armas.

E aproximaram-se Tiámat e o multíscio dos deuses, Marduk,
Em duelo misturaram-se, achegando-se em contenda;

E desdobrou o Senhor sua rede, envolveu-a;
O Turbilhão, tomada ela por trás, em sua face soltou

E abriu sua boca Tiámat, para devorá-lo;
O Turbilhão fez ele entrar, para não fechar ela os lábios:

Ventos coléricos suas entranhas atulharam,
Inflou-se seu coração e sua boca ela escancarou.

Ele atirou uma flecha, rasgou-lhe as entranhas,
Seu interior cortou, retalhou-lhe o coração.

Encadeou-a e a vida exterminou-lhe;
Seu cadáver lançou, sobre ela ergueu-se.

A vitória sobre os aliados

Após o que vai na vanguarda matar Tiámat,
Dela as hostes dissolveram-se, sua assembleia dispersou-se:

E os deuses, seus aliados, que iam a seu flanco,
Tremeram, amedrontaram-se, inverteram seu rumo,

Saíram, a vida a salvarem,
Cerco os envolvia, fugir não podiam,

Capturou-os ele e suas armas quebrou,
Na rede os jogou e na armadilha sentaram-se,

Fixos nos cantos, cheios de gemidos,
Seu castigo suportando, detidos em prisão;

E aos onze portentos que terror atulhava,
A horda de demônios que ia toda à direita dela,

Lançou-lhes a brida, seus braços acorrentou,
Junto com a sua guerra, debaixo de si os pisoteou;

E Quíngu, que se fez grande no meio deles,
Prendeu-o e dentre os deuses mortos o contou,

Pegou-lhe a tabuinha dos destinos, não a ele destinada,
Com sinete a selou e no peito a postou.

Após os malvados encadear, abater,
Ao oponente poderoso emudeceu, como um touro,

E o triunfo de Ánshar sobre os inimigos de todo ele ergueu:
O desejo de Nudímmud realizou Marduk valente!

A fabricação do céu

Sobre os deuses encadeados a prisão fez possante
E para junto de Tiámat, que encadeara, atrás ele volveu.

Pisou então o Senhor, de Tiámat, a sua base,
Com a maça, sem piedade, despedaçou-lhe o crânio.

Rompeu-lhe as veias e seu sangue
O vento norte, como anúncio, conduziu:

Viram-no seus pais e alegraram-se, exultaram,
Dons e mercês conduziram para ele.

Sossegou o Senhor, o cadáver contemplou:
O aborto ele parte para engendrar prodígios!

Dividiu-a, como um peixe seco, em duas.
Metade dela dispôs e o firmamento esticou,

Reforçou o couro, guardas fez tomá-lo,
Suas águas não deixar sair lhes ordenou.

O céu atravessou, os lugares examinou,
Replicou réplica do Apsu, assento de Nudímmud:

Mediu o Senhor, do Apsu, a forma
E, do Eshgalla reflexo, firmou o Esharra.

Eshgalla, Esharra que ele engendrou, e o firmamento,
De Ánu, Énlil e Ea templos fez para morar.

TABUINHA 5

As estrelas e o ano

Produziu ele uma posição   para os grandes deuses:
De estrelas, deles reflexo,   constelações ergueu.

Assinalou o ano,   seu limite traçou,
Doze meses,   três estrelas para cada um ergueu.

Desde o dia em que, do ano,   traçou o traçado,
Fixou a posição de Néberu,   para expor seus liames.

Para não haver quebra   nem incúria de ninguém,
A posição de Énlil e de Ea   firmou com aquela.

Abriu portais   a cada lado,
Travas fez possantes   à esquerda e à destra.

A Lua

No âmago mesmo dela   pôs um cume
E Nánnaru fez surgir,   a noite consignou-lhe,

E mostrou a joia da noite,   para mostrar os dias,
Cada mês seu, sem cessar,   nas fases lhe traça:

No começo do mês   brilha tu sobre a terra!
Os teus cornos resplandece   para mostrar seis dias;

No sétimo dia, a coroa pela metade,
No décimo quinto estejas defronte, na metade de seu mês;

Quando Shámash, na base do céu, te encarar,
Como convém diminui e cresce de volta;

No dia de teu sumiço, ao caminho de Shámash achega-te
---- no trigésimo dia estejas a ele defronte, um segundo Shámash.

---- signo, segue a rota dela,
---- achegai-vos e julgai os julgamentos.

---- Shámash constrange morte, pilhagem
---- de mim

O Sol

Shámash ----
Em ----

Que ----

Que não exista ----

No fim ----
O dia de teu sumiço exista ----

Após ordens ----
Desígnio de em face e ----

Engendrou então o dia ----
O ano seja equivalente ----

No começo do ano ----
O ano em ----

Que seja habitual ----
A tranca da saída ----

As nuvens

Desde que os dias ----
Guardas da noite e do dia ----

A baba que Tiámat ----
Marduk engendrou ----

Enredou e em nuvens brandiu;
O assaltar do vento,   o derramar da chuva,

O alçar do nevoeiro,   o acumular do veneno dela
Assinalou ele a si mesmo,   susteve em sua mão.

A fabricação da terra e o arremate do cosmo

Dispôs dela a cabeça,   em cima montanha empilhou,
O abismo abriu,   água o encharcou.

Abriu-lhe nos olhos   o Eufrates e o Tigre,
As narinas lhe obstruiu,   ---- deixou.

Dispôs-lhe nas tetas   montanhas remotas,
Poços furou   para conduzir aos reservatórios.

Torceu-lhe a cauda,   como corda a amarrou,
---- do Apsu,   debaixo dos seus pés.

Pôs-lhe a virilha   presa no firmamento,
Metade dela esticou,   a terra firmou.

---- a obra no coração de Tiámat brandiu,
Desdobrou a sua rede, por inteiro a fez sair.

Formou assim céu e terra ----
---- os tendões deles ---- firmou.

Os troféus de Marduk

Após seu culto instituir, produzir seus ritos,
A brida tendo lançado, a Ea fez tomá-la.

A tabuinha dos destinos, que Quíngu arrebatara, apanhou
E, tal remate de dons a levando, a Ánu ofereceu.

A rede da contenda, que pendurara a seu lado,
---- dirigiu para defronte de seus pais.

E dos onze portentos que Tiámat engendrou ----,
Suas armas quebrou, capturou-os a seus pés

E deles engendrou imagens, à porta do Apsu as pôs:
Para doravante não se esquecer, sejam elas signos!

A aclamação de Marduk

Viram-no os deuses e suas entranhas alegres exultaram,
Láhmu e Láhamu, todos eles, seus pais.

E abraçou-o Ánshar, do rei as mercês fez ver,
Ánu, Énlil e Ea ofereceram-lhe oferendas,

Mãe Dámkina, que o procriou, aclamou-o,
Em alvo traje, a face dele fez brilhar.

A Usmu, que os dons dela, como anúncio, conduziu,
Consignou a intendência do Apsu, confiou-lhe os santuários.

Em assembleia os Ígigi,   todos eles, prosternaram-se,
Os Anunnáki, quantos existem,   beijaram-lhe os pés.

---- a assembleia deles,   baixando os narizes,
---- ergueram-se, inclinaram-se: Eis o rei!

As insígnias do poder

Após seus pais   fartarem-se de seu esplendor,
Ouviu o Senhor   seus pedidos, revestido da poeira do duelo.

E óleo de cedro ---- seu corpo fez ungir,

Trajou os trajes de sua soberania,
A aura da realeza,   coroa aterradora.

Levantou a maça,   com sua destra a susteve,
---- a esquerda a retém.

Pôs sobre ----
---- sobre o monstro   seu pé fixou,

Insígnias de mercês e complacência   em seu flanco pendurou

A entronização de Marduk

Após a aura ----
Seu alforje, Apsu   temível ----

Assentado como ----
Na sala de seu trono ----

Em sua ermida ----
Deuses, quantos existem ----

Láhmu e Láhamu ----
Abriram então suas bocas, disseram aos deuses, os Ígigi:

Antes Marduk era o filho nosso amado,
Agora é vosso rei, em suas ordens atentai!

Uma segunda vez disseram e proclamaram em assembleia:
Lugaldimmerankia é sua alcunha, nele confiai!

Quando a Marduk deram a realeza,
Voto de bem e complacência lhe disseram:

Desde hoje sejas tu o provedor de nossas sedes!
Tudo o que tu comandares, faremos nós!

Babilônia

Marduk a boca abriu e comandou,
Aos deuses, seus pais, palavra disse:

Por sobre o Apsu, assento de esmeralda,
Como réplica do Esharra que engendrei eu para vós,

Abaixo da cobertura celeste firmei o solo
E farei uma casa, assento de meu esplendor:

Em seu interior um templo fixarei
E meus aposentos mostrarei, farei ver minha realeza!

Quando do Apsu subirdes para a assembleia,
Aí seja vosso pernoite, para toda a vossa assembleia!

Quando do firmamento descerdes para a assembleia,
Aí seja vosso pernoite, para toda a vossa assembleia!

Declararei seu nome: Babilônia, casa dos grandes deuses!
Festas em seu interior ---- faremos, noturnas!

Ouviram os deuses, seus pais,   estes comandos seus,

E sobre tudo que engendraram tuas mãos,
Quem ---- teu tem.

Sobre o solo que engendraram tuas mãos,
Quem ---- teu tem.

Babilônia, de quem disseste o nome,
Lugar de nosso pernoite   mostra para sempre!

---- nossa oblação conduzam,

Alguém, nossa obra,   que nós ----
Neste lugar ---- seu labor ----

Alegraram-se ----
Os deuses ----

Que conhece ---- bom para eles.
Abriu então sua boca, exibindo-lhes luz.

---- seu comando magnífico.

---- a eles ----
E ----

Prosternaram-se diante dele os deuses, comandaram-lhe,
A Lugaldimmerankia, seu Senhor,   eles disseram:

Antes eras o Senhor,   o filho nosso amado,
Agora és nosso rei   ----

Quem ---- manteve a vida
---- aura da maça e das insígnias.

Que faça o projeto ---- toda destreza,
---- nós.

TABUINHA 6

A criação da humanidade

Marduk a fala dos deuses quando ouviu,
Conduziu seu coração a engendrar prodígios.

Mandado de sua boca a Ea comandou,
O que em seu coração proferiu deu em conselho:

Sangue condensarei, ossos farei existir,
Farei erguer-se um ente, seja homem o seu nome!

Engendrarei sim um ente, o homem:
Imponha-se-lhe a labuta dos deuses e estes repousem!

Mudarei a condição dos deuses com prodígios:
Como um só sejam honrados, em dois se repartam!

Respondeu-lhe Ea, uma palavra proclamou
Sobre o repouso dos deuses, repetiu-lhe a decisão:

Seja-me entregue deles um único irmão,
Este seja trucidado e gente formada!

Estejam em assembleia os grandes deuses,
O culpado seja entregue e fiquem eles firmes!

Marduk reuniu em assembleia os grandes deuses,
Benigno avança, dá ordens,

Aos mandados de sua boca os deuses atentem,
O rei aos Anunnáki palavras disse:

Seja bem firme o primeiro vocábulo vosso!
Firmes dizei as sentenças para mim!

Quem pois que engendrou a guerra,
A Tiámat fez revoltar-se e enredou a contenda?

Seja-me dado sim quem engendrou a guerra,
A seu castigo o levarei, em repouso sentai!

E responderam-lhe os Ígigi, os grandes deuses,
A Lugaldimmerankia, conselheiro dos deuses, seu senhor:

Quíngu é quem engendrou a guerra,
A Tiámat fez revoltar-se e enredou a contenda.

Encadearam-no e defronte de Ea o retiveram,
O castigo impuseram-lhe e seu sangue romperam.

Em seu sangue ele engendrou a humanidade,
Impôs-lhe a labuta dos deuses e aos deuses liberou.

Após à humanidade engendrar Ea, o ciente,
A labuta que dos deuses a ela impuseram.

Sua obra, incompatível de considerar-se,
Com o prodígio de Marduk, engendrou-a Nudímmud.

A repartição dos lotes

Marduk, rei dos deuses, repartiu
Os Anunnáki, todos eles, no alto e embaixo:

Assinalou a Ánu seus decretos guardar,
Cinco vezes sessenta no céu pôs como guardas;

Uma segunda vez a condição da terra assinalou,
No céu e na terra sessenta vezes dez assentou.

Após os decretos, a soma deles, avançar,
Entre os Anunnáki, que no céu e na terra, repartiu os lotes.

A construção de Babilônia

Os Anunnáki suas bocas abriram
E a Marduk, seu senhor, eles disseram:

Agora, senhor meu, que nossa emancipação dispôs,
Qual nosso bem defronte a ti?

Façamos uma sede, seja denominada por sua alcunha,
Teus aposentos nos sejam lugar de pernoite, repousemos em seu interior!

Lancemos uma sede, um trono neste lugar,
No dia em que isso realizemos, repousemos em seu interior!

Marduk isso quando ouviu,
Como o dia brilharam seus traços com intensidade:

Fazei sim Babilônia, de que desejastes a obra!
Seus tijolos lhe deem forma, a sede seja alta!

Os Anunnáki batem as enxadas,
No ano primeiro seus tijolos fabricaram.

O segundo ano quando se completou,
Do Esagil, réplica do Apsu, elevaram a cabeça.

Engendraram pois o zigurate do Apsu, elevado,
Para Ánu, Énlil, Ea e para ele firmaram o assento.

Em majestade defronte deles assentou-se
E às raízes do Esharra fitavam seus cornos.

A ocupação de Babilônia

Depois que o Esagil fizeram, a sua obra

(Os Anunnáki, todos eles, suas sedes tendo produzido,
Os cinco vezes sessenta Ígigi do firmamento e os seiscentos do Apsu,
todos eles em assembleia),

O Senhor, no tabernáculo que engendraram, seu assento,
Os deuses, seus pais, em festa assentou:

Eis Babilônia, assento de vosso domicílio!
Cantai neste lugar, alegres sentai-vos!

E sentaram-se os grandes deuses,
O caneco puseram, para a festa assentaram-se.

Depois que cantoria puseram em seu interior,
No Esagil temível fizeram eles a cerimônia:

Firmes os decretos, a soma deles, os ardis,
Posições no céu e na terra repartiram-se os deuses, todos eles,

Os grandes deuses, cinquenta são, sentaram-se,
Os deuses dos destinos, sete são, as sentenças firmaram

E recebeu o Senhor o arco, sua arma defronte deles lançou,
A rede que fizera viram os deuses, seus pais,

E viram o arco, como prodigiosa sua forma,
Ao feito que ele fez louvaram seus pais.

Levantou-o Ánu, no concílio dos deuses comandou,
O arco tendo beijado: seja um filho!

E declarou, do arco, assim os seus nomes:
Longo-Madeiro seja o primeiro, e o segundo seja Conquistador;

Terceiro nome seu: Arco que no céu surge!
Firmou-lhe o pedestal   entre os deuses, seus irmãos:

Depois que o destino do arco   Ánu destinou,
Lançou um trono de realeza,   dentre os deuses elevado:

Ánu, no concílio dos deuses,   a ele fez sentar.

Marduk, rei dos deuses

Em assembleia postos os grandes deuses,
O destino de Marduk exaltaram,   prosternaram-se eles.

Disseram para si mesmos uma maldição,
Com água e óleo juraram,   tocaram-se as gargantas,

E deram-lhe a realeza sobre os deuses exercer:
No senhorio dos deuses do céu e da terra   firmaram-no eles.

Excelso o fez Ánshar,   Asalluhi declarou ser seu nome:
Ao sua alcunha proclamar,   baixemos os narizes!

Aos mandados de sua boca   os deuses atentem,
As suas ordens sejam excelsas   no alto e embaixo!

Excessivo seja o filho, o que devolve o feito a nós,
Sua condução seja superior,   igual não tenha!

Marduk, pastor dos homens

Faça ele o pastoreio dos cabeças-negras, criaturas suas:
Nos dias por vir, sem esquecer,   digam dele a conduta!

Firme para seus pais   grandes ofertas,
Provisões lhes façam,   confie-lhes seus santuários,

Faça recender incenso, com a sua manutenção exultem!
Reflexo do que no céu fez, na terra se faça!

Mostre aos cabeças-negras seu temor,
O povo seja prudente, por seus deuses chame.

Ao mandado de sua boca, às deusas eles exaltem!
Ofertas levem   a seus deuses e suas deusas!

Não se esqueçam, seus deuses conservem!
Às suas terras surjam,   os seus templos se façam!

Que se dividam os cabeças-negras entre os deuses:
Para nós, qualquer nome declaremos,   seja ele nosso deus!

Os nomes de Marduk

Declaremos pois os cinquenta nomes seus:
Sua conduta resplandeça,   suas ações o reflitam.

Marduk, como desde o nascimento o chamou   seu pai, Ánu:
Ele dispõe pastos e açudes,   faz prosperar seus estábulos;

É quem, com sua arma, o Dilúvio,   encadeou oponentes,
Os deuses seus pais em dificuldade salvou;

Seja Filho do Sol dos deuses,   radiante ele é,
Em sua luz luzente   caminhem eles sempre;

À gente que engendrou,   dotando-a de vida,
A labuta dos deuses impôs   e estes repousaram;

Engendrar, destruir,   perdoar, punir
Existam a seu mando: a ele mirem todos!

Marukka, o deus   que os engendrou é ele,
Bom para o coração dos Anunnáki,   o que faz repousar os Ígigi.

Marutukku, amparo de sua terra, sua cidade e sua gente é ele,
A ele louve-o   a gente doravante!

Mershakushu, colérico e ponderado,   irado e clemente,
Vasto é seu coração,   controla suas entranhas.

Lugaldimmerankia é o nome seu   que declarou nossa assembleia,
As palavras de sua boca exaltamos   sobre os deuses, seus pais,

Seja ele Senhor dos deuses   que há no céu e na terra, todos eles,
Rei, à sua revelação   os deuses temam, no alto e embaixo.

Narilugaldimmerankia, nome com que o chamamos, regente dos deuses todos,
Que no céu e na terra   lançou nosso assento longe de agruras,

Para os Ígigi e os Anunnáki   repartiu as posições,
A seu nome os deuses tremam,   inquietem-se nos assentos.

Asalluhi, o nome   que declarou seu pai, Ánu,
Seja ele a luz dos deuses,   prócer forte,

Quem, consoante seu nome,   é protetor dos deuses e de sua terra,
Em forte duelo   salvou nosso assento de suas agruras.

Asalluhi-Namtilla segunda vez o declararam,   o deus que vivifica,
Quem, consoante tal forma,   restaurou todos os deuses arruinados,

Senhor que, com seu sortilégio puro,   fez viver os deuses mortos,
Destruidor dos obstinados oponentes o façamos!

Asalluhi-Namru,   como é declarado terceira vez o seu nome,
Deus puro,   purificador de nossa conduta.

Por três nomes, cada um, o chamaram   Ánshar, Láhmu e Láhamu,
Aos deuses, seus filhos,   eles disseram:

Nós próprios, com três cada um,   o chamamos por seus nomes.
Como nós, vós também   por seus nomes chamai-o!

Alegraram-se os deuses, ouviram sua fala,
No Upshukkinákku deram-se eles seus conselhos:

Do filho, o corajoso, que devolve o feito a nós,
Nós próprios, do provedor, exaltemos o seu nome!

Sentaram-se em concílio e declararam-lhe o destino,
Nos rituais, todos eles, invocaram o seu nome.

TABUINHA 7

Asarre, doador do cultivo, que a gleba firmou,
Genitor da cevada e do linho, faz brotar a vegetação.

Asaralim, que na casa do conselho é honrado, superior é seu conselho,
Os deuses dão-lhe atenção, pavor ele não tem.

Asaralimnunna, honorável, luz do pai que o procriou,
Endireita os decretos de Ánu, Énlil, Ea e Ninshíku,

Ele é deles provedor, mostra seus lotes,
Quem tesouro de prosperidade faz aumentar em sua terra.

Tutu, é ele quem lhes engendra a restauração,
Purifique seus templos e eles repousem,

Engendre um sortilégio, os deuses sosseguem,
Furiosos, caso se alcem, voltem para atrás seus peitos,

Seja ele exaltado na assembleia dos deuses, seus pais,
Nenhum dentre os deuses a ele reflita!

Tutu-Ziukkina, vida de sua tropa,
Que firmou para os deuses os céus puros,

A sua conduta tomou, mostrou sua posição:
Não se olvide na multidão, suas ações ela conserve!

Tutu-Ziku, terceira vez nomeado,   que mantém as purificações,
Deus de vento bom,   senhor que ouve e aquiesce,

Faz existir fortuna e opulência,   firma a prosperidade,
O pouco que é nosso   em fartura torna,

Em fortes agruras   recende seu vento bom,
Proclamem, louvem,   glorifiquem-lhe a glória!

Tutu-Agaku, quarta vez,   enalteça-o a raça humana,
Senhor do sortilégio puro,   faz viver os mortos,

Dos deuses encadeados   teve compaixão,
A canga imposta   tirou de sobre os deuses seus inimigos,

Por piedade deles engendrou a humanidade,
Misericordioso, com quem   o viver existe consigo,

Sejam firmes e não se esqueçam suas palavras
Na boca dos cabeças-negras,   que engendraram suas mãos!

Tutu-Tuku, em quinto,   seu encantamento puro a boca deles conduza,
Quem com seu sortilégio puro   extirpa a totalidade dos malvados.

Shazu, conhecedor do coração dos deuses,   que examina as entranhas,
Quem faz o mal   dele não escapa,

Firmou o concílio dos deuses,   bom para seus corações,
Inclinou os não submissos,   sua proteção é vasta,

Endireita a justiça,   extirpa o falar intricado,
É quem fraude e justiça   distingue em seu lugar.

Shazu-Zisi, que emudeceu os que se alçam,   segunda vez louvem,
Rechaçou a mudez   do corpo dos deuses, seus pais.

Shazu-Suhrim, terceira vez,   que extirpa os oponentes, a íntegra deles, com a arma,
Dispersa suas maquinações,   torna-as vento,

Extermina a soma dos perversos, a plenitude dos que o enfrentam,
Os deuses o glorifiquem,   eles em assembleia!

Shazu-Suhgurim, em quarto,   que dispôs escutarem-se os deuses, seus pais,
Extirpa os oponentes,   destrói sua prole,

Dispersa suas ações,   não deixa nenhum deles,
Seja dito e proclamado   seu nome em sua terra!

Shazu-Zahrim, em quinto,   ponderem os futuros,
Que destrói a totalidade dos contendores   não submissos, todos eles,

A plenitude dos deuses fugitivos   fez entrar nos santuários,
Esteja firme esta sua alcunha!

Shazu-Zahgurim, em sexto,   de todo e em cada lugar seja honrado,
Quem a soma dos oponentes destruiu   na contenda.

Enbilulu, senhor   de abundância para eles ele é,
Forte, deles o zagal,   que dispõe as dádivas,

Que pastagem e açudes endireitou,   dispôs para sua terra,
Tanques abriu,   repartiu água em profusão.

Enbilulu-Epadun, senhor da estepe e da inundação, segunda vez o invoquem,
Inspetor dos canais do céu e da terra,   que firma o sulco,

Que gleba pura   firmou no campo,
Diques e escoadouros endireita,   traça o rego.

Enbilulu-Gugal, inspetor de canais dos deuses,   louvem a terceira vez,
Senhor de prosperidade, profusão,   grandes colheitas,

Firma riquezas, faz prosperar os povoados,
Dá grão-de-bico, faz existir os cereais.

Enbilulu-Hegal, que acumula prosperidade para o povo, a quarta vez proclamem,
Faz chover abastança sobre a vasta terra, faz abundante a vegetação.

Sirsir, que empilhou a montanha sobre Tiámat,
Pilhou o cadáver de Tiámat com sua arma,

Condutor de sua terra, seu pastor firme,
A quem foi dada a gleba, o cultivo, o canteiro,

Que a vasta Tiámat atravessou em sua cólera,
Como uma ponte, cruzou o lugar do duelo com ela.

Sirsir-Malah, em segundo lugar o nomearam, assim seja!
Tíámat é sua embarcação, ele seu nauta.

Gil, que empilha grãos, colinas altaneiras,
Genitor dos cereais e do rebanho, doador da semente de sua terra.

Gilima, que firmou o elo entre os deuses, genitor de firmeza,
Amarra o que os controla, fá-los tomar bens.

Agilima, o altíssimo, que extirpa a coroa, endireita a neve,
Genitor da terra sobre a água, que firmou o cume.

Zulum, que assinala um campo para os deuses, divide a produção,
Dá o lote e ofertas de cereais, a quem se confiam os santuários.

Múmmu, genitor do céu e da terra, que endireita os perdidos,
Deus que purifica o céu e a terra, segunda vez é Zulumummu,
Que, por sua potência, entre os deuses um segundo não o reflete.

Gishnummunab, genitor da soma das gentes, que fez o mundo,
Destruiu os deuses de Tiámat, fez as gentes com algo deles

Lugalabdubur, rei, dispersou os feitos de Tiámat,   extirpou suas armas,
De quem, à frente e atrás,   o suporte é firme.

Pagalguenna, primeiro da soma dos senhores,   de quem exaltada é a força,
Dos deuses, seus irmãos, é o supremo,   insigne entre a soma deles.

Lugaldurmah, rei, vínculo dos deuses,   senhor do Durmahu,
Que no assento dos reis é supremo,   entre os deuses o mais eminente.

Aranunna, conselheiro de Ea,   engendrado pelos deuses, seus pais,
Cuja conduta soberana   deus algum refletir pode.

Dumuduku, que em Duku   renova para si seu assento puro,
Dumuduku, sem o qual   sentença não sentencia Lugalduku.

Lugalshuanna, rei de que, entre os deuses,   exaltada é a força,
Senhor, força de Ánu, que é superior,   escolhido de Ánshar.

Irugga, que pilhou por inteiro os que   no interior de Tiámat,
Que a soma da acurácia recolheu,   sagaz de todo.

Irquingu, que pilhou Quíngu   ---- na contenda,
Que conduz dos decretos a soma,   firma o senhorio.

Kinma, comandante da soma dos deuses,   que dá conselho,
A cujo nome os deuses,   como numa borrasca, se dobram em tremor.

Esiskur, altivo, na casa de prece se assente,
Os deuses defronte dele   introduzam seus presentes;

Até que suas prendas recebam,
Ninguém sem ele   não engendra prodígios;

Quatro cabeças-negras são suas criaturas,
Exceto ele, o veredito de seus dias   não conhece deus algum.

Girru, que firmou a saída da arma,
Na contenda com Tiámat   engendrou prodígios,

De todo agudo, experto, sagaz,
Coração profundo, o qual não alcançam os deuses, todos eles.

Áddu seja seu nome, a totalidade do céu ele cubra,
Seu bom bramido sobre a terra ribombe,

O mugido das nuvens diminua,
Embaixo para a gente sustento dê.

Asháru, que, conforme seu nome, reuniu os deuses do destino,
O montante de toda gente a ele se confie.

Néberu, travessias do céu e da terra ele retenha,
No alto e abaixo não atravessam, esperam por ele;

Néberu é sua estrela, a que no céu ele fez surgir,
Tome dele o eixo, elas a ele fitem;

Eia!, ele que, no interior de Tiámat, atravessou sem sossegar,
Seu nome seja Néberu, que tem seu interior;

Ele que, das estrelas do firmamento, a conduta faça firme,
Como gado pastoreie os deuses, a íntegra deles,

Encadeie Tiámat, sua vida estreite e encurte:
No vindouro para as gentes, em pósteros dias,

Siga e não se retenha, vá longe no porvir.

Porque os lugares celestes engendrou e formou o mundo inferior,
Enkurkur o seu nome ser declarou o pai Énlil.

As alcunhas os Ígigi declararam, a totalidade delas,
E ouviu Ea, seu ânimo cantou:

Eia!, ele de que seu pai enalteceu a alcunha,
Dele, como o meu, Ea seja o seu nome!

Dos liames de meus ritos,   de todos eles, seja ele o senhor,
Meus decretos por inteiro   ele conduza.

O canto de Marduk

Em cinquenta alcunhas   os grandes deuses
Cinquenta seus nomes declararam,   excelsa fizeram-lhe a conduta!

Sejam apreendidos e um antigo os revele,
O ciente e o perito   como um só ponderem,

Repita o pai,   ao filho ensine,
Do pastor e zagal   abram seu ouvido,

Não seja desatento com o Énlil dos deuses, Marduk,
Sua terra tenha abundância   e ele próprio saúde!

Firme é sua palavra,   não se modifica ordem sua,
O que vem de sua boca não altere   deus algum!

Ao olhar em fúria, não volta sua nuca,
Quando em ira, sua cólera   não equivale à de deus algum!

Profundo seu coração,   vastas suas entranhas,
O que é de castigo e crime   defronte dele segue!

Revelações um antigo   falou-lhe em face,
Escreveu e dispôs   para ser ouvidas no futuro:

Os feitos de Marduk,   que exaltaram os deuses Ígigi.
Onde quer que água se beba,   seu nome seja invocado,

Proclamem o canto de Marduk,
Que a Tiámat encadeou   e assumiu a realeza!

---- casa de ---
---- Babilônia ----

Comentários

TABUINHA 1

A situação primeira
(versos 1-6)

enūma eliš lā nabû šamāmū	[1] Quando no alto não nomeado o firmamento,
šapliš ammatum šuma lā zakrat	Embaixo o solo por nome não chamado,
Apsuma reštû zārûšun	Apsu, o primeiro, gerador deles,
mummû Tiāmat mu'allidat gimrišun	Matriz Tiámat, procriadora deles todos,
mêšunu išteniš iḫqqūma	[5] Suas águas como um só misturam,
gipāra lā kiṣṣurū ṣuṣa lā še'û	Prado não enredam, junco não amontoam.

Os primeiros oito versos do poema são considerados por alguns intérpretes uma longa série de orações subordinadas temporais, cuja principal se encontraria apenas no verso 9 ("então engendraram-se deuses em seu seio"), embora mais razoável pareça a forma adotada aqui: a) os versos 1-2 constituem uma breve subordinada temporal ("quando, no alto, não era nomeado o céu, embaixo, a terra por nome não era chamada"), a que se segue a oração principal, com um longo sujeito composto ("Apsu, o primeiro, progenitor deles, Genetriz Tiámat, procriadora deles todos, suas águas juntos misturavam", v. 3-5) e uma adversativa ("mas prado não enredavam, junco não amontoavam", v. 6).[1]

---

1 Cf. Haubold, From text to reading in *Enūma eliš*, p. 224-227. Esse é também o entendimento de George, Cosmogony in ancient Mesopotamia, p. 19. Para opções diferentes, LBMC, p. 51; TBCM, p. 79. Também Sonik, From Hesiod Abyss to Ovid's *rudis indigestaque moles*, p. 14-15.

Tal opção, mais atenta ao sentido das formas verbais estativas, tem a vantagem de distinguir as duas situações que se expõem, bem marcadas pelo uso da conjunção *enūma* (quando): a) quando Apsu e Tiámat mesclavam suas águas, estavam tão entregues a si que isso os impedia de fazer surgir prados e juncos (v. 1-6); b) quando os deuses não se tinham manifestado, não tinham nomes nem fados fixados, então surgiram eles no seio de Apsu-Tiámat (7-9). Não há dúvida de que é a este último movimento – o surgimento dos deuses – que todo trecho visa, mas a situação inicial é exposta em duas etapas, a primeira de caráter cosmológico, a segunda de ordem teológica, dois aspectos importantes do poema, que não pode ser reduzido a apenas uma cosmogonia, tampouco a simples teogonia – tanto que Apsu e Tiámat se apresentam como deuses, com personalidade própria, tanto quanto como elementos de que se formará o mundo, numa conjunção complexa, cujos detalhes se discutirão nos comentários relativos aos passos pertinentes.

Nos versos iniciais, o que mais ressalta é a repetição enfática do advérbio de negação *lā* ('não'), condizente com a apresentação do que antecede os primeiros movimentos cosmogônicos. Expor a situação primordial por negativas é um recurso presente em outros textos mesopotâmicos, Michalowski tendo chamado a atenção para o fato de que assim se acentua a ideia de o mundo não ser estático (cf. Negation as description), Lisman acrescentando que "as negações também descrevem o que podemos esperar no futuro; fazem uma promessa da presença de coisas e situações que estavam ausentes no momento da negação" (*Cosmogony, theogony and anthropogeny in Sumerian texts*, p. 41-42). Os exemplos sumérios fornecidos por este último são expressivos: na chamada *Disputa entre o grão e a ovelha*, por exemplo, afirma-se que, quando o Céu fez com que a cordilheira trouxesse os deuses Anuna, o deus Ezina não tinha sido engendrado, o filamento de Uttu não tinha sido feito, porque nenhuma estaca havia sido cravada para pôr o tear, a ovelha não havia surgido, logo, não havia cordeiros, a ovelha não havia dado à luz cordeiros, a cabra não havia dado à luz cabritos, os nomes de grão e ovelha não eram ainda conhecidos pelos Anuna, cevada não havia, vestes ou algo para vestir não havia, gorro não havia, Uttu não havia nascido, Enningirsi não havia nascido, Shakan não havia surgido na terra seca, os homens não sabiam comer pão e não conheciam vestimentas (*apud* Lisman, *Cosmogony, theogony and anthropogeny in Sumerian texts*, p. 39-40); na mesma esteira, o fragmento Ukg 15 (AO 4153) assevera que em remotos tempos o sol cedo não se erguia, a lua não aparecia, Enki, Ninki, Énlil e Ninlil não existiam, enquanto NBC 11108 narra como do abismo não se extraía água, pão não se lançava, cultivo não havia sobre a terra, o sacerdote e o rito de Énlil não existiam, as sacerdotisas de An não tocavam instrumentos nem cantavam, o dia não nascia, o ritual de Énlil não estava completo, a Senhora do Céu não recebia oferendas em alimentos, os Anuna, grandes deuses, não haviam chegado e os deuses do céu ainda não estavam no céu e na terra (*apud* Lisman, *Cosmogony, theogony and anthropogeny in Sumerian texts*, p. 27 e 36). Como se nota, as negativas podem dizer respeito a deuses, astros (sol e lua), elementos (a água), vegetais (cevada), animais (ovelha, cabra e seus filhotes), agricultura, alimentos (pão), vestimentas, ritos e nomes (da ovelha e do grão). É claro que, em cada texto, esses elementos encontram um sentido particular (que não cumpre analisar aqui), mas, em termos gerais, pode-se considerar o seguinte: o princípio é marcado por ausências; essas ausências só se podem dizer por retrospectiva, tomando como parâmetro o mundo que se desenvolveu a partir delas; isso implica uma perspectiva evolutiva, que seria de se esperar em qualquer cosmogonia, mas que nem sempre se explicita pelo recurso de afirmar o que ainda não havia "naqueles dias";[2] em termos estilísticos, isso cria uma expectativa dos desdobramentos esperados, mesmo que nem todos sejam objeto da narrativa; o efeito, portanto, considerado de modo mais cuidado, está em ampliar o próprio escopo do que se narra: nem de tudo que se desdobrou desde os tempos remotos tratará o enredo, mas a exemplaridade de um dos fios implica que tudo mais (de que não se tratará) também veio a ser, cada coisa a seu modo.

Diante da amplitude de detalhes a que a descrição negativa pode recorrer, ressalta a concisão do *Enūma eliš*: não havia nomes para o firmamento e o solo, não havia prado nem juncos, ao que logo se acrescenta que deuses não haviam surgido e, em consequência, por nomes não eram chamados nem destinos decretavam (condizente com

---

2 Sobre o termo sumério 'u$_4$-ri-a' ('naquele dia') como fórmula, nos poemas sumérios, para remeter a tempos primordiais, ver Lisman, *Cosmogony, theogony and anthropogeny in Sumerian texts*, p. 62-63.

as necessidades de expressão do estado inicial, a maior parte dos versos prescinde de verbos ou usam-nos na forma estativa, que expressa estados). São declarações bastante enxutas, ao mesmo tempo muito enfáticas, contrapostas à única afirmação: a existência de Apsu e Tiámat, que suas águas como um só misturavam. Assim, note-se que não se trata de criação *ex nihilo* (a partir do nada), ideia que parece estranha à maior parte das cosmogonias da zona de convergência do Mediterrâneo oriental, incluindo a bíblica (cf. Bottéro, *Nascimento de Deus*, p. 165-167). De fato, como ressalta George, "os habitantes da Mesopotâmia antiga, em inadvertida conformidade com a física moderna, criam que nada pode vir do nada. Tem de haver algo desde o princípio" (George, Cosmogony in ancient Mesopotamia, p. 12).

O modo como se insiste na ausência de nomeação – para o céu, a terra e os deuses – responde a uma coalescência entre nome e existência.[3] Para López-Ruiz, de uma perspectiva comparatista, o que caracteriza o estado pré-cosmogônico no *Enūma eliš* é justamente essa

> ausência de nomes, que implica ausência de linguagem e, assim, por extensão, ausência de pessoas ou deuses que articulem uma linguagem. A ideia de 'criação por nomeação', que reverberará no *Gênesis* 1 [da Bíblia hebraica], está também presente na cosmogonia egípcia, especialmente na teologia menfita, em que Ptah traz o universo à existência ao nomear todas as coisas, usando seu coração e sua língua. Isso constitui uma ontologia (ou epistemologia) de pleno direito, segundo a qual coisas não existem antes de receber um nome. [...] Observe-se também o contraste entre essa ausência inicial de nomes e a abundância de nomes de Marduk, cujos cinquenta nomes são recitados como a culminância do poema. Ele é não só o deus com mais nomes, mas também o principal criador, na segunda parte deste texto, que foi claramente elaborado para exaltá-lo. (López-Ruiz, How to start a cosmogony, p. 33)

---

[3] BAB, p. 80, observa que "o Universo organizado não existia ainda – 'não era nomeado', como se dizia então, confundindo a denominação com a essência". Esse aspecto foi inteiramente assumido por Lambert, que traduziu assim os dois primeiros versos: "*When the heavens above did not exist,/ And earth beneath had not come into being*" (LBCM, p. 51), eludindo a referência a nomes e ao nomear, o que, mesmo que corresponda à perspectiva mesopotâmica, perde a expressão da coalescência entre nome e ser.

Também para Foster "o poeta evidentemente considera a nomeação um ato de criação e uma explanação de algo já trazido à existência", de tal modo que a "análise semântica e fonológica de nomes poderia levar ao entendimento das coisas nomeadas" (Foster, *Before the Muses*, p. 351).

Quando firmamento e solo...

A referência, nos versos 1-2, a *šamāmū* (o firmamento, os céus) e a *ammatu* (o solo, a terra) constitui um merismo, ou seja, referir-se às partes para dizer o todo (céu + terra = mundo), como também se faz no primeiro versículo do *Gênesis* hebraico ("No princípio criou Elohim o céu e a terra").

Hutter propõe que *ammatu* deva ser entendido não como 'terra', mas como 'mundo inferior' (*Unterwelt*), considerando que, na *Teodiceia babilônica*, se procede à relação *am-ma-tiš* = *kima er-ṣe-tú* ('como terra'), este último termo, *erṣetu*, sendo corrente para designar o mundo subterrâneo (habitação dos mortos).[4] São dois os seus argumentos: a) na tabuinha 6 (v. 40, 44, 46, 60, 79), quando se diz que Marduk pôs os Anunákki e os Ígigi "acima e abaixo", o que se afirma é que os pôs "no céu e no mundo inferior"; b) o par de deuses primordial, Apsu-Tiámat, representa a totalidade do mundo ainda não organizado e, quando de sua separação, dá origem ao mundo subterrâneo (Apsu), à terra (feita por Marduk com a metade do corpo de Tiámat) e ao céu (a outra metade do corpo de Tiámat), o que implicaria que o merismo compreendido por *šamāmū* + *ammatum* (céu + terra) deveria corresponder aos três planos (céu-terra-subterrâneo ou céu-terra-apsu), o céu e o *Unterwelt* constituindo os dois extremos (também Foster traduz *ammatu* por "*netherworld*", cf. Epic of creation, p. 353). Contudo, deve-se recordar que o mundo inferior é correntemente nomeado, em sumério e acádio, por termos que significam também 'terra' (como o sumério 'kur' e o acádio *erṣetu*), o mesmo ocorrendo com *ammatu*.[5]

---

[4] Hutter, *ammatu*, p. 187-188. Sobre o mundo dos mortos, ver Brandão, *Ao Kurnugu, terra sem retono*, p. 83-98; Katz, *The image of the Netherworld in the sumerian sources*; Verderame, Aspetti spaziali nella costruzione dell'immaginario infero dell'antica Mesopotamia, p. 23-41; HMCG, p. 268-306.

[5] Cf. HMCG, p. 268-294. Com relação a *ammatu* (*ambatu*), ele escreve (p. 282): "O termo *ammatu*, um nome poético para terra, ocorre no *Enūma eliš*, na *Teodiceia*

Considere-se a estrutura poeticamente elaborada deste primeiro dístico, em que os termos, em cada metade dos versos, se correspondem numa organização quiástica (em forma de X):

enūma	eliš
quando	no alto
šapliš	*ammatum*
embaixo	o solo

lā nabû	*šamāmū*
não nomeado	o firmamento
šuma	*lā zakrat*
por nome	não chamado

a) em termos fonéticos e semânticos, *eliš* e *šapliš*, no primeiro hemistíquio, estão em contraponto, bem como, no segundo, *lā nabû* e *lā zakrat*;

b) em termos apenas fonéticos, no primeiro hemistíquio *enūma* e *ammatum* ecoam um no outro, bem como, no segundo, *šamāmū* e *šuma*.

Ressalte-se, já nestes versos, um traço estilístico bastante peculiar do *Enūma eliš*: a abundância de sinônimos, que muitas vezes oferece dificuldades para a tradução. Da esfera de nome/nomear, usam-se três termos de raízes diferentes: o substantivo *šuma*, acusativo de *šumu*, 'nome'; e os verbos *nabû* (masculino da terceira pessoa do singular do conjuntivo do estativo do verbo *nabû*) e *zakrat* (feminino da terceira pessoa do singular do conjuntivo do estativo de *zakāru*), ambos com o sentido de 'nomear', 'dar nome', 'chamar'. Em português não são tantas as opções.

A mesma dificuldade de tradução volta a registrar-se nos versos 3-4, em que ocorrem três termos na esfera semântica de 'progenitor(a)':

---

babilônica e em *Malku*. No *Enūma eliš* I, 1-2, *šamāmū* e *ammatu*, 'céu e terra', não existem no começo exato da criação. A *Teodiceia* preserva uma forma adverbial do termo, *ammatiš*, que é explicada, no comentário, como *kima erṣeti*, 'como terra' (BWL 74: 58). Em *Malku* I, 51, *ammatu* (*ambatu*) é listado como sinônimo para o nome da terra, *dannatu* (A. Kilmer, *JAOS* 83, 425). O acádio *ammatu* é provavelmente um cognato do hebraico *adama*, 'solo'". Como *ammatu* não é um termo corrente para 'terra', optei, na tradução, por 'solo', considerando que a situação inicial é a da existência das águas (Apsu e Tiámat), sem que ainda houvesse uma camada sólida à vista (anote-se que, dos tradutores mais recentes, Lambert, Talon e Elli optam, respectivamente, por *earth*, *terre* e *terra*). Para um paralelo com o merismo do primeiro versículo do *Gênesis* bíblico, "o céu e a terra", e a defesa de que "terra", neste caso, refere-se ao "underworld", ver Noegel, God of heaven and Sheol.

zārû, 'semente', 'sêmen', 'progenitor'; *mu'allidat*(*u*), particípio feminino de (*w*)*āladu*, 'dar à luz', 'gerar'; *mummû*, um termo poético raro para 'mãe', 'genetriz' 'matriz'.

Uma segunda questão nestes dois versos é a quem se refere o possessivo *šunu*, 'deles', nos epítetos "gerador deles" (*zārûšun*[*u*]), relativo a Apsu, e "procriadora da totalidade deles" (*mu'allidat gimrišun*[*u*]), concernente a Tiámat. Em geral, interpreta-se que se trata dos deuses descendentes de Tiámat e Apsu. Contudo, em termos gramaticais, considerando-se o valor anafórico dos possessivos, seria de esperar que remetessem a algo ou alguém já dito, os únicos dois elementos até então nomeados sendo o firmamento (*šamāmū*) e o solo (*ammatum*). Assim, conforme George,

> essa passagem afirma que, antes que houvesse céu e terra, existiam duas massas de água: *Apsû* (água do solo) e *Tiāmat* (mar). Essas águas são, respectivamente, masculina e feminina, e identificadas como os pais do 'firmamento' e da 'superfície sólida'. Estes últimos são expressões literárias para 'céu e terra'. Assim, as mais antigas estruturas no universo, Firmamento e Terra, foram criação da água.[6]

Como, todavia, o *Enūma eliš* é uma teogonia, as duas expressões poderiam ser entendidas como antecipação do que será referido a partir de dois versos depois, os deuses que se criaram no "seio deles" (*qerebšun*[*u*]), como propõe Talon: "os versos 3-4 anunciam, pelos sufixos *šun*(*u*), a geração dos deuses. O leitor sabe que de Tiámat e de Apsu nascerão os deuses. Esses dois versos dirigem-se a eles" (TPE).

Apsu

Apsû é o primeiro deus de que o poema narra a saga. O acádio *Apsû* é um empréstimo do sumério 'ab.zu' (= ZU.AB), que designa a massa de água doce que há sob a terra, donde procedem as fontes e os rios, termo composto de 'ab' ('aba'), 'lago', 'mar', e 'zu' ('sú'), 'sabedoria', 'conhecimento' (cf. o verbo 'zu', 'conhecer', 'entender', 'ensinar').

---

6 George, Cosmogony in ancient Mesopotamia, p. 19. Sobre a genealogia de Ánu, LBCM, p. 417-426.

Trata-se da residência do deus Enki (em acádio Ea), especialmente relacionado com o conhecimento.

Apenas no *Enūma eliš* se apresenta Apsu como um deus que realiza ações antropomórficas, gerando filhos, arrependendo-se disso, desejando destruí-los e sendo vencido por um de seus descendentes. Observe-se que Apsu e Tiámat não recebem, nos manuscritos, o classificador 'dingir', isto é, 'deus', o que os torna um tanto especiais, a tal ponto que Bottéro considera que "não foram jamais imaginados como personalidades perfeitamente individualizadas e antropomórficas", agindo antropomorficamente só até suas mortes, quando retornam ao "estado de puros elementos e espaços" (BAB, p. 81). Contudo, cumpre registrar que, "em documentos sumérios do terceiro milênio, um Apsu pessoal é atestado", oferendas sendo feitas para exaltá-lo, ainda que "permaneça uma divindade muito pouco conhecida" (cf. LBCM, p. 217-218).

Como costuma acontecer com divindades que são elementos da natureza, não há representações visuais antropomórficas de Apsu. Contudo, num selo do período acádio encontrado em Ur, vê-se Ea, com forma humana, sentado num trono e rodeado pelas águas do Apsu (cf. GDS, p. 27).

Como termo comum, denomina-se também *apsu* um tanque colocado no interior de santuários, a exemplo do construído pelo rei Senaqueribe (704-681 a.C.) no templo de Assur, na cidade de mesmo nome (hoje no Vorderasiatisches Museum, em Berlim).

Tudo leva a crer que há no texto o propósito de explicar a existência do lençol de água subterrâneo com o relato de como Apsu, vencido por Ea, se tornou a morada deste último (cf. 1, 71-78).

Múmmu Tiámat

Mummu, com o sentido de 'mãe/genetriz/matriz', é termo que ocorre apenas aqui, como um epíteto de Tiámat (muitos optam mesmo por considerá-lo parte do nome próprio da deusa, Múmmu-Tiámat). Como termo comum, registram-se três homófonos, todos na forma *mummû*: o primeiro designa um 'objeto de madeira'; o segundo, um 'ruído'; o último deriva do sumério 'úmun', 'sabedoria' ou 'habilidade'. É este último que deve estar relacionado com o epíteto de Tiámat, "usado para poderes sobrenaturais e atos criativos", de modo que Lambert o traduz como "demiurge" (LBCM, p. 218-219 e 51).

Considere-se que, mais à frente, Múmmu é o nome do mensageiro de Apsu (v. 30), o que parece ter sido fator de dúvida para muitos leitores. Damáscio (séc. V-VI d. C.), por exemplo, acreditava que Múmmu fosse o primeiro filho de Apsu e Tiámat: "dentre os bárbaros, os babilônios parecem ter deixado em silêncio o princípio único do todo para postular dois, Tauthé [isto é, Tiámat] e Apason [Apsu], fazendo de Apason o marido de Tauthé e chamando esta última mãe dos deuses, dos quais nasceu um filho unigênito, Mumin, sendo ele, creio, o mundo inteligível procedente dos dois princípios" (*Sobre os princípios* 125, 1).

Tiāmat é a forma absoluta (*status absolutus* ou estado indefinido) de *Tiāmtu* ou *tâmtu*, termo feminino com o significado de 'mar'. Nos manuscritos, como anota Lambert, seu nome aparece em diferentes formas, que os editores normalizam como *Tiāmat*. Diferentemente do que ocorre com Apsu, de etimologia desconhecida, Tiámat deriva da raiz semítica *tḫm*, presente tanto no hebraico *teḫom* (o abismo primevo de águas referido em *Gênesis* 1,1: "A terra era vaga e vazia, e trevas sobre o *teḫom*") como também no ugarítico *tḫmt* (na expressão *grm wtḫmt*, 'montanḫas e abismo de águas') e no árabe *Tiḫāmat*, que designa a planície costeira ao longo das margens sudoeste e sul da Península Arábica (cf. Toorn *et al. Dictionary of deities and demons in the Bible*, p. 867).

Ainda que se tenha tornado comum considerar que Tiámat é a água salgada (do mar), por oposição a Apsu, que seria a água doce de fontes e rios, isso não aparece em nenhum texto. No *Enūma eliš*, o contraste é entre uma divindade feminina e outra masculina (cf. GEE, p. 116, nota 31). Conforme Lambert, sem dúvida o fato de Tiámat significar 'Mar' fala por si. Contudo,

> 'Mar', para os babilônios, significava qualquer vasta extensão de água, tanto os lagos armênios quanto o Golfo Pérsico e o Mediterrâneo. E os dois rios [Tigre e Eufrates] eram muito salinos, o que os antigos conheciam e tentavam solucionar com seus sistemas de irrigação. Não há nenhuma evidência de que a salinidade da água fosse um critério para a designação de 'mar'. De modo similar, não há prova de que a diferença entre *Apsû* e *Tiāmat*, no *Enūma eliš*,

fosse pensada pelos babilônios como a da água doce contrastada com a salgada" (LBCM, p. 446).

Como já salientei na introdução, a cosmoteogonia do *Enūma eliš* é particular, claramente desviante das tradições mais comuns, em tal medida que Tiámat não aparece em nenhum outro texto. Conforme Wisnom, "*Ti'āmtu* é provavelmente uma deusa estrangeira, importada dos povos semíticos do oeste: o mar não aparece como inimigo em nenhum outro texto mesopotâmico, enquanto a batalha de um deus do trovão contra o mar aparece também na literatura ugarítica [...] e noutras tradições sírias".[7] Não que inexista tradição propriamente mesopotâmica sobre águas primevas, mas elas parecem bastante diferentes do relato sobre Tiámat, como resume ainda Wisnom:

> Tradições sumérias recuadas no tempo sobre águas primevas e criativas mencionam só uma figura – Nammu, a mãe primeva dos deuses. Nammu é mencionada só muito ocasionalmente em textos, talvez como remanejamento de tradições muito antigas cujos protagonistas eram, há não muito tempo, "ativos" na mitologia suméria. Ela é chamada de 'ama palil u_3-tu diĝir $šar_2$-$šar_2$-sar-ra-ke_4-re', 'primeira mãe que deu à luz todos os deuses', em *Enki e Ninmah* 17. Na lista de deuses paleobabilônica TCL 15, n. 10, ela é uma ancestral de Ánu, chamada 'Amatuanki', 'Mãe que deu à luz o céu e a terra'. Seu nome é repetido na lista de deuses An: Anum (28), onde é designada como mãe de Enki (27), "donde seu caráter aquoso poderia ser deduzido" [...]. Como Lambert nota, "ela não é, contudo, dividida e nenhuma batalha contra ela é conhecida". Assim, embora Nammu seja, como Ti'āmtu, uma figura primeva e aquosa que dá à luz os deuses, diferentemente de Ti'āmtu parece não haver nenhum conflito relacionado com ela, nem tem ela um esposo aquoso como sua contraparte. Uma mãe aquosa é substituída por um par. Nem Apsu nem Ti'āmtu são parte, portanto, da mitologia de criação tradicional na Mesopotâmia.[8]

---

[7] WIBP, p. 26. *Ti'āmtu* é uma das formas do nome de *Tiāmat*. O deus do trovão corresponderia a Marduk, que derrota Tiámat.

[8] WIBP, p. 26-27. Também Lisman, *Cosmogony, theogony and anthropogeny in Sumerian texts*, p. 99-101: "Durante o terceiro milênio, até a era Ur-III, Namma tem uma posição menor no panteão e também na percepção religiosa dos mesopotâmios;

Como no caso de Apsu, há carência de representações visuais de Tiámat, sendo difícil definir como deveria ser ela imaginada.[9] Se no início do poema ela parece ser, como seu paredro, simplesmente água – já que se afirma que os dois "suas águas como um só misturavam" (1, 5) –, na sequência, ambos aparecem separados, uma vez que Apsu, na companhia do mensageiro Múmmu, vai ao encontro de Tiámat, para com ela conversar (cf. 1, 30-31), o estado de separação tornando-se permanente após a derrota de Apsu. Como se afirma que a perturbação provocada pelos deuses mais novos se dá no interior de Tiámat (*karšu*, cf. 1, 23, designa o 'estômago', as 'entranhas'), tem-se a impressão de que o mar estaria dentro dela, sendo essa espécie de invólucro do mar que teria sido, mais à frente, partido em dois por Marduk. Mas talvez seja mais condizente com o texto não fixar, com relação à deusa, uma representação zoomórfica muito exata.

Todavia, como ressalta Xiang, não se pode desfigurar o modo como Tiámat aparece no *Enūma eliš*, reduzindo-a a um primitivo caos que Marduk, no final, ordena (cf. Xiang, Below either/or). De fato, ela age antropomorficamente (ou teomorficamente), inclusive apresentando mudança de atitude: se, de início, se recusa a eliminar sua prole, contra o parecer de Apsu, mais à frente assume a guerra contra os deuses mais novos (cf. 1, 105 ss). Assim, em termos poéticos, vem a ser a personagem mais bem trabalhada, inclusive por ser o pivô de toda a ação, que, nos termos de Sonik, "se concentra em torno da ameaça

---

originalmente o nome de Namma está relacionado com as águas subterrâneas no sul da Mesopotâmia e ela representa especialmente a vegetação dos pântanos (a fauna dos pântanos do sul da Mesopotâmia era representada por Nanše); a posição de Namma como 'águas primevas' tem origem provavelmente pouco depois da época acádia ou da era Ur-III, quando ela se torna 'ama-(ù)-tu-an-ki', mãe de 'an-ki' [o céu e a terra]".

9 Para um caso extraordinário – a possível representação plástica da morte de Tiámat por Marduk –, ver Alderete, La monstruosidad de Tiāmat: *Enūma eliš* y la copa de Ain Samiya, p. 22-28: "Há duas cenas diferenciadas na peça: numa delas, uma figura antropomórfica, defronte de uma serpente ou peixe, com uma arma em seus braços; a segunda cena mostra duas figuras humanas de perfil, uma defronte da outra e sustentando um objeto ovalado ou com forma de meia-lua, enquanto a serpente se encontra no solo". Assim, a representação de Tiámat, caso se possa interpretar a cena como descrita, seria a de uma serpente marinha.

imposta pela fêmea Tiámat à linhagem dos enfaticamente masculinos grandes deuses: sua feminilidade, bem como seu papel como mãe dos deuses, são repetidamente sublinhados", sua morte, "em contraste com a de Apsu, é violenta e brutal – e mesmo seu cadáver não é deixado intacto, sendo desmembrado e adaptado por Marduk para formar o mundo e seus recursos" (Gender Matters in *Enūma eliš*). Sua importância é confirmada nos versos finais do texto: "Proclamem o canto de Marduk, / Que a Tiámat encadeou e assumiu a realeza" (7, 161-162), ou seja, sendo o texto um canto de louvor a Marduk, esse louvor só se lhe aplica enquanto aquele que venceu Tiámat e sua glória decorre da grandeza dela.

A mistura primordial

A primeira seção do poema se fecha com a afirmativa de que Apsu e Tiámat "suas águas como um só misturam, / prado não enredam, junco não amontoam". Nessa formulação, "como um só" traduz *išteniš*, termo derivado de *ištēn*, 'um', mais o sufixo formador de advérbios *-iš*. Isso significa que Apsu e Tiámat, estando mesclados como se fossem um, de fato não o eram, ou seja, não perdiam sua identidade.

Nessa condição em que os protodeuses se misturavam – essa sendo a primeira forma do universo (cf. HMCG, p. 109) –, não logravam enredar pradarias (ou seja, produzir uma superfície seca) e amontoar juncos (nos pântanos, produzindo uma superfície aquosa), numa situação anterior ao aparecimento da paisagem, portanto, o que acontecerá apenas quando Tiámat for partida ao meio por Marduk e metade de seu cadáver der origem à terra.

Em termos de uma teleologia da narrativa, esse verso ganha relevante significação, pois indica o ponto de partida donde se chegará ao objetivo cosmogônico final – a corografia. De outra perspectiva, caso se adote, com Hutter, o entendimento de que *ammatu*, no v. 2, deva ser entendido não como 'terra', mas como o 'mundo inferior', então esta é a primeira vez que se faz referência à superfície da terra, na qualidade de um terceiro elemento entre o firmamento, no alto, e o 'submundo', embaixo dela.

Os primeiros deuses (versos 7-20)

enūma ilānu lā šūpū manāma	[7] Quando dos deuses não surgira algum,
šuma lā zukkurū šīmātu lā šīmū	Por nomes não se chamavam, destinos não destinavam,
ibbanûma ilānu qerebšun	Engendraram-se deuses em seu interior:
^{d}*Laḫmu u* ^{d}*Laḫāmu uštāpû šumi izzakrū*	[10] Láhmu e Láhamu surgiram, por nomes chamados.
adi irbû išīḫū	Enquanto cresciam, avultavam-se,
Anšar u ^{d}*Kišar ibbanû elīšunu atrū*	Ánshar e Kíshar engendraram-se, sobre eles avantajados.
urrikū ūmī uṣṣibū šanāti	Alongaram-se os dias, somaram-se os anos,
^{d}*Anum apilšunu šānin abbīšu*	Ánu foi deles primogênito, igual a seus pais,
Anšar ^{d}*Anum bukrašu umaššilma*	[15] Ánshar em Ánu, seu rebento, refletia-se,
u ^{d}*Anum tamšīlāšu ūlid* ^{d}*Nudimmud*	E Ánu, tal seu reflexo, procriou Nudímmud.
^{d}*Nudimmud ša abbīšu šālissunu šūma*	Nudímmud a seus pais era quem dominava, ele,
palka uznu ḫasīs emūqān pungul	De todo agudo, sagaz, em força robusto,
guššur ma'diš ana ālid abbīšu Anšar	Vigorosíssimo, mais que o procriador de seu pai, Ánshar,
lā īši šānina ina ilāni atḫêšu	[20] Não tinha igual entre os deuses, seus irmãos.

Até o oitavo verso, o que se desenha é uma situação bastante estática, expressa pela ausência de verbos ou, com uma única exceção, pelo uso de verbos no modo estativo (ou permansivo) – uma forma que não tem "por função pôr o estado em relação com o processo, nem evocar o desenvolvimento anterior, mas sobretudo constatar a existência do estado expresso pelo radical do verbo" (TPE). A única ação que se diz com uso de um verbo no presente histórico é a de que Apsu e Tiámat misturam suas águas, o que todavia não redunda na formação de uma paisagem.

O que se constata no trecho que segue é que agora as ações se sucedem. Essa mudança é anunciada pela repetição da conjunção *enūma* (quando),[10] a qual, introduzindo três orações destinadas ainda a descrever a situação ainda estática com relação aos deuses ("Quando dos deuses não surgira algum, / Por nomes não se chamavam, destinos não

[10] Cf. GEE, p. 118: essa conjunção marca o "começo de um novo raciocínio", a teogonia.

decretavam), desemboca na oração principal: "Então engendraram-se (*ibbanû*) deuses no seu interior", com que se inicia a narrativa dos acontecimentos, com "a aparição em cascata de verbos no perfectivo", o que "dá a impressão de rapidez e encadeamento" (TPE).

Rapidez e encadeamento é uma dicção bastante apropriada para esta que é a seção propriamente genealógica do poema, toda genealogia sendo, no fundo, uma lista – e a organização de listas configurando uma forma autêntica de epistemologia, bastante explorada pelo pensamento mesopotâmico (cf. Mieroop, *Philosophy before the Greeks*).

Em termos gerais, algumas peculiaridades devem ser ressaltadas. A primeira, do ponto de vista teogônico, é que se trata de passagem relativamente breve, em que as gerações se sucedem com rapidez:

Apsu-Tiámat
Láhmu-Láhamu
Ánshar-Kíshar
Ánu
Nudímmud

O ponto de chegada, como se vê, é Nudímmud ou Ea. São duas as tradições relativas a ele: conforme a mais difundida, que aqui se adota, Ea é filho de Ánu; conforme outra, de Nammu, a massa de água primordial, a qual o gera por partenogênese (cf. LBCM, p. 44) – o que faria de Ea o primeiro dos deuses. A importância que se atribui à sua genealogia decorre naturalmente do fato de que, segundo o *Enūma eliš*, é ele o pai de Marduk.

Deve-se, contudo, observar a relevância que, na lista genealógica, tem Ánu, o qual aparece sem um par feminino. Tudo leva a crer que é a partir da genealogia de Ánu que o autor do *Enūma eliš* compôs a sua, que, sob vários aspectos, é *sui generis*. Isso porque, com exceção de Nammu, caso pouco difundido, o primeiro deus nas genealogias teogônicas sumérias e babilônicas costuma ser a Terra: no exemplo mais antigo de que dispomos, que deve remontar à metade do terceiro milênio, o par inicial é Enki-Ninki ('en' = 'senhor'; 'nin' = 'senhora'; 'ki' = 'Terra'), logo, literalmente, "Senhor Terra" e "Senhora Terra".[11]

---

[11] Para abordagem detalhada da questão, com este e outros exemplos, George, Cosmogony in ancient Mesopotamia; também, com todos os detalhes da teogonia suméria, Lisman, *Cosmogony, theogony and anthropogeny in Sumerian texts*.

É curioso que a lista genealógica que mais se aproxima do *Enūma eliš* seja a conservada, em grego, por Damáscio (*Sobre os princípios* 125, 1):

Tauthé-Apason
Dakhé-Dakhós
Kissarés-Assorós
Anós/Ílinos/Aós

Como visto, ainda que corrompidos, os nomes são quase transparentes (Tauthé = Tiámat e Apason = Apsu; Dakhé = Láhamu e Dakhós = Láhmu; Kissarés = Kíshar e Assorós = Ánshar; Anós = Ánu, Ílinos = Énlil e Aós = Ea). Com relação à sequência do *Enūma eliš,* há duas diferenças a serem destacadas. A primeira, o fato de, ao contrário daquela, nesta os pares se apresentarem com o componente feminino antecedendo o masculino. A segunda, mais significativa, está em Anós (Ánu), Ílinos (Énlil) e Aós (Ea) serem irmãos. Ora, a presença de Anós como filho de Kissarés e Assorós assegura que se trata, como no *Enūma eliš*, da genealogia desse deus. Do mesmo modo, o fato de que Damáscio afirme que "de Aós [Ea] e Dáuke [Dámkina] um filho nasceu, Belo [Belu, isto é, Marduk], que dizem ser o demiurgo", mostra que é com certeza a mesma genealogia que a do *Enūma eliš* que ele conhece. A principal divergência fica por conta da presença de Ílinos/Énlil, que tradicionalmente integra a tríade dos deuses principais, não aparecendo, contudo, neste ponto nem tendo nenhum papel ativo no *Enūma eliš* (a tríade Ánu-Énlil-Ea é referida cinco vezes no poema, a partir de 4, 146).

Deve-se observar que, a sequência sendo dedicada à genealogia de Ea, não se deve supor que apenas os deuses nela referidos tenham sido engendrados por Apsu-Tiámat. Com efeito, há outros deuses mencionados no relato como indivíduos (Múmmu, Quíngu e Kakka) ou como grupos (os irmãos que se associam e, com seu movimento, perturbam primeiro Apsu, depois Tiámat; os Anunnáki e os Ígigi), que tudo leva a crer que fazem parte da descendência de Apsu e Tiámat.

Quando deuses...

Nos versos 7-8, que preparam a cascata de acontecimentos que se seguem, o foco com relação aos novos deuses põe-se em três aspectos: a) eles não se tinham ainda manifestado (cf. o verbo *šūpū*, estativo de *(w)apû*, 'tornar-se visível', 'aparecer'; no modo Š, 'fazer manifesto', 'manifestar-se', 'produzir', 'criar'); b) eles ainda não tinham sido nomeados (*zukkurū*, estativo D de *zakāru*, nomear) com um nome (*šuma*), uma declaração pleonástica que insiste na coalescência entre existência e nomeação, conforme o que se encontrava já nos dois primeiros versos do poema; c) mais uma declaração pleonástica, eles ainda não tinham, literalmente, 'destinado destinos' (*šīmātu lā šīmū*), com uso de objeto direto interno, já que *šīmātu/šīmtu* ('o que está fixado', 'testamento', 'destino') deriva de *šīamu/šâmu* ('fixar', 'decretar').

O verbo usado no verso 9, *ibbanû*, é pretérito N de *banû*, cujos sentidos são: a) 'criar', 'edificar'; falando de deuses, 'criar' pessoas, grãos etc.; 'fazer' uma estátua etc.; 'construir' uma casa, uma embarcação; em matemática, 'construir'; por extensão de sentido, 'moldar' uma forma; 'erguer' uma cidade; b) falando de pessoas, 'gerar' um filho. Conforme Lambert, "o [verbo] acádio abrange duas ideias bem distintas que têm diferentes equivalentes sumérios", a saber: "uma é *banû* = 'dû', 'fazer' ou, mais especificamente, 'construir', enquanto *banû* = '(u)tu' alude a parentesco" (Lambert, Technical Terminology for Creation, p. 192).

O mesmo Lambert, a propósito dessa passagem do *Enūma eliš*, afirma que

> não há termo babilônico específico para a criação pelos deuses, como *bārā'* no hebraico bíblico, mas usa-se uma variedade de termos e circunlocuções, alguns dos quais aparecem nesses versos. O verbo *banû* é o mais explícito e é usado aqui nos versos 9 e 12 para indicar o processo positivo que se descreve. Ele pode ser relacionado com *binu*, 'filho' [...], pelo lado semítico, mas os equivalentes sumérios para *banû* e *bunnû* (si, si_4, sig_7, mú etc.) falam a favor de um sentido intransitivo, e 'germinar' é um deles, ainda que 'ser belo' seja o mais comum (LBCM, p. 469).

A opção de traduzir *banû* por 'criar' não se pode dizer que seria inapropriada, tendo em vista os sentidos registrados no dicionário: 1.

'conceber', 'tirar aparentemente do nada', 'dar existência'; 2. 'formar', 'gerar', 'dar origem'; 3. 'imaginar', 'inventar', 'produzir' (algo novo); 4. 'inventar', 'elaborar' (alguma coisa, geralmente de cunho científico, utilitário); etc. (cf. Houaiss, *Dicionário da língua portuguesa*). Todavia, me parece que em frases como a relativa a Marduk, "e criou-o (*ibni-šu*) Ea, seu pai" (1, 83), 'criar' não seria a tradução mais apropriada no português culto contemporâneo, uma vez que o sentido é "e gerou-o Ea, seu pai", o mesmo se aplicando à pergunta que Tiámat dirige a Apsu, "por que o que nós criamos (*nibnû*) destruiríamos?" (1, 45), em que se daria a impressão de que os deuses foram não 'gerados', mas 'criados' por seus primeiros pais – sendo que o texto sugere, como afirmei antes, um processo de matriz sexuada, já que os dois primeiros deuses se definem por não mais que dois traços: ambos são extensão de água, um sendo macho e a outra, fêmea.[12] Acrescente-se que, num texto entendido como cosmogônico – um poema da 'criação' –, a interferência da ideia de criação *ex nihilo*, que vulgarmente se aplica hoje ao *Gênesis* hebraico (e principalmente cristão), com Deus criando um mundo externo a si mesmo e de si apartado, decerto orientaria um entendimento anacrônico do que se narra no *Enūma eliš*.[13]

Assim, optei por traduzir *banû* por 'engendrar', que, ainda conforme o dicionário, tem os seguintes sentidos: 1. 'dar existência a'; 'formar', 'gerar' (*engendrar crias*); 2. 'tirar' ou 'surgir' aparentemente do nada, 'criar(-se)', 'produzir(-se)', 'gerar(-se)' (*engendrar projetos de casas populares*) (*engendram-se várias soluções práticas para o problema*), 2.1. *fig.* (*a preguiça engendra ignorância*) (*ali todos viram engendrar-se a violência*); 3. 'conceber na imaginação'; 'engenhar', 'imaginar', 'inventar' (*engendrar pretextos*, cf. Houaiss, *Dicionário da língua portuguesa*). Essas três esferas semânticas, que se interpenetram, acredito que expressam bem os três campos de sentido que *banû* tem no poema: a) 'gerar', como em 1, 9,

---

[12] Lisman (*Cosmogony, theogony and anthropogeny in Sumerian texts*, p. 174) é de outro parecer: "no verso 9, lemos que deuses foram formados, o que é expresso com o verbo *banû*. Esse verbo não tem também conotação de produção por intercurso sexual".

[13] Também no caso da documentação suméria, Maurice Lambert (Polythéisme et monolatrie des cités sumériennes, p. 4) alerta que "a palavra criador deve ser evitada, pois, nos textos sumérios, não há criação, mas somente uma organização".

"engendraram-se deuses no seu interior [de Apsu e Tiámat]" e 1, 105, "engendrando quatro ventos, procriou-os Ánu"; b) 'criar', 'produzir', como em 7, 135, "porque os lugares celestes [Marduk] engendrou e formou o mundo inferior", ou 5, 39, "[Marduk] engendrou então o dia", e 6, 129, "à gente que [Marduk] engendrou, dotando-a de vida"; 3. 'conceber', 'engenhar', como em 1, 132, "em reunião postos, [os deuses] engendram a batalha", ou 6, 30 "Quíngu é quem engendrou a guerra", e 7, 11, "engendre ele [Marduk] um sortilégio, os deuses sosseguem". Como é natural, alguns usos não são tão facilmente classificáveis, como quando se diz que Tiámat "engendrou Turbilhão – vento mau –, Borrasca, Ciclone" (1, 161), o que se poderia entender tanto como 'criou' quanto como 'gerou', ou, em 131-132, "engendrar, destruir, perdoar, punir existam pois a seu mando", que resume bem o poder de Marduk, 'engendrar' tendo um sentido bastante amplo.

Láhmu e Láhamu

É notável como a referência aos dois primeiros deuses, Láhmu e Láhamu, retoma três termos usados dos dois versos anteriores, o que imprime um ritmo bem concertado à dição do poema: Láhmu e Láhamu surgiram (*uštāpû*, pretérito Št de *(w)apû*) e por nomes (*šumi*) foram chamados (*izzakrū*, pretérito N de *zakāru*).

Os dois nomes, nos originais, recebem o classificador 'deus' – ^{d}*Laḫmu u* ^{d}*Laḫāmu* – e, no poema, eles aparecem sempre como par. Neste ponto, nada indica que sejam os pais do par seguinte, Ánshar e Kíshar, o que todavia corresponde à logica das listas teogônicas e é afirmado mais à frente, em 3, 6, quando Ánshar declara que são eles "os deuses, meus pais". Todavia, a referência a "pai" ou "pais" é muitas vezes sinônimo de 'ancestrais': assim, em 3, 68 afirma-se que "foi Kakka até os deuses, seus pais", ou seja, até Láhmu e Láhamu, o que parece ser referência mais à senioridade de ambos que a paternidade.[14]

[14] Cf. Bartash, existe no poema "um sistema duplo" de referência a parentesco: "parentesco por nascimento e parentesco por subordinação. Este último supõe que os representantes de cada geração anterior são 'os pais' de todas as gerações subsequentes", o que parece ser "um eco da relação patrimonial de época tribal" (Bartash, *Puḫru*, p. 1098).

O par de deuses aparece com bastante frequência em listas com a genealogia de Ánu procedentes de encantamentos do primeiro milênio a.C., de acordo com o que apresenta Lambert (LBCM, p. 417, com as referências sobre a procedência das listas):

an-šar ^{d}ki-šar	^{d}du-rí ^{d}da-rí	[^{d}laḫ-m]a ^{d}la-ḫa-ma	^{d}du-rí ^{d}da-rí
^{d}du-rí ^{d}da-rí	^{d}làḫ-ma ^{d}la-ḫa-ma	^{d}en-gar ^{d}gà-ra	^{d}laḫ-mu ^{d}la-ḫá-mu
^{d}laḫ-ma ^{d}la-ḫá-ma	^{d}en-gur ^{d}ga-ra	^{d}a-la-la ^{d}bé-li-li	^{d}a-la-la ^{d}be-li-li
^{d}a-la-la ^{d}be-li-li	^{d}a-la-la ^{d}be-li-li	[^{d}d]u-rí ^{d}da—rí	
^{d}e n - u r u - u l - l a			
^{d}nin-uru-ul-la			

Com exceção da lista da primeira coluna, que inclui Ánshar e Kíshar no princípio e, no fim, Enurulla e Ninurulla (Senhor da Primeira Cidade e Senhora da Primeira Cidade, o que, para Lambert, mostra "a importância da cidade no pensamento mesopotâmico antigo", LBCM, p. 426), bem como da inclusão de Engur (o mesmo que Apsu?) e seu feminino em duas outras colunas, a sequência Dúri-Dári/ Láhmu-Láhamu/Alala-Belili parece ser bastante regular. O último par (Alala-Belili) parecendo, como o considera Lambert, "sem significância cosmogônica", o primeiro, Dúri-Dári remete a uma temporalidade primordial – os dois termos são variantes do mesmo radical, significando um tempo não dimensionável ou um período de tempo.[15]

O que importa, considerando esses registros, é constatar que, exteriormente ao *Enūma eliš*, existe uma tradição da genealogia de Ânu que inclui Láhmu e Láhamu, provavelmente como o segundo par da lista, ou seja, como uma espécie de intermediário entre uma era primordial e as eras subsequentes. Para a construção de sua teogonia *sui generis* tudo leva a crer que o autor do *Enūma eliš* tenha considerado ou mesmo partido desse tipo de tradição. Conforme George, "considerando a cultura e capacidade intelectual do poeta, é possível que ele tenha selecionado Láhmu e Láhamu dentre as antigas divindades ancestrais não aleatoriamente, mas como o par que garantia mais potencial para múltiplas explicações" (George, Cosmogony in Ancient Mesopotamia, p. 21).

---

[15] Em *Ele que o abismo viu* 7, 103, traduzi a expressão *dūr dār* por "de era em era": "Vem, Shámhat, o fado fixar-te-ei, / E o fado não cessará de era em era!".

Sobre a natureza de Láhmu e Láhamu, Jacobsen propôs que, considerando-se a raiz semítica *lḫm*, 'lama', registrada nos termos acádios *luḫummû/luḫmû*, 'lodo', 'lama', os dois primeiros deuses nascidos dos protodeuses, que eram água, corresponderiam à primeira formação de uma substância telúrica (cf. Jacobsen, *The treasures of darkness*, p. 169). Heimpel, por seu lado, defende que se trata de monstros marinhos de forma bovina, os quais representariam um estado intermediário entre as águas primordiais e os deuses antropomórficos (cf. Heimpel, Anthropomorfic and bovine Lahmus; GEE, p. 119). Na esteira dos nomes e trabalhando com imagens, Wiggermann mostra que a figura representada com espessa barba e três cachos de cada lado de sua face, normalmente nu e com uma faixa em torno da cintura, é o *laḫmu*, seu nome estando em acordo com o termo acádio idêntico cujo significado é 'peludo', negando ele, contudo, que se trate da mesma figura presente não apenas no *Enūma eliš* como em outras listas teogônicas (cf. Wiggermann, Exit *talim*!, p. 90-105). Finalmente, Lambert argumenta não só que a hipótese de Jacobsen deve ser descartada, por inconsistente com os usos cosmogônicos de Láhmu/Láhamu, como que o *laḫmu* peludo de Wiggermann é o mesmo das cosmogonias, o seu papel nelas sendo o de prover a separação entre o céu e a terra, ou seja, trata-se de espécies de Atlantes que, tendo os pés agarrados no chão, sustentam com os braços o teto que é o céu.

O argumento principal de Lambert é a relação de *laḫmu* com pilares do batente de portas (em sumério, 'dubla'), especialmente de templos – sabendo-se que templos se entendem como representação do cosmo: nesse sentido, há "uma abundância de figurinhas de argila e placas da época assíria e babilônica tardia que apresentam os *laḫmū* sustentando estacas", essas imagens "tendo sido enterradas perto de portais com o propósito expresso de afastar os males, como breves inscrições indicam". Ainda que a função desse tipo de *laḫmu* não seja a mesma dos pares cosmogônicos, conhecem-se textos em que ele tem uma função cósmica: com face humana, é barbudo, está nu, traz um cinto, seu pé direito é a garra de um pássaro e possui um rabo de leão; "com as duas mãos agarra o céu", "com seu pé esquerdo agarra a terra, seu pé direito cruza e agarra a panturrilha de seu companheiro" e "seu nome é Láhmu-Contenda": "estes são os *laḫmū* do céu e da terra, do Apsu de Ea". Conclui Lambert, "cada um desse par agarra o céu (isto é, acima) com ambas as mãos e agarra a terra (isto é, abaixo) com, respectivamente, o pé direito [de um] e o esquerdo [de outro], uma alternância adequada do ponto de vista de um artista, a fim de prover maior simetria visual", o que corresponde à necessidade de "manter céu e terra a uma distância fixa", como no *Enūma eliš* 5, 61. Assim, "os dois *laḫmū* às portas (ou sustentando as estacas da porta) têm a função cósmica de sustentar o céu no alto, ficando presumivelmente em cada extremo do eixo leste-oeste" (Lambert, The pair Laḫmu-Laḫamu in cosmogony, p. 198-199).

Saliente-se, contudo, que, no *Enūma eliš*, Láhmu e Láhamu, sempre referidos juntos, não exercem nenhuma função cósmica, mas antes a função teogônica de serem tidos como os mais antigos dos grandes deuses, sua presença sendo necessária em momentos cruciais do relato, como a decretação do destino de Marduk, antes da luta contra Tiámat (3, 1 ss) e, depois da vitória, "Láhmu e Láhamu ---- / Abriram então suas bocas, disseram aos deuses, os Ígigi: / Antes Marduk era o filho nosso amado, / Agora é vosso rei, em suas ordens atentai! (5, 107-110); ao lado de Ánshar, são também eles os primeiros a proclamar os nomes de Marduk: "por três nomes, cada um, o chamaram Ánshar, Láhmu e Láhamu" (6, 157), configurando assim uma tríade divina semelhante à mais comum, Ánu, Énlil, Ea.

Enfim, na passagem relativa ao nascimento de Marduk, uma variante dos v. 83-84 substitui Ea e Dámkina, como pai e mãe daquele deus, por Láhmu e Láhamu.

Ánshar e Kíshar

"Enquanto cresciam, avultavam-se" (*adi irbû išīḫū*) introduz uma primeira noção de temporalidade, menos como contagem do tempo que como sucessão dos estados que afetam os primeiros deuses, assim: a) Láhmu e Láhamu foram engendrados "quando dos deuses não surgira algum", ou seja, são eles os primeiros a quebrar o que se poderia considerar como repouso ou inanição (ou ainda atemporalidade) de Apsu-Tiámat; b) o passo em que são engendrados Ánshar e Kíshar toma como referência não algum tipo de temporalidade externa, mas o crescimento de Láhmu e Láhamu, o que mostra tratar-se de uma marcação em termos de sucessão. Naturalmente, tanto para a cosmogonia quanto para a teogonia, o fluxo das sucessões configura o que se pode chamar de 'tempo', aqui expresso não em termos abstratos, mas como ocorrências nos corpos dos primeiros deuses, uma espécie de tempo corporificado.

O verso 12 introduz o segundo par de deuses gerados – Ánshar e Kíshar –, havendo duas possiblidades de entendimento: a) eles são filhos de Láhmu e Láhamu; b) eles são filhos de Apsu e Tiámat.

Um argumento de ordem antropomórfica a favor da segunda hipótese é que foram eles engendrados enquanto o par anterior (Láhmu e Láhamu) ainda crescia: conforme Talon, "eles seriam gerados independentemente uns dos outros: enquanto crescem Láhmu e Láhamu, Ánsar e Kíshar são criados e lhes são superiores", de modo que o "esquema genealógico" não apareceria "senão com Ánshar, marcando a ruptura com a emergência indiferenciada dos deuses precedentes" – ou seja, antes da geração de Ánu por Ánshar e Kíshar, o que havia era uma espécie de "geração espontânea" nas águas primevas (TPE, p. 4; George, Cosmogony in Ancient Mesopotamia, p. 20). Esta é também a leitura de Damáscio, segundo o qual de Tauthé (Tiámat) e Apasón (Apsu) nasceu primeiro um filho, Moumin (Múmmu), "e dos mesmos procede uma outra geração, Dakhé [Láhamu] e Dakhós [Láhmu]; então, de novo, a partir dos mesmos, houve uma terceira geração, Kissarés [Kíshar] e Assorós [Ánshar]" (*Dos princípios* 125, 1).

A favor do primeiro entendimento, recorde-se que em 3, 6 Ánshar declara que Láhmu e Láhamu são "os deuses, meus pais". O argumento principal, contudo, a favor da primeira hipótese é que todo esse passo tem como objetivo traçar a genealogia de Ánu – e, por consequência, de Ea e, também consequentemente, de Marduk –, a lógica que dá consistência a qualquer genealogia sendo a sucessão de pais para filhos. Acrescente-se ainda que a afirmativa do verso 9 ("Então engendraram-se deuses no seu interior", isto é, no interior de Apsu-Tiámat) não diz respeito apenas aos que se nomeiam nos versos seguintes, mas, como já foi salientado, há uma multidão de outros deuses gerados. Não interessa, contudo, ao autor referir-se a todos eles, pois seu objetivo é a genealogia de Marduk, num poema dedicado à glória desse deus, não fazendo sentido, por outro lado, referir-se a deuses que não fossem ancestrais de Marduk.

O significado dos nomes *Anšar* e *Kišar* é transparente a partir dos termos sumérios de que se compõem: 'an' ='céu'; 'ki' = 'terra'; 'šar'

= 'totalidade'. Assim, trata-se, respectivamente, da 'totalidade do céu' e da 'totalidade da terra', ou, conforme Claus Wilcke, do 'círculo do céu' e do 'círculo da terra' (*apud* GEE, p. 119, n. 44). Não parece, contudo, que a etimologia dos nomes corresponda à função cosmogônica que os dois deuses têm no poema, pois 'céu' e 'terra' só muito mais à frente serão criados por Marduk, a partir do cadáver de Tiámat, por ele partido em dois.

Ánu

O verso 13 introduz de modo mais incisivo uma temporalização da narrativa, agora tendo como critério não mais os corpos (de Láhmu e Láhamu), mas entidades temporais (dias e anos): "alongaram-se os dias, somaram-se os anos" (*urrikū ūmī uṣṣibū šanāti*). Como dias e anos ainda não foram configurados, o que só acontecerá quando Marduk criar céu e terra, menos que apontar para a existência, já neste momento, de algum tipo de um calendário, o verso deve ser tomado como uma fórmula para indicar um transcurso do tempo que se quer caracterizar como de uma considerável duração. Se o nascimento de Ánshar e Kíshar foi antecedido por pouco pelo de Láhmu e Láhamu (deu-se enquanto estes últimos ainda cresciam), o de Ánu transcorreu bem depois do de seus pais.

Como várias vezes já reiterado, Ánu é o ponto de chegada da genealogia baseada nos pares de macho e fêmea, tanto que não se registra aqui qual seria sua correspondente feminina, isso indicando que, nos modelos que serviram de base para o poeta do *Enūma eliš*, era da ancestralidade dele que se tratava.

O deus que se denomina em sumério 'An' e em acádio *Anu* corresponde ao Céu, o mesmo signo cuneiforme sendo usado para escrever as três palavras. Na documentação suméria, An já aparece, em meados do terceiro milênio, em listas procedentes de Fara. Na época de Gudea de Lagash (séc. XXII a.C.), ele já é o cabeça do panteão, bem como, nos períodos de Ur III e Isin-Larsa (séc. XXI-XVIII), seu culto é documentado em hinos e preces. No período paleobabilônico costuma ser representado como membro da tríade Ánu-Énlil-Ea, que divide entre si as três camadas do cosmo, cabendo-lhe o céu, considerado como uma sólida e remota estrutura ao alto da superfície da terra. Algumas vezes se lhe atribui uma esposa, em geral as deusas Ántu (simplesmente o feminino de Ánu), Urash (Terra) ou Ishtar. Enfim, ele costuma ser considerado o pai dos deuses e demônios, cabendo-lhe, em última instância, decretar os destinos.

Como acontece com Tiámat e Apsu, Ánu foi raramente (talvez nunca) representado nas artes visuais, sendo difícil, de qualquer modo, conjeturar quais seriam os índices iconográficos que permitiriam sua identificação, com exceção de, no período cassita e neoassírio, o turbante com chifres, atributo também de outros deuses (GDS, p. 30).

Ánu constitui uma divindade análoga a outras na zona de convergência do Mediterrâneo, incluindo o sírio *Baal Shamem* (Senhor do Céu) e o grego *Ouranós* (Céu), embora nenhum dos correlatos se apresente, nos respectivos panteões, com a mesma importância que ele. Em alguns casos, como no grego, trata-se de um deus presente nas teogonias, mas que carece de culto (cf. Toorn *et al.*, *Dictionary of deities and demons in the Bible*, p. 388-389). Nos textos hurro-hititas, Ánu aparece como personagem (com seu nome acádio), o que demonstra a difusão de seu papel nos diferentes panteões.

No *Enūma eliš*, é uma personagem atuante, embora só como adjuvante. Sua autoridade no panteão se encontra na verdade transferida para Ánshar – o qual não deixa de ser uma espécie de manifestação do mesmo deus, enquanto remete, como já referido, à 'totalidade do céu' ('an-šar'). A coalescência entre os dois ganha significativa expressão no modo como se narra a sucessão divina neste passo: em vez de, como nos casos anteriores, afirmar-se que o deus surgiu ou foi engendrado por seus antecessores, o que se diz é que ele é o "primogênito deles" (*apilšunu*), é "igual a seus pais" (*šānin abbīšu*) e que "Ánshar em Ánu, seu rebento, refletia-se" (*Anšar* [d]*Anum bukrašu umaššilma*).

Ea/Nudímmud

O verso 16 tem intencional relação com o anterior, pois desdobra o que se afirma naquele: assim como Ánshar reflete-se em Ánu, "Ánu, tal seu reflexo (*tamšīlāšu*), procriou Nudímmud", ou seja, é como se fosse um jogo de espelhos, em que Nudímmud – outro nome de Ea – reflete Ánu que reflete Ánshar (o termo *tamšīlu*, 'imagem', 'semelhança' é derivado do verbo usado no verso anterior, *mašālu*, 'ser ou ficar igual'). Essa ideia sugere que o autor termina por constituir uma espécie de nova tríade divina *sui generis*, Ánshar-Ánu-Ea, em que a precedência cabe ao primeiro.

Ea é o nome acádio do sumério Enki, cuja principal característica é a relação com o 'abzu' (Apsu), onde habita. É também chamado de Ninshíku ou Nudímmud, este último nome sendo composto dos termos sumérios 'dím' (criar) e 'mud' ('trazer diante'), "relacionado com seu papel posterior de criador da humanidade" (GEE, p. 119). Trata-se, portanto, de um deus subterrâneo, associado com sabedoria, magia, encantamentos, além de com as artes e requintes da civilização, conforme já o definia Deimel, em 1914: *É-a, deus abyssi et aquae (dulcis?); deus sapientiae et artium; deus magorum*. Jacobsen sugere que a destreza de Ea decorre de sua associação com água: "Os caminhos da água são tortuosos. Ela evita mais que supera os obstáculos, passa em volta e assim atinge seu objetivo [...]. E assim, podemos admitir, a ideia de destreza, de inteligência superior chegou a ser compartilhada por Enki" (*apud* Worthington, *Ea's duplicity in the* Gilgamesh *flood story*, p. 15).

O centro de seu culto é o E-abzu ('Casa de Apsu') em Eridu, em que se encontram indícios de veneração a um deus ctônico desde a mais remota pré-história (cf. Espak, *Ancient Near Eastern gods Enki and Ea*, cap. 2).

No poema sumério conhecido como *Inana e Enki*, dentre aquilo que o deus coloca na barca da deusa, para que ela o transporte de Eridu para Úruk, encontram-se poderes (em sumério, 'me') tão variados quanto os ligados ao culto divino, à música, à arquitetura, à metalurgia, à guerra e ao sexo (cf. Brandão, *Ao Kurnugu, terra sem retorno*, p. 49-55).

É provavelmente por sua relação com a vida civilizada que Ea se apresenta não só como favorável aos homens, mas como o criador da própria humanidade: no poema conhecido como *Atraḫasīs* (Supersábio), é ele quem propõe aos deuses a criação dos homens, para assumir os trabalhos dos Ígigi, instruindo Mámi sobre como fazê-lo (*Atraḫasīs* 1, 206 ss); no mesmo poema, é a partir dos conselhos astutos de Ea que o Supersábio consegue superar os flagelos enviados pelos deuses (uma peste, uma seca e, finalmente, o dilúvio), impedindo a extinção completa da humanidade. A forma como ele age põe em relevo sua astúcia, que atinge o máximo por ocasião do dilúvio, episódio retomado também na tabuinha 11 de *Ele que o abismo viu*: estando sob o juramento que o impedia de alertar Atrahasis/Uta-napíshti sobre a iminência da enchente, Ea dirige-se não diretamente a seu protegido, mas a uma parede/cerca de caniços: "O príncipe Ea com eles sob jura estava, / Mas suas palavras repetiu à cerca de caniços: / Cerca! cerca! parede! parede! / Cerca, escuta! parede, resguarda! / Homem de Shurúppak, filho de Ubara-Tútu, / Derruba a casa, constrói um barco, / Abandona a riqueza e escolhe a vida" (*Ele que o abismo viu*, 11, 19-25). Mais à frente, findo o dilúvio, ele próprio declarará a seus pares, os outros deuses: "Eu não revelei o segredo dos grandes deuses: / Ao Supersábio um sonho fiz ter e o segredo dos deuses ele ouviu" (11, 196-197). Nisso se vê como é ardiloso, o que o põe na categoria de divindades astutas, como o grego Prometeu (cf. Duchemin, *Prométhée*).

Talon resume assim suas características:

> É um deus prometeico: age com ardis para contornar as decisões dos grandes deuses, quando estas são perigosas para o homem, ou quando os deuses querem guardar para si o que ele, Ea, estima àqueles ser destinado. É o caso quando do Dilúvio, em especial, ocasião em que traiu as intenções divinas de aniquilar a humanidade, prevenindo Uta-napíshti e indicando-lhe como construir uma arca. Ele é o grande patrono dos médicos, dos astrólogos e dos exorcistas, em suma, de todos os detentores do saber mais oculto, mais secreto. Ele preside também o destino dos que nós chamamos "escribas", em realidade os grandes intelectuais ou acadêmicos da época (*ummanu*), os que tinham dominado todos os segredos da escritura e podiam agir como os grandes rabinos judeus agiam com relação à Torah nos Midrashim. Esses jogos não são evidentemente gratuitos. As regras da exegese rabínica, como as da interpretação babilônica, permitem encontrar atrás das palavras e dos signos da escrita o sentido oculto da mensagem divina. (Talon, La transmission du savoir en Mésopotamie ancienne, p. 27-28)

Enki/Ea é bastante representado nas artes visuais, com longa barba, chapéu com muitos chifres e veste longa e plissada. Às vezes jorram de seus braços correntes de água na direção do solo, em que se veem peixes. Outras vezes ele se encontra sentado, recebendo oferendas, ou no interior de uma estrutura, o Apsu ou seu templo em Eridu, o E-abzu, cercado por canais de água (cf. GDS, p. 75).

Na sucessão dos deuses, uma perspectiva progressiva em termos de capacidade havia sido sugerida no verso 12, ao declarar-se que Ánshar e Kíshar se avantajavam com relação a seus pais, Láhmu e Láhamu. É todavia com relação a Ea que essa noção se afirma, verso a verso:

a) de seus pais ele é o dominador (*abbīšu šālissunu*);
b) ele é "de todo agudo" (*palka uznu*) e "sagaz" (*ḫasīsu*);[16]
c) ele é "em força robusto", tradução bastante literal de *emūqān pungul*, que acrescenta uma superioridade física às mencionadas superioridades intelectuais de Ea;
d) ele é *guššuru*, 'muito forte', a que se acrescenta a comparação com Ánshar, pai de seu pai;
e) em consequência de tudo isso, ele "não tinha igual entre os deuses, seus irmãos" – ou seus 'pares', outra leitura possível.

Conclusão: Ea é superior aos deuses com relação aos quais está numa posição vertical em termos de sucessão, seus antecedentes – já que superior a Ánshar, o qual, por sua vez, é superior a Láhmu e Láhamu –, mas está acima também de todos os outros deuses com os quais tem uma relação horizontal, os aqui chamados "seus irmãos", *atḫêšu* (SooHoo, *Violence against the enemy...*, p. 142).

Deuses e deusas

Da perspectiva teogônica, chama a atenção que Kíshar não apareça em nenhum outro ponto da narrativa, enquanto Ánshar, pelo contrário, tem uma atuação de bastante destaque, já que, antes da entronização de Marduk, é ele que atua como verdadeiro chefe

---

[16] Os termos *uznu* e *ḫasīsu*, de acordo com o torneio de linguagem próprio das línguas semíticas, nas quais é preferentemente o ouvido – e não a vista – que topicaliza corporalmente o canal que mais produz conhecimento, têm o sentido primeiro de 'orelha', 'ouvido', comportando também as acepções de 'sabedoria', 'entendimento', 'compreensão', 'consciência', 'atenção' (minha tradução por 'agudo' tenta preservar algo da imagem auditiva da palavra). Evidentemente que a sugestão dada pela coalescência entre ouvido e sabedoria não deve ser excessivamente generalizada nem lida como algo que implique a depreciação dos outros sentidos (sobre a questão dos sentidos nas culturas do Oriente Médio, Schellenberg e Krüger, *Sounding sensory profiles in the ancient Near East*, especialmente os capítulos dedicados à Mesopotâmia antiga, p. 217-313).

dos deuses. Assim, diante da ameaça de Tiámat, que se prepara para a guerra, é ele quem comissiona, para domá-la, primeiro Ea, que recua, depois Ánu, que também se declara impotente, e finalmente Marduk (cf. 2, 53 ss); a fim de que este possa desempenhar sua missão, é ainda Ánshar quem convoca a assembleia dos deuses que visa a fixar-lhe o destino (3, 1 ss). Destaque-se o verso 2, 148, em que Marduk declara, dirigindo-se a Ánshar: "a nuca de Tiámat pisarás tu", o que indica como o destino dos deuses se liga à liderança de Ánshar, de tal modo que se pode dizer que eles se dividiam então em dois campos, os que estavam com Tiámat *versus* os que se alinhavam com Ánshar, como se o contraste pudesse ser resumido em termos de gênero: deusa *versus* deus.

A inanição de Kíshar como personagem atinge também outras deusas, com exceção de Tiámat. Isso sugere que há, de fato, no poema, uma espécie de apagamento do feminino, que inclui a ausência de menção a algumas parceiras importantes dos protagonistas: Ántu, esposa de Ánu; e Sarpanítu, célebre companheira de Marduk (cf. BAB, p. 83). Mesmo por ocasião da criação da humanidade, na tabuinha 6, proeza que em outras fontes, como o *Atrahasīs*, é realizada pela deusa-mãe (Mamítum, Arúru), não há nenhuma participação de alguma divindade feminina, o feito sendo levado a cabo exclusivamente por Ea. Nesse sentido, Harris afirma que o "*Enūma eliš* é um mito masculino, que exalta uma ordem masculina, regra masculina, relações masculinas, poder e criatividade masculinos" (*apud* Helle, Marduk's penis, p. 67). É sintomático, nesse sentido, escreve Sonik, que "ação e criação são quase inteiramente postas no domínio dos deuses masculinos" e que, "no final do poema, como notou Tikva Frymer-Kensky, o feminino ainda estando presente, é decididamente passivo: 'Nós vivemos no corpo da mãe [Tiámat], mas ele não tem nem atividade nem poder'" (Sonik, Gender Matters in *Enūma eliš*, p. 86).

Seria possível aventar duas linhas de explicação para tal apagamento: de um ponto de vista externo, mudanças na situação social da mulher; de um ponto de vista interno, as injunções do próprio texto. A primeira explicação é difícil de demonstrar e sempre débil, em que pese a opinião de alguns estudiosos, recentemente contestada, de que teria havido, dos tempos mais antigos para os mais recentes, um decréscimo de deusas no panteão mesopotâmico, a par da perda de sua importância;[17] uma segunda explicação, por restringir-se aos dados do próprio poema, parece-me mais forte: Tiámat, em sua exuberância, acaba galvanizando em si toda a força do feminino, não deixando espaço para outras manifestações.

Énlil, o ausente

Qualquer abordagem da seção genealógica do *Enūma eliš* deve lidar com a constatação de uma ausência: Énlil. Como assevera Seri, "a natureza fictícia e tendenciosa da genealogia inicial do *Enūma eliš* é evidente pela omissão do deus Énlil e pela ocorrência dúbia dos três primeiros pares" (Seri, The role of creation in *Enūma eliš*, p. 10). Mais ainda, o apagamento de Énlil se faz ver com mais força pela menção, como ponto de chegada da narrativa, de seus dois companheiros na tríade principal do panteão mesopotâmico: Ánu e Ea.

Com efeito, tal trindade é bem atestada na documentação existente, tanto poética quanto tratadística. Assim, por exemplo, o *Enūma Anu Enlil*, tratado de previsões feitas a partir dos corpos celestes, principia indicando quem são os três grandes deuses: 'u$_4$ an-na ^{d}en-líl-lá ^{d}en-ki dingir-[gal-gal-la]', isto é, "Quando Ánu, Énlil e Enki, os grandes deuses" (*apud* LBCM, p. 176); do mesmo modo, no poema conhecido como *Exaltação de Ishtar* ('nin-mah ušu-ni gir-ra'), texto bilíngue, com tradução interlinear do sumério em acádio, datado na época cassita tardia, lê-se o seguinte (*apud* LBMC, p. 172-173; as linhas em cursiva trazem o texto em sumério, as linhas em itálico, a tradução para o acádio):

> te-me-en da-rí na-ki-ke giš-hur gi-na dìm-me-er-e-ne-ka-a-t[a]
> *ina da-ru-ti te-me-en šamê*^{e} *u erṣetim*^{tim} *u-ṣu-rat ilāni*^{meš} *ki-na-a-t[i]*
> sag-tab an ^{d}en-líl ^{d}en-ki-ke níg-hal-hal-la ba-na-bà-a-ta
> *šur-ru-ú* ^{d}*a-nu* ^{d}*en-líl u* ^{d}*é-a ú-za-'-i-zu zi-za-a-tim*

> Na era de fundação do céu e da terra, plano dos deuses permanente,
> Começaram Ánu, Énlil e Ea a lotear os lotes.

---

[17] Essa ideia, debitária das teses de Bachofen sobre o matriarcado primitivo, foi expressa pela primeira vez em 1976, por Kramer (Poets and Psalmists, p. 13): "foi não só no plano humano que as mulheres perderam alguns dos direitos e prerrogativas no correr dos séculos – isso aconteceu também no plano divino". A questão é muito mais complexa, como demonstram em detalhes Asher-Greve e Westenholz, em *Goddesses in context*.

Os exemplos poderiam acumular-se, mas baste dizer que, a partir da tabuinha 4 do próprio *Enūma eliš*, Énlil é referido mais de uma vez junto com seus pares, como quando o narrador, arrolando as providências de Marduk na organização final do mundo, afirma que "O grande santuário do Esharra, que ele [Marduk] engendrou, o firmamento, / De Ánu, Énlil e Ea templos fez para morar" (4, 145-146).

Portanto, não se trata de uma omissão completa do deus, do qual, inclusive, Marduk assume características, sendo muito significativo que "os cinquenta nomes que são atribuídos a Marduk no final do épico sejam um eco do número divino de Énlil, cinquenta" (Helle, Marduk's penis, p. 65). Na lógica interna do poema, o leitor que perguntasse pela origem de Énlil só poderia admitir que ele, antes de passar a ser nomeado num ponto tão avançado da ação, faria parte dos deuses considerados apenas em conjunto – aqueles que, no verso 21 que segue, são nomeados, de modo genérico, "os irmãos, os deuses". Não poderia ser contado, todavia, entre os aliados de Tiámat.

A perturbação de Apsu (versos 21-46)

innindūma atḫû ilāni	[21] E associaram-se os irmãos, os deuses,
ēšû Tiāmatma nāṣiršunu ištappu	Perturbaram Tiámat e seu alarido irradiava-se.
dalḫunimma ša Tiāmat karassa	E disturbaram de Tiámat as entranhas,
ina šu'āri šu'duru qereb Anduruna	Com algazarra dura no interior do Anduruna.
lā našir Apsû rigimšu	[25] Não reduzia Apsu o seu bramido
u Tiāmat šuqammumat ina pānišun	E Tiámat emudecia em face deles.
imtarṣamma epšētāšun elīša	Acerba sim sua ação diante dela:
lā ṭabat alkassunu šunūti iggamila	Não sendo boa sua conduta, a eles resguardava.
inūšu Apsû zāri ilāni rabiūtim	Então Apsu, gerador dos grandes deuses,
issīma ^{d}Mummu sukkallāšu izakkaršu	[30] Conclamou Múmmu, seu intendente, e disse-lhe:
^{d}Mummu sukkallu muṭibba kabattīja	Múmmu, intendente, bom para meu ânimo,
alkamma ṣēriš Tiāmat i nillik	Vem! junto de Tiámat vamos!
illikūma qudmiš Tâmatum ūšibū	E foram, diante de Tiámat sentaram-se,
amāti imtallikū aššum ilāni bukrīšun	Com palavras ponderaram sobre os deuses, seus rebentos.

Apsû pâšu īpušamma	[35] Apsu sua boca abriu
ana Tiāmat elītamma izakkaršu	E a Tiámat ruidoso disse:
imtarṣamma alkassunu elīja	É sim molesta sua conduta para mim:
urriš lā šupšuḫāku mūšiš lā ṣallāku	De dia não repouso, de noite não durmo.
lušḫalliqma alkassunu lusappiḫ	Destrua-se sua conduta, seja dispersa!
qūlu liššakinma i niṣlal nīni	[40] Silêncio se faça e durmamos nós!
Tiāmat annīta ina šemêša	Tiámat isso quando ouviu,
īzuzma iltasi elu ḫarmēša	Encolerizou-se e clamou contra seu consorte,
issīma marṣiš uggugat ēdiššiša	Clamou assim apenada, enfurecida ela só,
lemutta ittadi ana karšīša	Maldade lançara ele em suas entranhas:
mīnā nīnu ša nibnû nušḫallaqma	[45] Por que nós o que engendramos destruiríamos?
alkassunu lū šumruṣatma i nišdud ṭābiš	Sua conduta é molesta? Toleremos benignos!

Esta seção apresenta uma mudança de foco: até imediatamente antes, toda a luz esteve jogada nos processos de geração; a partir de agora, a situação dos primeiros deuses estando em parte consolidada – incluindo mesmo os "irmãos" ou "pares" (*atḫû*) não referidos por um nome –, tem início o relato das primeiras ações (GEE, p. 119; TPE, p. 5-6).

Deve-se observar como a mudança de foco deixa em suspenso o elogio de Ea nos versos precedentes, o qual fará sentido apenas no passo seguinte (a partir do verso 47), quando de sua vitória sobre Apsu. De fato, é como se na presente passagem ocorresse uma dobra na narrativa, com retorno ao início do poema, pois estão em cena, de novo, Apsu e Tiámat, que, como então, têm de lidar com questões relacionadas com sua fertilidade: no trecho anterior, a procriação; neste, suas consequências.

A mudança de foco faz-se de um modo hábil no verso 21, pois se dá pela repetição, nele, da última palavra do verso anterior, *atḫû* ('irmãos', 'pares'), a qual funciona, portanto, como encaixe (nos termos de GEE, p. 120: um *Scharnierves*, verso-dobradiça). Com mais exatidão, observe-se que é toda a expressão *ilāni atḫêšu* (dos deuses, seus irmãos) que se reflete nas últimas palavras do verso seguinte, *atḫû ilāni* (os irmãos, os deuses), numa correlação quiástica (todo quiasma se pode dizer que é um espelho, na medida em que este devolve uma imagem invertida).

O verbo, posto no início do verso e realçado pela enclítica *-ma*, encontra-se no pretérito (*innindū*, "associaram-se"), introduzindo uma ação e seus agentes, contra o pano de fundo dos versos anteriores.

A ênfase no sintagma *atḫû ilāni* apontada no parágrafo anterior desvia o foco dos grandes deuses (os deuses de quem se declinam os nomes) para a massa dos outros deuses gerados, ao que tudo indica, por Apsu-Tiámat. O fato de que esses deuses sejam apresentados como *atḫû* (irmãos ou pares) marca uma diferença significativa com relação aos deuses nomeados, pela inexistência de diferenças de estatuto, em termos de menor ou maior senioridade, mais ou menos importância. Trata-se de um dado narrativo destacável: as ações que levarão ao fim (no sentido de final e finalidade) do poema – ou seja, a entronização de Marduk – são desencadeadas não pelos deuses nomeados, mas por essa massa um tanto amorfa dos inominados *atḫû ilāni*.

A perturbação de Tiámat

A primeira informação sobre o incômodo provocado pelos "irmãos, os deuses" focaliza Tiámat, concentrando-se na esfera auditiva e espacial: a) de um lado, o forte alarido que se irradia (*šapû*, 'ser denso, alto', encontra-se no modo Gtn, *ištappu*, que tem sentido iterativo) e a algazarra dura (*šu'āru*, *šu'duru*); b) de outro, as entranhas de Tiámat e o interior do Anduruna.

Anduruna é aqui, de acordo com Lambert, uma "localização cósmica": num exercício escolar procedente de Susa, afirma-se que é o lugar "onde o sol nasce"; conforme outros registros, um local no mundo inferior, referido como "a grande prisão do Anduruna" (*mar-kás rabû*[ú] *šá an-dúru-na*) ou "anduruna casa dos destino" [*a*]*n-dúru-na bīt ta-ši-*[*ma-a-ti*], *apud* LBCM, p. 470). Note-se como, nesse ponto do poema, não existem ainda nem o nascente nem o mundo inferior, motivo por que o mais razoável seria entender que Anduruna seria alguma localização no interior da própria Tiámat ou um modo de referir-se a esse interior, seu *karšu*, que traduzi por "entranhas" (cf. CAD, também 'estômago', 'interior', 'epigástrico', 'útero', 'ventre'), observando-se que tanto *karassa* quanto *Anduruna* se encontram na última posição nos versos do dístico, o que parece reforçar a intenção paralelística do autor.

O que traduzi por "algazarra", *šu'āru*, conforme o CAD significa propriamente 'dança', o que, no contexto do incômodo de Tiámat, deve ser entendido como a realização de movimentos rápidos e iterativos (cf. Talon, um 'jogo barulhento'). Com "algazarra dura no interior do

Anduruna" eu quis preservar a aliteração do original – *šu'āri šu'duru qereb Anduruna* –, o verbo *šu'duru* tendo a acepção de 'causar aborrecimento, incômodo, susto".

SooHoo observa que, "na literatura mesopotâmica, dançar frequentemente é uma metáfora do combate". Assim, no poema sumério *Lugal-e* caracteriza-se a batalha como "o festival ('ezen') da juventude, a dança de Inana ('ešemen')"; em *Bin šar dadmē*, modernamente conhecido como *Anzû*, "um dos epítetos de Ninurta é 'dançarino' (*mummillu*) e o verbo correspondente caracteriza o turbilhão com que ele faz o pó girar (*mummilat eprī*)"; também em *Agushaya* "o comportamento bélico de Ishtar é descrito como 'a dança da batalha'" (SooHoo, *Violence against the enemy...*, p. 143).

A perturbação de Apsu

Apsu volta a ser introduzido na narrativa, a fim de que já se comece a esboçar a diferença de sua reação em contraste com a de Tiámat: enquanto esta se mantinha em silêncio e, mesmo disturbada, resguardava os deuses irmãos, sugere-se que aquele tentava fazer com que diminuíssem o ruído que produziam, sem sucesso ("Não reduzia Apsu o seu bramido"), essa diferença de atitude sendo o que levará ao desfecho da cena.[18]

A introdução se dá com um discurso direto (29-32), recurso usado pela primeira vez no poema, o que garante que de fato, tendo-se deixado uma parte eminentemente descritiva, começa agora a narrativa propriamente dita. Saliente-se que discursos diretos são estratégias dramáticas que dão à narrativa uma intensa vivacidade, por constituírem a irrupção da primeira e da segunda pessoa num discurso em princípio dominado pela terceira, ou seja, pela ausência de marca pessoal.

Vogelzang classifica a forma como se introduzem discursos diretos na literatura acádia nas seguintes categorias (cf. Vogelzang, Patterns introducing direct speech in Akkadian literary texts, p. 50-70, dos

---

[18] TPE e TBCM, p. 79, entende que são ambos, Apsu e Tiámat, que tinham paciência com o distúrbio, traduzindo assim o verso 28: "*leur conduite n'était pas bonne, toux deux leur restaient (nénamoins) bienveillants*". Ele explica que lê *iggamilā*, que seria um dual, em vez de *iggamila*, singular – e, "se não for pertinente, se compreenderá 'ela (Tiámat) mantinha-se com eles (todavia) benevolente'". Adoto este último entendimento, que é também o de LBCM, p. 51.

exemplos dados por ela, apresento apenas os colhidos no *Enūma eliš*, a que ajunto outros):

a) com uma percepção, usualmente assinalada como 'ver'ou 'ouvir':

Marduk isso quando ouviu
Como o dia brilharam   seus traços com intensidade:
Fazei sim Babilônia, de que desejastes a obra!
Seus tijolos lhe deem forma,   a sede seja alta! (6, 55-58)

b) com uma reação, que pode ser emotiva, mental ou física:

E ouviu Tiámat   tais ditos bons para si:
O que vós deliberastes,   façamos hoje! (1, 125-126)

c) com uma fala, que pode ser introduzida por 'dizer' ou outro *verbum dicendi* ('responder', 'gritar', 'comandar' etc.), com outra fala ou mesmo sem nenhuma introdução:

1. com *verbum dicendi* (os versos que comento aqui):

Então Apsu,   gerador dos grandes deuses,
Conclamou Múmmu,   seu intendente, e disse-lhe:
Múmmu, intendente,   bom para meu ânimo,
Vem! junto de Tiámat vamos! (1, 29-32)

2. com outra fala (usei o travessão para marcar a mudança dos locutores):

E alegrou-se o Senhor   com as palavras de seu pai
E chegou, ergueu-se defronte de Ánshar,
E viu-o Ánshar,   seu coração de alegria encheu-se,
Beijou-lhe a boca,   seu pavor regrediu:
– Meu pai, não os tenhas fechados,   abre teus lábios,
Vá eu e satisfaça em tudo teu coração!
Ánshar, não os tenha fechados,   abre teus lábios,
Vá eu e satisfaça em tudo teu coração!
Qual varão   em contenda saiu contra ti?
E Tiámat, que é fêmea,   enfrenta-te em armas?[19]

---

[19] A edição do poema usada por Vogelzang (Patterns introducing direct speech in Akkadian literary texts, p. 63), dá o verso "E Tiámat, que é mulher, enfrenta-te

Meu pai, genitor, alegra-te e aclama:
A nuca de Tiámat rápido pisarás tu!
Ánshar, genitor, alegra-te e clama:
A nuca de Tiámat rápido pisarás tu!
– Vai, filho, conhecedor por inteiro agudo,
Tiámat faz repousar com teu encantamento puro,
O carro da tempestade rápido dirige
E se sua face não se desvia, volte ela atrás! (2, 135-152)

Em geral – é ainda Vogelzang que chama a atenção para isso –, a extensão e a importância do discurso direto tem relação com o modo como é introduzido. Há mesmo a tendência de que o número de versos da introdução corresponda ao número de versos do discurso, como na maior parte dos exemplos citados.

Múmmu

Introduz-se uma nova personagem, o intendente de Apsu, Múmmu, cujo nome deriva do sumério 'úmun', 'sabedoria' ou 'habilidade'. Ainda que o termo de origem seja abstrato, existe a expressão *bīt mummi*, ou seja, 'Casa de Múmmu', a qual designa uma parte do templo "destinada à sabedoria esotérica, especialmente manifesta pela feitura e revivificação de estátuas de deuses", o que, conforme Lambert, fez com que o sentido de 'sabedoria' se deslocasse, em acádio, para o de 'poder criativo'.[20]

O fato de que Múmmu seja apresentado como *šukkallum*, 'intendente', levaria a supor que seu chefe imediato recebesse o título de 'lugal' (rei), o que todavia não acontece – ficando essa denominação atribuída apenas a Ánshar e Marduk.[21] Tanto nessa passagem quanto

em armas?" como "Meu filho, Tiámat, que é mulher, enfrenta-me em armas", o que faz com que ele se torne uma resposta de Ánshar à questão de Marduk no verso anterior.

[20] Cf. LBCM, p. 218-219. É talvez por isso que Damáscio considera que Mumin, que ele entende ser o primeiro filho de Apsu e Tiámat, é o "mundo inteligível" (*noetós kósmos*).

[21] Bartash (*Puḫru*, p. 1086) considera que uma explicação para isso estaria no fato de que Apsu é "um caráter negativo, e o autor, pondo-se do lado de Marduk,

na seguinte ressalta o modo como Apsu não age sem a assistência de Múmmu, que ele afirma ser alguém que é bom para seu ânimo, que o abraça e beija. De tal modo são eles unidos e Múmmu lhe é fiel, que sofrerá com seu chefe todas as consequências de suas ações.

O repouso dos deuses

O discurso direto de Apsu é introduzido com verbo *dicendi*, numa fórmula muito comum nos textos acádios, geralmente escrita num só verso: 'X abriu a boca e a Y disse' (X *pâšu īpušamma ana* Y *izakkar*). Nesse caso, o recurso fica realçado pela divisão em dois versos, bem como aumenta seu efeito o uso do advérbio "ruidoso":

Apsu sua boca abriu
E a Tiámat ruidoso disse:

Assim destacada, a fala de Apsu expõe com clareza o problema, em quatro versos perfeitamente bem encadeados: o primeiro e o terceiro insistem na conduta inadequada dos deuses irmãos (o que a repetição, na segunda posição, de *alkassunu* realça); o segundo e o quarto fazem referência ao descanso e ao sono, incialmente em termos de privação, em seguida como um voto positivo:

imtarṣamma ***alkassunu*** *elīya*	É sim molesta **sua conduta** para mim:
urriš ***lā šupšuḫāku*** *mūšiš* ***lā ṣallāku***	De dia **não repouso**, de noite **não durmo;**
lušḫalliqma ***alkassunu*** *lusappiḫ*	Destrua-se **sua conduta**, seja dispersa!
qūlu liššakinma i ***niṣlal*** *nīni*	Silêncio se faça e **durmamos nós**!

Este é um tema teológico e um motivo narrativo de especial importância: o sono dos deuses. Do primeiro ponto de vista, parece que é próprio da natureza divina – ou pelo menos da natureza dos grandes deuses – uma certa inércia, expressa em termos de repouso ou sono. Isso não significa que em determinados momentos eles deixem de agir, mas que, uma vez que se estabeleça certa ordem, então o repouso é um

simplesmente não quer chamar Apsu de 'lugal', porque é Marduk que tem de adquirir este título no futuro".

requisito indispensável de sua existência, bem como uma demonstração de sua soberania.[22] Da segunda perspectiva, a dos motivos narrativos, o que se observa é que um deus que não logra dormir age de modo transtornado.

A ocorrência mais antiga desse motivo encontra-se no poema conhecido como *Atraḫasīs* (séc. XVIII a.C.) – cujo nome original são suas primeiras palavras: *Inuma ilu awilum* (*Quando os deuses eram homens*). Nele, o sono dos deuses é que dá consistência à trama, que pode ser assim resumida:

a) de início, uma parte dos deuses, como homens, tinham de assumir o encargo do trabalho (cf. 1, 1-2: "Quando os deuses eram homens, / Suportavam a labuta, penavam na peleja"), a saber, os Ígigi, os quais se encarregavam dos trabalhos agrícolas, envolvendo irrigação e plantio, a fim de que os Anunnáki, grandes deuses, pudessem gozar de repouso (cf. 1, 5-6: "Os grandes Anunnáki, os sete, / Na labuta faziam os Ígigi penar");

b) após quarenta anos, os Ígigi revoltam-se e cercam a morada dos Anunnáki, à noite, enquanto estes dormem, cabendo a Kálkal despertar Núsku, a fim de que desperte seu senhor, Énlil (cf. 1, 78-81: "Núsku despertou o seu senhor, / Da cama o fez sair: / Meu senhor, está cercada tua casa, / A batalha veio à tua porta");

c) a solução para o problema é dada por Enki: a criação da humanidade, para que assumisse o trabalho dos deuses, o que se faz, com a produção, por Mámi, a mãe dos deuses, de quatorze protótipos humanos (*lullû*), sete machos e sete fêmeas, a partir dos quais a população se multiplica;

---

22 Batto (The sleeping god, p. 156-164) propõe essa dupla justificativa para o motivo do sono divino: a) descansar é uma prerrogativa do deus, o que especialmente se verifica em conexão com o fim de trabalhos relativos à criação do mundo; b) o descanso do deus é a manifestação de sua soberania, de tal modo que "realeza e descanso ou sono são conceitos relacionados" (p. 162). De uma perspectiva comparada, Batto aponta esses traços no egípcio Ptah, no cananita El, nos relatos cosmogônicos da Torah (sobre a instituição do *shabbath*, p. 164-172), bem como no *Atrahasīs* e do *Enūma eliš*, ainda que nestes dois últimos casos admita uma diferença importante: a *otiositas* não é prerrogativa apenas de um deus soberano, mas do conjunto de todos os deuses. Em especial no caso do *Enūma eliš*, se Ea se assenta em repouso após vencer Apsu, o mesmo não acontece, pelo menos de modo explícito, com Marduk, após vencer ele Tiámat.

d) como consequência,

> Não ainda se haviam passado doze centenas de anos,
> A terra ampliava-se, as gentes multiplicavam-se
> A terra como um boi mugia,
> Com seus brados os deuses disturbavam-se.
> Énlil ouviu o bramido (*rigmu*) deles,
> Disse aos grandes deuses:
> Atingiu-me o bramido da humanidade,
> Com seus brados estou privado de sono (*šittu*) (1, 352-359);

e) então os deuses resolvem enviar uma peste, para reduzir o número de homens e, consequentemente, o barulho produzido por eles, mas Enki instrui o Supersábio sobre como fazer cessar a peste;

f) de novo, "ainda não se haviam passado doze centenas de anos" e tudo se repete, Énlil ouve o bramido dos homens, não logra dormir e os deuses resolvem enviar uma seca, mas Enki instrui o Supersábio como fazê-la cessar;

g) de novo, "ainda não se haviam passado doze centenas de anos" e tudo se repete, Énlil ouve o bramido dos homens, não logra dormir e os deuses optam pela solução mais radical, mandar o dilúvio, mas Enki instrui o Supersábio que construa a arca e tudo mais, o que salva a humanidade da completa extinção, levando-a a uma nova aliança com os deuses.

Observe-se como essa antropogonia, a mais elaborada de quantas foram produzidas na zona de convergência do Mediterrâneo oriental – incluindo as gregas e hebraicas –, concentra-se inteiramente sobre três pilares: o homem foi criado para trabalhar (o fardo do trabalho é o que define a condição humana); a grande expansão da humanidade produz ruídos (movimentos ruidosos são inerentes à condição humana); o alarido da humanidade disturba os deuses (o gozo do repouso define a condição divina). Dessa perspectiva, fica claro que o que provoca ruídos que, passado certo limite, perturbam os deuses, é a própria atividade dos homens sobre a face da terra, noutros termos, a própria vida humana (cf. Oshima, "Let us sleep!", p. 281-282), o que justifica a correlação entre excesso de população e distúrbio divino, que é referida também num texto tardio como o *Poema de Erra*, conforme as palavras do Sebítti que incita o deus à guerra: "Favorece os Anunáki que amam o silêncio, / Sono há muito não se derrama sobre os Anunáki, por causa do barulho do povo!" (*Poema de Erra* 81-82, in Dalley, *Myths from Mesopotamia*, p. 288).

A associação entre movimento/ruído e perturbação dos deuses parece uma concepção tipicamente babilônica – que não encontra paralelo, por exemplo, entre gregos, hititas e outros povos que habitam a mesma zona de convergência cultural. O tema do sono divino, contudo, deixou rastros entre os hebreus, em geral não no sentido de que Yahweh quer dormir e não pode, mas afirmando-se que ele deve ser despertado.[23]

É especialmente interessante que o motivo da gritaria humana que impede um deus de dormir se encontre em encantamentos destinados a fazer cessar o choro de bebês. Assim, por exemplo,

> Encantamento: O bebê que faz nervoso seu pai,
> Nos olhos de sua mãe põe lágrimas,
> Com sua gritaria, com a gritaria de seu choro,
> Kusaríkku ficou assustado e Ea acordou.
> Ea acordou e não consegue dormir,
> Ishtar não pega no sono! (*apud* Oshima, "Let us sleep!", p. 280)

Com ou sem referência a ruídos, também entre os deuses qualquer tipo de movimentação extraordinária provoca distúrbios. A trama de

---

[23] Cf. Mrozek e Votto, The motif of the sleeping divinity, 419, para a documentação. Acredito, entretanto, que pode subjazer ao episódio da torre de Babel alguma reminiscência do motivo da divindade perturbada pela intensa movimentação e ruídos provocados pelo trabalho humano. Com efeito, o movimento que leva à construção da cidade e da torre é descrito por meio das palavras que os envolvidos dirigem uns aos outros, sugerindo vozerio: "Disseram um ao outro: Vinde! Façamos tijolos e cozamo-los ao fogo! [...] Vinde! Construamos uma cidade e uma torre cujo ápice penetre nos céus!". Então, talvez alertado (ou incomodado?) pelo vozerio, "Yahweh desceu para ver a cidade e a torre que os homens haviam construído", seu castigo constituindo não uma forma de acabar com a cidade e a torre, mas de reduzir a fala ruidosa dos homens: "Eis que todos constituem um só povo e falam uma só língua. Isso é o começo de suas iniciativas! Agora nenhum desígnio será irrealizável para eles. Vinde! Desçamos! Confundamos a sua linguagem para que não mais se entendam uns aos outros" (*Gênesis* 11, 1-9, tradução da *Bíblia de Jerusalém*). Essa interpretação torna mais inteligível a relação entre a cidade, a torre e a multiplicação das línguas.

Ao Kurnugu, terra sem retorno se tece inteiramente em torno disto: Ishtar decide descer ao mundo dos mortos, perturbando a inanição e o silêncio que nele reinam: a) ao chegar ao Kurnugu, ela ameaça que "golpearei a porta, os ferrolhos quebrarei, / golpearei o batente e removerei as portas, / quebrarei o umbral e arrancarei a tranca / e subirei os mortos para comer os vivos: / aos vivos superar farei os mortos!" (v. 16-20); b) ao anunciar a Eréshkigal a presença de Ishtar na entrada, o porteiro a qualifica como "perturbadora (*dalihat*) do Apsu defonte de Ea, seu pai" (v. 27); c) tão logo ingressa, "Ishtar, sem ponderar, acima dela [de Eréshkigal] assentou" (v. 65, comentários em Brandão, *Ao Kurnugu, terra sem retorno*, p. 99-116 e 133-135). O que se observa é que, existindo uma ordem estabelecida, Ishtar, com movimentos inesperados, a põe em questão. Em *Bilgamesh e o touro do céu*, ela ameaça que, caso não lhe fosse dado o touro para vingar-se do herói que a ofendera, gritaria até fazer com que o céu convergisse com a terra, num cataclismo cósmico, portanto.

A paciência de Tiámat

A função desse desfecho parece ser resguardar por enquanto Tiámat, abribuindo-se inteiramente a Apsu a responsabilidade dos próximos acontecimentos. De qualquer modo, não deixa de ser surpreendente que ela, de quem a algazarra dos deuses especialmente perturba as entranhas (não se afirma isso com relação a Apsu), seja justamente quem recusa qualquer tipo de ação, ao contrário do que acontecerá depois – a diferença de atitude estaria em que, aqui, apenas Apsu se sente perturbado, ao passo que, mais à frente, será um conjunto de deuses que se dirigem a ela, como seus filhos, pedindo providências para fazer cessar o flagelo do movimento provocado pelos ventos no interior da mãe, o qual não os deixa dormir, enchendo-os de fadiga, os olhos estropiados? Seja como for, é significativo que o narrador afirme que a cólera de Tiámat decorre do fato de Apsu ter-lhe lançado "maldade" (*lemuttu*) nas entranhas.

Talon interpreta que com *uggugat ēdiššiša* (enfurecida ela só, v. 43) o texto dá a entender que Apsu e Múmmu partiram e que Tiámat foi deixada sozinha. A ser assim, a pergunta "Por que nós o que engendramos destruiríamos?", bem como o conselho que se segue, "Sua conduta é molesta? Toleremos benignos!", não seriam dirigidos aos dois (ou em especial a ele, Apsu), mas representariam uma reflexão dela consigo mesma: "deixada só, ela termina por acalmar-se e decidir não fazer nada, apesar do mal que lhe fizeram as palavras de Apsu". Essa mudança de cena esclareceria como, na passagem que imediatamente segue, Múmmu se dirija a Apsu supondo-se que ambos se encontrem sozinhos (TPE, p. 7-8).

Observe-se que a introdução do discurso direto de Tiámat é especialmente longa – quatro versos introdutórios para apenas dois de fala –, o que tem como resultado reforçar a importância desta (cf. Vogelzang, Patterns introducing direct speech in Akkadian literary texts, p. 56 *et passim*). Também Talon, que divide o poema em quadras, observa que os dois versos com a fala de Tiámat impõem uma quebra no esquema quaternário, tendo como resultado ampliar seu efeito: "Nesses dois versos, Tiámat lança, de qualquer modo, um apelo à estabilidade. A ruptura do estilo sublinha esse fato, põe-no em evidência e tem um aspecto dramático certeiro" (TPE, p. 8).

A derrota de Apsu (versos 47-78)

īpulma ^{d}*Mummu Apsâ imallik*	[47] Retrucou Múmmu, a Apsu aconselhou,
šukkallum lā māgiru milik Mummīšu	De intendente insubmisso, o conselho de seu Múmmu:
ḫulliqamma abī alkata ešīta	Destrói sim, meu pai, a conduta perturbadora,
urriš lū šupšuḫāt mūšiš lū ṣallāt	[50] De dia repouses, de noite durmas!
iḫdušumma Apsû immerū pānūšu	E alegrou-se Apsu, brilhou-lhe a face,
aššum lemnēti ikpudu ana ilāni marēšu	Pela maldade que tramou para os deuses, seus filhos.
^{d}*Mummu ītedir kišassu*	Múmmu abraçou-lhe a nuca,
ušbamma birkāšu unaššaq šâšu	Assentou-lhe nos joelhos, a ele beijou.
mimmû ikpudū puḫruššun	[55] O que tramaram em tal assembleia
ana ilāni bukrīšunu uštannûni	Aos deuses, seus rebentos, repetiu-se.
išmûnimma ilānu idullû	E ouviram os deuses e desarvoravam-se,
qūlu iṣbatū šaqummiš ušbû	Silêncio os tomou, calados sentaram-se.
šūtur uznā itpēšu tele'û	Superiormente agudo, experto, capaz,
Ea ḫasīs mimmama iše''â šibqīšun	[60] Ea, em tudo sagaz, desvendou-lhes o plano,

ibšimšumma uṣurat kali ukīšu	E produziu todo o ardil, fê-lo firme,
unakkilšu šūtura tâšu ellum	Prodigioso: superior era seu encantamento puro.
imnûšumma ina mê ušapšiḫ	E recitou-o, nas águas o fez repousar,
šittu irteḫīšu ṣalil ṭubbātiš	Sono nele inseminou, dormiu ele em paz,
ušaṣlilma Apsû reḫi šittum	[65] E fez dormir Apsu do sono nele inseminado.
^{d}*Mummu tamlāku dalāpiš kūru*	(Múmmu, o mentor, extenuado atordoava-se.)
ipṭur riksīšu ištaḫaṭ agâšu	Desatou-lhe os tendões, arrebatou-lhe a coroa,
melammīšu itbala šū ūtaddiq	Sua aura tirou, em si revestiu-a,
ikmīšuma Apsâ ināraššu	E encadeou Apsu, matou-o.
^{d}*Mummu ītasir elīšu iptarka*	[70] (Prendeu Múmmu, sobre ele pôs a tranca.)
ukīma eli Apsî šubassu	Firmou sobre Apsu seu assento,
^{d}*Mummu ittamaḫ ukāl ṣerressu*	(Capturou Múmmu, reteve-lhe a brida.)
ultu lemnêšu ikmû isādu	Após os malvados encadear, abater,
^{d}*Ea ušzizzu irnittāšu eli gārîšu*	Ea ergueu-se em triunfo sobre seus adversários.
qerbiš kummīšu šupšuḫiš inūḫma	[75] No interior de seus aposentos em repouso sossegou,
imbīšumma Apsû u'addû ešrēti	E denominou-os Apsu, mostrou seus santuários,
ašruššu gipārāšu ušaršidma	Naquele lugar sua câmara fixou,
Ea u Damkina ḫīratuš ina rabbâte ušbū	Ea e Dámkina, sua esposa, com grandeza assentaram-se.

O relato da derrota de Apsu dá continuidade à cena anterior, constituindo ambas o que se pode considerar a saga de Apsu. O que se constata logo é que se trata de episódio bastante curto (58 versos), todavia abordando acontecimentos de enorme importância do ponto de vista de suas conexões tanto internas quanto externas.

Desta última perspectiva, fica evidente o caráter etiológico da narrativa (cf. HMCG, p. 111). Antes de ser personagem do poema, Apsu tem o estatuto cósmico apontado antes – a massa de água sobre o qual a terra se assenta, noutros termos, ao lado do céu e da superfície da terra, ele é o terceiro elemento da geografia cósmica, bem como, recorde-se mais uma vez, é a morada de Ea, que divide o cosmo com Ánu e com Énlil. Assim, a intenção do poeta, num esforço etiológico, parece ser narrativizar por que e como Apsu, o protodeus, terminou por ser o Apsu, lugar cósmico, assim como visa a contar por que e como o Apsu coube ao deus Ea.

Do ponto de vista das conexões internas, o entrecho dedicado a Apsu – com sua perturbação, tentativa de aniquilar os outros deuses, derrota e transformação na morada de Ea – responde à necessidade de prover um local ilustre para o nascimento de Marduk, que será narrado no trecho imediatamente seguinte. De fato, é no passo em causa que Apsu termina por discernir-se claramente de Tiámat, tornando-se a morada de apenas dois dos deuses e o local de nascimento de apenas um deles, Marduk. Pode-se assim aquilatar o quão indispensável é a saga de Apsu na economia do poema.

Configurada ela em seus dois movimentos – a perturbação e a derrota –, Gabriel chama a atenção para a importância que tem, na organização poética do relato, o uso reiterado do verbo *pašāḫum*, que traduzi sempre por "repousar".[24] Assim, a) de início, o termo marca a perturbação de Apsu, quando o deus declara que "de dia não posso repousar" (*urriš lā šupšuḫāku*, v. 38); b) em seguida, Múmmu o incentiva a aniquilar os deuses, para que "de dia possas repousar" (*urriš lū šupšuḫāt*, v. 50, sendo de notar como se trata da mesma expressão anterior, com mudança apenas da pessoa verbal e do advérbio de negação *lā* para a partícula desiderativa *lū*, o que produz claro efeito poético); c) mais à frente, é o narrador quem afirma que Ea, lançando seu encantamento contra Apsu, "na água o fez repousar" (*ina mê ušapšiḫ*, v. 63); enfim, depois de sua vitória e de fazer do Apsu sua morada, Ea "em repouso sossegou" (*šupšuḫiš inūḫma*). Fica bem marcado como todo entrecho tem sua amarração no desejo de repouso que move não só Apsu, como as outras personagens envolvidas, incluindo o próprio Ea.

---

[24] Sua acepção abrange também os significados de 'esfriar', 'descansar', 'afrouxar' (o que se diz de um cavalo, após exercícios), 'moderar' (doença, angústia, cólera divina); no modo Gtn, 'aliviar' (em termos sexuais); D, 'pacificar', 'apaziguar'; Dt, de doença, 'ser amenizado'; Š, 'fazer repousar', 'permitir repousar', 'acalmar', 'pacificar' (o coração, *libbu*; o humor, *kabattu*), 'relaxar' (a corda do arco); Štn, iterativo, 'amenizar repetidamente'; Št, passiva, 'ser amenizado'; ŠD, 'acalmar', 'pacificar'; N, 'ir descansar', 'conquistar a paz'; Ntn (de humor), 'tornar-se repetidamente amenizado' (cf. CDA, s. v.).

O plano de Apsu

Talon considera que essa "cena [...] começa de algum modo *in medias res*, com a resposta de Múmmu a uma pergunta não formulada no texto", o que reforçaria "a hipótese evocada antes de uma mudança de cena" entre a parte anterior e a presente. Ora, o uso do verbo *apālum*, 'responder', parece-me que implica uma simples contradição com o que Tiámat declarara imediatamente antes com tanta ênfase ("Por que nós o que engendramos destruiríamos? / Sua conduta é molesta? Toleremos benignos!"), sendo a isso que Múmmu retruca, aparentemente já sem a presença da deusa ("Retrucou Múmmu, a Apsu aconselhou"). Ressalte-se que é ele qualificado como "intendente insubmisso" (*šukkallum lā māgiru*), o que reforça mais sua contraposição a Tiámat.

Em termos da introdução do discurso direto, a passagem atém-se à medida bem balanceada de a dois versos de fala corresponderem dois de introdução:

> Retrucou Múmmu, a Apsu aconselhou,
> De intendente insubmisso, o conselho de Múmmu:
> Destrói sim, meu pai, a conduta perturbadora,
> De dia repouses, de noite durmas!

Com relação aos versos 53-54 há uma variedade de entendimentos, concernente a quem é o sujeito dos três verbos.[25] Parece que Elli e Talon entendem que se dá continuidade aos dois versos anteriores, em que o sujeito é Apsu: "E alegrou-se Apsu, brilhou-lhe a face, / Pela maldade que tramou para os deuses, seus filhos".[26] Todavia, três argumentos me fazem entender que o sujeito muda de uma frase para a seguinte: a) um de ordem gramatical, o fato de que o verso 53 co-

---

[25] Elli traduz: "*Abracció il collo di Mummu; / (costui) si sedette sulle sue ginocchia (mentre Apsû) lo bacciava*" (EEE, p. 84); Talon: "*Il enlaça alors le cou de Mummu et / celui-ci s'assit sur ses genoux, tandis que lui l'embrassait*" (TBCM, p. 80); Lambert: "*Mummu put his arms around Apsû's neck, / He sat on his knees kissing him*" (LBCM, p. 53); o CAD: "*Mummu sat on his lap and began to fondle him*"; a minha tradução: "Múmmu abraçou-lhe a nuca, / Assentou-lhe nos joelhos, a ele beijou".

[26] Como o verbo acádio recebe marcas de pessoa, número e gênero, admite-se sujeito nulo. No verso em pauta, caso se quisesse continuar a tomar como sujeito Apsu, não haveria necessidade de repetir o seu nome ou usar um pronome.

mece com *Mummu*, não havendo razão para supor que não se trate de um nominativo, o próprio fato de o sujeito ser expresso pelo nome do deus ressaltando a mudança com relação à frase anterior; b) o segundo argumento é de ordem estilística, o balanceamento perfeito entre os versos dessa passagem, a saber, dois que introduzem o discurso direto de Múmmu (47-48), dois com esse discurso (49-50), dois com a reação de Apsu (51-52), dois com a calorosa manifestação de Múmmu (53-54); c) o último, da ordem da tradução, diz respeito à opção de dar o texto com a maior simplicidade possível, não vendo eu razão para não traduzi-lo literalmente, inclusive respeitando a ordem em que as palavras se usam: "Múmmu abraçou-lhe a nuca, / Assentou-lhe nos joelhos, a ele beijou".

Talon interpreta que

> é possível que os versos 53-54 representem mais que uma simples fórmula que marca o contentamento de Apsu. Este, com efeito, é o amante de Tiámat (*ḫarmu*, como Dúmuzi e Ishtar). Ora, o verso 54 poderia ser interpretado sexualmente e, neste caso, Apsu quebra a ordem das coisas. Ele rejeita Tiámat e escolhe fazer de Múmmu seu amante. O paralelo é evidente com o que se passará na sequência, quando Tiámat escolherá um novato, Quíngu, para substituir Apsu, assassinado por Ea.[27]

O ritmo do texto continua bem distribuído entre o dístico formado pelos versos 55-56 e o seguinte, ou seja, entre a notícia que têm os deuses sobre o que Apsu e Múmmu tramam e a reação daqueles.

No primeiro caso, é significativo que se use o termo *puḫru*, 'assembleia', para designar o acerto feito entre Apsu e Múmmu. Ainda que ele possa significar também 'reunião', especialmente se referido a uma família, o sentido primeiro é de 'assembleia formal' de deuses ou do povo, para tomar decisões e efetivar procedimentos judiciais, sendo essa a acepção em todos os demais usos ao longo do poema (cobrindo o mesmo campo semântico, utiliza-se também *ukkinnu*, empréstimo do sumério 'ukkin', aplicado em especial à 'assembleia dos deuses', que traduzi por 'concílio').

---

[27] TPE, p. 9, que, nesse comentário, adota o entendimento que ficou antes registrado (cf. TBCM, p. 80), com pequena variação: "*Il* [Apsu] *entroura de son bras le cou de Mummu et / celui-ci s'assit sur ses genoux, tandis que lui l'embrassait*".

Com razão Bartash anota que o entendimento e a tradução dessa passagem é difícil, pois, "nesse contexto, *puḫru* não pode ter um sentido institucional, já que só dois protagonistas [...] estão envolvidos".[28] É justamente o uso desviante do termo que entendo dar ao passo um sentido claramente irônico: só pode ser irônico que uma conversa de dois (recorde-se que a terceira personagem que poderia nela estar envolvida, Tiámat, recusou isso) leve a uma decisão tão drástica, que afeta todos os deuses.

Para transmitir essa ideia, traduzi *puḫruššun* (a assembleia deles) por "tal assembleia", isto é, uma assembleia ilegítima, que não só envolve apenas um senhor e seu intendente, como termina com este abraçando, sentando no colo e beijando aquele.

A reação dos deuses

A notícia do que se decidiu na tal assembleia provoca nos deuses duas reações: a primeira, ficarem "desarvorados" (cf. *dâlu*, 'mover-se em volta', 'correr à volta', 'disturbar-se'); a segunda, ao contrário, aquietarem-se. Em mais de um ponto da narrativa os deuses agirão, em conjunto, desarvorados (ou em frenesi, como traduz Lambert), atitude que se aplica também a Tiámat quando da preparação da guerra. O fato de que imediatamente se assentem em silêncio, faz com que a reação não destoe da lógica que rege toda a saga de Apsu, ou seja, a alternância entre movimentação e repouso, este último expresso pelo verbo *(w)ašābu*, 'sentar-se', usado quatro vezes: a) Apsu e Múmmu assentaram-se junto de Tiámat; b) Múmmu assentou-se no colo de Apsu; c) os deuses assentaram-se em silêncio; d) no último verso desta seção – ou seja, na conclusão mesmo da saga de Apsu –, Ea e Dámkina com grandeza assentaram-se (cf. GEE, p. 123).

As ações de Ea

Os versos 59-61 trazem Ea de novo para o centro da narrativa, provendo, portanto, a ligação entre a presente passagem, que é um

[28] Bartash, *Puḫru*, p. 1086. É por essa dificuldade que Talon evita traduzir *puḫru* (preferindo dizer que "*tout ce qu'ils avaient comploté ensemble*"), do mesmo modo que Elli ("*tutto ciò che avevano complottato insieme*"). Lambert não se furta de verter o termo, com mais precisão, por "*gathering*": "*What they plot in their gathering*".

relato de sucessão, e a teogonia (v. 1-20). O paralelismo narrativo é perfeito: na teogonia, ia-se de Apsu até Ea, o deus que não tinha igual entre seus irmãos; aqui, na sucessão, vai-se por igual de Apsu até Ea.

É significativo que o retorno de Ea se faça com uma série de qualificativos, que tanto confirmam quanto ampliam o que dele havia sido dito antes. Observe-se como os dois trechos se atam:

v. 17-20 ^{d}*Nudimmud ša abbīšu šālissunu šūma*	Nudímmud a seus pais era quem dominava, ele,
palka uznu ***ḫasīs*** *emūqān pungul*	De todo agudo, **sagaz**, em força robusto,
guššur ma'diš ana ālid abbīšu Anšar	Vigorosíssimo, mais que o procriador de seu pai, Ánshar,
lā īši šānina ina ilāni athêšu	Não tinha igual entre os deuses, seus irmãos.
v. 60-62 *Ea* ***ḫasīs*** *mimmama iše''â šibqīšun*	Ea, em tudo **sagaz**, desvendou-lhes o plano,
ibšimšumma uṣurat kali ukīšu	E produziu todo o ardil, fê-lo firme,
unakkilšu šūtura tâšu ellum	Prodigioso: superior era seu encantamento puro.

O encaixe entre as duas passagens se dá, como se vê, pela reiteração do adjetivo *ḫasīsu*, 'sagaz' (recorde-se que, como substantivo, o termo significa tanto 'orelha' quanto 'sabedoria'), ou seja, é a sagacidade de Ea que permite a amarração entre teogonia e sucessão – essa inteligência que aqui se demonstra exatamente como acuidade de audição, uma vez que a vitória sobre Apsu depende da capacidade do deus de desvendar-lhe os planos. No primeiro caso – o da genealogia – são duas as qualidades superiores que se atribuem a Ea, acuidade/sagacidade (cf. *uznu/ḫasīsu*) e força (*emūqu*); no segundo – o da sucessão –, sagacidade (*ḫasīsu*) e astúcia (cf. *uṣurtu*, 'plano', 'desígnio', 'ardil'; e *unnakkil*, pretérito de *nakālu*, 'ser astuto, hábil, esperto'). Ora, se sagacidade se aplica aos dois casos (no primeiro sendo relativa ao que poderíamos entender como dotes naturais do deus, no segundo aos requisitos para que entre em ação), quando se trata de agir o que se realça é a importância da astúcia – e não da força – como complemento da sagacidade. Isso está inteiramente de acordo com o caráter de Ea.

Depois de ressaltar que Ea age com astúcia, como destaquei acima, o verso 62 introduz o meio pelo qual ele a exerce: seu "encantamento puro", *tû ellu* – e aqui devo confessar uma derrota como tradutor, pois não encontro em português uma palavra bem breve que possa traduzir *tû*, 'fórmula de encantamento'. Essa fórmula produz nada menos que aquilo a que Apsu aspirava: seu repouso. Os versos 64-65 são enfáticos nesse sentido, explorando o recurso paralelístico do quiasma:

šittu irteḫīšu	***ṣalil ṭubbātiš***
sono derramou/inseminou nele	**dormiu** em paz
ušaṣlilma *Apsû*	***reḫi šittum***
fez dormir Apsu	**derramado/inseminado em/com sono**

Além da palavra 'sono' (*šittu*) e do verbo 'dormir' (*ṣalālu*) – ambos usados duas vezes –, o que remete diretamente ao encantamento é o verbo *rehû*, que tem dois sentidos: a) 'derramar', 'verter' um líquido; b) 'inseminar', isto é, 'derramar sêmen'. Nos dois casos, isso implica que o encantamento introduz algo (o sono) em Apsu, a propriedade de uso de um termo relativo a líquidos para explicitar a natureza do encantamento devendo-se ao fato de que o próprio Apsu é água – e é em água que Ea, com o encanto, o faz repousar (*ina mê ušapšiḫ*).[29]

Mais ainda: se, como se afirmou no início, além de ser água Apsu é também macho, o que de algum modo implica que era ele quem derramava seu sêmen em Tiámat, a fêmea, para que fosse então gerada a prole de ambos, aqui o processo se inverte, pois, em vez de inseminar, é Apsu que é inseminado (pelo encantamento de Ea), o resultado dessa inseminação sendo não a produção de algo, mas seu mergulho num estado de inanição e improdutividade. Esse motivo narrativo não é estranho a outros mitos de sucessão: na *Teogonia* de Hesíodo, o Céu (*Ouranós*), uma vez emasculado por seu filho Crono, afasta-se definitivamente da terra, perdendo sua potência procriativa.

O traço mais relevante, contudo, é que Ea faz nada mais que realizar o desejo de Apsu. Talvez por isso a vitória pareça tão fácil, conforme Talon: "nenhum combate tem lugar, tão possante é a magia de Ea. É, de qualquer modo, um *anticlímax*" (TPE, p. 10).

[29] Bottéro interpreta que esse encanto é por igual líquido, um filtro (*mê*), o que geraria a leitura de que não é 'em água', mas 'no filtro', que Apsu repousou (Bottéro; Kramer, *Lorsque les dieux faisaient l'homme*).

Múmmu entre parênteses

Após descrever o que se passa com Apsu, o narrador faz com que se lance um breve olhar sobre Múmmu, que se encontra associado àquele desde o início desta passagem: "Múmmu, o mentor, extenuado atordoava-se". Antes, ele havia sido chamado de *sukkalu* ('intendente', 'administrador') de Apsu, agora se diz ser o *tamlāku* ('conselheiro', 'mentor') do deus, o que ressalta, mesmo que esteja nesse estado de atordoamento, sua responsabilidade na trama, de que sofre também as consequências.[30]

É habilidosa a forma como o narrador entretece o que diz respeito a um e outro deus nesse ponto culminante da saga: após três versos relativos a Apsu, intercala um verso sobre Múmmu; de novo, mais três versos sobre Apsu, seguidos por um relativo a Múmu; enfim, um verso sobre o destino final de Apsu, mais um sobre a sorte final de Múmmu:

> E recitou-o, nas águas o fez repousar,
> Sono nele inseminou, dormiu ele em paz,
> E fez dormir Apsu do sono nele inseminado.
> (Múmmu, o mentor, extenuado atordoava-se.)
> Desatou-lhe os tendões, arrebatou-lhe a coroa,
> Sua aura tirou, em si revestiu-a,
> E encadeou Apsu, matou-o.
> (Prendeu Múmmu, sobre ele pôs a tranca.)
> Firmou sobre o Apsu seu assento.
> (Capturou Múmmu, reteve-lhe a brida.)

Esse recurso paralelístico tem um efeito rítmico notável e, por sua extrema precisão, realça a importância desta passagem.[31] A comparação com a derrota de Tiámat por Marduk demonstra que não se trata de um esquema narrativo aleatório. Como aqui, também naquele caso demora-se nas ações cumpridas por Marduk contra a deusa (depois de lançar dentro os ventos, "ele atirou uma flecha, rasgou suas entranhas, /

---

[30] Batto (The sleeping god, p. 161) afirma que o encantamento de Ea transforma Múmmu num "zumbi".

[31] Para reproduzi-lo de algum modo na tradução, pus o que diz respeito a Múmmu entre parênteses, já que se trata também, na distribuição da atenção que se dá a cada personagem, de apresentar o papel de Apsu como dominante.

Seu interior cortou, retalhou-lhe o coração. / Encadeou-a então, sua vida exterminou; / Seu cadáver lançou, sobre ela ergueu-se", 4, 100-104), para em seguida prestar-se atenção no que acontece com seu séquito ("E os deuses, seus aliados, que iam a seu flanco, / Tremeram, amedrontaram-se, voltaram atrás. / Saíram e sua vida salvaram. / Cerco os envolvia, fugir não podiam. / Capturou-os ele e suas armas quebrou...", 4, 106-111).

A derrota de Apsu

São cinco as ações a que Ea submete Apsu: a) desatar-lhe os tendões; b) arrebatar-lhe a coroa; c) tirar-lhe a aura; d) encadeá-lo; e) matá-lo. Examinemos cada uma delas e o seu significado.

O fato de que Ea arrebate a coroa de Apsû mostra como se trata de uma sucessão no poder, o mesmo podendo valer para o *riksu*, que em geral se traduzia como 'faixa', outro signo de realeza (cf. Bottéro; Kramer, *Lorsque les dieux faisaient l'homme*, p. 607), mas que também admite o entendimento proposto por Lambert, 'tendão', que é o que adoto, por considerá-lo mais pertinente: depois de sedar Apsû, Ea rompe-lhe o tendão e provoca a dissolução dos vínculos que faziam do protodeus um ente ativo, levando-o a assumir (ou a retornar a) uma forma passiva (cf. Lambert, Mesopotamian creation stories, p. 38). Note-se que essa é a primeira das ações de Ea, provavelmente a mais importante, pois tem impacto na própria natureza de Apsu, apenas em seguida vindo o arrebatamento de sua coroa, relacionada com a função de rei dos deuses.

Terceiro movimento: Ea tira de Apsu a "aura" (*melammu*). *Melammu* é a forma acádia de 'melam', termo sumério que designa o brilho que brota de deuses, heróis e mesmo reis, bem como de templos ou de emblemas sagrados.[32] Muitas vezes se afirma que os deuses 'vestem' sua 'aura' (ou sua 'coroa'), a qual, portanto, pode ser-lhe tirada e, se um deus morre, seu *melammu* se extingue (cf. GDS, p. 130-131). Neste caso, a natureza da aura enquanto espécie de adereço da divindade

[32] Cf. Cassin, *Le splendeur divine*, em que a autora trata da aura, que, sendo própria dos astros, também possuem os deuses, bem como personagens que, não sendo divindades, têm alguns de seus atributos, como Humbaba ou os dragões (*usumgallê*) que Tiámat faz semelhantes aos deuses; também aos reis se costuma atribuir esse resplendor, como no caso de Sargão de Akkad.

fica realçada, pois, diferentemente de nas ações anteriores, não se trata apenas de arrebatá-la de Apsu, pois Ea tira-a dele para revestir-se com ela (observe-se que isso se faz antes da morte do deus).

Desatar-lhe os tendões e arrebatar de Apsu os signos de realeza e divindade são pré-requisitos para os últimos desdobramentos: encadeá-lo e matá-lo (cf. Sonik, Gender Matters in Enūma eliš, p. 87). Parece que essas duas ações se entendem como quase simultâneas, sendo para elas que confluem as anteriores, as quais tiram de Apsu seu caráter ativo, enquanto procriador e rei, para mergulhá-lo em passividade: "Ea dá cumprimento, num sentido perverso, ao desejo de Apsu de encontrar descanso, o que o leva à matança do ser primitivo. A importância de descansar é revertida neste ponto e direcionada contra o ser primordial" (GEE, p. 123).

O tema da morte de um deus pode-se dizer que não é incomum nas tradições mesopotâmicas, em que não é nem a eternidade (como na concepção judaica, cristã e islâmica) que distingue as divindades, nem mesmo a imortalidade (como na concepção grega e romana). Nesse ponto, os deuses mesopotâmicos mostram uma feição muito mais antropomórfica que os pares dessas outras culturas, sua diferença com relação aos homens (ou aos seres vivos em geral) estando no fato de que gozam de uma vida muitíssimo mais longa.

Havendo outros exemplos de deuses que morrem (como Inana, no poema conhecido como *Descida de Inana ao mundo dos mortos*), os casos mais significativos são aqueles que envolvem, como aqui, processos de mudança cosmogônica e sucessão teogônica. Tanto a morte de Apsu quanto a de Tiámat são necessárias para que o mundo ganhe seu contorno definitivo (com as três esferas sobrepostas: Apsu/Terra/Céu), bem como, sem elas, a sucessão dos deuses (Ánshar/Ea/Marduk) seria abortada. Significativo ainda é que, como um dos pontos finais para a configuração do mundo em termos dos seres vivos que o povoam (vegetais e animais/homens/deuses), tanto aqui quanto no *Atrahasīs* um deus seja sacrificado a fim de que se dê a criação da humanidade.

A vitória de Ea

O cumprimento final de uma ação heroica exige que o vencedor se erga sobre seu adversário, como acontece aqui, configurando seu triunfo. O mesmo se dá quando Marduk derrota e mata Tiámat: "Encadeou-a então, sua vida exterminou; / Seu cadáver lançou, sobre ela ergueu-se" (4, 103-104).

Nos dois dísticos finais do episódio (v. 75-78), deuses e mundo são reconduzidos a um estado de equilíbrio, o que condiz com a função que Ea desempenha em várias narrativas. Esse equilíbrio é conquistado com a conversão de Apsu num lugar, o que representa, como tudo nesta seção, uma espécie de preliminar em grau menor do que será posteriormente o intento de Tiámat, sua luta e derrota para Marduk: do mesmo modo que mais à frente o cadáver da deusa se tornará Céu e Terra, isto é, dois terços do mundo, aqui o cadáver do deus vencido se torna um terço dele, o Apsu.

Mais que com relação a Marduk, neste caso a ação afeta especialmente o vencedor, Ea, tanto que, afinal, na conclusão dos trabalhos, é de seu próprio repouso que se trata, ou seja, ele próprio conquista aquilo intensamente almejado por seu adversário. Note-se o jogo de espelhamento (ou substituições), com manutenção da mesma sintaxe: a) Apsu planeja eliminar os deuses, dentre os quais Ea, para gozar de repouso,/ a') mas é Ea quem termina por eliminar Apsu e gozar de repouso.[33] Nos termos de Sonik,

> o autor do *Enūma eliš* tem um senso de humor peculiar: Apsu, que buscava destruir os deuses para que pudesse dormir, é posto num profundo sono por Ea, a fim de ser morto, alcançando assim o desejo de seu coração, antes da morte (1, 65-66). Depois, tão logo mata Apsu, Ea retira-se ele próprio para seus aposentos, construídos sobre o cadáver de Apsu, e de imediato goza de um bem merecido e pacífico sono (1, 75). (Sonik, Gender Matters in *Enūma eliš*, p. 90)

[33] Batto, The sleeping god, p. 162, afirma que "o contraste entre o antigo rei divino, que é incapaz de repousar, e o novo rei divino, que entra em repouso, é intencional". Anote-se, contudo, em benefício da exatidão, que nem Apsu se dizia rei dos deuses, nem Ea se entende como tal, pois, antes de transmitida a Marduk, a realeza entre os deuses pertence a Ánshar.

O nascimento de Marduk (versos 79-104)

ina kiṣṣi šīmāti atman uṣurāti	[79] Na capela dos destinos, ádito dos ardis,
lē'u lē'ûti apkal ilāni ^{d}bēl ittarḫma	[80] O sábio dos sábios, multíscio dos deuses, o Senhor, foi gerado,
ina qereb Apsî ibbani ^{d}Marduk	No interior do Apsu foi engendrado Marduk!
ina qereb Apsî elli ibbani ^{d}Marduk	No interior do puro Apsu foi engendrado Marduk!
ibnišuma ^{d}Ea abāšu	E engendrou-o Ea, seu pai,
^{d}Damkina ummûšu ḫaršassu	Dámkina, sua mãe, pariu-o.
ītiniqma ṣerret ^{d}Ištarūti	[85] Sugou ele as mamas de deusas,
tārītu ittarūšu pulḫāta ušmalli	Uma nutriz o nutriu, de terror o encheu:
šamḫat nabīssu ṣarir nīši īnīšu	Florescente em estatura, brilhantes elevam-se seus olhos,
uṭṭulat ṣītāšu gašir ultu ulla	Viril de nascença, potente desde sempre!
īmuršuma Anum bānû abīšu	E viu-o Ánu, genitor de seu pai,
irīš immir libbāšu ḫidūta imla	[90] Alegrou-se, brilhou, seu coração de ventura encheu-se.
uštaṣbišumma šunnât ilūssu	Fê-lo excelente, diverso em sua divindade,
šušqu ma'diš elīšunu atar mimmûšu	Elevado em muito, sobre eles excelso em tudo.
lā lamdāma nukkulā minâtūšu	Não apreensível e prodigiosa sua dimensão,
ḫasāsiš lā naṭâ amāriš pašqā	De considerar-se, incompatível, de ver, difícil:
4 īnašu 4 uznāšu	[95] Quatro os seus olhos, quatro os ouvidos,
šaptīšu ina šutābuli ^{d}Girru ittanpaḫ	Os lábios, quando mexe, Fogo brilha.
irtibū rubu'ā ḫasīsā	Crescem-lhe as quatro orelhas
u īnān kīma šuātu ibarrâ gimrēti	E seus olhos, como aquelas, contemplam a totalidade.
ullūma ina ilāni šūtur lānšu	Elevado dentre os deuses, superior em estatura,
mēšrētūšu šuttuḫā ilitta šūtur	[100] Seus membros alongados, de nascença, superior:
mārīutu mārīutu	Filho de Utu, filho de Utu,
mārī ^{d}Šamši ^{d}Šamši ša ilāni	Filho do Sol, Sol dos deuses!
labiš melammi ešret ilāni šaqîš etpur	Vestido com a aura de dez deuses, com altivez recoberto,
pulḫātu haššassina elīšu kamrā	Cinquenta terrores sobre ele se acumulavam.

O ponto de chegada de toda a primeira parte do poema – seu "primeiro episódio", nos termos de Talon, é o nascimento de Marduk, que nesta seção se narra.[34] É razoável mesmo considerar que o sentido da saga de Apsu esteja justamente em conduzir a isso, de tal modo que, tendo sido gerado no "puro Apsu", Marduk tem um nascimento que o diferencia de todos os outros deuses: se estes tiveram origem em Apsu-Tiámat, cujas águas se misturavam como se uma só, Marduk não guarda relações de origem com aquela deusa. Mais que apontar para a ideia de um meio aquático sem mistura com a "água salgada" do mar, como defende Gabriel,[35] acredito ser mais razoável ter em vista um nascimento sem mescla de elemento feminino – que é a única diferença explicitamente referida de Tiámat, em confronto com Apsu –, o que talvez possa ser considerado tanto um sinal de superioridade da parte de Marduk – que já nasce pleno em sua virilidade – quanto um requisito para que ele possa enfrentar Tiámat, ou seja, sem nenhum tipo de relação genealógica direta com ela.

Assim, não só se manifesta mais uma vez a ausência de protagonismo feminino no *Enūma eliš*, como uma espécie de depreciação das deusas, que, com exceção de Tiámat, estão quase de todo ausentes: Láhamu só é referida em conjunção com seu par, não tendo ambos quase nenhum papel; Kíshar, referida uma vez na teogonia, desaparece completamente da narrativa, em que seu par Ánshar continua atuando; Dámkina faz nada mais que procriar Marduk e as deusas que o amamentam e a nutriz que o cria não passam de mera referência na presente passagem.[36]

---

[34] Cf. Talon, Le premier épisode de l'*Enūma Eliš*, p. 10, "Marduk vem à existência segundo um processo inelutável: a evolução do cosmo tinha necessidade do aparecimento dos deuses (*ibbanû*), a sequência normal dos acontecimentos exige agora a aparição de Marduk (*ibbanî*). Ele recebe imediatamente os epítetos tradicionais de Ea (*lē'u, apkal ilī*), além do nome *Bēlu*."

[35] Atribuindo aos dois deuses primordiais a qualidade de água doce (Apsu) e água salgada (Tiámat), que, como ressaltei antes, deve ser mitigada, GEE, p. 124, comenta: "Como acontece com os primeiros deuses, também Marduk surge na água. No entanto, ao contrário dos deuses anteriores, isso ocorre não na mistura com a água salgada, mas – como o verso 1, 82 garante – no 'puro' (KÚ) Apsu, isto é, em pura água doce. Essa poderia ser uma razão para a ênfase especial no Apsu, no verso 1, 81 e seguinte".

[36] Sobre o assunto, Sonik, Gender Matters in Enūma eliš; para um contraponto com o protagonismo das deusas na *Teogonia* de Hesíodo, Kelly, Gendrificando o mito de sucessão em Hesíodo e no antigo Oriente Médio, p. 130-131. Sobre o papel

Em termos da macroestrutura narrativa podendo-se dizer que toda saga de Apsu constitua uma prévia da saga de Marduk, a presente passagem pode ser tida como a conclusão da anterior e também o início de um novo movimento, que se estenderá até o fim do poema (cf. GEE, p. 126), com a diferença de que tem uma amplitude muito mais extensa, ambas contudo comportando os seguintes passos: a) o nascimento do campeão (Ea/Marduk); b) a perturbação de um dos dois protodeuses (Apsu/Tiámat); c) o enfrentamento; d) a vitória.

Dessa perspectiva, esta seção corresponde àquela dedicada ao nascimento de Ea, que era constituída por não mais que cinco versos (16-20): a) o primeiro, referente a sua procriação por seu pai, Ánu (*u* ^{d}*Anum tamšīlāšu ūlid* ^{d}*Nudimmud*); b) o segundo, a como ele superava seus pais (^{d}*Nudimmud ša abbīšu šālissunu šūma*); c) os seguintes, a suas qualidades, a saber, de todo agudo (*palka uznu*), sagaz (*ḫasīs*), em força robusto (*emūqān pungul*), mais vigoroso que o procriador de seu pai, Ánshar (*guššur ma'diš ana ālid abbīšu Anšar*), sem igual entre os deuses (*lā īši šānina ina ilāni atḫêšu*). No caso de Marduk, esses elementos estão presentes, mas superlativizados: a) oito versos dedicados a seu nascimento; b) dezoito versos dedicados a sua singularidade e suas qualidades – sendo de destacar, em termos do paralelismo entre as duas passagens, a menção a "Ánu, genitor de seu pai" (*Anum bānû abīšu*).

Marduk

Marduk era o deus da cidade de Babilônia pelo menos desde a época da terceira dinastia de Ur. Não se conhece a origem de seu culto. Seu nome se escreve normalmente como ^{d}AMAR.UD, o significado de 'bezerro do Sol' que lhe é atribuído sendo considerado fruto de etimologia popular. Conforme Abusch, parece melhor, todavia, tratá-lo como "um nome originalmente sumério: 'amar.uda.ak'", o que concorda com o fato de que, em adição a sua forma breve, Marduk, "possui uma forma longa: (*A*)*marut/duk*" (donde, na Bíblia hebraica, *Merodak*; na *Septuaginta*, *Marodak*). "Embora o nome seja geralmente

---

das deusas que amamentam e das nutrizes, Asher-Greve; Westenholz, *Goddesses in context*, p. 28 (em geral, as deusas que são mães não são quem amamenta e cria os deuses seus filhos).

interpretado como 'bezerro/filho do sol', a interpretação 'bezerro da tempestade' deve ser preferida, especialmente porque Marduk não é um deus solar" (Toorn *et al.*, *Dictionary of deities and demons in the Bible*, p. 543). Observe-se, contudo, que a interpretação 'filho do Sol' é a adotada aqui (cf. v. 101-102). Marduk é também chamado simplesmente de *Bēl*, 'Senhor' (tratar o deus principal de 'Senhor' é uma prática presente também outros contextos, conforme o canaanita *Ba'al*, o hebraico *'Adonai* e o grego *Kúrios*).

Parece que muito cedo Marduk absorveu a personalidade de um deus de Eridu, filho de Enki/Ea, de nome Asarluhi, o qual passa a ser considerado seu pai. Com isso, ele acabou relacionado com magia e sabedoria (características de Asarluhi), água e vegetação (como Ea) e justiça (em conexão com Shámash/Utu, o Sol). O símbolo de Marduk, uma pá ou enxada triangular, o *marru,* pode refletir uma origem agrícola de seu culto. A serpente *mushussu*, o animal de Marduk e Nabu, era atributo anteriormente de Tispak, deus de Esnunna, cidade conquistada por Hammurábi (cf. GDS, s. v.).

O grande templo de Marduk localizava-se em Babilônia, o Esagil, residência do deus e de sua esposa Sarpánitu (algumas vezes Nanaya aparece como sua consorte). Nabu, venerado em Borsippa, cidade próxima de Babilônia, acaba sendo identificado como seu filho. Seu culto como deus supremo do panteão mesopotâmico está estreitamente relacionado com a importância política assumida por Babilônia, de cidade-estado a capital de um império. É a partir da época cassita que Marduk vai se tornando cada vez mais importante, inclusive absorvendo características de outros deuses, o que fica claro no catálogo dos seus cinquenta nomes, um a um interpretados.

O principal documento relativo ao papel eminente assumido por Marduk é o próprio *Enūma eliš*, que, conforme o poeta, se define como "o canto de Marduk" (7, 161). Nesse sentido, deve-se observar como o poema tem um plano bem delineado, ao fazer com que a sucessão divina, desde o princípio, conduza à supremacia de Marduk, reconhecida e celebrada pela assembleia dos deuses. Alinhado com isso, o poema também celebra a condição de Babilônia como primeira cidade e o estatuto do Esagil como o primeiro dos templos, residência ambos do deus supremo.

O episódio do nascimento de Marduk tem como função não só introduzir no poema uma nova personagem, como também apresentá-lo desde o início como um deus único, acima de todos os outros, organizando-se para isso em três partes.

Onde

A primeira parte (v. 78-82) concentra-se no local de nascimento, que, como já salientei, é exclusivo, e o que se diz dele se ata com o que foi dito imediatamente antes: Ea repousou no interior (*qerbiš*) do Apsu, sendo nesse interior (*ina qereb Apsî*) que será gerado Marduk. Se, no primeiro caso, o interior é definido como a "residência" de Ea (*kummīšu*), o lugar onde o deus estabelece sua "câmara" (*gipārāšu*), agora outras informações se acrescentam: trata-se de "capela dos destinos" (*ina kiṣṣi šīmāti*) e "ádito dos ardis" (*atman uṣurāti*). Residência, câmara, capela e ádito são traduções aproximadas dos locais a que se faz referência, a própria abundância de termos evidenciando o caráter topográfico dessas passagens.[37] Ressalta entretanto o que, no caso de Marduk, acrescenta-se à simples menção dos lugares, o próprio Apsu dizendo-se agora "puro" (*ina qereb Apsî elli*):

a) o "ádito dos ardis" remete para a informação de que Ea venceu Apsu com um "ardil": "e produziu todo ardil" (*ibšimšumma uṣurat*, v. 61);
b) já "capela dos destinos" faz com que se tenha uma perspectiva mais remota, pois esta é a primeira vez que se afirma a existência dos destinos (*šīmātu*) em algum lugar, depois de se ter feito referência, de modo negativo, a um ponto inicial, "quando, dos deuses, não surgira algum, / por nomes não se chamavam, destinos não destinavam (*šīmātu lā šīmū*)" (v. 7-8).[38]

---

[37] Dizer que se trata de traduções aproximadas não implica que não busquem o máximo de exatidão, considerando o conjunto de termos na mesma esfera de significado usados no poema e a gradação de sentidos mais genéricos ou mais específicos. Eis os significados dados pelo CAD e CDA: a) *kummu*, 'cela', 'sala interna' de um templo, também de uma casa ou de um palácio; em sentido genérico, 'santuário', 'templo'; b) *gipāru*, 'residência', no templo, de um *enu* ou de uma *entu* (*enu*, 'sumo-sacerdote; *entu*, 'suma-sacerdotisa'), 'parte de uma moradia'; c) *kiṣṣu*, 'cela', 'capela', 'santuário' enquanto residência de uma divindade; d) *(w) atmanu*, 'cela', 'santo dos santos' de um templo; termo poético para 'templo'.

[38] Sonik (The Tablet of Destinies and the transmission of power in *Enūma eliš*) especula sobre com quem de início estaria a "tabuinha dos destinos", que é

Finalmente, observe-se que os atributos de "sábio dos sábios, multíscio dos deuses, o Senhor", que se aplicam a Marduk, têm relação com o local em que foi ele gerado, o "puro Apsu": de um certo modo, são traços que lhe vêm do primeiro dos deuses, justificando sua genealogia. A importância disso se faz ver do fato de que é na forma solene dos hinos que o nome do deus será introduzido pela primeira vez no poema ("no interior do puro Apsu foi gerado Marduk", v. 81-82), devendo-se recordar a coalescência entre nomeação e existência (cf. GEE, p. 124).

Quem

A segunda parte (v. 83-90) introduz as personagens que cercam o nascimento de Marduk. A passagem de um foco para o outro se faz tendo como encaixe o verbo *banû*. Nos dois versos anteriores, duas vezes afirmou o narrador que Marduk "foi engendrado" (*ibbani* ᵈ*Marduk*), com o verbo na voz passiva, sem referência ao agente; agora, a primeira palavra é o mesmo verbo, mas na voz ativa: "engendrou-o Ea" (*ibnišuma* ᵈ*Ea*), este deus constituindo o elo entre a saga que termina e a que se inicia com o nascimento de Marduk.[39]

---

entregue a Quíngu, por Tiámat, mais à frente ("deu-lhe a tábua dos destinos", 1, 157), sendo ele, Quíngu, o primeiro a decretar o destino para os deuses (v. 1, 160). Considerando isso, ela é de parecer que a tábua, depois da morte de Apsu, teria passado para Tiámat, que a entrega a Quíngu, de quem ela é arrebatada por Marduk, que a dá, afinal, para Ánu. Seja como for, observe-se que a "capela dos destinos" é um dos espaços no interior do Apsu ou mesmo um modo de referir-se ao próprio Apsu.

[39] TPE, p. 11-13, entende que é intenção do autor dar pouca importância à filiação de Marduk, acentuando, com o uso da forma passiva de *banû*, sua relação com o modo de emergência dos primeiros deuses: "é preciso certamente sublinhar a escolha dos verbos que marcam o nascimento de Marduk. Se *reḫû* [v. 80] aparece imediatamente após a primeira menção à esposa de Ea, o verbo é conjugado na forma N passiva e no perfeito. O autor parece querer fazer passar a um segundo plano o papel de Ea no nascimento de Marduk. Isso é ainda posto em evidência pela repetição dos versos 81-82, em que a forma passiva de *banû*, 'criar' é utilizada, ecoando a emergência dos deuses no começo da obra. [...] Os versos 83-84 lembram discretamente seu nascimento e as variantes citam aqui Láhmu e Láhamu em lugar de Ea e Dámkina. Como propus antes, parece-me provável que o autor tenha buscado passar a um segundo plano o nascimento 'natural' de Marduk. Os copistas (sobretudo assírios), compreendendo isso, substituíram então o nome de seus pais por um casal divino mais antigo e uniram Marduk àqueles que justamente

Os que o cercam aparecem então em cascata: Ea é seu pai; Dámkina, a mãe que o pariu; deusas (*dIštarūti*)[40] o amamentaram e a nutriz o nutriu e de terror o encheu.[41] Os traços que se ressaltam agora em Marduk devem ter relação com essa etapa, ou seja, geração, parto, amamentação e crescimento: ele é "florescente em estatura", seus olhos são "brilhantes", desde o nascimento exibe virilidade e força. Enfim, nova personagem se introduz na cena de nascimento e crescimento, o genitor de seu pai, Ánu, a quem a visão do neto alegra e enche o coração de ventura.[42]

Como

A última parte da seção (v. 91-104) dedica-se a descrever a grandeza sem par de Marduk: ele é diferente, elevado, excessivo de tal modo que não se pode apreender nem entender sua grandeza; sua figura, como costuma acontecer com os deuses, é terrível de se ver; quatro olhos, quatro ouvidos, orelhas que crescem e olhos que contemplam a totalidade (recorde-se a relação de orelhas e olhos com conhecimento e sabedoria); seus lábios fazem brilhar o deus Fogo (*dGirru*, Fogo, recebe o classificador 'dingir', 'deus'); ele se veste com uma aura (*melammu*) correspondente à de dez deuses, tem a cabeça coberta com altivez e sobre si leva cinquenta terrores (*pulḫātu*, 'medo', 'terror', derivado de *palāhu*, 'temer', 'reverenciar').

A propósito da aura, recorde-se que parece que Apsu teria uma única, como acontece com qualquer deus, a qual Ea tirou, revestindo-a

tinham 'sido criados' (*ibbanû*) como ele". Não creio, contudo, que isso implique uma depreciação do papel de Ea enquanto o elo entre a geração inicial dos deuses e os feitos de Marduk.

40 *dIštarūti* é plural de *dIštār*, nome da deusa Ishtar, o qual, usado como substantivo comum, é sinônimo de *iltu*, 'deusa', podendo designar, portanto, toda e qualquer divindade feminina (cf. Brandão, *Ao Kurnugu, terra sem retorno*, p. 44; Asher-Greve; Westenholz, *Goddesses in context*, p. 80).

41 A tradução de *tārītu ittarūšu* causa alguma dificuldade, embora seja evidente o jogo entre sujeito (*tārītu*) e verbo (*tarû*), motivo por que o reproduzi exatamente: "uma nutriz o nutriu" (Lambert traduz "*a nurse rearead him*"; Talon, "*la nourrice, en l'élevant...*"; Elli, "*una nutrisse lo educò*").

42 Cf. GEE, p. 125, "esta passagem é dedicada exclusivamente a Marduk, por meio da qual ele interage parcialmente com seu avô. A passagem relativa a Ánu rompe o fluxo do texto, de modo que poderia constituir um estrato textual separado".

em si (teria Ea então ficado com a aura de dois deuses, o que parece extraordinário), podendo-se, a partir disso, avaliar como o resplendor de Marduk ultrapassa qualquer medida. No caso dos terrores, a cifra de cinquenta parece ter relação com o número de Marduk, que é 50, bem como com a soma de seus nomes, proferidos pelos deuses nas tabuinhas 6-7, como coroamento de toda a trama, mas o que se releva é a natureza terrível do deus, a qual gera temor e reverência além de qualquer medida.

Enfim, em forma de louvor, o poeta apresenta sua hermenêutica do nome divino: *Marutuk* significaria *mārīutu* – considerando-se que *mārī* é 'filho', e 'Utu', em sumério, 'Sol'. Assim, *mārīutu* se traduz por *mārī* ᵈ*Šamši*, filho do deus Sol, o que de imediato se desdobra na última das imagens, Marduk é ᵈ*Šamši ša ilāni*, o 'Sol dos deuses'.

Dámkina

No final da seção anterior introduziu-se no relato a deusa Dámkina, cuja função se esclarece apenas no episódio do nascimento de Marduk: é ela que o dá à luz.

Trata-se da divindade conhecida pelo nome sumério de Damgalnuna, uma das muitas deusas-mãe de que se tem notícia, cujo principal centro de culto se encontrava na cidade de Malgum, havendo registro de oferendas de peixes a ela, desde épocas muito antigas, também em Lágash e Umma. É justamente no *Enūma eliš* que ela aparece como uma personagem mais definida, enquanto esposa de Ea e mãe de Marduk. Assurbanípal II, rei da Assíria (883-859 a.C.), construiu um templo em sua honra na cidade de Kálhu (atual Nímrud, cf. GDS, p. 56-57).

As duas referências que se fazem a Dámkina emprestam-lhe um papel que se pode considerar ancilar: no primeiro caso, é a esposa de Ea (v. 78); no segundo, a mãe de Marduk (v. 84). No conjunto das deusas postas em segundo plano no poema – ao lado de Láhamu e Kíshar –, Dámkina, de todo modo, é a que merece mais consideração, sem dúvida por sua ligação com Marduk. Não lhe cabe, contudo, nenhuma outra ação.

A nova perturbação de Tiámat (versos 105-124)

ibnīma šar erbetta u'allid ᵈAnum	[105] E engendrou então quatro ventos, procriou-os Ánu,
qātuššu umallâ mārī limmilli	As mãos dele encheu: meu filho os faça revoltear!
ibšim epra meḫâ ušazbal	Produziu a poeira, na borrasca a lançou,
ušabši agamma udallaḫ Tiāmat	Fez existir a onda, disturbou Tiámat:
dalḫat Tiāmatma urra u mūša idullū	Disturbada Tiámat, dia e noite desarvoravam-se.
ilānu lā šupšuḫa izabbilū šārīša	[110] Os deuses – ela não repousava – lançavam-lhe ventos.
iktapdūma karšussunu lemutta	E tramando em suas entranhas o mal,
ana Tiāmat ummīšunu šunu izzakrū	A Tiámat, a mãe deles, eles disseram:
enūma Apsâ ḫaramkī inārūma	Quando Apsu, teu consorte, mataram,
iduššu lā tallikīma qāliš tušbī	A seu flanco não ficaste, em silêncio assentada:
ibnīma šār erbetti ša puluḫti	[115] Agora engendrou ele estes quatro ventos que terríveis
šudluḫu karšākīma ul niṣallal nīnu	Disturbam-te as entranhas e não dormimos nós!
[u]l ibši libbukkī Apsû ḫaramkī	Não está em teu coração Apsu teu consorte?
u ᵈMummu ša ikkamû edis ašbāt	E Múmmu, que encadeado? Sozinha assentas?
ul ummu attī dulluḫiš tadullī	E mamãe não és tu? Em perturbação desarvora-te
u nīni ša lā nisakkipu ul tarammīnâši	[120] E nós, que não repousamos, não nos amas?
[a]mra sarma'ūni ḫummurā īnātū	Vê nossa fadiga, estropiados nossos olhos.
[ḫ]uṣbī abšāna lā sākipi i niṣlal nīni	Lança fora o jugo sem descanso e durmamos nós!
epši tahāzi gimillašunu tirrī	Faze a contenda! O feito por eles devolve!
x [(x)] *-ru-ú-šunu [e]pšīma ana zaqīqū šuknī*	---- deles ação, em sopro torna-os!

O primeiro aspecto que merece atenção é o paralelismo do relato que aqui se inicia com a saga de Ea:

a) depois de ter sido descrito o seu nascimento (v. 16-20) como o ponto de chegada da genealogia dos primeiros deuses (1-19), Ea desaparece do relato, que se concentra na perturbação de Apsu e em seu plano de eliminar sua prole (v. 21-58), até que retorna, a partir do verso 59, derrota Apsu e instala-se nele com sua esposa Dámkina (v. 59-78);
b) depois de ter sido descrito o seu nascimento (v. 79-104) como coroamento da saga de Ea (21-78), também Marduk desaparece do relato, que se concentra na perturbação dos deuses, na preparação da guerra de Tiámat contra eles e nas providências ensaiadas por Ánshar (1, 105-2, 127), o retorno de Marduk à ação acontecendo apenas em 2, 128 – ou seja, 185 versos após a narrativa de seu nascimento.

Essa técnica narrativa, como já notei, tem claramente o efeito de sugerir que a saga de Ea constitui uma espécie de precursora da saga de Marduk, a ligação entre ambas se dando não como sucessão, mas como espelhamento, uma vez que não se trata de Marduk suceder seu pai, o que suporia de fato ou simbolicamente eliminá-lo.[43] Diferentemente desse modelo linear – que se encontra, por exemplo, na *Teogonia* de Hesíodo, em que é preciso que Crono emascule o Céu, seu pai, tornando-o infecundo e inerte, do mesmo modo que, posteriormente, Zeus deverá vencer e aprisionar seu pai, Crono –, o que chamei de técnica de espelhamento, própria do *Enūma eliš*, é esse modo como o poeta dá a entender que a saga de Marduk duplica a saga de Ea, fazendo ver quão mais espantosa ela é.

---

43 TPE p. 14, considerando que o "primeiro episódio" termina no verso 108 (com o novo distúrbio de Tiámat), percebe esse traço, embora não o abordando do ponto de vista de uma autência técnica narrativa: "Essa introdução apresenta-se como um espelho do conjunto. A partir de uma situação estável, os deuses provocaram a cólera das divindades ancestrais, imóveis no caos. Ea encarrega-se de pôr de novo em ordem o universo. Ele tirou disso uma vantagem, criando para si uma morada, a partir dos despojos de Apsu. Segue-se o nascimento magnífico de Marduk. Do mesmo modo, na sequência, os deuses (agora Ánu) vão provocar de novo a cólera de Tiámat. Após alguns ensaios, é Marduk que deverá lutar contra ela. Ele a vencerá e criará, a partir de seu corpo, o universo atual, o céu e a terra. Seguirá sua apoteose, que culminará com a enumeração dos cinquenta nomes, já presente no fim da introdução [v. 101-102], pela exegese do primeiro dentre eles. Por esse caráter eminentemente literário, ressaltam a coerência do todo e a competência do autor".

Dois são os recursos principais do espelhamento: a) o fato de que Ea, no ponto de chegada da genealogia, seja dito o melhor dos deuses, sem igual entre seus pares, do mesmo modo que, no ponto de chegada de sua saga, é ele ultrapassado por seu filho Marduk, também sem par entre todos os deuses, incluindo seu pai; b) o fato de que Marduk não precise lutar contra o pai para impor-se como cabeça dos deuses, mas antes deva realizar uma proeza que espelha e ultrapassa a de seu pai – o vencedor de Apsu –, derrotando por sua vez Tiámat. Esse processo não deve causar estranheza, pois faz parte da lógica que se poderia dizer de imitação e emulação presente na sucessão dos grandes deuses, como se se tratasse não de um espelhamento em proporções idênticas, mas num espelho que a cada vez amplia os traços do espelhado. Assim, Ánshar em Ánu, seu filho, refletiu-se (*mašālu*, 'ser similar', 'ser igual', D *muššulu*, 'fazer similar', 'copiar', v. 15), do mesmo modo que Ánu procriou Ea como seu reflexo (*tamšīlu*, 'imagem', 'semelhança', 'equivalente', 'efígie', 'réplica', v. 16), a lógica da progressão em força e qualidades, que, como afirmei antes, é sugerida no verso 12 – quando se declara que Ánshar e Kíshar se avantajavam com relação a seus pais, Láhmu e Láhamu –, parecendo ser o que regula os espelhamentos, e não uma lógica da simples repetição, a qual não permitiria o próprio desenvolvimento da narrativa.

Enfim, nada disso pode ser considerado estranho ao pensamento das culturas mesopotâmicas, sendo a possibilidade de que esferas da realidade se espelhem umas nas outras que presidiu o desenvolvimento da astronomia, da adivinhação e das ciências em geral (cf. Mieroop, *Philosophy before the Greeks*; Koch-Westenholz, *Mesopotamian astrology*; Geller, *Ancient Babylonian medicine*).

A repetição do distúrbio

Esta passagem é sem dúvida paralela à dos v. 25-28, implicando, nos dois casos, uma mudança de foco (cf. GEE, p. 130):

v. 21-28	v. 105-110
E associaram-se os irmãos, os deuses,	E engendrou quatro ventos, procriou-os Ánu,
Perturbaram Tiámat e seu alarido irradiava-se.	As mãos dele encheu: meu filho os faça revoltear!
E disturbaram (*dalḫunimma*) de Tiámat as entranhas,	Produziu poeira, na borrasca a lançou,

Com algazarra dura no interior do Anduruna.

Não reduzia Apsu o seu bramido

E Tiámat emudecia em face deles.

Acerba sim sua ação diante dela:

Não sendo boa sua conduta, a eles resguardava.

Fez existir a onda, disturbou (*udallaḫ*) Tiámat:

Disturbada (*dalḫat*) Tiámat, dia e noite

desarvoravam-se.

Os deuses – ela não repousava (*lā šupšuḫa*)

– lançavam-lhe ventos.

Está em causa, como se vê, o tema do movimento que perturba o repouso dos deuses, inclusive com a recorrência do verbo *dalāḫu* (que traduzo como 'disturbar'), embora agora não se faça referência explícita a ruído. Também se encontra aqui outro termo-chave que identificamos na saga de Apsu, *pašāḫu*, 'repousar', o que garante a pertinência da narrativa em espelhamentos.

O que há de novo agora é que não se trata mais da algazarra dos deuses, mas dos brinquedos que Marduk recebeu de Ánu – sendo de notar como os versos 105-106 rapidamente os introduzem, incluindo, no segundo hemistíquio do último, o brevíssimo discurso direto de Ánu ("meu filho os faça revoltear"), introduzido sem verbo *dicendi* e, por isso, tornado mais incisivo. Os ventos, sendo quatro, estão relacionados com os pontos cardeais, donde se supõe que sopram (cf. HMCG, p. 111). É justamente porque sopram de pontos diferentes e uns contra os outros que o resultado é a produção de poeira, borrasca e onda. Estranha a referência a 'poeira' (*eperu*, que significa também 'terra', 'solo') num momento em que a terra ainda não existe, devendo-se contudo considerar que se trata de descrever um vendaval, de que a primeira manifestação é a poeira levantada pelos ventos, a que se segue a chuva propriamente dita – e, no caso do mar, as ondas. Por outro lado, tenha-se em vista que a terra será formada do corpo de Tiámat, o que significa que está nela desde o início, num estado potencial.[44]

A referência ao surgimento, neste momento, da "onda" reforça o caráter talassomórfico de Tiámat. Se antes isso ficava apenas subentendido –

[44] O termo *epru/eperu* volta a ocorrer em 5, 63 (um verso infelizmente mutilado), quando se descreve o modo como Marduk produziu a terra: "Metade dela [de Tiámat] esticou, a terra firmou, / ---- poeira, no coração de Tiámat fez agitar, / Desdobrou a sua rede, por inteiro a fez sair". Trata-se de passagem, como se vê, difícil de entender.

dependendo de se saber que Tiámat é o mar –, agora recebe um traço mais preciso, o que joga luz também sobre a passagem anterior: as "entranhas" da deusa e o Anduruna seriam o próprio interior do mar, que os deuses nele instalados agitam. Não que seja necessário ter uma única visão imaginada (da imagem) de Tiámat, válida para todo o texto, pois em outros momentos haverá referência a sua nuca, sua boca e seu bucho. Não é impossível, contudo, imaginar um contorno teoriomórfico em que ressaltaria um certo amorfismo em termos animais ou humanos.

O requisitório dos deuses

Mais um passo paralelo ao que se encontra na saga de Apsu, o qual convém confrontar com o que aqui se lê:

v. 29-40	v. 111-124
Então Apsu, gerador dos grandes deuses,	E tramando em suas entranhas o mal,
Conclamou Múmmu, seu intendente, e disse-lhe:	A Tiámat, a mãe deles, eles disseram:
Múmmu, intendente, bom para meu ânimo,	Quando Apsu, teu consorte, mataram,
Vem! junto de Tiámat vamos!	A seu flanco não ficaste, em silêncio assentada:
E foram, diante de Tiámat sentaram-se,	Agora engendrou ele estes quatro ventos que terríveis
Com palavras ponderaram sobre os deuses, seus rebentos.	Disturbaram-te (*šudluḫu*) as entranhas e não dormimos nós (*ul niṣallal nīnu*)!
Apsu sua boca abriu	Não está em teu coração Apsu, teu consorte?
E a Tiámat ruidoso disse:	E Múmmu, que encadeado? Sozinha assentas?
É sim molesta sua conduta para mim:	E mamãe não és tu? Em perturbação desarvora-te
De dia não repouso (*lā šupšuḫāku*), de noite não durmo (*lā ṣallāku*);	E nós, que não descansamos (*lā nisakkipu*), não nos amas?
Destrua-se sua conduta, seja dispersa!	Vê nossa fadiga, estropiados nossos olhos.
Silêncio se faça e durmamos nós (*i niṣlal nīni*)!	Lança fora o jugo sem descanso (*lā sākipi*) e durmamos nós (*i niṣlal nīni*)!
	Faze a contenda! O feito por eles devolve!
	---- deles ação, em sopro torna-os!

A vantagem da análise em contraponto está em realçar os traços de cada um dos episódios espelhados, o que salienta como, do primeiro para o segundo, há um efeito retórico de acréscimo (a técnica do espelho que não só reflete como amplia a imagem). Ressalte-se o seguinte:

a) no primeiro caso, a demanda a Tiámat é apresentada por apenas dois deuses, ao contrário de no segundo, em que se trata de uma pluralidade;

b) no primeiro caso, a privação de descanso e sono se diz, por Apsu, na primeira pessoa do singular – "De dia não repouso (*lā šupšuḫāku*), de noite não durmo (*lā ṣallāku*)" –, por oposição à pluralidade expressa no segundo caso, com o uso da primeira pessoa do plural: "não dormimos nós (*ul niṣallal nīnu*)", "não descansamos (*lā nisakkipu*)";[45]

c) no segundo caso, a argumentação da pluralidade de deuses conta com um acúmulo de história que não se encontrava no primeiro: "Quando Apsu, teu consorte, mataram, / A seu flanco não ficaste, em silêncio assentada", "Não está em teu coração Apsu, teu consorte?/ E Múmmu, que encadeado?";

d) a descrição dos efeitos da falta de repouso é muito mais enfática no segundo caso: "E mamãe não és tu? Em perturbação desarvora-te / E nós, que não descansamos (*lā nisakkipu*), não nos amas? / Vê nossa fadiga, estropiados nossos olhos";

e) finalmente, no segundo caso fica explícito, desde o início, que a pluralidade de deuses trama em suas entranhas o mal, tendo em vista promover uma reação bem clara da parte de Tiámat, guerra e vingança: "Faze a contenda! (*epši tahāzi*) O feito por eles devolve! (*gimillašunu tirrī*)".[46]

---

45 Mesmo que se possa especular que o incômodo não atinge apenas Apsu, no primeiro caso, em vista da participação também de Múmmu como seu aliado, o uso da primeira pessoa do singular é expressivo, a não ser com relação ao desiderativo "durmamos nós" (*i niṣlal nīni*), que fecha os dois requisitórios.

46 A expressão que traduzo bastante literalmente por "o feito por eles devolve", *gimillašunu tirrī*, é composta pelo substantivo *gimillu*, "um ato de gentileza, favor, complacência, compaixão", *gimilla turru* (infinitivo D de *târu*, 'retornar') significando "devolver um ato de gentileza, praticar vingança, vingar-se" (cf. CAD). É por 'vingar' que em geral optam os tradutores: TBCM, p. 82, "*venge-les*"; EEE, p. 100, "*vendicali!*"; LBCM, p. 57, "*avenge them!*". Ainda que vingança suponha uma das formas de reciprocidade, acredito que torno mais saliente isso vertendo a expressão literalmente como "o feito por eles devolve!" ou, em outras passagens, como epíteto de Marduk, "(o) que devolve o feito a seu pai" (2, 127),

O ponto de conexão entre as duas passagens é sem dúvida o objetivo das ações que se requerem – "durmamos nós" (*i niṣlal nīni*), que se repete nos dois casos. No entanto, se poderia entender que esse "nós" tem uma abrangência diferente: no caso do discurso de Apsu, parece que seria um *nós* inclusivo – eu, Apsu, mais tu, Tiámat –, sendo por isso que o primeiro busca uma aliança com a segunda; no segundo caso, pelo uso da primeira pessoa do plural desde o início, retoricamente se tem a impressão de que, mesmo que a deusa possa estar incluída, prevalece alguma ênfase no *nós* exclusivo: durmamos nós, esta pluralidade de deuses que não logramos descansar. Essa disjunção fica clara em falas como "Disturbam-te as entranhas (*šudluḫu karšāki*) e não dormimos nós (*ul niṣallal nīnu*)", ou "Em perturbação desarvora-te / E nós, que não descansamos (*lā nisakkipu*), não nos amas?", em que com clareza os deuses distinguem a esfera do *tu* e do *nós*.

Essa diferença retórica é importante por delinear a separação dos deuses em dois grupos: os que se reunirão em torno de Tiámat (em 7, 90 são eles chamados de *ilāni ša Tiāmti*, "os deuses de Tiámat"), ou seja, os que exigem com tanta ênfase que ela faça cessar a perturbação; e os que se reunirão em torno de Marduk, que, impulsionado por Ánu, é o responsável pelo distúrbio, vistos como os deuses de Ánshar.

Enfim, destaca-se muito um discurso argumentativo em forma direta tão longo (doze versos), introduzido de modo tão breve (dois versos), o que tem um efeito enfático. Ele divide-se claramente em três partes:

a) a primeira é constituída pela narração dos fatos (o que chamei de acúmulo de história), com a morte de Apsu, o não envolvimento de Tiámat, os ventos gerados por Ánu que voltam a disturbá-la, tendo como consequência que "não dormimos nós" (*ul niṣallal nīnu*), o que ocupa os quatro versos iniciais;

b) os quatro versos seguintes são constituídos por uma série de perguntas, num estilo muito rápido, as quais têm como finalidade deixar claro para Tiámat as consequências de sua omissão anterior e o risco de que isso se volte a repetir, numa distribuição bem equilibrada: o primeiro verso tem em vista Apsu; o

"o que devolve o feito a vós" (2, 156), "o que devolve o feito a eles" (3, 10), "o que devolve o feito a nós" (4, 13).

segundo, Múmmu; o terceiro Tiámat enquanto mãe;[47] enfim, de novo a lembrança de que, enquanto ela desarvora-se, nós "não descansamos" (*lā nisakkipu*) nem somos amados;

c) os quatro últimos constituem uma peroração, com os verbos no imperativo, insistindo na falta de descanso (*lā sākkipu*) e no desejo de dormir (*i niṣlal nīnu*),[48] a que se acrescentam os dois versos finais com a incitação explícita à batalha e à vingança, no desejo de aniquilação daqueles que perturbam o repouso, expresso de forma contundente: "em sopro torna-os" (*ana zaqīqū šuknī*).[49]

---

[47] Traduzi *ummu* neste verso por "mamãe" (e não simplesmente 'mãe', como nos outros casos), para manter o jogo com *Mummu*, no verso anterior:

$^{U\,d}$***Mummu*** *ša ikkamû edis ašbāt*	E Múmmu, que encadeado? Sozinha assentas?
^{UL}***ummu*** *attī dulluḫiš tadullī*	E mamãe não és tu? Em preocupação desarvora-te...

[48] A expressão *lā sākkipu* (sem descanso), no verso 122, ecoa *lā nisakkipu* (não descansamos), do verso 119, na parte intermediária do discurso; do mesmo modo, *i niṣlal nīnu* (durmamos nós), verso 122, remete a *ul niṣallal nīnu* (não dormimos nós), no último verso da primeira parte. As conexões são, portanto, bem trabalhadas, e toda a fala exibe uma consistência e expressividade admiráveis.

[49] O termo usado aqui, que traduzi por "sopro", *zāqīqu/zīqīqu*, tem o significado de 'vento', 'brisa', e também 'nada', 'espectro', *bīt zāqīqi* nomeando um 'lugar assombrado', um 'sonho'. *Zāqīqu* ou *Zīqīqu* é o nome de um espírito que traz os sonhos, filho de *Šamaš* (cf. George, *The Babylonian Gilgamesh Epic*, p. 463), *iškar Zāqīqu* (Série de Zaqíqu) sendo o título de um livro de oniromancia, em onze tabuinhas, descoberto na biblioteca de Assurbanípal (editado por Oppenheim, *The interpretation of dreams in the ancient Near East*). Cumpre ressaltar que a analogia de 'vento' com 'nada' ou quase nada é uma imagem que ocorre com relativa frequência nas culturas de língua semítica. Assim, por exemplo, Gilgámesh declara, em rodeio típico do pessimismo médio-oriental: "Do homem os dias são contados, / Tudo que ele faça é vento" (*šāru*, *Ele que o abismo viu*, 2, v. 234-235). Savignac aproxima esse dito do que se encontra no versículo 15 do *Qohelet*: "O homem parte como veio – e que vantagem lhe advém de haver trabalhado pelo vento?", acrescentando: "*Qohelet* é o livro de um semita: *habêl habâlîm hakkôl hâbél* [sopro de sopro, tudo é sopro] é semita. Os gregos disseram: *mataiótes mataiotéton kaì pánta mataiótes*, tudo é inutilidade, ilusão, loucura. Os latinos diziam: 'omnia vanitas', 'tudo é vazio', mas um semita diz: 'tudo é sopro'" (La sagesse du Qôhéléth et l'Épopée de Gilgamesh, p. 319).

A assembleia de guerra (versos 125-146)

išmēma Tiāmat amatum iṭīb elīša	[125] E ouviu Tiámat tais ditos bons para si:
ša attunu tuštaddinū i nīpuš ūmu	O que vós deliberastes, façamos hoje!
pahrunimma ilānu qeribša	Em assembleia, os deuses, no interior dela,
lemnēti itaḫḫazū ana ilāni bānīšun	Males tramaram para os deuses que os engendraram.
immaṣrūnimma iduš Tiāmat tibiūni	E formaram um círculo e ao flanco de Tiámat se alçam,
ezzū kapdū lā šākipū mūša u immu	[130] Coléricos, tramando sem descanso noite e dia,
našû tamhāri nazarbubū labbū	Prontos para o combate, furibundos, ferozes,
ukkinna šitkunū ibbanû ṣulāti	Em concílio postos, engendram a batalha:
umma Hubur pātiqat kalamu	Mãe Húbur, que formou tudo,
ušraddi kakku lā maḫri ittalad mušmaḫḫi	Multiplicou armas sem igual, procriou dragões
zaqtūma šinni lā pādû atta'ī	[135] De dentes agudos, sem piedade suas mandíbulas,
imtu kīma dāmu zumuršunu ušmalli	De veneno, em vez de sangue, seus corpos encheu,
ušumgallī nadrūti pulḫāti ušalbišma	Serpes furiosas, de terrores vestidas,
melamma uštašša iliš umtaššil	Aura lhes aprontou, de deuses as fez reflexo:
āmiršunu šarbābiš liḫḫarmim	À sua vista, inane se pereça,
zumuršunu lištaḫḫiṭamma lā ine''ū irassun	[140] Seus corpos arrebatem e não voltem atrás seus peitos.
ušziz bašmu mušḫuššu u ^{d}laḫamu	Fez erguerem-se Báshmu, Mushhúshu e Láhama,
ugallū uridimmū u girtablullû	Procela, Cão-Selvagem e Homem-Escorpião,
ūmī dabrūti kulullû u kusariqqu	Tempestades ferozes, Homem-Peixe e Bisonte,
nāši kakkū lā pādû u lā ādiru taḫāzi	Prontos em armas sem piedade, sem temer a contenda,
gapšā têrētūša lā maḫra šināma	[145] Tremendos os decretos dela, sem igual eles são:
appūnāma ištēnešret kīma šuāti uštabši	De todo onze, como aquele, fez ela existir.

O jogo de palavras do verso 125 é notável: *išmēma* ***Tiāmat amatum*** *iṭīb elīša*, o que tentei não mais que sugerir na (imperfeita) tradução: "E ouviu **Tiámat tais ditos** bons para si". A aliteração na fórmula de introdução do discurso direto com certeza chama a atenção para este, num só verso (mesma medida da introdução), sem verbo *dicendi*: "O que vós deliberastes, façamos hoje!". Ressalta, nessa fala, a afirmativa de que a deliberação foi dos deuses que apresentaram o requisitório (o uso do pronome de segunda pessoa do plural, *attunu*, reforça isso: 'vós próprios'), o que comprova o sucesso de sua argumentação tão bem articulada, a qual leva à rápida decisão da deusa. O desiderativo *i niṣlal nīni* (durmamos nós!) dos deuses repercute no *i nīpuš ūmu* (façamos hoje!) de Tiámat, o que mais uma vez demonstra como o poeta sabe explorar com habilidade a técnica de encaixe entre as várias passagens do texto.

Costuma-se indagar o que teria levado Tiámat a agir agora, diferentemente de quando, antes, foi procurada por Apsu. Pode-se especular que, neste ponto, é uma parte de seus filhos que pede sua intervenção, o que é uma hipótese coerente. Contudo, uma razão mais decisiva poderia ser a única mudança ocorrida no enredo desde a morte de Apsu, qual seja: o surgimento de Marduk. Com efeito, observa Sonik, ele é um deus "quase monstruoso", com seu corpo "maciço, cuspindo fogo", "um herói de quatro olhos desde seu nascimento", que se diverte com os quatro ventos para ele criados, sem dar sossego a Tiámat (cf. Sonik, Gender Matters in *Enūma eliš*, p. 91). Assim, como ponto de chegada na genealogia dos grandes deuses, com seu excesso de grandeza e virilidade, Marduk representaria uma perturbação nova e inaudita, capaz de provocar a mudança de ânimo da protodeusa.[50]

Os deuses de Tiámat

A divisão dos deuses em dois grupos configura-se de forma clara com a reunião, em assembleia, de um dos lados em torno de Tiámat (v. 127).[51] Diferentemente do que acontecia com a "tal assembleia" de

---

[50] Harris defende que "Tiámat é apresentada primeiro como uma mulher jovem, em seus anos de procriação de filhos. Nessa época, tolerante e indulgente, é que se opõe totalmente à dizimação dos deuses jovens, seus rebentos. A jovem Tiámat resigna-se à morte de seu esposo por causa de seus filhos... Mas, depois, a mais velha Tiámat dá uma reviravolta. Está agora pronta para vingar a morte de Apsu. No retrato da (mais) velha Tiámat encontramos o estereótipo ubíquo da mulher velha como decrépita e bruxa" (Harris, *Gender and aging*, p. 84).

[51] TBCM, p. 38, reconstitui assim este verso, cujo início se encontra mutilado: [*il-li-ku*]-*ma* DINGIR.DINGIR (= *ilāni*) KI.KAL (= *karaša*)-*šu*, isto é, 'e foram os

dois – Apsu e Múmmu –, agora a assembleia dos deuses conta com uma multidão, sendo também agora que se demonstra como, além da linha genealógica do início do poema, há uma pluralidade de outros deuses, apresentados e tratados não individualmente, mas como grupo.[52] Com relação ao presente caso, é assim que Ea descreve para Ánshar essa assembleia: "voltaram-se para ela [Tiámat] a integralidade dos deuses / Até os que vós engendrastes a seu flanco vão" (2, 13-14).

Bartash ressaltou a importância das assembleias no *Enūma eliš*, as quais são em número de sete (desconsiderada a "tal assembleia" de dois).[53] Como já apontei antes, são dois os termos técnicos que as designam, o acádio *puḫru* e o empréstimo do sumério *ukkinnu*, os quais, ainda que possam ser tidos como sinônimos, traduzi por 'assembleia' e por 'concílio', respectivamente (ambos ocorrem já neste passo, v. 127 e 132). *Puḫru* apresenta um uso próprio, ou seja, "a assembleia como uma instituição de decisão comunitária", e um uso metonímico, o lugar onde a assembleia acontece, o sentido locativo deste último sendo reforçado pelo uso da preposição *ina* (em).[54]

---

deuses para o seu campo/acampamento'. Adoto a lição de LBCM, p. 56: [*paḫ*]-*ru-nim-ma ilāni qí-rib-ša*, que ele traduz por "*The gods assembled within her*".

52 Considerando as diversas ocorrências no poema, Bartash (*Puḫru*, p. 1097) divide assim os grupos de deuses: a) os Ígigi e Anunnáki; b) os deuses-pais; c) todos os deuses (o que se expressa usualmente com os ideogramas sumérios DINGIR.DINGIR ou DINGIR^{meš}; d) os grandes deuses (normalmente DINGIR.DINGIR GAL.GAL ou DINGIR^{meš} GAL^{meš} ; e) os deuses dos destinos (DINGIR^{meš} NAM^{meš}). Sobre o assunto, ver os comentários a 6, 39-46.

53 São as seguintes as assembleias dos deuses: 1ª) assembleia dos deuses em torno de Tiámat, de que tratamos aqui; 2ª) assembleia dos Ígigi e Anunnáki depois que Ea e Ánu falham em apaziguar Tiámat, sendo nela que Marduk apresenta suas condições para enfrentá-la (2, 121-162); 3ª) assembleia dos cinquenta grandes deuses que declaram os destinos, para dar cumprimento às condições de Marduk, nomeando-o líder dos deuses (3, 130-4, 24); 4ª) assembleia dos Ígigi e Anunnáki para entronização de Marduk como rei, Lugaldimmerankia (5, 85-156); 5ª) assembleia dos cinquenta grandes deuses para o julgamento de Quíngu (6, 17-58); 6ª) assembleia dos Ígigi e Anunnáki depois da construção de Babilônia, para determinar a construção do Esagil (6, 67-94); 7ª) assembleia dos cinquenta grandes deuses para imposição de nomes a Marduk e instituição de ritos (6, 95-7, 144; cf. Bartash, *Puḫru*, p. 1087-1102).

54 Cf. Bartash, *Puḫru*, p. 1085-1086. Mieroop (*The ancient Mesopotamian city*, p. 121) considera que dificulta o estudo da assembleia como instituição política o fato

Esta assembleia dos deuses amotinados em torno de Tiámat termina por ser a mais destacável do poema por dois motivos. O primeiro, por se estender até a vitória final de Marduk, uma vez que apenas em 4, 105-108 é que se afirma como "Após o que vai na vanguarda matar Tiámat, / As hostes dela dissolveram-se, sua assembleia dispersou-se (*puḫurša issapḫa*) / E os deuses, seus aliados, que iam a seu flanco, / Tremeram, amedrontaram-se, voltaram atrás". O segundo motivo de seu realce está no fato de ser descrita não menos que quatro vezes: além de nesta passagem, também em 2, 12-48, 3, 16-52 e 3, 74-110. Depois da primeira vez, em que o relato se deve ao narrador, nas outras ele se põe na boca de personagens: na segunda vez, é Ea quem narra os acontecimentos para Ánshar; na terceira, é parte da mensagem que Ánshar encarrega Kakka de transmitir a Láhmu e Láhamu; enfim, na quarta vez, temos o relato de Kakka aos dois deuses.

Em episódios em que um mensageiro é encarregado de levar uma mensagem, o artifício de que ela seja dita uma primeira vez pelo emissor e repetida então tal qual pelo mensageiro é comum na literatura mesopotâmica – isso aplicando-se com precisão ao caso em que o emissor é Ánshar e Kakka o mensageiro. Todavia, não parece que, no caso dessa assembleia, se tenha não mais que o uso de um recurso comum, havendo antes um desejo de pô-la em destaque, o que se obtém pela repetição – sem dúvida alguma –, mas também pela migração do relato de boca em boca. Sua primeira versão deve-se, como salientei, ao narrador. Supõe-se que seja uma versão precisa, pois a segunda é exatamente igual (salvo por detalhes de grafia), estando autorizada por ser a de Ea, que, no nível intradiegético, viu a assembleia e relata isso a Ánshar, podendo-se contudo entender, de um ponto de vista extradiegético, que a tenha ouvido do narrador mesmo, tal qual a ouviu e volta a ouvi-la o recebedor do poema. Que se pretenda um efeito nesse sentido fica claro quando se constata que o relato de Ánshar depende do de Ea, do mesmo modo que o de Kakka depende do de Ánshar. Então, configura-se uma cadeia de relatos de relatos, o que tem como efeito sugerir que a assembleia de Tiámat se tornou de conhecimento de todos os deuses, por sua descrição migrar assim de boca a boca.

---

de que *puhru* possa designar tanto a "assembleia institucionalizada" quanto "toda reunião informal de um grupo de pessoas".

As assembleias são instituições de governo das cidades-estado mesopotâmicas desde as épocas mais remotas, embora nosso conhecimento sobre sua composição, competências e funcionamento seja reduzido.[55] Como as cidades dividem-se em partes, "juridicamente a cidade inteira e suas divisões têm suas cortes, que são referidas como assembleias [...], os casos sendo levados a julgamento público diante de toda a cidade ou de uma de suas divisões" (Mieroop, *The ancient Mesopotamian city*, p. 121). Não se tem clareza, contudo, sobre quem participava dessas assembleias, quem as convocava, quem as presidia, quais eram os procedimentos adotados e como se tomavam as decisões. Um manuscrito de início do segundo milênio (transmitido em mais de uma cópia como exercício escolar) apresenta um caso de homicídio que, por decisão do rei Ur-Ninurta, é levado à assembleia de Níppur (ou seja, quem convoca a assembleia, neste caso, é o rei); nela, os que interferem acusando e defendendo a esposa do morto são trabalhadores e um soldado, o que impede que se vejam os participantes como membros de uma elite; finalmente, a decisão é tomada pela assembleia como um todo (Mieroop, *The ancient Mesopotamian city*, p. 122-123).

No poema sumério de início do segundo milênio conhecido como *Bilgames e Akka*, Úruk conta com duas assembleias: a) uma composta pelos "principais da cidade" (sumério 'ab.ba', acádio *šībūtum*); b) a outra, pelos "jovens da cidade" ('guruš'). Assediado pelo rei Akka de Kish, Bilgames, rei de Úruk, convoca primeiro a assembleia dos principais, tendo como resultado de sua consulta: "vamos submeter-nos à casa de Kish, não vamos fazer guerra"; então, pondo sua confiança na deusa Inana, "não considerou ele, Bilgames, o que os principais da cidade disseram" e, diante dos "jovens da cidade", pela segunda vez buscou uma solução, obtendo deles: "não vamos nos submeter à casa de Kish, vamos fazer guerra" (Bilgames e Akka, v. 1-29, *in* George, *The Epic of Gilgamesh*, p. 145). Especula-se a razão de Bilgames desconsiderar a decisão da primeira assembleia, convocando a segunda, o que, eventualmente, poderia sugerir que esta tivesse maior peso, por reunir

---

55 Estudos clássicos nesse sentido são os de Evans, Ancient Mesopotamian assemblies; e Jacobsen, Primitive democracy in ancient Mesopotamia. Para uma abordagem recente e detalhada, Mieroop, *The ancient Mesopotamian city*, especialmente o capítulo 6, "Urban government: King, citizens, and officials", p. 118-141; e Worthington, *Ea's duplicity in the Gilgamesh flood story*, p. 287-298.

todos os "homens da cidade", mas deve-se observar que a proposta em discussão, nos dois casos, na formulação do próprio rei, é "não vamos nos submeter à casa de Kish, vamos fazer guerra", ou seja, ele submete seu parecer às assembleias mas considera apenas o resultado que coincide com o que propõe.

A relação do rei com as assembleias é bem atestada na literatura. No poema sumério *O rei à terra do vivo*, Bilgames convoca logo no início os jovens da cidade, escolhendo cinquenta deles que o acompanharão na expedição contra Huwawa (O rei à terra do vivo, v. 50-53, *in* George, *The Epic of Gilgamesh*, p. 152); no episódio análogo de *Ele que o abismo viu*, também antes de empreender a campanha contra Humbaba Gilgámesh submete seu plano tanto à assembleia dos jovens quanto à dos principais.[56] Do mesmo modo, no relato do dilúvio no mesmo poema, Uta-napíshti, alertado por Ea e instruído a construir a arca, preocupa-se com o que dirá ao povo e aos anciãos – o que sugere que, enquanto rei de Shurúppak, o tenha de fazer, comunicando sua decisão de partir diante das duas assembleias.[57]

De modo análogo, as decisões divinas são tomadas em assembleias, destacando-se quanto a isso o *Atrahasīs*: é a assembleia dos deuses que decide a criação da humanidade, sendo nela que isso se efetiva (*Atrahasīs* 1, 189-260); como é em assembleia que os deuses decidem enviar o dilúvio para exterminar por completo sua criação (*Atrahasīs* 2, 7, 31-52; 8, 32-37). Considerando o relato feito por Uta-napíshti em *Ele que o abismo viu*, foi também em assembleia que os deuses de-

---

56 *Ele que o abismo viu*, v. 2, 260-301: de início, o poema registra apenas o que Gilgámesh informa aos jovens, a aventura em que iria ingressar ("Ouvi-me, jovens de Úruk, o redil, / Jovens de Úruk, sagaz...: / Sou ousado a ponto de percorrer o longo caminha até Humbaba...", v. 260-262); então, Enkídu pede tanto aos jovens quanto aos anciãos que dissuadam Gilgámesh ("Dizei-lhe que não vá à Floresta de Cedros,/ Nessa estrada não há quem caminhe, / Este homem não há quem olhe!...", v. 274-276); enfim, em 3, 1-12, a assembleia dos principais dá conselhos a Gilgámesh e confia-o à guarda de Enkídu. Também neste caso, ainda que haja o contraditório, a decisão da assembleia é também a do rei.

57 *Ele que o abismo viu*, 11, 32-36: "Eu entendi e disse a Ea, meu senhor: / Aquiesço, meu senhor, com o que assim falas tu, / Prestei eu atenção. Fá-lo-ei. / Como responderei à cidade – ao povo e aos anciãos?". Comentários em Brandão, *Ele que o abismo viu*, p. 283; Worthington, *Ea's duplicity in the Gilgamesh flood story*, p. 279-287.

cidiram pelo flagelo,[58] bem como em assembleia concederam a vida eterna ao sobrevivente do cataclismo, Uta-napíshti (*Ele que o abismo viu* 11, 157-206). Esse exemplo é instrutivo, pois mostra como há assembleias cujas decisões são ponderadas (a que decidiu a criação dos homens) e assembleias de que brotam sentenças desarrazoadas (como a que decidiu pelo dilúvio), embora, mesmo no caso das decisões em princípio sensatas, como a criação da humanidade, não se pode ter, desde o princípio, a dimensão de suas consequências (a multiplicação desmesurada do gênero humano, que leva à decisão desesperada pelo dilúvio). Que o dilúvio foi algo despropositado declara, transtornada, a deusa Nintu:

> O dia obscureça,
> Volte a entristecer!
> Eu, na assembleia dos deuses (*ina puḫri ša ili*)
> Como comandei, com eles, total destruição? (*Atrahasīs* 3, 3, 34-37)

A assembleia de Tiámat parece envolta em contexto nada propício para levar a decisões cordatas. Não que qualquer assembleia não se faça sempre em situações excepcionais e prementes – será assim com as assembleias convocadas por Ánshar, com condução e resultados diferentes –, mas a própria velocidade com que Tiámat adota a decisão dos deuses amotinados sugere que tudo se faz sob enorme emoção: "O que vós deliberastes, façamos hoje!". Note-se que essa rapidez se justifica pelo fato de serem "boas" para ela as palavras ditas por aqueles (como nos exemplos relacionados com Bilgames), ou seja, a coincidência de propósitos permite que se tomem providências imediatas e radicais. A descrição da assembleia não poderia ser mais incisiva: quanto às intenções (a pauta), "os deuses males tramaram"; quanto a sua organização (a assembleia enquanto espaço), "formaram um círculo e ao flanco de Tiámat se alçam", o que sugere completa desordem; quanto a seu estado de ânimo (possibilidade

---

[58] *Ele que o abismo viu* 11, 117-123, em que a Mãe-dos-deuses afirma: "Gritava como em trabalho de parto, / Gemia Bélet-íli, amável voz: Este dia, sim! Em barro sim tornou-se! / Porque eu na assembleia dos deuses falei perversidade! / Como falei na assembleia dos deuses perversidade, / Para que desaparecesse meu povo pela guerra falei! / Eu mesma os pari! Meu povo! / E como crias de peixe eles enchem o mar!".

de raciocínio), estavam eles "furiosos, tramando sem descanso noite e dia, / Prontos para o combate, furibundos, ferozes".

Os monstros de Tiámat

Os versos 133-146 são especialmente atraentes – e mais atraentes deveriam ser para o recebedor antigo –, com seu catálogo de monstros produzidos por Tiámat. Como se afirma logo de início, essas são suas "armas sem igual" (*kakku lā maḫri*, v. 134).

É curioso que nessa passagem Tiámat seja chamada de *umma Ḫubur* (mãe Húbur). Ora, Húbur é o nome do rio do mundo dos mortos, mas não se faz no poema nenhuma relação entre a deusa e essa esfera, mesmo que a alusão a um rio não fosse, em princípio, inapropriada para uma deusa que é água. Como, contudo, na constituição final do mundo seu cadáver servirá para a fabricação da superfície da terra, o mundo subterrâneo, onde se localiza o Húbur, nada teria a ver com Tiámat. Por esse motivo, Lambert sugere que "esse trecho foi tomado de empréstimo, com pequena modificação, de uma fonte desconhecida".[59] Ainda que essa denominação ocorra apenas no relato sobre as armas por ela procriadas, como ele se repete mais três vezes, *umma Ḫubur* não é algo que possa passar despercebido para o leitor nem que se deva considerar sem importância, o mundo subterrâneo dos mortos sendo repleto de monstros, de acordo com o poema do primeiro milênio conhecido como "Visão de um príncipe assírio do mundo dos mortos" (*in* Livingstone, *Court poetry and literary miscellanea*, p. 68-76).

Uma opção talvez mais produtiva é, na esteira de Michalowski, relacionar *ḫubur* com *ḫubūru*, 'alvoroço', 'clamor', 'tumulto', termo derivado de *ḫabāru*, 'fazer barulho' (na forma Š, 'causar perturbação', 'causar ruptura'), sabendo-se como esses jogos de leitura não etimológicos são comuns na produção mesopotâmica. A ser assim, a denominação poderia dizer respeito não só ao tumulto atual em torno de Tiámat,

---

[59] LBCM, p. 459. Conforme o mesmo autor (p. 462), "o épico tem apenas um item desse tipo [associação de Tiámat com o mundo subterrâneo], a passagem em que, como mãe de monstros, Tiámat é chamada Húbur, o nome do rio do mundo subterrâneo. Como já dito, consideramos que essa passagem foi tomada de outra obra". Sobre o Húbur, ver HMCG, p. 355-358, e Brandão, Grécia e Mesopotâmia: o mundo dos mortos, o rio e o barqueiro.

como também a sua apresentação como mãe de tudo, a "mãe Húbur que tudo formou" (*umma Hubur pātiqat kalamu*),[60] já que, tão logo os deuses foram dados à existência, teve início o incômodo provocado por sua movimentação e ruídos. A expressão que aqui a caracteriza, *umma Hubur pātiqat kalamu*, corresponderia à que se usa já no verso 4, *mummû Tiāmat mu'allidat gimrišun* ("Mummu Tiámat procriadora deles todos").[61] Em resumo, o alvoroço do mundo desde sempre decorreu de sua capacidade materna.

Todavia, nas etapas precedentes sua fecundidade dependia, ao que tudo indica, da mistura de suas águas femininas com as águas masculinas de Apsu, sendo que agora ela gera filhos sozinha, já que seu paredro, nesta altura, encontra-se morto, inerte e dela definitivamente separado.[62] Talvez justo por isso, essa última leva da capacidade procriadora de Tiámat não pode deixar de ser, por princípio, monstruosa, pois tudo dá a entender que o nascimento de Marduk constituíra, pelo menos na lógica do poema, o ápice da teogonia em termos das gerações e do aprimoramento divino. Trata-se agora, portanto, de uma geração aberrante.[63]

---

[60] *Pātiqat* é o estado constructo de *pātiqtu*, particípio feminino de *patāqu*, 'formar', 'modelar', 'criar' (tijolos, estátuas, construções, o céu, a terra, a humanidade etc.), 'fundir' objetos de metal.

[61] Cf. Michalowski, Presence at the creation, p. 385-386. Cf. também SooHoo, *Violence against the enemy in Mesopotamian myth, ritual and historiography*, p. 203: "Quando confrontada, Tiámat perde a cabeça e a razão. Em vez de ser uma força criativa, Tiámat torna-se fonte de desordem e do demoníaco. Ironicamente ela é referida como Mãe Húbur (= Barulho), *umma Ḫubur*, quando dá à luz seu desnaturado e deformado exército".

[62] Analisando o poema com uso da teoria *queer*, Helle considera que "Tiámat concebe sem ter sido inseminada por um pênis masculino. O corpo feminino é assim arrebatado por seu próprio poder criativo, que se torna monstruoso quando separado da influência masculina. A preocupação do texto com a possibilidade de procriação sem pênis é sublinhada pela repetição dessa passagem quatro vezes. De novo e de novo somos informados sobre como Tiámat criou e armou onze tipos de monstros. A reiteração insistente e a listagem das criaturas evoca a imagem do corpo feminino como sem cessar gerativo, reproduzindo monstros sem fim. O corpo feminino se torna assim um lugar de preocupação constante, na medida em que o corpo feminino se tornou inquieto e inquietante. Ele não pode ser subjugado, não ficará parado e incessantemente procria novas ameaças contra a ordem masculina" (Helle, Marduk's penis, p. 69).

[63] Na *Teogonia* de Hesíodo, a Terra, sendo a segunda entidade a surgir, logo depois do Caos, também se identifica como a origem de quase todos os deuses (a exceção

O catálogo dos monstros termina com a indicação precisa de que eles são onze: "De todo onze, como aquele, fez ela existir".[64] Essa contagem, como pondera Lambert, levanta problemas, pois a lista inclui criaturas tanto individuais quanto genéricas, alguns nomes estando sem dúvida no plural: são oito do primeiro tipo, a que se somam três do segundo (*mušmaḫḫi*, *ušumgallī nadrūti*, *ūmī dabrūti*), havendo dois adjetivos que não se pode duvidar que estejam no plural (*nadrūti* e *dabrūti*), pois o escriba os marcou assim para não deixar dúvidas (o que só acrescenta problemas para a interpretação).[65] A razão para a referência explícita a 11 portentos está no fato de que Ninurta, nos poemas sumérios *Lugal-e* e *An-gim*, mata onze inimigos, este número, a partir disso, aparecendo também em outras teomaquias.[66] Lambert considera que o número de onze pode ter motivação astrológica, uma vez que, somando-se a ele o próprio herói, teríamos uma cifra correspondente aos doze meses do ano (cf. LBCM, p. 225). Sendo assim, isso poderia sugerir algum modo de coalescência entre o herói e seus monstros – no presente caso,

---

fica por conta dos poucos descendentes do Caos). Sua atividade procriativa conhece três fases: a) na primeira, ela gera sozinha o Céu, as Montanhas e o Ponto, "sem o amor muito desejável" (v. 126-132); em seguida, fecundada pelo Céu, gera o Oceano e inúmeros outros deuses, o mais novo dos quais é Crono (v. 132-153); enfim, "depois que Zeus expulsou os Titãs do céu, / ao mais novo dos filhos, a Tifeu, pariu a Terra prodigiosa, / em amor com o Tártaro" (v. 820-822). Tifeu era um ser monstruoso, poderoso, de cujos ombros nasciam cem cabeças de serpentes, cujo troar estremecia o próprio Olimpo, sendo contra ele que Zeus levará a cabo sua luta derradeira, depois da qual estará consagrado como cabeça dos deuses (v. 853-868).

64 Não fica claro a quem se refere "aquele" (*šuāti*, genitivo do pronome de terceira pessoa do singular masculino). EEE, p. 106, e TBCM, p. 82, consideram que se trata de Marduk. Lambert traduz por "*Altogether she made eleven of that kind*".

65 Cf. LBCM, p. 225-229, em que se demonstra como todos os oito nomes específicos ocorrem em listas correlatas, mas não os três nomes genéricos.

66 Os onze guerreiros vencidos por Ninurta em *Lugal-e* são os seguintes (conforme a edição e a tradução para o inglês no *Electronic Text Corpus of Sumerian Literature* (http://etcsl.orinst.ox.ac.uk), da Universidade de Oxford: ku-li-na-na (Kuliana), ušum (Dragon), niĝ$_2$-babbar$_2$-ra (Gypson), urud niĝ$_2$ (Strong Copper), kalag-ga ur-saĝ šeg$_9$-saĝ-6 (Hero Six-headed Wild Ram), ma$_2$-gi$_4$-lum (Magilum Boat), en ^{d}šaman-an-na (Lord Samanana), gud-alim (Bison Bull), lugal ^{giš}gišnimbar (Palm-tree King), mušen anzud^{mušen} (Anzud bird), muš-saĝ-7 (Seven-headed Snake). Observe-se que a única personagem presente também na lista do *Enūma Eliš* é o gud-alim (bisonte). Ver LBCM, p. 225.

entre Tiámat, mais especificamente, entre Mãe Húbur e as criaturas que procria. De fato, é a partir da seção em análise que Tiámat assume um aspecto monstruoso, indispensável para sua luta contra Marduk, a primeira manifestação disso estando em sua procriação aberrante.

A lista das criaturas de Mãe Húbur, que Bottéro classifica como répteis, bovinas, canino-felinas e compósitas,[67] é a seguinte, com as opções de tradução adotadas, respectivamente, por mim, por Talon, Lambert e Elli, bem como com os sentidos fornecidos pelo CAD (saliente-se que as dificuldades identificação dessas figuras são grandes e, em consequência, os desafios de tradução são enormes):[68]

1) *mušmaḫḫi* (dragões; TBCM, *Dragons*; LBCM, *giant serpents*; EEE, *dragoni*; CAD, *a mythical snake*), uma denominação genérica para 'dragão' (cf. LBMC, p. 225);
2) *ušumgallī nadrūti* (serpes furiosas; TBCM, *féroces Serpents Géants*; LBCM, *fearful monster*; EEE, *terribili Serpenti-dragoni*; CAD, *lion-dragon*), o primeiro termo sendo também uma denominação genérica para 'dragão';
3) *bašmu* (Báshmu; TBCM, *Bashmu*; LBCM, *Hydra*; EEE, *serpente-bašmu*; CAD, *a horned serpent, a serpent-monster*), uma figura mitológica dificilmente encontrada em representações visuais, equivalente ao sumério 'muš-a-ab-ba', 'cobra do mar' (cf. LBCM, p. 230 e 472.);
4) *mušḫuššu* (Múshhússhu; TBCM, Dragon; LBCM, Dragon; EEE, *dragone- mušḫuššu*; CAD, *a serpente or dragon*), estava pintado na Porta de Ishtar, em Babilônia, podendo referir-se a criaturas aquáticas;[69]

---

[67] Cf. BAB, p. 88, a divisão seria a seguinte: a) répteis: *mušmaḫḫu*, *ušumgallu*, *bašmu*, *mušḫuššu*; b) bovino: *kusariqqu*; c) canino-felinos: *uridimmū*, *ušugallū* (sic), talvez *ūmu*; d) compósitos: *girtablullû*, *kulullû*. A esses acrescenta-se *dlaḫamu*. Chama ele ainda atenção para os qualificativos que se lhes ajuntam ou que formam seus nomes: *-gal-*, 'grande'; *-maḫ-*, 'superior a tudo', 'esmagador'; *-huš-*, 'brilhante', 'terrível'; *dabru*, 'feroz'.

[68] LBCM, p. 224-232, faz uma extensa investigação dos nomes que aparecem em diferentes listas. Não tenho como abordá-los com tanto detalhamento aqui, a consulta a Lambert, pelos interessados, sendo indispensável.

[69] Cf. LBCM, p. 472, que remete a R. Koldewey, *Das wieder erstehende Babylon*, Leipzig, 1925, p. 47; e 230: o termo "pode referir-se a criaturas aquáticas, pois

5) ^d^*lahamu* (Láhamu; TBCM, Lahamu; LBCM, *Hairy Hero*; EEE, *mostro-lahamu*; CAD, *a monster*), que não é, naturalmente, a mesma figura que faz par com Láhmu, pertencente à primeira geração dos deuses, mas provavelmente um monstro marinho (o mesmo de forma bovina descrito por Heimpel?);[70]

6) *ugallū* (Procela; TBCM, *Ugallu*; LBCM, *Great Demon*; EEE, *demoni della tempesta*; CAD, *storm demon*);

7) *uridimmū* (Cão-Selvagem; TBCM, *Uridimmu*; LBCM, *Savage Dog*; EEE, *uomini-leone*; CAD, *lion-man, a composite benevolent creature*);

8) *girtablullû* (Homem-Escorpião; TBCM, *Homme-Scorpion*; LBCM, *Scorpion-man*; EEE, *uomo-scorpione*; CAD, *scorpion-man*), de que se encontra uma representação num marco de fronteira de Nebuchadnezzar: pernas de ave de rapina, corpo e cauda de escorpião e homem da cintura para cima;[71]

9) *ūmī dabrūti* (Tempestades ferozes; TBCM, *Féroces Tempêtes; LBCM, Fierce Demons*; EEE, *feroci tempeste*; CAD, *ūmu, storm, a mythical being or demon*);

10) *kulullû* (Homem-Peixe; TBCM, *Homme-Poisson*; LBCM, *Fish-man*; EEE, *uomo-pesce*; CAD, *a fabulous creature, part man and part fish*);

10) *kusariqqu* (Bisonte; TBCM, *Bison*; LBCM, *Mighty Bull*; EEE, *bisonte*; CAD, *bison, as a mythological creature*), em sumério, 'gud-alim' (grande boi), aparece em dois encantamentos relacionados com Ea, sendo criaturas que vigiam a porta desse deus.[72]

'mušḫuššu do mar' ocorre em *An-gim* 139 (muš-huš-a-ab-ba = *muš-huš tam-tim*)".

[70] Cf. Heimpel, Anthropomorfic and bovine Lahmus; cf. também GEE, p. 119. Cf. LBCM, p. 230, lahama/*lahmu* tem conexões com Ea, já que cinquenta deles servem esse deus nas obras *Inana e Enki*, bem como em *Enki e a ordem do mundo*.

[71] LBMC, p. 472, que observa que esta é uma tradição literária diferente com relação aos homens-escorpião que aparecem em *Ele que o abismo viu* 9.

[72] *Apud* LBCM, p. 230: o primeiro é um encantamento para acalmar o choro de uma criança (*AMT* 96 2 obv. 11-12):

[*A-N*]*A dím-me-šú ana ri-gim ba-ke-e-šum*	Com seu soluço, com o ruído de seu choro

Como se vê, não é muito o que se pode dizer das criaturas de Tiámat, além de que fogem do padrão de forma e comportamento dos outros deuses. Conforme algumas fontes, essas criaturas ficariam no interior de Tiámat. É isso que se lê numa inscrição de Senaqueribe – "Tiámat e criaturas de seu interior" (*ti-amat a-di nab-nit qir-bi-šú*, *apud* LBCM, p. 225) –, bem como é o que afirma Beroso, como já se viu: criaturas híbridas habitavam no interior de "uma mulher de nome Homóroka", a qual "Belo partiu ao meio e com metade dela fez a terra, com a outra metade o céu, e os animais que havia nela desapareceram" (Syncellus, *Ecloga chronographica*, 30, 5). No conhecido *mappa mundi* babilônico, datado no início primeiro milênio, apresenta-se uma relação de quatorze seres, vários deles citados aqui, que habitam "no coração do Mar" (*ina lìb-bi tam-tim*), onde foram postos pelo próprio Marduk: "bestas que, na superfície do mar assustador, Marduk as engendrou" (*ú-ma-um ša ina muḫḫi tam-tim gal-l*[*a*]*-tim marūtuk ib-nu-šu-*[*nu-tí*]).[73]

Convém ressaltar, todavia, que em lugar algum do *Enūma eliš* se afirma ou ao menos se sugere que os monstros nadam em água, muito menos que estejam no interior de Tiámat – pelo contrário, quando da batalha, eles se encontram explicitamente a seu lado, a referência sendo aos "onze portentos que terror atulhava, / A horda de demônios que ia toda à direita dela" (4, 115-116).

[KU]-SA-RIK-KU *ig-ru-ru-ma* ^{d}*é-a ig-gi-il-*ta_5*-a*	O *kusarikku* esquivou-se e Ea acordou.

O segundo é uma fórmula de exorcismo (*LKA* 133 ver. 5):

[*Ú-TA*]*M-MI-KA ku-sa-rik-ku ša bāb bīt* ^{d}*é-a abīki*	EXORCIZO-TE pelo *kusarikku* da entrada da casa de Ea, teu pai

73 *Apud* LBCM, p. 231-232. De um ponto de vista comparatista, os monstros marinhos contra os quais luta Yahweh nos salmos 74 e 89, bem como em *Jó* 25, já citados, têm sido aproximados das criaturas de Tiámat derrotadas por Marduk.

A investidura de Quíngu (versos 147-162)

ina ilāni brukrīša šūt iškunūši puḫra	[147] Entre os deuses, seus rebentos, que postos em assembleia,
ušašqa ^{d}*Qingu ina bīrīšunu šāšū ušrabbīšu*	Exaltou Quíngu, no meio deles fê-lo grande.
ālikūt maḫri pān ummāni mu'irrūtu puḫru	O ir à frente, em face da tropa, o comando da assembleia,
našê ^{is}*kakki tiṣbuttu dekû ananta*	[150] A prontidão em armas, a refrega, o lançar-se à peleja,
šūt tamḫāru rab-sikkatūtu	Dos que no combate a suprema liderança
ipqidma qātuššu ušēšibaššu ina karri	Confiou à sua mão, fê-lo sentar-se no trono:
addi tâka ina ukkin ilāni ušarbīka	Lancei teu encantamento, na assembleia dos deuses fiz-te grande,
mālikūt ilāni gimrassunu qātukka ušmalli	Da liderança dos deuses, a íntegra deles, tua mão enchi.
lū šurbâtāma ḫā'irī edu attā	[155] Que sejas supremo! Esposo único és tu!
lirtabbû zikrūka eli kalīšunu ^{d}*Anukki*	Seja grande tua fala sobre todos eles, os Anúkki!
iddinšumma ṭuppi šīmāti iratuš ušatmiḫ	E deu-lhe a tabuinha dos destinos, no peito lhe prendeu:
kataduggāka lā inninnâ likūn ṣīt pîka	Ditame teu não mude, seja firme o que vem de tua boca!
innanu ^{d}*Qingu šušqû leqû* ^{d}*anūti*	Quando Quíngu foi exaltado, assumiu o que é de Ánu,
ana ilāni mārīšu šīmāta ištīmu	[160] Para os deuses, seus filhos, o destino destinou:
ipšā pîkunu ^{d}*Girru liniḫḫā*	Mandados de vossas bocas Fogo faça sossegar!
imtuka kitmuru magšaru lišrabbib	Teu veneno, ao acumular-se, a força degrade!

Esta segunda parte do relato da preparação para a guerra concentra-se na figura de Quíngu, mais precisamente, em sua exaltação e engrandecimento. O verso 148 já destaca os dois verbos – *šaqû*, 'crescer', 'ascender'; e *rabû*, 'crescer', 'ficar grande' – que repercutem em todo o trecho:

a) *ušašqa* ^{d}*Qingu*, 'exaltou Quíngu' (v. 148), posto assim no início do relato, ressoa, já no fim, em *innanu* ^{d}*Qingu šušqû*, 'quando

Quíngu foi exaltado' (v. 159 – no primeiro caso, trata-se de um presente Š; no segundo, de um estativo Š);

b) as várias formas de *rabû* permeiam todo o passo: *ušrabbišu*, 'fê-lo grande' (v. 148); *ušarbika*, 'fiz-te grande' (v. 153); *lirtabbû zikrūka*, 'seja grande tua fala' (v. 156 – as formas são, respectivamente, o pretérito ŠD; o pretérito Š; e o optativo Gtn, este último com valor iterativo-habituativo).

Significativo ainda, na esfera de 'ficar grande' (*rabû*), é o uso, no último verso, do verbo *rabābu*, 'ficar fraco', 'humilhar', 'aviltar': "teu veneno a força *lišrabbib*" – que traduzi por "degrade", a fim de sugerir algo do jogo entre *rabû/rabābu* em 'grande'/'degrade' (nos dois casos, as palavras são foneticamente semelhantes, embora de raízes diferentes).

Quíngu

Qíngu é um nome de origem suméria (a sequência q/ng não ocorre em nenhuma outra palavra acádia), constando, em alguns documentos, como um dos nomes próprios de Marduk – e Nabu, que é filho de Marduk, costuma ser descrito como "rebento de Qíngu" (LBCM, p. 221). Além disso, na lista dos cinquenta nomes do deus registra-se "Irquingu, que pilhou Quíngu ---- na contenda, / Que conduz dos decretos a soma, firma o senhorio" (7, 105-106).

Quíngu desempenha dois papéis no poema. O primeiro é o que se lê aqui, ou seja, o de chefe do exército de Tiámat. Em outros contextos ele aparece por igual como líder de alguma hoste vencida, nomeadamente em listas de "Énlils conquistados" (isto é, de 'chefes dos deuses depostos'), numa das quais é identificado com Enmesharra, personagem derrotada, com seus filhos, por Marduk. É curioso haver uma tradição em que, além de preso, Quíngu é queimado ("assim diz seu senhor Quíngu: Prende-me e queima-me; pune-me", *apud* LBCM, p. 222-223) – o que é significativo quando se constata que, aqui, o destino que ele decreta para seus subordinados, imediatamente após sua ereção a chefe do exército de Tiámat, implica a derrota do Fogo: "Mandados de vossas bocas Fogo faça sossegar" (^{d}*Girra* é o deus Fogo, nome que, no texto, recebe o determinativo 'dingir', deus). Acrescente-se que o Fogo é atributo justamente de Marduk, do qual, como antes se afirmou (v. 96): "os lábios, quando mexe, Fogo brilha" (cf. SooHoo, *Violence against the enemy...*, p. 213).

A segunda função de Quíngu no *Enūma eliš* é a de ser sacrificado quando da criação da humanidade (o que será analisado em detalhe no momento oportuno). De fato, além de Tiámat, ele é o único dos deuses revoltosos a ser morto, para, como no caso daquela, ser criado algo novo. Isso depõe a favor de sua função elevada na trama, em princípio equivalente à da própria Tiámat. Talvez seja a forma como o feminino se apresenta no poema, para o que já chamei mais de uma vez a atenção, que impõe a Tiámat a necessidade de nomear um deus como seu par no ápice da preparação para a guerra. Isso é tanto mais curioso quando se considera que, durante o combate, não cabe a Quíngu nenhuma ação própria, toda iniciativa ficando a cargo de sua "esposa".

Sendo evidente que Quíngu não é por natureza apto para as funções que Tiámat lhe confia, a cena de sua elevação se faz mais significativa. Ora, toda reação da deusa responde de algum modo à acusação que lhe fizeram os deuses amotinados no início: "Quando Apsu, teu consorte, mataram, / A seu flanco não ficaste, em silêncio assentada" (v. 113-114). Desse modo, uma vez que Apsu foi morto, Tiámat de fato se encontra sozinha e fica claro que cabe a Quíngu ocupar o vazio deixado pelo primeiro dos deuses, inclusive assumindo o papel de esposo (sobre o casamento de Tiámat com Quíngu, SooHoo, *Violence against the enemy...*, p. 210).

É justamente o fato de que Quíngu não tem a natureza nem a história de Apsu que torna necessária a sua investidura, com as seguintes características:

a) é Tiámat quem o escolhe dentre os deuses, não pertencendo ele à geração daqueles de que se debulha, no início do poema, a genealogia, o que torna verossímil considerar que integre a chusma de outros deuses em geral tratados como grupo;
b) a fim de prepará-lo para sua função, Tiámat fá-lo grande entre os deuses, ou seja, separa-o do conjunto de seus pares sem nome;
c) põe em sua mão a vanguarda e a liderança da tropa, bem como o comando da assembleia, que se confunde com a própria tropa em pé de guerra;
d) fá-lo sentar-se no trono;

e) lança para ele um encantamento, dando-lhe a liderança dos deuses e a preeminência de fala sobre todos;
f) desposa-o;
g) dá-lhe a tabuinha dos destinos.

A relação de Tiámat com Quíngu é ambivalente: é ela quem o torna rei e marido, numa atitude ginocrática, embora a necessidade de haver um rei e marido só confirme a dicção androcrática do *Enūma eliš*. Como comenta Gabriel,

> Kíngu só pode tornar-se o novo governante através de Tiámat. Esse contexto revela características matriarcais, no sentido de que uma mulher (a viúva do rei) determina o novo governante. Mesmo que o rei seja homem, esse processo contradiz, em geral, a lógica patriarcal de governo na Mesopotâmia e, em particular, o pensamento patriarcal que apresenta o *Enūma eliš*. Assim, além da falta de ancestralidade, há outro dado negativo na ascensão de Kíngu, já que ele é um governante por obra e graça de mulheres (GEE, p. 323).

A tabuinha dos destinos

A entrega da tabuinha dos destinos a Quíngu é o ponto máximo de sua exaltação, tornando-o apto, pelo menos em princípio, a assumir a função que Tiámat lhe atribui. Nos termos de George, ela é "o meio pelo qual o poder legítimo é exercido: o poder investido ao detentor legítimo da tabuinha dos destinos é o de chefe dos deuses que decretam o destino" (George, Sennacherib and the Tablet of Destinies, p. 138). Todavia, conforme Sonik, a "simples aquisição da tabuinha pode conferir poder, até enorme poder sobre os deuses e sobre o mundo, mas ela, por si mesma, não confere infalibilidade e legitimidade", já que o estatuto de "detentor legítimo" tem como base as "qualidades inatas" do deus, seu "poder e posição no panteão, e varia de acordo com o contexto cronológico e geográfico" (Sonik, The Tablet of Destinies and the transmission of power in *Enūma eliš*, p. 387). O que parece que está em questão, nos termos de Gabriel, é como o fato de a tabuinha dos destinos estar "nas mãos de um deus errado representava um estranho perigo", sendo este "cenário de ameaça existencial para os deuses" que aqui se apresenta e justifica a reiteração do relato mais três vezes (GEE, p. 130).

Inteiramente dedicado à questão da posse ilegítima da tabuinha dos destinos é o poema conhecido como *Anzû*, cujo título original, conforme as primeiras palavras, é *Bin šar dadmē*, *Filho do rei dos burgos*, o que remete ao protagonista da trama, Ninurta, filho de Énlil.[74] Anzu é um pássaro fantástico, com face de leão, o qual, tendo nascido na montanha, foi designado por Énlil para guardião da entrada de sua câmara, o que o leva a ver os ornamentos do poder do deus: a coroa, a veste divina e a tabuinha dos destinos. Anzu planeja então roubar esta última, conforme suas próprias palavras: "Pegarei a tabuinha dos destinos dos deuses para mim, / E controlarei as ordens de todos os deuses, / E possuirei o trono e serei mestre dos ritos. / Dirigirei cada um dos Ígigi" (1, 3). Perpetrado o roubo enquanto Énlil tomava banho, "os deuses do país buscam acima e abaixo uma solução". Para lutar contra o usurpador, Ánu comissiona, na sequência, Ádad, Gerra e Shara, mas nenhum dos três assume a tarefa, apenas Ninurta dispondo-se a fazê-lo. A tabuinha dos destinos constitui uma importante arma de Anzu, pois, com seu poder, ele pode desbaratar o arco de Ninurta (Anzu, tendo às mãos a tabuinha dos destinos, comanda: "Tu, eixo que vem, retorne a teu matagal de junco! Moldura do arco, volta a teu bosque! Corda, de volta ao estômago! Penas, retornai aos pássaros!"). Derrotado em sua primeira investida, Ninurta é instruído por Ea sobre como enfrentar o inimigo, tendo então sucesso (comentários em Annus, *The standard Babylonian Epic of Anzu*, p. ix-xiv).

---

[74] *Bin šar dadmē* é a versão *standard* babilônica de um entrecho de que se conhece também uma versão paleobabilônica, datável no início do segundo milênio, o herói Ninurta sendo protagonista também dos poemas sumérios *Lugal-e* e *An-gim*, dedicados contudo a outras intrigas (esses dois poemas foram acima referidos a propósito do número de criaturas produzidas por Tiámat, onze, mesma cifra de monstros enfrentados por Ninurta). A versão *standard* é do primeiro milênio, ou seja, mais ou menos contemporânea do *Enūma eliš*, com o qual guarda semelhanças inclusive em termos de técnica narrativa (por exemplo, os sucessivos deuses enviados por Énlil para enfrentar Anzu, os quais logo desistem da empreitada, até que Ninurta se apresenta, o que corresponderia às providências tomadas por Ánshar na próxima tabuinha). O texto recebeu uma nova edição em 2001, cf. Annus, *The standard Babylonian Epic of Anzu*.

No *Enūma eliš*, a tabuinha dos destinos é também ilegitimamente conferida a Quíngu, como parte de uma série de outras providências de Tiámat, que incluem, como se viu, até tomá-lo por marido. A tabuinha será arrebatada de Quíngu por Marduk, o qual, mais tarde, a entregará a Ánu, que se entende que seja, portanto, seu legítimo detentor. Mesmo que estejam em causa problemas de ordem mais geral, a recuperação da tabuinha dos destinos não deixa de estar incluída como um dos objetivos da luta de Marduk contra Tiámat.

Sonik indaga a quem a tabuinha pertenceria anteriormente, especulando que deveria ser um atributo de Apsu, enquanto o primeiro chefe dos deuses, e que teria ficado sob a guarda de Tiámat até quando esta contraísse novas núpcias (Sonik, The Tablet of Destinies and the transmission of power in *Enūma eliš*, p. 389-390). Essa proposta deixa em aberto, todavia, a questão relativa a por que a tabuinha não teria sido arrebatada de Apsu por Ea, junto com os outros signos de realeza, quando da vitória deste sobre aquele. Wisnom, superlativizando o paralelo com *Anzû*, sugere que a tabuinha poderia ter sido roubada por Tiámat: "é perfeitamente razoável supor que a audiência poderia assumir isso, dado que o *ṭuppi šīmāti* é um sinal óbvio de remissão a esse poema [*Anzû*]", completando ela ainda: "Quando e por que Tiámat a roubou não é importante, pois a tabuinha foi diminuída, no *Enūma eliš*, a um valor meramente simbólico, em vez de uma efetiva fonte de poder e distúrbio" (WIBP, p. 114).

Com efeito, não é a tabuinha dos destinos que autoriza um deus a "destinar destinos", pois há os sete "deuses dos destinos" (DINGIR^{meš} NAM^{meš}), os quais, sem a posse de nenhum amuleto, firmam sentenças (cf., dentre outros, 6, 81: "Os deuses dos destinos, sete são, as sentenças firmaram").[75] Assim, mesmo que a entrega da tabuinha a Quíngu o

---

[75] Como anota WIBP, p. 111, não são só os deuses que decretam destinos no *Enūma eliš* que não têm necessidade da tabuinha dos destinos, como também outras divindades referidas em outras fontes: "os grandes deuses, como um coletivo, são chamados *ilānū* (DINGIR)^{meš} *rabûtu* (GAL)^{meš} *bēlū* (EN)^{meš} *ši-ma-a-ti* [grandes deuses senhores do destino] numa inscrição de Nebuchadnezzar [...]. De outros deuses individualmente se diz que têm esse poder, por exemplo, Ea é *be-el* [*šīmāti* (NAM)^{meš}] [Senhor dos destinos] em *Maplu* VI, 60, e *šar šīmāti* (NAM)^{meš} [rei dos destinos] em DT 1 [...]; Shámash é *bēl* (EN) *šīmat māti* (KUR) [Senhor do destino de sua terra] [...]; Mammítu é criadora de destinos em *Ele que o abismo viu* X, 320, assim como Nintu em *Atraḫasīs* III, 6, 47".

conduza imeditamente a decretar um destino para os deuses, "filhos dela" ou "seus filhos" [dele, Quíngu] – nesta última variante sendo de supor que ele, como novo marido, adote os filhos dela –, isso não implica que só ele possa fazê-lo ou que o faça com legitimidade, embora tenha esse poder. Acrescente-se que o destino desses "filhos" de Quíngu não será o que ele determina, pois se trata da horda dos futuramente vencidos.

Em termos narratológicos, o que se constata é uma progressão com relação a esse tema: a) de início, declara-se que havia uma época em que os deuses "destinos não destinavam"; b) depois, afirma-se que Marduk foi gerado no Apsu, na "capela dos destinos" (*ina kiṣṣi šīmāti*), o que de algum modo liga o lugar dos destinos tanto a Apsu – já que *kiṣṣi šīmāti* pode ser tido como sinônimo de Apsu – quanto a Ea, que é quem nele habita; c) finalmente, surge a tabuinha dos destinos que Tiámat dá a Quíngu. Não sei se há sentido em especular onde ela estaria antes de ser dada a Quíngu, já que o texto não trata da questão. São duas as possibilidades: a primeira, mais especulativa, entender que fosse, de início, atributo da própria Tiámat; a segunda, admitir que sua introdução só neste ponto implica que, como tantas outras coisas, ela fosse uma criação de Tiámat, feita com o propósito explícito de assinalar o poder que confere a Quíngu, mesmo que a atribuição dos destinos estivesse, em princípio, relacionada com Apsu, Ea e Marduk. A tabuinha seria, portanto, o signo de um atributo ilegítimo que Tiámat confere a Quíngu.

Especulações à parte, o que o texto afirma explicitamente é a ligação da tabuinha dos destinos com Ánu. O primeiro dístico da passagem que nos ocupa descreve como Tiámat deu a Quíngu a tabuinha, determinando que, a partir disso, ditames de sua boca não se mudassem:

> E deu-lhe a tabuinha dos destinos, no peito lhe prendeu:
> Ditame teu não mude, seja firme o que vem de tua boca!

O dístico imediatamente seguinte afirma que Quíngu então destino aos deuses destinou, assumindo a ^{d}*Anūti*, literalmente "o que é de Ánu", aquilo que é próprio desse deus (em inglês se pode dizer a *Anuship*):

Quando Quíngu foi exaltado, assumiu o que é de Ánu (^{d}*Anūti*),
Para os deuses, seus filhos, o destino destinou.

Observe-se como, até no paralelismo quiástico dos versos, a tabuinha corresponde à ^{d}*Anūti*, o que plenamente se confirma quando, mais adiante, Marduk arrebata a primeira de Quíngu para entregá-la justamente a Ánu. O que resta, portanto, é especular se, paralelamente, Tiámat a teria arrebatado de Ánu para entregá-la a Quíngu – já que possuir a tabuinha equivale a deter a ^{d}*Anūti* – ou se apenas então Ánu a recebeu (junto com sua ^{d}*Anūti*?). É provável que a primeira opção seja a mais correta, considerando-se o que se afirma em 5, 69-70:

A tabuinha dos destinos, que Quíngu arrebatara, [Marduk] apanhou
E, tal remate de dons a levando, a Ánu ofereceu.

Os Anúkki

Anúkki, Anunáki ou Anuna são, em épocas mais antigas, especialmente nos textos sumérios, uma denominação geral para 'deuses', "em particular os que nasceram primeiro e não eram diferenciados com nomes individuais", o termo tendo provavelmente o significado de "prole principesca"; em Éridu eles eram cinquenta e Ánu é muitas vezes descrito como seu rei (cf. GDS, p. 34).

Desde muito cedo os Anunáki se encontram associados ao mundo dos mortos (sumério Kur/acádio *Erṣetu*), onde atuavam como espécies de juízes. Nessa condição, comparecem já no poema sumério (do início do segundo milênio) conhecido por *Descida de Inana ao mundo dos mortos*, tanto para transformar a deusa num cadáver, logo que ela ingressa no Kur, quanto para exigir que deve prover um substituto de si, quando da iminência de sua partida (*Descida de Inana*, v. 164-172 e 282-289, respectivamente) – mantendo-se sua presença na *Erṣetu* no poema correspondente em acádio, do primeiro milênio, *Ao Kurnugu, terra sem retorno*, em que, por ordem de Eréshkigal, no momento da liberação de Ishtar, são eles convocados e assentados em tronos (*Ao Kurnugu, terra sem retorno*, v. 117). A relação com os mortos registra-se não só em textos poéticos: assim, um rei assírio, provavelmente um dos Sargônidas, referindo-se ao funeral de seu pai, afirma que "vasos de ouro e prata e todos os pertences da tumba, seus ornamentos reais que ele ama, apresento diante de Shámash e ponho-os no túmulo com meu pai; apresento presentes aos principescos Anunáki e aos deuses que habitam o mundo inferior".[76] Em *Ele que o abismo viu*, os Anunáki do mundo dos mortos são referidos seja diretamente – como na menção ao "juiz dentre os Anunnáki" (*dayyān Anunnakkī*)[77] – seja sob a denominação de "os príncipes da terra" (*malka ša qaqqari*, *Ele que o abismo viu*, 7, 143). No mesmo poema, como ápice da revelação que faz Uta-napíshti a Gilgámesh a propósito da inevitabilidade da morte para os homens, lê-se:

Os Anunnáki, grandes deuses, reunidos,
Mammítum, que faz os fados, com eles um fado fixou:
Dispuseram morte e vida,
Da morte não revelaram o dia.[78]

---

[76] *Apud* Heidel (*The Gilgamesh Epic and Old Testament parallels*, p. 153-154). Na mesma obra, o autor enumera assim os deuses do mundo inferior: "Eréshkigal estava rodeada por numerosos servidores, que ficavam sempre ao alcance de seu aceno e chamado. Havia o severo deus da praga Namtar, seu vizir, que punha suas ordens em execução. Havia Bēlit-ṣēri, sua escriba, que lia para ela, presumivelmente coisas como os nomes dos que acabavam de chegar, os quais tinham sido anunciados pelo porteiro e tinham sido, com toda probabilidade, repetidos por ela (já que é chamada também de 'guarda-livros do céu e da terra' e 'guarda-livros dos grandes deuses'). Havia ainda os sete grandes porteiros que guardavam o palácio [de Eréshkigal] e os Anunnáki, os sete temidos juízes do mundo subterrâneo. Finalmente, havia a hoste de demônios que, como Namtar, espalham doenças e sofrimentos entre a humanidade e, assim, levam sempre novos indivíduos para seu sombrio domínio" (p. 172-173).

[77] *Ele que o abismo viu*, 2, 210. Esse juiz seria talvez Shámash, conforme George, *The Babylonian Gilgamesh epic*, p. 862.

[78] *Ele que o abismo viu*, 10, 301-322. Em dois testemunhos da versão babilônica antiga do poema de Gilgámesh (*Proeminente entre os reis*), afirma-se que os Anunnáki têm na Floresta de Cedros sua residência (*mūšab Enunnakkī*, Ischchali 38; *mūšab ilī Enunnakkī*, IM 17-18), o que, contudo, segundo Lambert, parece ser uma concepção dos amoritas. Conforme George (*The Babylonian Gilgamesh Epic*, p. 466), embora muito difundida no leste do Mediterrâneo, a ideia de que deuses habitem montanhas (como a Floresta de Cedros) não é originária do sul da Mesopotâmia, pois a concepção original é a de que os deuses habitam as cidades a eles consagradas.

Outra caracterização é a que se apresenta no *Atrahasīs*, como já referido: neste caso, trata-se dos deuses que se beneficiavam do trabalho dos Ígigi (cf. 1, 5-6: "Os grandes Anunnáki, os sete, / no trabalho fizeram os Ígigi penar"); quando estes últimos se revoltam, após quarenta anos, cercam a morada dos Anunnáki, à noite, enquanto estes dormem, gerando o impasse que levará à criação da humanidade, para que assuma o trabalho dos deuses.

No *Enūma eliš* a caracterização dos Anunáki não é unívoca, o que leva Bartash a admitir que o poeta lida com "duas tradições coexistentes". A primeira, aparentemente a original, divide os deuses em duas classes – Ígigi e Anunáki –, estes últimos sendo os deuses que tomaram o partido de Tiámat, mencionados pela primeira vez aqui, quando ela aponta Quíngu como o líder precisamente deles. Eles aparecem de novo "quando Marduk lhes concede anistia e eles prometem, de sua parte, que Marduk será seu senhor daí em diante", encarregando-se então da construção do Esagil, templo de Marduk. De acordo com a segunda tradição, "Ígigi e Anunáki são em geral mencionados em conjunto, com o sentido geral de 'todos os deuses'", havendo ocasiões, contudo, em que apenas os últimos bastam para dar essa significação (cf. Bartash, *Puḫru*, p. 1098-1099).

Em qualquer dos casos, Anunáki denomina um conjunto de deuses não considerados individualmente, ou seja, como aquela parte da geração de Apsu-Tiámat de que não se declinam os nomes, mas cujo papel não se reduz ao de meros figurantes.

TABUINHA 2

A reação de Ea
(versos 1-48)

ukappitma Tiāmatum pitiqšu	Reuniu Tiámat sua criação,
taḫāza iktaṣar ana ilāni niprīšu	A contenda enredou para os deuses, sua prole.
aḫrātaš eli Apsî ulammin Tiāmat	Doravante, por causa de Apsu, foi malvada Tiámat.
ananta kī iṣmida ana ^{d}*Ea iptašar*	A peleja, como urdida, a Ea delataram.
išmēma ^{d}*Ea amatum šuātim*	[5] E ouviu Ea aquelas palavras,
nēḫiš ušḫarrirma šaqummiš ušbu	Quieto emudeceu, calado sentou-se.
ištu imtalkūma uzzāšu inūḫu	Após ponderar, sua cólera sossegou,
muttiš Anšar abīšu šū uštardi	Para diante de Ánhar, seu pai, dirigiu-se ele
īrumma maḫru abi ālidī Anšar	E entrou defronte do pai que o procriou, Ánshar;
mimmû Tiāmat ikpudu ušannâ ana šâšu	[10] Tudo que Tiámat tramara repetiu para ele:
abī Tiāmat ālittāni izerrannâti	Pai, Tiámat que nos procriou nos detesta,
puḫru šitkunatma aggiš labat	A assembleia está posta e em fúria enraivece.
isḫurūšimma ilānu gimiršunu	Voltaram-se para ela os deuses, a íntegra deles,
adi ša attunu tabnā idāša alkū	Até os que vós engendrastes a seu flanco vão.
immaṣrūnimma iduš Tiāmat tebûni	[15] Formaram um círculo e ao flanco de Tiámat se alçam,
ezzū kapdū lā šākipū mūša u imma	Coléricos, tramando sem descanso noite e dia,
našû tamhāra nazarbubū labbū	Prontos para o combate, furibundos, ferozes,
ukkinna šitkunūma ibbanû ṣulāti	Em concílio estão postos e engendram a batalha:
ummu Hubur pātiqat kalamu	Mãe Húbur, que formou tudo,
ušraddi kakku lā maḫru ittalad mušmaḫḫī	[20] Multiplicou armas sem igual, procriou dragões
zaqtūma šinnū lā pādû atta'ī	De dentes agudos, sem piedade suas mandíbulas,
imtu kīma dāmi zumuršunu ušmalla	De veneno, em vez de sangue, seus corpos encheu,
ušumgallī nadrūti pulḫāti ušalbišma	Serpes furiosas, de terrores vestidas,
melammu uštašša iliš umtaššil	Aura lhes aprontou, de deuses as fez reflexo:

āmiršunu šarbābiš liḫḫarmim	[25] À sua vista, inane se pereça,
zumuršunu lištaḫḫiṭamma lā ine''ū irassun	Seus corpos arrebatem, não voltem para trás seus peitos.
ušziz bašmu ^{d}mušḫuššu u ^{d}laḫamu	Fez erguerem-se Báshmu, Mushhúshu e Láhama,
ugallu uridimmu u girtablullû	Procela, Cão-Selvagem e Homem-Escorpião,
ūmē dabrūti kulullû u kusariqqu	Tempestades ferozes, Homem-Peixe e Bisonte,
nāši kakkū lā pādû u lā ādiru taḫāzi	[30] Prontos em armas sem piedade, sem temer a contenda,
gapšā têrētūša lā maḫra šināma	Tremendos os decretos dela, sem igual eles são:
appūnāma ištēnešret kīma šuāti uštabši	De todo onze como aquele ela fez existir.
ina ilāni brukrīša šūt iškunūši puḫra	Entre os deuses, seus rebentos, que postos em assembleia,
ušašqa ^{d}Qingu ina bīrīšunu šāšu ušrabbīšu	Exaltou Quíngu, no meio deles fê-lo grande.
ālikūt maḫru pān ummāni um'irrūtum puḫru	[35] O ir à frente, em face da tropa, o comando da assembleia,
našê ^{is}kakku tiṣbuttum tebû anantum	A prontidão em armas, a refrega, o alçar-se à peleja,
šūt tamḫāra rab-sikkatūtum	Dos que no combate a suprema liderança
ipqidma qātuššu ušēšibašši ina karri	Confiou à sua mão, fê-lo sentar-se no trono:
addi tâka ina puhur ilāni ušarbīka	Lancei teu encantamento, na assembleia dos deuses fiz-te grande,
mālikūt ilāni gimrassunu qātukka ušmalli	[40] Da liderança dos deuses, a íntegra deles, tua mão enchi.
lū šurbâtāma ḫā'irī edu attā	Que sejas supremo! Esposo único és tu!
lirtabbû zikrūka eli kalīšunu ^{d}Enukka	Seja grande tua fala sobre todos eles, os Anúkki!
iddinšumma ṭuppi šīmāti iratuš ušatmiḫ	E deu-lhe a tabuinha dos destinos, no peito lhe prendeu:
kataduggāka lā inninnâ likūn ṣīt pîka	Ditame teu não mude, seja firme o que vem de tua boca!
innanu ^{d}Qingu šušqû leqû ^{d}anūti	[45] Quando Quíngu foi exaltado, assumiu o poder de Ánu,
ana ilāni mārīšu šīmāta ištīmu	Para os deuses, dela filhos, o destino destinou:
ipšā pîkun ^{d}Girru liniḫḫā	Mandados de vossas bocas Fogo faça sossegar!
imtuka kitmuru magšaru lišrabbib	Teu veneno, ao acumular-se, a força degrade!

Após a breve introdução (v. 1-14), o relato de Ea a Ánshar reproduz o do narrador no final da tabuinha anterior.[79] Como assinalei

[79] As diferenças devem-se sobretudo a alternâncias de grafia e terminações (a marcação de casos no *Enūma eliš* admite flutuações), além de dois casos de uso de

antes, a migração do narrado para a boca de Ea não se faz sem consequências, a primeira delas tornar a assembleia de Tiámat o pano de fundo contra o qual as outras ações se desenrolarão até que tenha lugar a assembleia dos grandes deuses, já no final da terceira tabuinha (a partir de 3, 125).

A introdução ao relato de Ea, a cargo do narrador, compreende quatro passos, apresentando uma técnica que não é incomum, a qual, conduzindo ao episódio seguinte, começa por resumir o acontecimento anterior. Isso é especialmente relevante neste ponto, já que se trata também da fronteira física entre as tabuinhas primeira e segunda (cf. GEE, p. 130). Esse aspecto concreto do texto não deve ser menosprezado, inclusive porque realçado por duas marcas perigráficas: o reclame, isto é, o registro do primeiro verso da tabuinha seguinte na anterior (neste caso, "Reuniu Tiámat sua criação"), o que dá um sentido de continuidade; o colofão, que constitui um registro de conclusão do trabalho físico de escrita, remetendo contudo, com a indicação de cifras (primeira, segunda etc.), à série em que o texto se distribui, por exemplo: "Primeira tabuinha, *Quando no alto o firmamento*, conforme o original/Tabuinha de Nabu-balátsu-íqbi, filho de Ná'id-Marduk. Mão de Nabu-balátsu-íqbi filho de..." (in Dalley, *Myths from Mesopotamia*, p. 238). Esses recursos metatextuais têm como consequência marcar a diferença entre inscrição e texto, a parte e o todo – ou, mais exatamente, a tabuinha (*ṭuppu*) e a série (*iškarum*).[80]

---

vocábulos diferentes: no verso 36, *tebû* (alçar-se) em vez de *dekû* (lançar-se); no verso 39, *puḫru* (assembleia) em vez de *ukkinu* (concílio).

[80] É comum que a referência a um texto se faça como 'série' (*iškarum*), como *iškar Gilgāmeš* – como era conhecida, num catálogo de obras e autores, a sucessão de doze tabuinhas da versão clássica do poema – ou *iškar Etāna*, série de Etāna, *iškar mašmaššūti*, série de encantamentos etc. Assim, por exemplo, numa das sequências do catálogo publicado por Lambert (A Catalogue of texts and authors), encontramos:

VI, 10. éš.gàr ^{d}*gilgameš: šá pi.i* ^{md}*sin*(30).*li.qí.un.nin.ni* (série de Gilgámesh: da boca de Sîn-lēqi-unninni)

VI, 11. éš.gàr ^{m}*e-ta-na: šá pi.i* ^{m}lú.^{d}nana (série de Etana: da boca de Lu-Nanna)

VI, 12. éš.gàr *šēlibi: šá pi.i* ^{m}*ibni*(dù)-^{d}*marduk* (série da Raposa: da boca de Ibni-Marduk)

VI, 13. éš.gàr ^{m}si.dù: *šá pi.i* ^{m}si.dù *labiri* (série de Enlil-ibni, o velho).

Das quatro partes da introdução, a primeira volta-se inteiramente para o que antecedeu – em termos tanto de texto (a narrativa) quanto de escritura (a tabuinha), sendo constituída pelos três versos iniciais, que resumem três informações: a) "Reuniu Tiámat sua criação"; b) "A contenda enredou para os deuses, sua prole"; c) "Doravante, por causa de Apsu, foi malvada Tiámat". Ora, a remissão ao que foi narrado antes se faz não na mesma ordem da narrativa, mas do que é textualmente mais próximo para o mais distante. Assim, "Reuniu Tiámat sua criação" é um verso que, como fecho, poderia integrar o relato da assembleia (como aliás integra, já que posto também no reclamo), remetendo, com mais precisão, para o entrecho que começa no verso 133, as providências tomadas pela "mãe Húbur que tudo criou" (*pātiqat*), a escolha vocabular funcionando como um índice, uma vez que aqui se fala da reunião de sua "criação" (*pitqu*). De modo semelhante, "A contenda enredou para os deuses, sua prole" (*taḫāza iktaṣar ana ilāni niprīšu*) ecoa os versos 127-128, "Em assembleia, os deuses, no interior dela, / Males tramaram para os deuses que os engendraram" (*lemnēti itaḫḫazū ana ilāni bānīšun*), em que os índices se desdobram tanto na relação invertida entre *ilāni bānīšun*/deuses ascendentes e *ilāni niprīšu*/deuses descendentes, como na ligação etimológica entre *taḫāzu(m)*, 'batalha', 'combate', e o verbo de que deriva, *aḫāzu*, 'pegar', 'arranjar'(Gt, 'estar conectado'). Por seu lado, o verso seguinte, "Doravante, por causa de Apsu, foi malvada Tiámat" (*aḫrātaš eli Apsî ulammin Tiāmat*), ao trazer de volta Apsu, direciona a memória do leitor tanto para a repreensão que os deuses dirigem à deusa ("Quando Apsu, teu consorte, mataram, / A seu flanco não ficaste, em silêncio assentada", 1, 113-114), quanto ao modo como Apsu alegrou-se "pela maldade que tramou para os deuses, seus filhos" (*aššum lemnēti ikpudu ana ilāni marēšu*, v. 52). Enfim, ressalte-se como a insistência no que se faz *ana ilāni marēšu*/aos deuses seus filhos, *ana ilāni bānīšun*/aos deuses seus ascendentes, *ana ilāni niprīšu*/aos deuses seus descendentes ata todos os feitos até então apresentados – ou seja, tudo que se inscreveu na tabuinha 1 – ao enredo genealógico com que o relato principiou.

A segunda parte da introdução expõe como Ea toma conhecimento do plano de Tiámat: "A peleja, como urdida, a Ea delataram, / E ouviu Ea aquelas palavras" (*ananta kī iṣmida ana* ᵈ*Ea iptašar/išmēma* ᵈ*Ea amatum šuātim*). O primeiro aspecto digno de nota é que não se informa por que meio Ea soube o que se urdia,[81] embora fique claro que ele o soube por palavras – o verbo *pašāru(m)* tem o sentido básico de 'liberar', donde também 'atraiçoar' e, no Gt, como acontece aqui, 'divulgar', 'revelar', 'delatar' (optei por essa última alternativa para deixar claro que alguém, isto é, algum deus revelou, à traição, os planos de Tiámat). A situação é paralela à de quando os deuses tomam conhecimento dos planos de Apsu – "O que tramaram em tal assembleia / Aos deuses, seus rebentos, repetiu-se" (1, 55-56) – sem que se esclareça quem o teria repetido, algo mais singular, já que, naquele caso, apenas Apsu e Múmmu estavam inteirados do conchavo. Análoga à de Ea é também a reação dos deuses naquele entrecho – "E ouviram os deuses (*išmûnimma ilānu*)[82] e desarvoravam-se, / Silêncio os tomou, calados sentaram-se" (*šaqummiš ušbû*, 1, 57-58) –, pois, neste caso, o deus "quieto emudeceu, calado sentou-se" (*nēḫiš ušḫarrirma šaqummiš ušbu*).[83]

Como terceiro movimento da introdução, Ea "ponderou" (*imtalkū*), "sua cólera sossegou" (*uzzāšu inūḫu*) e então dirigiu-se a Ánshar para expor o que vinha fazendo Tiámat. Também quando da tramoia de Apsu, coube a Ea desvendar o plano e produzir o ardil para enfrentá-lo (ele adormece Apsu, tira-lhe o tendão e as insígnias e mata-o), o ardil, no presente caso, consistindo apenas em comunicar a Ánshar o que lhe foi desvelado. Se tivermos em conta que, também no primeiro caso, o que era principal estava em palavras, isto é, no encantamento com o qual Apsu foi dominado, isso tornará clara a importância do relato feito a Ánshar, o qual se mostra análogo ao encantamento, como primeiro ato que levará à derrota de Tiámat.

---

[81] O verbo *iptašar* encontra-se na terceira pessoa do singular, sem que se indique quem é o sujeito, que fica, portanto, indeterminado, o objeto sendo claro, *ananta*, acusativo de *anantu*, 'batalha', 'peleja'. Lambert (LBCM, p. 472) anota que "o contexto e as variantes *ip-ta-šar, ip-ta-aš-ri, ip-ta-aš-ra* levam a concluir que o autor escreveu sem dúvida *ip-ta-aš-ru*, terceira pessoa do plural indefinida" (traduzi pela terceira pessoa do plural, que é como se indica a mesma indeterminação do sujeito em português).

[82] GEE, p. 131, chama atenção para o paralelismo lexical entre este verso e 2, 5 (*išmēma* ᵈ*Ea amatum šuātim*), inclusive pelo fato de que principiem com o verbo *šemû*.

[83] Cf. GEE, p. 131, que ressalta a posição de *šaqummiš ušbu* no final dos versos em causa.

Dessa perspectiva, ainda que Ea, em princípio, tenha apenas repetido o que Tiámat tramava, como afiança o narrador – "Tudo que Tiámat tramara repetiu para ele" (*mimmû Tiāmat ikpudu ušannâ ana šâšu*) –, não o faz sem uma breve introdução que dá ao que se repete – que é o que ele ouviu à traição de alguém – o tom apropriado para ser o estopim da reação dos deuses, seus pares. O verbo *šanû* (que no aspecto D, *šunnû*, usado aqui, significa 'repetir') deriva do numeral *šanû*, 'segundo', designando basicamente tudo que se faz uma segunda vez e que, em decorrência, guarda uma diferença com o que vem em primeiro lugar – o verbo homófono *šanû* tendo o sentido de 'mudar', 'ficar diferente'. Dessa perspectiva, 'repetir' não implica exatidão, mas diferença – do ponto de vista narratológico, 'quem conta um conto sempre aumenta um ponto'. Não é outra coisa o que faz Ea, ao repetir para Ánshar o que se lhe delatara, ficando a cargo do leitor, que conhece o relato primeiro, julgar o quanto de alteridade guarda a repetição, inclusive porque é essa repetição que será repetida mais duas vezes.

Ora, o que o prólogo de Ea acresce ao episódio que repete é a constatação de que a repartição dos deuses em dois partidos se encontra efetivada. Ao começar seu relato dizendo "Meu pai, Tiámat que nos procriou nos detesta" (*abī Tiāmat ālittāni izerrannâti*), delimita ele os dois campos, o da primeira pessoa (meu/nós) e o da terceira (Tiámat), este último logo ganhando também um contorno plural, pela referência a sua "assembleia" (*puḫru*), à qual aderiu a íntegra dos deuses (*ilānu gimiršu*), até os engendrados por vós (*ša attunu tabnā*) – esse 'vós' podendo referir-se só a Ánshar ou a ele mais os deuses como ele. O primeiro campo é constituído, portanto, pela assembleia de Tiámat, que inclui até deuses engendrados por Ánshar e os seus deuses (são a terceira pessoa do plural: eles); o outro campo congrega os deuses de Ánshar – dos quais este se diz "pai" –,[84] eles próprios parte da descendência de Tiámat (são a primeira pessoa do plural inclusiva: nós = eu + vós). É porque os campos se cruzam em termos genealógicos

[84] Cf. GEE, p. 131, que Ea chame Ánshar de "meu pai" (*abī*) deve ser entendido em sentido não genealógico, mas hierárquico, um tratamento respeitoso dirigido ao chefe dos grandes deuses.

que sua separação se mostra mais significativa, como ocorre em geral nos episódios de sucessão das teogonias.[85]

O desconcerto de Ánshar (versos 49-70)

išmēma Anšar amatum magal dalḫat	[49] E ouviu-o Ánshar, palavras muito perturbadoras:
ū'a ištasi šapāssu ittaška	[50] Ai! clamou. Seus lábios mordeu.
ezzet kabtassu lā nāḫa karassu	Encolerizou-se seu ânimo, sem sossego suas entranhas.
eli ᵈEa bukrīšu šagīmāšu uštaḫḫaḫ	Sobre Ea, seu rebento, seu bramido esmorece:
mārī ša tegrû tuquntu	Meu filho, que desafiaste para a guerra,
mimmû idukka tēpušu itašši attā	Tudo de teu flanco fizeste... suporta-o tu!
ta'īramma Apsâ tanaram	[55] Enfrentaste Apsu, mataste,
u Tiāmat ša tušāgigu ali maḫarša	E Tiámat, que enfureceste, onde um igual a ela?
āšiš milki rubē tašimti	Arguto em conselhos, príncipe de perspicácia,
bānû nēmequ ili ᵈNudimmud	Genitor da sabedoria, o deus Nudímmud
amatum tapšuḫtum siqar tanīḫi	Com palavras serenas, fala pacífica
Anšar abāšu ṭabiš ippal	[60] A Ánshar, seu pai, benigno responde:
Abī libbu rūqu mušimmu šimti	Meu pai, de coração profundo, que destinas o destino,
ša šubšû u ḫulluqu bašû ittīšu	Com quem existir e destruir existem consigo,
Anšar libbu rūqu mušimmu šimti	Ánshar, de coração profundo, que destinas o destino,
ša šubšû u ḫulluqu bašû ittīšu	Com quem existir e destruir existem consigo,
enimmê atammuka surriš nūḫamma	[65] Sentença te direi. Logo sossega!
kī amat dunqu ēpušu šudud libbukka	Como uma palavra boa o fiz, tolere-o teu coração:
lām anāku Apsâ anāramma	Antes que Apsu eu matasse
manna ītamarma inanna annâti	O que é que se via? Agora há isto.
lām urriḫamma uballûšu jâti	Antes que me apressasse a exterminá-lo,
lū šaši ušḫalliqu minâm bašīma	[70] Deveras o destruí, o que existia?

[85] Assim, também em Hesíodo a sucessão envolve disputa e parentesco quando: a) a Terra convoca seus filhos para punir o Céu, Crono, que é filho deste, efetivando a vingança – a castração do pai; b) Zeus destrona Crono, seu pai, ocupando seu lugar. Mas desavenças no interior de família poderosas, capazes de produzir guerras, são tematizadas também em narrativas heroicas, como no *Mahabharata* ou nos *Sete contra Tebas* de Ésquilo.

Essa passagem apresenta um sugestivo quadro que com certeza se poderia classificar como uma cena de família. Diante de uma situação desastrosa, o patriarca perturba-se ao extremo, repreende o neto, mas com extrema brandura, e este retruca, justificando-se também de modo inteiramente respeitoso. Não será sem razão a presença de termos de parentesco em pontos-chave tanto da narrativa ("Ea, seu rebento"; "Ánshar, seu pai") quanto dos discursos diretos ("Meu filho"; "Meu pai"). Como a cena estrutura-se em torno dos dois discursos, esses termos, bastante realçados, funcionam como verdadeiros marcadores de ritmo: "Sobre Ea, seu rebento, seu bramido esmorece: Meu filho..." / "A Ánshar, seu pai, benigno responde: Meu pai..."

Representação similar de convivência familiar entre deuses, com branda repreensão do pai (Ánu) pelos atos da filha (Ishtar), encontra-se em *Ele que o abismo viu*, quando esta deusa, insultada por Gilgámesh, se dirige a seus progenitores em busca de reparação (ela quer que lhe seja entregue o Touro do Céu, para com ele devastar Úruk):

> Ishtar isso quando ouviu,
> Ishtar furiosa aos céus subiu,
> Foi Ishtar à face de Ánu, seu pai, chorava,
> À face de Ántum, sua mãe, lhe vinham as lágrimas:
> Pai, Gilgámesh tem-me insultada,
> Gilgámesh tem contadas minhas afrontas,
> Minhas afrontas e maldições...
> Ánu abriu a boca para falar,
> Disse à majestosa Ishtar:
> O quê? Não foste tu que provocaste o rei Gilgámesh,
> E Gilgámesh contou tuas afrontas,
> Tuas afrontas e maldições?[86]

Na cena envolvendo Ea e Ánshar, Gabriel resume assim o entrecho: ao relato do primeiro, "Ánshar reage com a acusação de que Ea, com sua atitude solitária ao matar Apsu, é o responsável pela situação

---

[86] *Ele que o abismo viu*, 6, 80-91. Cena semelhante encontra-se na *Ilíada* 5, 364-431, em que, ferida por Diomedes, Afrodite sobe ao Olimpo para queixar-se com seus pais, Zeus e Dione, sua reclamação sendo recebida pelo pai com um sorriso e o conselho de que se afaste da guerra.

atual". Em sua defesa, Ea justifica que "sua ação foi um ato de autodefesa", acrescentando que "a situação atual não era previsível, o que pelo menos ao deus da sabedoria surpreende" (GEE, p. 131). Trata-se de um boa interpretação do que se passa, a qual não explora, contudo, os elementos dramáticos da cena.

O narrador começa-se por afirmar, de modo indireto, a perturbação de Ánshar, ao dizer que ouviu ele as palavras perturbadoras (*amatum dalhat*) de Ea – o que implica transferir para as palavras aquilo que a ação dos ventos produzia em Tiámat (cf. 1, 108-109, em que é o mesmo verbo *dalāhu* que se usa: *dalhat Tiāmat*), essa perturbação, que é o que desencadeia toda a trama, tendo-se transferido, portanto, dos feitos para o discurso. A perturbação de Ánshar manifesta-se tanto em seu clamor quanto no morder-se os lábios, dois signos externos da cólera e do desassossego que lhe tomam o ânimo e as entranhas.[87]

Os termos que traduzi por 'ânimo' e 'entranhas' integram o vocabulário relativo ao interior do homem (e consequentemente dos deuses), daquilo que se sente que se passa dentro do peito, onde se manifestam as emoções, neste caso, cólera e desassossego: *kabattu* designa propriamente o 'fígado', daí o sentido sendo transferido para o de 'humor', 'temperamento', 'ânimo', 'intenção'; *karšu*, o 'estômago', o 'interior', o 'útero', as 'entranhas', e, por transferência, também o 'ânimo', o 'humor', o 'entendimento'. Como se trata, em parte, de sinônimos, o uso dos dois no mesmo verso é enfático: de Ánshar, a *kabattu* estava em cólera e o *karšu* sem sossego.

O importante, contudo, é que no verso seguinte se registra alguma forma de apaziguamento, pois o deus diminui seu bramido (provavelmente se tem em vista o "Ai!" que ele clama dois versos antes), ao dirigir a repreensão a Ea. A reação é análoga à do próprio Ea: quando lhe foram delatados os planos de Tiámat, primeiro ele experimentou forte emoção, mas, "após ponderar, sua cólera sossegou" (*ištu imtalkūma*

[87] De fato, clamar e morder-se pode ser um indício de cólera e desassossego, por exemplo, em *Ao Kurnugu, terra sem retorno* (v. 100-101), em que, irritada com o pedido que lhe faz o emissário de Ea, "Eréshkigal, quando isso ouviu / Bateu na coxa e mordeu o dedo" (comentários em Brandão, *Ao Kurnugu, terra sem retorno*, p. 158-166).

uzzāšu inūḫu, 2, 7).[88] Não se trata de uma coincidência pontual, mas de um movimento que, em outros pontos do poema, também tem um papel importante: assim, logo depois de vencer Apsu, Ea "em repouso sossegou (*inūḫ*)" no interior de sua morada (o próprio Apsu, 1, 75); mais à frente, segundo Ea, tão logo Ánshar veja Marduk, "logo sossegará" (*nīḫu*, 2, 134); depois de vencer Tiámat, Marduk "sossegou" (*inūḫ*), o cadáver contemplou, partiu e criou "prodígios", isto é, o mundo (4, 135-136). Enfim, na passagem em pauta, Ea ordena a Ánshar: "Sentença te direi. Logo sossega!" (*surriš nūḫamma*, 2. 65). Como outros indícios apontam, para que ajam de modo adequado os deuses não podem ter o ânimo, as entranhas ou o coração perturbado, mas em sossego.

A introdução ao discurso direto de Ea, cuja intenção é sossegar Ánshar, recorda o que dele se disse quando produziu o ardil para derrotar Apsu. Lá, o texto afirmava: "Superiormente agudo, experto, capaz, / Ea, em tudo sagaz, desvendou-lhes o plano, / E produziu todo o ardil, fê-lo firme, / Foi astucioso: superior era seu encantamento puro" (1, 59-62); aqui, "Arguto em conselhos, príncipe de perspicácia, / Genitor da sabedoria, o deus Nudímmud, / Com palavras serenas, fala pacífica, / A Ánshar, seu pai, benigno responde" (2, 57-60). O que aponta esse paralelismo, que insiste na sabedoria do deus, é que seu poder está nas palavras, pois nos dois casos é disso que se trata, o que ele diz a Ánshar, capaz de apaziguá-lo, sendo equivalente ao encantamento com que fez dormir Apsu. É provavelmente por isso que o discurso a Ánshar tem uma forma altamente poética, constituindo uma espécie de ensalmo, com um ritmo solene bem marcado:

a) De início, o longo vocativo em que se exaltam as qualidades exclusivas do deus (coração profundo, aquele que decreta o destino, com quem são existência e destruição), repetido em conformidade com os recursos paralelísticos próprios do estilo hínico:

> Meu pai, de coração profundo, que destinas o destino,
> Com quem existir e destruir existem consigo,
> Ánshar, de coração profundo, que destinas o destino,

---

[88] A relação entre as duas passagens parece intencionalmente destacada em nível lexical: tanto "cólera" (*uzza*) ecoa aqui em "encolerizou-se" (*ezzet*), quanto "sossegou" (*inūḫu*) em "sem sossego" (*lā nāḫa*).

Com quem existir e destruir existem consigo.

a) Note-se que não se trata de simples repetição de um dístico, mas de repetição com diferença (na primeira ocorrência se tem "Meu pai, de coração profundo" etc.; na segunda, "Ânshar, de coração profundo"). A repetição com diferença é o que caracteriza o paralelismo literário;

b) Em seguida, a referência à mensagem e ao efeito que se pretende com ela:

Sentença te direi. Logo sossega!
Como uma palavra boa o fiz, tolere-o teu coração.

c) Finalmente, a resposta à reprimenda de Ânshar, com a justificativa para a morte de Apsu, os quatro versos retomando, com variação, o ritmo paralelístico dos quatro primeiros:

Antes que eu Apsu matasse
O que é que se via? Agora há isto.
Antes que me apressasse a exterminá-lo,
Deveras o destruí, o que existia?

Como se vê, Ea reivindica para si o apanágio de ser responsável por uma espécie de nova criação e, mesmo sem referência explícita, parece que se tem em vista o tipo de cosmogonia comum na zona de convergência cultural do Mediterrâneo oriental, em que o acontecimento principal é a separação, em geral violenta, do céu e da terra,[89] o que, aqui, se configura como separação das águas, ou seja, de Apsu e Tiámat. Antes da morte de Apsu, havia um tipo de existência que Ea considera precária, não ficando claro por quê – talvez a referência seja ao tipo de existência larvar, aquática, sem mudanças, ao qual Apsu queria que se retornasse, impedindo a algazarra dos deuses, que é também o objetivo de Tiámat neste segundo momento. Pode-se pensar ainda,

89 Cf., em Hesíodo, a castração do Céu, o qual se separa definitivamente da Terra. Sobre o assunto, ver George, Cosmogony in ancient Mesopotamia; Lisman, *Cosmogony, theogony and anthropogeny in Sumerian texts.*

em termos topográficos, que o feito de Ea redundou num princípio de organização espacial, com a separação do Apsu e o estabelecimento, nele, da morada do deus, dando início assim à configuração que o mundo adquirirá, ou seja, à criação de lugares e fronteiras.[90]

O sentido existencial dessa passagem está posto desde quando Ea expõe as qualificações singulares de Ánshar, devendo-se recordar que esse nome significa 'totalidade do céu', o que mostra como a separação entre terra e céu se encontra de algum modo aí: a) "coração profundo" (*libbu rūqu*), além de fazer referência a mais um dos órgãos da vida interior (a par do 'ânimo' e 'entranhas'), aponta para a grandeza e sabedoria insondáveis do deus;[91] b) "quem destina o destino" (*mušimmu šimti*) atribui-lhe a prerrogativa mais elevada dos deuses; c) aquele "com quem existir e destruir existem consigo" (*ša šubšû u ḫulluqu bašû ittīšu*), uma construção redundante tanto com relação aos pronomes (*ša... ittīšu*/quem... com ele) quanto ao verbo 'existir' (*šubšû*, infinitivo, *bašû*, conjuntivo de *bašû*), termina por fechar as duas anteriores, pois essa capacidade de ser com existência e destruição depende da possibilidade de decretar destinos, que depende da insondável profundeza do coração. A questão da existência – que agora Tiámat volta a ameaçar – é o que dá a tônica a todo discurso de Ea, que conclui com a pergunta: antes de tudo o que se passou, "o que existia?" (*minâm bašīma*).

---

90 Connery (*There was no more sea*, p. 503-504) escreve: "O mar pode ser um lugar? Há algo fundamental em sua relação com a possibilidade de localização, com o verdadeiro conceito de lugar, que requeira seu desaparecimento no fim dos tempos? O que há de tão estranho com relação à temporalidade do mar para que se estabeleça tal conflito com o tempo humano ou divino? Observou-se muitas vezes que o monoteísmo parece exigir visões apocalípticas: o mar constitui também um problema espacial e temporal para o monoteísmo, como tem constituído para nações, fronteiras, histórias e regimes de propriedade privada?".

91 O adjetivo *rūqu* significa 'distante', 'remoto', 'fundo', 'insondável', ou seja, expressa uma distância horizontal ou vertical, aplicada a lugares, tempos, povos e a pessoas de todo singulares, como "Uta-napíshti, o distante" (cf. *Ele que o abismo viu* 10, 250 e 11, 1), possuidor de uma sabedoria anterior ao dilúvio – o que remete a um passado longínquo –, agraciado pelos deuses com a vida eterna – o que o lança a um futuro sem limite –, residente num lugar além das fronteiras do mundo.

A missão de Ea
(versos 71-94)

išmēma Anšar amatū iṭīb elšu	[71] E ouviu Ánshar, as palavras eram boas para si.
ipšaḫ libbāšūma ana ᵈ*Ea izakkar*	Repousou seu coração, a Ea disse:
mārī epšētūka eliš naṭâma	Meu filho, teus feitos a um deus convêm,
ezzu meḫiṣ lā maḫri telêm x [...] x	Colérico é teu golpe sem igual, és capaz ----
Ea epšētūka eliš naṭâma	[75] Ea, teus feitos a um deus convêm,
ezzu meḫiṣ lā maḫri telêm x [...] x	Colérico é teu golpe sem igual, és capaz ----
alikma muttiš Tâmatum tibāša šupšiḫ	Vai diante de Tiámat, seu assalto repousa!
uggassa lū [(x)] xx *šuṣa surriš ina šiptīka*	Sua fúria ---- reprime-a logo com teu sortilégio!
išmēma zikrī abīšu Anšar	E ouviu a fala de seu pai Ánshar.
iṣbat ḫarrāššu uruḫšu uštardi	[80] Tomou seu caminho, à sua rota dirigiu-se.
illik ᵈ*Ea šibkūš Tiāmat iše''âmma*	Foi Ea, os planos dela, Tiámat, desvendou,
ūšib ušḫarrirma itūram arkiš	Parou, emudeceu e volveu atrás.
īrumma maḫra ba'ūlu Anšar	E entrou defronte do eminente Ánshar,
unnīna iṣbatamma izakkarma	Súplica tomou-o e disse ele:
abī utattirma Tiāmat epšētāša elīja	[85] Meu pai, excessiva é Tiámat, seus feitos, para mim,
mālakša eše''ēma ul imaḫḫar šiptī	Seu intento desvendei e não se lhe equipara meu sortilégio:
gapša emūqāša malâta adīru	Tremenda é sua força, cheia de pavor,
puḫru dunnunatma ul iârši mamman	Sua assembleia é possante e não a enfrenta ninguém,
lā našir tukkaša šebam	Não reduz seu grito farto.
ādurma rigmāša atūram arkiš	[90] Temi seu bramido, voltei atrás.
abī ē tuštāniḫ tūr šupuršim	Meu pai, não esmoreças! Torna a arremeter contra ela!
emūqu sinništi lū dunnunā ul malâ ša zikri	A força da mulher, mesmo possante, não é plena como a do varão.
rummi kiṣrīša milkaša supuḫ attā	Dissolve sua hoste, seu conselho dispersa, tu!
lām qātīša ummidu ana muḫḫīni	Antes que sua mão imponha sobre nós!

É provável que se possa debitar ao senso de humor do poeta o fato de que, tendo ouvido as boas palavras e repousado seu coração, Ánshar mesmo assim reitere que cabe a seu rebento resolver o problema por ele criado. O exórdio do discurso, marcado pela solene repetição paralelística própria dos hinos (Ánshar imita a retórica do neto na passagem anterior?), tece os mais altos elogios a Ea apenas para dar-lhe a missão de ser o primeiro a enfrentar Tiámat: ele deve fazer repousar seu assalto e reprimi-la com um sortilégio. Ambas as referências – repouso e sortilégio – remetem para o feito contra Apsu (que Ánshar considera a razão da fúria de Tiámat), o que mostra como se espera dele a repetição da proeza passada.

Senhores e seus campeões

Essa passagem e a que segue são a mostra mais cabal dos elos intertextuais entre o *Enūma eliš* e o poema conhecido como *Anzû*, o que põe em relação os dois campeões e seus oponentes: Marduk que vence Tiámat, Ninurta que derrota Anzu.[92] Nas palavras de Lambert,

> Há três mitos acádios que compartilham uma estória comum: *Enūma eliš*, *Anzû* e *Labbu*. Em cada um deles, um deus ou deuses venerados na época do autor encontram-se sob ameaça de algum poder maligno. Ánshar e sua descendência no *Enūma eliš* são ameaçados por Tiámat, auxiliada por Quíngu e os onze monstros. Ánu, Énlil e Ea, com outros deuses, são ameaçados pelo demoníaco Anzu, na história que leva seu nome. Lábbu ameaça Sin (é o que parece) naquele mito. Também em cada caso um deus sênior envia um júnior para enfrentar o monstro e, no devido tempo, termina vitorioso e recebe uma recompensa. (Lambert, Ninurta mithology in the Babylonian Epic of Creation, p. 143)

Não é possível decidir muito a propósito de *Labbu*, em vista de seu estado fragmentário. No que é possível conhecer, o enredo pode ser assim resumido: Énlil não conseguindo dormir por causa da barulhenta lamentação da humanidade, cria o monstro Lábbu para exterminar o gênero humano, o que outros deuses, sob a liderança de Sin (o deus Lua) tentam evitar. Então, Sin convoca Tíshpak para matar Lábbu e conseguir a realeza como recompensa, mas Tíshpak levanta alguma objeção que desconhecemos, em virtude de o texto encontrar-se quebrado. Note-se como o tema do rumor provocado pelos homens e o incômodo de Énlil está presente.

A relação intertextual com *Anzû* é mais evidente, a ponto de Lambert afirmar que Marduk é apresentado no *Enūma eliš* como um

---

[92] A relação entre Marduk e Ninurta já foi apontada no comentário sobre os onze monstros de Tiámat (ver *supra* "Os monstros de Tiámat"), tendo contudo em vista só os feitos desse deus nos poemas sumérios a ele dedicados.

verdadeiro "Ninurta *redivivus*" (Lambert, Ninurta mithology in the Babylonian Epic of Creation, p. 144). A semelhança entre os episódios em causa é de fato bastante relevante. No caso de *Anzû*, a ação se desenvolve (até o ponto em que os antagonistas falham e Ninurta é enviado) do seguinte modo (sigo a edição de Annus, *The standard Babylonian Epic of Anzu*, p. 19-28):

a) numa época em que ainda não haviam sido criados templos, em que rios foram formados, o Tigre e o Eufrates, mas fontes ainda não enviavam água para a terra, então os Ígigi reunidos informam a seu pai, Énlil, o nascimento de Anzu, gerado pela água da enxurrada e pela ampla terra;

b) Énlil então escolhe um templo, donde administrava todos os deuses, e designou Anzu para guardar a entrada de sua câmara;

c) Énlil banhava-se na presença de Anzu e este pôde ver suas insígnias de poder: sua coroa de senhor (*a-ge-e be-lu-ti-šu*), sua vestimenta divina (*na-al-ba-áš*) e a tabuinha dos destinos (DUB-NAM.MEŠ) em suas mãos;

d) Anzu decide então usurpar o poder de Énlil: "Pegarei a tabuinha dos destinos para mim / E controlarei a condição de todos os deuses, / E possuirei o trono e serei mestre dos ritos, / E mandarei em cada um dos Ígigi";

e) feito isso, Anzu voa para longe e se esconde, tendo-se como consequência que os ritos foram abandonados e reinava entre os deuses o silêncio;

f) os deuses buscando uma solução, Ánu convoca Ádad, seu filho, ordenando-lhe que enfrente Anzu com sua arma, o raio, mas Ádad, o deus da tempestade, volta do caminho, dizendo que não irá;

g) os deuses então chamam Gerra, filho de Anúnitu, e Ánu dirige-lhe as mesmas palavras que a Ádad, com pequena adaptação relativa à arma deste deus, o fogo, mas Gerra, o deus do fogo, volta do caminho, dizendo que não irá;[93]

---

[93] Gerra, o deus-fogo, é o mesmo que aparece em 1, 96 (relativo a Marduk: "Os lábios, quando mexe, Fogo brilha") e 161 (o destino decretado por Quíngu para o seus filhos: "Mandados de vossas bocas Fogo faça sossegar!").

h) é então a vez de Shara, filho de Ishtar, comissionado para a missão com as mesmas palavras, mas o deus volta atrás, dizendo que não irá;[94]

i) os deuses caem em silêncio e desesperam-se, mas o "senhor da agudeza, que habita o Apsu", isto é, Ea, elabora uma ideia nas sábias entranhas, pedindo então a Ánu que o deixe selecionar um novo deus para a missão;

j) autorizado, Ea pede que se convoque Bélet-íli (Senhora dos deuses), que a assembleia decrete sua supremacia e que ela então ofereça Ninurta, seu amado, para a missão;

k) a deusa aquiesce e convoca seu filho, que então enfrentará Anzu até derrotá-lo, tornando-se o maior dos deuses (o poema termina com sua glorificação na assembleia, que lhe atribui vários nomes).[95]

A semelhança desse modelo narrativo com o do *Enūma eliš* é evidente: há uma situação inicial bem estabelecida, a qual, pela ação de um dos deuses (Tiámat/Anzu) é perturbada, exigindo dos grandes deuses a escolha de um campeão; cada vez que um é escolhido e enviado, volta atrás, declarando-se incapaz, até que surge aquele que realizará a tarefa. Esse recurso, o envio sucessivo de possíveis antagonistas que sempre recuam, "cria padrões de expectativa e suspense, numa técnica intencional, 'mais que um desejo imotivado de repetição'. Essas repetições de passagens, motivos e enunciados reforçam a unidade temática e estrutural do poema",[96] constituindo um recurso de estilo amplamente explorado na poesia mesopotâmica, uma forma de paralelismo diegético, com inegável efeito rítmico.[97]

---

[94] Neste caso, Ánu diz apenas que Shara use *kakkūka* (tuas armas), sem maior especificação.

[95] Os detalhes da luta e da atribuição dos nomes serão examinados nos comentários das passagens correspondentes do *Enūma eliš*.

[96] WIBP, p. 123, que remete a Vogelzang, *Bin Šar Dadmē*, p. 220.

[97] É de notar que a versão paleobabilônica de *Anzû* não usa o mesmo recurso: depois da exortação de Ánu a Ádad e do verso que registra como ele volta do caminho (v. 11-24), o que se diz dos outros dois deuses reduz-se a não mais que dois versos para cada, que resumem: "A Gerra chamaram, filho de Anítum, / O que toma decisões [Ánu] a ele disse. / A Shara chamaram, filho de Ishtar, / O que toma decisões a ele disse" (v. 25-28). Trata-se, neste caso, também de uma interessante técnica, segundo a qual, repetindo-se apenas o primeiro verso da primeira passagem ("Ao

O que mais se realça no confronto dos dois textos é a diferença do uso de tal recurso: enquanto em *Anzû* ele se repete três vezes (com Ádad, Gerra e Shara), no *Enūma eliš* isso se dá apenas duas (com Ea e Ánu). Cumpre, contudo, notar também outras diferenças: em *Anzû*, a forma como Ánu dirige-se a cada um dos três possíveis campeões é idêntica, o que não se observa no *Enūma eliš*, em que "Ánshar faz o mesmo pedido tanto a Ea quanto a Ánu, mas usa palavras diferentes mais que uma repetição *verbatim*", o que compreende: a) "quando se dirige a Ea o faz numa forma hínica de paralelismo (v. 73-76); b) "quando se dirige a Ea, diz que este pode usar seu encantamento mágico para pacificar Tiámat", enquanto ao falar a Ánu "não faz ele menção de usar-se um encantamento, mas antes manda-o pacificar Tiámat com palavras de súplica" (WIBP, p. 123). Mais ainda, embora tanto Ea quanto Ánu estejam presentes nos dois poemas, a função de Ánu muda bastante: em *Anzû* era ele quem incumbia os possíveis campões da missão, no *Enūma eliš* é ele um dos campeões frustrados que "volvem do caminho". Note-se ainda que, neste último poema, como já apontei antes, constata-se a ausência de um dos grandes deuses, Énlil, que é o maior deles em *Anzû*. Acredito que a redução do modelo narrativo de três para dois decorra justamente do apagamento de Énlil no *Enūma eliš*, pois seria natural, caso isso não acontecesse, que a convocação de Ánshar fosse à tríade tradicional: Ea, Ánu e Énlil. Enfim, os dois membros que comparecem no *Enūma eliš* pode-se dizer que se encontram rebaixados: em *Anzu*, cabia a Ánu o comissionamento de deuses menores, Ádad, Gerra e Shara, para os quais, apesar de serem fortes guerreiros, a declaração de incapacidade não implicaria perda de sua preeminência, a Ea sendo reservado o papel de ser aquele que propõe uma solução para o impasse; no *Enūma eliš*, Ánu, como já foi dito, é um dos campeões frustrados, bem como Ea, ainda que este tenha, também neste caso, o papel de solucionar o problema.[98] É claro que tudo isso,

---

controlador-dos-canais [Ádad] chamaram, filho de Ánu, o que toma decisões a ele disse", v. 11), supõe-se que o leitor, a cada vez, completará o que foi dito. Algumas vezes, para indicar repetições, usa-se o logograma KIMIN, como em *Ele que o abismo viu*, 8, 102-126, mas nesse caso se trata propriamente de uma convenção gráfica, não de um recurso estilístico (cf. Brandão, *Ele que o abismo viu*, p. 250).

98 WIBP, p. 124, recorda como os três deuses escolhidos em *Anzû* são significativos: um deus da tempestade (Ádad), um deus do fogo (Gerra) e um deus guerreiro (Shara), "mas os dois primeiros têm também aspectos guerreiros" –, e Gerra,

principalmente o tratamento dado a Ea e a Ánu, só contribui para tornar mais marcante a ação de Marduk e mostrar seu direito à supremacia.

Ao que tudo indica, a passagem em que Ea, depois de conhecer os intentos de Tiámat, "volve do caminho" parece um elemento-chave da narrativa, considerando-se que foi motivo de um comentário que parece remeter a uma performance ritualística, nestes termos:

> [*nudim*]*mud īdur-ma it*[*ūr*]*am arkiš narkabtu š*[*a ina addari*] *irrubu u* [*uṣṣu*] (ou *a*[*rkiš iturru*])
> Nudímmud temeu e volveu atrás: a carruagem que, no mês Áddaru, entra e sai [ou que volve atrás] (*apud* Frahm; Jiménez, Myth, ritual, and interpretation, p. 319)[99]

Conforme Worthington, esse comentário "liga a atitude de Ea num verso do *Enūma eliš* ao aparecimento de uma carruagem num ritual", o que "é difícil de avaliar": "O comentador infere que a *intentio operis* do *Enūma eliš* é aludir ao ritual? Ou presume que os recebedores do comentário sabem que o *Enūma eliš* é ritualmente reencenado e, assim, informa qual parte corresponde a qual parte? Noutras palavras, o comentador nos dá uma interpretação do *Enūma eliš* ou faz uma explanação de como o ritual surge do *Enūma eliš*?" (Worthington, *Ea's duplicity in the* Gilgamesh *flood story*, p. 114-115). Quaisquer que sejam as respostas, o fato de que o verso que resume a atitude de Ea seja comentado e, ao que tudo indica, reencenado ritualisticamente comprova como a escolha do deus e sua falha como campeão (o que também se aplicaria a Ánu) é um encaixe narrativo indispensável para o comissionamento final de Marduk.

Tiámat, que é mulher

Quando Ea se convence de sua impotência (para, emudece, volta atrás), fica claro que a força (*emūqu*) de Tiámat é superior não só à de

---

noutra narrativa a ele dedicada, enfrenta um monstro (cf. *Girra* e *Elamátum*). No caso do *Enūma eliš*, Ea, que "é o deus das soluções habilidosas", falha, "ainda que seja com seu conselho que, em *Anzû*, Ninurta alcança sua vitória"; quanto a Ánu, ainda "referido como um guerreiro", não "consegue ele atender às expectativas".

[99] O verso glosado "Nudímmud temeu e volveu atrás" está em 3, 54, *infra*, ou seja, constitui a versão de Ánshar sobre o que aconteceu nessa passagem.

Apsu (que Ea derrotou) como à dele próprio. Conforme afirma o deus: os feitos de Tiámat são excessivos. Isso implica formas de monstrificação: tremenda é sua força, cheia de pavor, seu grito é farto, seu bramido produz temor, além de ser ela escoltada por uma hoste igualmente terrível. Observe-se que, nas descrições anteriores da assembleia de Tiámat, se afirmava que os deuses estavam "coléricos", "furibundos, ferozes" (1, 130-131), bem como os monstros, por ela produzidos, pululavam (1, 133-146), mas nada se dizia explicitamente da monstruosidade da própria deusa, mesmo que fosse evidente que ela reflete e se reflete em sua assembleia – inclusive porque os deuses em fúria se encontravam no seu interior (1, 127). Aqui também deusa e assembleia se apresentam *pari passu*: se a força de Tiámat é tremenda, sua assembleia é possante; do mesmo modo que é preciso investir contra ela, também se impõe dissolver sua hoste.

É significativo que seja igualmente neste momento que se proceda a uma claríssima distinção de gênero: "Meu pai, não esmoreças! Torna a arremeter contra ela! / A força da mulher (*emūqu sinništi*), mesmo possante, não é plena como a do varão (*zikri*)". Essa última frase tem todo ar de proverbial, sendo usada aqui, em termos retóricos, como argumento de autoridade. A tradução poderia ser "a força da fêmea, mesmo possante, não é plena como a do macho", uma vez que, embora 'mulher' e 'homem' sejam respectivamente os sentidos primeiros de *sinništu* e *zikaru*, esses termos podem aplicar-se também a animais e plantas (até a pedras e, no caso de 'macho', a nuvens). Além do fato de que aqui não se usam os dois termos em função adjetiva (o que corresponderia mais à distinção 'macho'/'fêmea'), acredito que relacionar Tiámat a 'mulher' responde ao interesse de antropomorfizar a deusa, apresentando-a não apenas como do gênero feminino (que é aquele ao qual, gramaticalmente, pertencem tanto seu nome comum, *tiāmtu*, 'mar', 'lago', quanto próprio, Tiāmat), mas de fato como uma 'mulher'.

Uma questão a ser considerada é quanto se pode deduzir disso em termos de alguma relação com a tradição misógina presente em outros textos.[100] Para Helle, observa-se "uma inevitável contradição

---

[100] Por exemplo, no chamado *Diálogo do pessimismo*, texto "sapiencial" de um radicalismo exacerbado, em que se apresentam diálogos entre um senhor e seu escravo, dentre os quais o seguinte (edição de Lambert, *Babylonian wisdom literature*, p. 146-147):

interna na misoginia do texto", na medida em que se considera que "o corpo feminino é fraco e 'naturalmente' inferior a seu correspondente masculino, além de tão fácil de suprimir, mas, ao mesmo tempo, é assustador e difícil de decisivamente subjugar" (Helle, Marduk's penis, p. 69). Ao mesmo tempo, é irônico que se afirme a fraqueza feminina no exato momento em que Ea (e em seguida Ánu) experimentam ser mais fracos que uma mulher.[101] De qualquer modo, ser 'mulher' (ou, pelo menos, ser como mulher, já que o dito proverbial tem uma acepção mais geral) prepara o enfrentamento de Tiámat por Marduk, o deus de quem se disse antes que é "viril de nascença" (*uṭṭulat ṣītāšu*).[102]

Talvez se possa ainda pôr na conta do processo de antropomorfização de Tiámat a referência ao risco de que ela possa impor "sua mão" (*qātīša*) sobre os deuses que se lhe opõem, embora se trate de uma expressão idiomática que não necessariamente deva ser tomada ao pé da letra.[103]

– Escravo, escute aqui!

– Sim, meu senhor, sim.

– Quero transar com uma mulher (*sinništu*).

– Transe, meu senhor, transe: homem que com mulher transa pesar e lamúrias esquece.

– Não, escravo! Eu com mulher é que não transarei!

– Não transe, meu mestre, não transe: a mulher é um buraco – buraco, armadilha, fosso – a mulher é adaga de ferro afiada que corta o pescoço do rapaz (*eṭli*)! (v. 46-52)

[101] Helle, Marduk's penis, p. 74: "Isso reflete uma visão de gênero como um traço essencial, inerente. A divisão entre homens e mulheres e as características associadas a eles transcendem qualquer evidência específica em contrário. Existe uma categoria abrangente e ideal de 'homens', que são fortes, e de 'mulheres', que são fracas, e essas categorias ideais são ontologicamente mais importantes que qualquer caso efetivo de homens fracos ou mulheres fortes".

[102] *Uṭṭulat* é a terceira pessoa do singular feminina (concordando com *ṣītu*, 'surgimento', 'origem', 'nascimento') do estativo D de *eṭēlu*, 'ser homem', 'ser viril', D 'levar à masculinidade'.

[103] *Qātu* tem o sentido de 'mão', falando de homens e deuses, mas também de 'pata', falando de animais.

A missão de Ánu
(versos 95-118)

Anšar uzzuziš išassi	[95] Ánshar em cólera clamou,
ana ^{d}*Anim marīšu šū izakkar*	A Ánu, seu filho, ele disse:
aplu kajānu kašūšu qarrādu	Primogênito cabido, clava deífica, campeão,
ša gapša emūqāšu lā maḫru tibūšu	De quem tremenda é a força, sem igual seu ataque,
aruḫma muttiš Tiāmat iziz attā	Apressa-te e diante de Tiámat ergue-te, tu!
šupšiḫ kabtatūšama libbūša lippuš	[100] Repousa seu ânimo, seu coração se abrande!
šummama lā šemâta amatka	Mas se ela não ouvir tuas palavras,
amat unnīni atmēšimma ši lippašḫa	Palavra de súplica profere e ela se acalme!
išmēma zikrī abīšu Anšar	E ele ouviu a fala de seu pai Ánshar.
iṣbat ḫarrānšama uruḫša uštardi	Tomou o caminho dela e à sua rota dirigiu-se.
illik ^{d}*Anum šibkuš Tiāmat iše''âmma*	[105] Foi Ánu, os planos dela, Tiámat, desvendou,
ūšib ušḫarrirma itūram arkiš	Parou, emudeceu e volveu atrás.
īrumma maḫra abi alīdīšu Anšar	E entrou defronte do pai que o procriou, Ánshar,
unnīna iṣbatamma izakkarma	Súplica tomou-o e disse ele:
abī utattirma Tiāmat epšētāša elīja	Meu pai, excessiva é Tiámat, suas obras, para mim,
mālakša eše''ēma ul imaḫḫar šiptī	[110] Seu intento desvendei e não se lhe equipara meu sortilégio:
gapša emūqāšu malâta adīru	Tremenda é sua força, cheia de pavor,
puḫru dunnunatma ul iârši mamman	Sua assembleia é possante e não a enfrenta ninguém,
lā našir tukkaša šebam	Não reduz seu grito farto.
ādurma rigmāša atūram arkiš	Temi seu bramido, voltei atrás.
abī ē tuštāniḫ tūr šupuršim	[115] Meu pai, não esmoreças! Torna a arremeter contra ela!
emūqu sinništi lū dunnunā ul malâ ša zikri	A força da mulher, mesmo possante, não é plena como a do varão.
rummi kiṣrīša milkaša supuḫ attā	Dissolve sua hoste, seu conselho dispersa, tu!
lām qātīša ummidu ana muḫḫīni	Antes que sua mão imponha sobre nós!

Como nos outros casos de repetição de cenas, os versos a partir de 103 são idênticos aos do trecho anterior, salvo por diferenças pontuais em termos de grafia e de formas gramaticais,[104] além de uma mudança

[104] Cf. v. 104, *ḫarrānša*, 'caminho dela', em vez de *ḫarrānšu*; 111, *emūqāšu*, 'força dele', em vez de *emūqāša*, 'força dela'. Essas variantes apresentam problemas de

lexical: "E entrou defronte do pai que o procriou, Ánshar", em lugar de "E entrou defronte do eminente Ánshar" (v. 83), uma modificação que faz sentido tendo em vista que Ánu é de fato filho de Ánshar, diferentemente do que acontecia com Ea.

Não há o que repetir sobre os versos 103-118, a não ser que reforçam o que foi apontado antes (a força de Tiámat, sua monstrificação e sua figuração como mulher), bem como o papel que têm os trechos paralelos no sentido de distender a narrativa e retardar os desenlaces. Neste caso, de modo muito claro, a dilação torna mais brilhante (e esperada!) a introdução de Marduk na trama, o que acontecerá no episódio seguinte.

Como em outras passagens, são dois os recursos que dão ao trecho que se repete diferentes figurações: a migração de boca em boca e o modo como se introduz. Aqui, ele migra da boca de Ea para a de Ánu, sendo este último qualificado por Ánshar, como antes acontecera com o primeiro. Trata-se, portanto, de passagens paralelas, cuja força provém das retomadas e cujo sentido se encontra nas diferenças. Assim, começar afirmando que "Ánshar em cólera clamou" (*išassi*) remete ao verso 50, em que se dizia que o mesmo deus "clamou" (*ištasi*) "ai!", após ouvir o relato de Ea sobre a hoste de Tiámat. A referência ao ânimo (*kabtatūša*) e ao coração (*libbūša*) dela, isto é, de Tiámat, traz à memória o ânimo (*kabtassu*) encolerizado e as entranhas (*karassu*) sem sossego dele, isto é, Ánshar (cf. v. 51). Enfim, o tema do repouso aqui se reafirma, quando Ánshar dá a Ánu sua ordem, que se abre e se fecha com o mesmo verbo (*pašāhu*): "Repousa (*šupsiḫ*) seu ânimo, seu coração afrouxe, / Mas se ela não ouvir tua palavra, / Palavra de súplica profere-lhe e ela repouse (*lippašha*)".[105]

O esquema paralelístico sugere que as qualificações que Ánshar atribui a Ánu devam ser lidas no horizonte das que aplicara antes a Ea. Assim, se no caso deste último a ordem paralela à que acabei de citar era "Vai diante de Tiámat, seu assalto repousa! / Sua fúria ----

concordância, uma vez que se trata do caminho de Ea e da força de Tiámat, sendo provável que resultem de erro do copista.

[105] Há ainda um hábil jogo de ressonâncias entre *lippus* (afrouxe) e *lippašḫa* (repouse), postos na última posição dos respectivos versos, o que tentei reproduzir na tradução.

reprime-a logo com teu sortilégio" (v. 77-78), estando em causa nos dois casos fazer a deusa repousar pela força da fala, o que se observa é que, no caso de Ánu, não se trata mais de "sortilégio" (*šiptu*), mas de simples "palavra" (*amat*) e "palavra de súplica" (*amat unnīni*), já que o domínio dos encantamentos é da esfera de Ea, mas não da de Ánu (cf. GEE, p. 133). Por outro lado, que o discurso de Ánshar se abra com os epítetos "Primogênito cabido, clava deífica, campeão", em que a primogenitura do deus se destaca, confirma a íntima relação entre o pai que se refletiu no filho, como ficou declarado no início do poema.[106]

Uma pergunta poderia ser: por que convocar Ánu para a missão em que Ea falhara? Não há dúvida de que, como este, também Ánu apresenta os requisitos guerreiros que o qualificam para a tarefa ("clava deífica, campeão, / De quem tremenda é a força, sem igual seu ataque"). Poderíamos acrescentar a relação estreita entre os três deuses – Ánshar, Ánu, Ea –, cuja tríade se expressara, nos primeiros versos, em termos de reflexo (*tamšīla*): "Ánshar em Ánu, seu rebento, refletia-se (*umaššil*) / E Ánu, tal seu reflexo (*tamšīlāšu*), procriou Nudímmud" (v. 1, 15-16). A principal razão, contudo, acredito que está no horizonte – não contemplado com relação ao que já se passou, ou seja, numa espécie de oriente narrativo, mas tendo em vista o que sucederá, um ocidente narrativo: a glorificação de Marduk. Assim, o movimento que o texto perfaz é sugestivo. Partindo de Ea, que seria o antagonista natural de Tiámat, posto que havia antes vencido Apsu, a busca de alternativas sobe um degrau genealógico com a convocação de seu pai, Ánu; frustrada também essa opção, a alternativa será descer um grau genealógico até Marduk.

[106] Este verso explora o efeito da ressonância em *ka-/qa-*: *aplu kajānu kašūšu qarrādu*, que procurei mimetizar na tradução: "primogênito cabido, clava deífica, campeão". O adjetivo *kajānu* significa 'regular', 'legítimo'; *kašūšu* é o nome de uma 'arma divina' poderosíssima, sem que se saibam mais detalhes sobre o que ou como seria; finalmente, *qarrādu* é o 'guerreiro', 'herói', 'campeão'. Os tradutores resolvem este verso difícil de forma variada, de algum modo também mantendo algo do efeito sonoro: "*Mon fidèle héritier, héros à l'arme invincible*" (Talon); "*O legitimo erede, arma divina, eroe*" (Elli); "*Honoured son, hero, warrior*" (Lambert).

A comissão de Marduk (versos 119-162)

ušḫarrirma Anšar qaqqari inaṭṭal	Emudeceu-se Ánshar, o chão encarou,
ikammam ana ^{d}*Ea unašši qaqqassu*	Acenou para Ea, balançou a cabeça.
paḫrūma ^{d}*Igigi kalīšun* ^{d}*Anukki*	Em assembleia estavam os Ígigi, todos eles, os Anúkki,
šaptāšunu kuttumāma qāliš ušbū	Seus lábios fechados e em silêncio assentados.
ilu ayyumma ul iâr ki in x	Deus algum enfrenta ----,
maḫāriš Tiāmat ul uṣṣi ina saptīšu	Defronte de Tiámat nada sai de seus lábios.
u bēlum Anšar abi ilāni rabiūtim	E o Senhor Ánshar, pai dos grandes deuses,
kamil libbāšūma išassi mamman	Irado em seu coração não conclamou ninguém.
aplum gašru mutir gimillu abīšu	Ao vigoroso primogênito, que devolve o feito a seu pai,
ḫā'iš tuqmāte ^{d}*Marduk qardu*	Que se lança à guerra, Marduk valente,
ilsī ^{d}*Ea ašar pirištīšu*	Conclamou Ea a seu lugar secreto,
ka'inimak libbīšu ītamīšu	O plano de seu coração proferiu-lhe:
^{d}*Mardukmi milka šemi abīka*	Marduk, conselho ouve de teu pai,
attāma mārī munappsišu libbīšu	Pois tu, meu filho, és quem abranda seu coração;
muttiš Anšar qitrubiš ṭehēma	Diante de Ánshar bem perto chega
epuš pîka izuzam emārukka nīḫu	E abre tua boca, ergue-te, ao ver-te ele sossegará.
iḫdūma bēlum ana amatum abīšu	E alegrou-se o Senhor com as palavras de seu pai
iṭhēma ittaziz maḫāriš Anšar	E chegou, ergueu-se defronte de Ánshar,
īmuršūma Anšar libbāšu ṭubbāti imla	E viu-o Ánshar, seu coração de paz encheu-se,
iššiq šaptīšu adīrāšu uttessi	Beijou-lhe os lábios, seu pavor regrediu:
abī lā šuktumat peti šaptuk	Meu pai, não os tenhas fechados, abre teus lábios,
lullikma lušamṣâ mala libbāka	Vá eu e satisfaça em tudo teu coração!
Anšar lā šuktumat peti šapuk	Ánshar, não os tenha fechados, abre teus lábios,
lullikma lušamṣâ mala libbāka	Vá eu e satisfaça em tudo teu coração!
ayyu zikri taḫāzāšu ušēṣīka	Qual varão em contenda saiu contra ti?
u Tiāmat ša sinnišatum iârka ina kakku	E Tiámat, que é mulher, enfrenta-te em armas?
abī bānû ḫidi u šūlil	Meu pai, genitor, alegra-te e aclama:
kišād Tiāmat urruḫiš takabbas attā	A nuca de Tiámat rápido pisarás tu!
Anšar bānû ḫidi u šūlil	Ánshar, genitor, alegra-te e aclama:
kišād Tiāmat urruḫiš takabbas uttā	A nuca de Tiámat rápido pisarás tu!
alikma māru mūdû gimri uznu	Vai, filho, conhecedor por inteiro agudo,
Tiāmat šupšiḫ ina têka ellu	Tiámat faz repousar com teu encantamento puro,
^{is}*narkabat ūmē urruḫiš šutardīma*	O carro da tempestade rápido dirige,
pānūšu lā uttakkašu tēri arkāniš	E se sua face não se desvia, volve atrás!
iḫdūma bēlum ana amat abīšu	E alegrou-se o Senhor com as palavras de seu pai,

iīliṣ libbāšūma ana abīšu izakkar	Regozijou-se em seu coração e a seu pai disse:
bēlum ilāni šimat ilāni rabiūtim	[155] Senhor dos deuses, destino dos grandes deuses,
šummama anāku mutir gimillīkun	Se eu próprio for o que devolve o feito a vós,
akamme Tiāmatma uballaṭ kâšun	Encadear Tiámat e fizer-vos viver, a vós,
šuknāma puḫra šūterā ibâ šimtī	Ponde-vos em assembleia, excelso nomeai-me o destino!
ina Upšukkinakki mitḫāriš ḫadīš tišbāma	No Upshukkinákku juntos e alegres sentai-vos
epšū pîya kīma kâtunūma šimāta lušīmma	[160] E mandado de minha boca seja como o vosso e o destino eu destine,
lā uttakkar mimmû abannû anāku	Não mude nada que engendre eu,
ai ittūr ai inninâ siqar šaptīya	Não volte atrás, não se modifique a fala de meus lábios.

Esse episódio leva ao termo o ingresso de Marduk na trama. Antes, o que se disse sobre ele resumiu-se ao relato de seu nascimento e ao elogio de suas superiores qualidades. Num certo sentido, portanto, esse é um coroamento da ação precedente, que, a partir de agora, irá se desdobrar, sob o comando do deus, de modo consequente.

Como é a técnica do poeta em momentos de passagem, o primeiro trecho é dedicado à situação anterior, que concluiu em completa aporia: de um lado, Ánshar encontra-se desarvorado – mudo, de olhos baixos, balançando a cabeça em desalento; de outro, toda sua assembleia se encontra do mesmo modo descorçoada – lábios fechados e em silêncio assentados. Note-se que, para mostrar esse ambiente de fracasso, a ênfase se põe no silêncio, pela razão exposta nos versos 123-124 (ainda que o dístico esteja fragmentado): "Deus algum enfrenta ----, / Defronte de Tiámat nada sai de seus lábios". Ora, considerando que Ánshar encarregara Ea de reprimir a fúria da deusa com um sortilégio e ordenara a Ánu que a acalmasse com uma palavra de súplica, o silêncio que reina na assembleia dos grandes deuses é o mais evidente sinal de fracasso.

A assembleia dos Ígigi e Anunáki

É significativo, de todo modo, que se apresente justo neste momento, pela primeira vez, a assembleia dos Ígigi e Anunáki reunida de torno de Ánshar, pois ela constitui, ainda que aparentemente sem recursos, um contraponto àquela ao flanco de Tiámat. Bartash acredita que ela se tenha reunido justamente pelo "fracasso de Ánshar em apaziguar

Tiámat" (Bartash, *Puḫru*, p. 1089), o que redunda em que o "pai dos grandes deuses" (v. 125) não se encontra sozinho, estabelecendo-se algum equilíbrio de forças entre os dois lados da contenda.

Esta é a segunda vez que se faz referência aos Anúkki (ou Anunáki), os comentários sobre a sua caracterização já tendo sido feitos. Uma questão pertinente, que demonstra que não devem ser tomados como um bloco coeso, está em entender sua vinculação com a hoste de Tiámat, que parece em contradição com sua presença, agora, na assembleia de Ánshar. Em que pese a razoabilidade da sugestão de Bartash de que o autor do *Enūma eliš* lida com duas tradições diferentes sobre esses deuses, deve-se observar que, considerada apenas a lógica interna do poema, não se afirmara antes que eles estivessem, como bloco, alinhados com Tiámat. Quando da elevação de Quíngu a chefe supremo de seu bando e ao estatuto de seu único esposo, a deusa decretara: "Seja grande tua fala sobre todos eles, os Anúkki!", o que razoavelmente poderia ser entendido numa acepção mais restrita (eles que estão aqui, os Anúkki) ou mais geral (eles todos, os Anúkki, isto é, todos os deuses). De fato, na situação de conflito que se desenha, seria mais verossímil que Tiámat visasse a dotar o líder de seu exército de poder sobre todos os deuses.

A denominação de Ígigi para um segundo conjunto de deuses registra-se desde o período paleobabilônico, em princípio designando o grupo dos 'grandes deuses' (*ilu rabûtu*), mas, a partir da época mediobabilônica, o termo é usado, em geral, para referir-se aos deuses do céu, em oposição aos Anunáki, ligados ao mundo subterrâneo (cf. GDS, p. 106). No *Atrahasīs*, trata-se da classe dos deuses menores, a quem é atribuído pelos Anunnáki ininterrupto trabalho agrícola e cuja revolta levou à criação da humanidade, como já referido.

Bartash considera que, no *Enūma eliš*, "os Ígigi são os deuses que ficam do lado de Ea (o 'partido' de Ea)", sendo eles os chamados "grandes deuses", cujo número se pode supor ser de cinquenta (em razão dos cinquenta nomes dados por estes a Marduk), uma tradição que "difere imensamente da refletida no *Atrahasīs*". Assim, haveria no poema uma "tradição original em que Ánshar é representado como 'pai de deuses' e os cinquenta Ígigi como os grandes deuses" (Bartash, *Puḫru*, p. 1097-1098). De fato, ao contrário do que acontece com os Anunáki, não há no texto nenhum episódio em que os Ígigi sejam postos em relação com Tiámat, sendo de destacar, por outro lado, sua presença nas raras passagens em que Láhmu e Láhamu interferem na ação (cf. 3, 125-126 e 5, 107-108).

Embora a assembleia dos Ígigi e Anúkki tenha iniciado com um ambiente bastante lúgubre, entende-se que referenda toda a proposta de Marduk, em vista das providências que Ánshar toma desde o início da tabuinha seguinte, ou seja, a convocação de nova assembleia – de todos os deuses – incluindo os mais velhos, Láhmu e Láhamu.

O estratagema de Ea

É preciso que a aporia dos deuses de Ánshar seja completa para que a introdução em cena de Marduk fique realçada – ele não é apenas um aliado, mas a única solução para a crise, reintroduzindo-se na trama de que estivera ausente desde seu nascimento, de modo a reintroduzir na trama a própria ação, paralisada pela aporia dos deuses (cf. GEE, p. 135). A radicalidade da situação é representada em termos corporais, já que os deuses não sabem como agir (estão assentados) nem o que dizer (têm os lábios fechados), o que se aplica inclusive a Ánshar (que se encontra emudecido). Essa ênfase nos lábios (*šaptū*) e na boca (*pû*) que não encontram o que dizer contrasta com o modo não menos reiterado com que se faz referência aos corações (*libbū*) que ensaiam algum tipo de reação.[107] Assim, se a situação aporética compreende que:

a) os Ígigi e Anunáki estejam em assembleia com os "lábios fechados" (*šaptāšunu kuttumā*);
b) diante de Tiámat, de deus algum "nada sai dos lábios" (*ul uṣṣi šaptīšu*);
c) Ánshar esteja "irado em seu coração" (*kamil libbāšu*), mas não conclame ninguém (*išassi mamman*), isto é, mantém-se ele também em silêncio (cf. GEE, p. 134, o que caracteriza a assembleia

[107] A fim de que essa percepção não seja apenas impressionista (embora num texto literário o que conte são justamente as impressões que causa ao leitor), anote-se que até esta cena, ou seja, nos 280 versos anteriores, *libbu* (coração) apareceu não mais que 6 vezes, enquanto de *šaptu* (lábio) há não mais que 2 ocorrências e de *pî* (boca), 5 (ou seja, em apenas 4,64% dos versos se registram essas palavras). Isso contrasta bastante com os números relativos aos 44 versos desta cena: 7 ocorrências de *libbu*; 6 de *šaptu*; 2 de *pî* (34,09% dos versos).

é a atitude passiva e resignada, realçada pelo uso de formas verbais estativas e negativas);

a reação virá também de movimentos dos lábios e do coração:

a) Ea chama Marduk a seu "lugar secreto" (*ašar pirišti*), isto é, 'lugar de segredos',[108] e expõe-lhe "o plano de seu coração" (*ka'inimak libbīšu*);

b) esse plano consiste em Ea fazer com que o filho que abranda seu coração (*munappisišu libbīšu*)[109] chegue diante de Ánshar e abra sua boca (*epuš pîka*), erguendo-se para que, vendo-o, o pai dos deuses sossegue (*nâhu*).[110]

A missão de Marduk

Marduk, com relação ao qual toda ação se desdobrará, põe imediatamente em prática o plano de Ea, assumindo a liderança das ações a partir do verso 135. Continuemos enfatizando como 'coração', 'lábios' e 'boca' permanecem como os fios que amarram o enredo:

a) quando Marduk se lhe ergue diante, o coração de Ánshar de paz se enche (*libbāšu ṭubbāti imla*);

b) Marduk beija os lábios (*iššiq šaptī*) de Ánshar, em que regride o pavor;

c) Marduk exorta Ánshar com os dísticos hínicos paralelos: "Meu pai, não os tenha fechados, abre teus lábios (*peti šaptuk*) / Vá eu e satisfaça em tudo teu coração!" (*lušamṣâ libbāka*);

d) Ánshar encarrega Marduk de derrotar Tiámat com seu "encantamento puro" (*têka ellu*) – evidente retomada de 1, 62 (cf. GEE, p. 136) –, o que o alegra e regozija seu coração (*īliṣ libbāšu*);

e) finalmente, Marduk requisita que os deuses lhe determinem o destino:

---

[108] *Pirištu* significa 'segredo', 'estratagema', 'saber reservado'. O substantivo deriva do verbo *parāšu*, 'lisonjear', o que remete para o discurso, a boca.

[109] Que, no texto, leia-se *munappisišu libbīšu* (que abranda seu coração) e não *libbī* (meu coração) justifica-se pelo fato de que o possessivo refere-se a "teu pai" (*abīka*), no verso anterior: "Meu filho, tu és quem abranda o coração de teu pai".

[110] Este verbo, *nâhu*, é o mesmo que se usa em 1, 75, quando se diz que, vencido Apsu, Ea, "no interior de sua residência em repouso sossegou".

> Ponde-vos em assembleia, excelso nomeai-me o destino,
> No Upshukkinákku juntos, alegres sentai-vos,
> E mandado de minha boca (*epšū piya*) seja como o vosso e o destino eu destine,
> Não mude nada que engendre eu,
> Não volte atrás, não se modifique a fala de meus lábios (*ai inninâ siqar šaptiya*).

Ora, considerando que o ponto de chegada da cena são estes últimos versos, mostra-se como a insistência na boca e nos lábios se justifica, pois eles ressoam aquilo de que Tiámat dotara Quíngu, bem como o que este determinara para os deuses de seu partido no final de sua assembleia (e da tabuinha 1):

> Seja grande tua fala (*lirtabbû zikrūka*) sobre todos eles, os Anúkki!
> E deu-lhe a tabuinha dos destinos, no peito lhe prendeu:
> Ditame teu não mude (*kataduggāka lā ininnâ*), seja firme o que vem de tua boca! (*likūn ṣīt pîka*)
> Quando Quíngu foi exaltado, assumiu o que é de Ánu,
> Para os deuses, seus filhos, o destino destinou:
> Mandados de vossas bocas (*ipšā pîkunu*) Fogo faça sossegar!
> Teu veneno, ao acumular-se, a força degrade! (1, 156-162)

Como se vê, além das ressonâncias lexicais, está em causa, nos dois casos, assumir a prerrogativa de decretar os destinos como pré-requisito para liderar a guerra, contando com uma palavra tão firme que seja o mesmo que um feito (*epšu pî*, literalmente, 'feitos da boca'). Dessa perspectiva, é ainda significativo que o primeiro decreto de Quíngu tenha sido que os *epsū pî* (os feitos da boca) dos deuses de seu exército fizessem o deus Fogo (^{d}*Girru*) sossegar, considerando-se que, quando do nascimento de Marduk, se dissera dele que "os lábios, quando mexe, fogo brilha" (1, 96).

Assim, pode-se considerar que ao par Tiámat-Quíngu corresponda agora Ánshar-Marduk, o que de imediato ressalta não só semelhanças como sobretudo as diferenças. Em primeiro lugar, o contraponto entre Tiámat e Ánshar realça mais uma vez a questão de gênero, pois mesmo que ela seja a matriz da qual descendem todos os deuses e, por isso mesmo, muito poderosa, trata-se de uma "mulher" (uma 'fêmea'), cuja força não se iguala à do varão, como antes afirmaram Ea e Ánu. Ressaltar essa condição depreciativa da antagonista é a intenção da pergunta retórica de Marduk – "Qual varão em contenda saiu contra ti? / E Tiámat, que é mulher, enfrenta-te em armas?" –, que conduz à promessa desejada por Ánshar: "Meu pai, genitor, alegra-te e clama: / A nuca de Tiámat rápido pisarás tu!".

Por outro lado, se Marduk é o último rebento da prole dos deuses cuja genealogia deu o tom ao início do poema – ou seja, à cosmogonia e à teogonia –, Quíngu não passa de um líder ilegítimo, apenas por um casuísmo elevado acima de seus pares. O papel a ser assumido por Marduk é declarado por ele mesmo: "Se eu próprio for o que devolve o feito a vós" (*mutir gimillīkunu*), ou seja, vosso vingador, e "vos fizer viver", isto é, vosso restaurador... São duas altas missões, mas ambas reativas, como deixa claro o torneio de linguagem *mutir gimilli* (o que devolve um "favor"). Esse viés termina por fazer com que, mesmo que o objetivo seja "encadear Tiámat",[111] Marduk se apresente, neste ponto, como o contraponto de Quíngu – ainda que este seja um líder espúrio –, talvez porque Tiámat não passa de "mulher". Noutros termos, a ilegitimidade de Quíngu é demérito menor que a feminilidade da deusa.

Upshukkinákku

A requisição de Marduk de que, para decretar-lhe o destino, os deuses se ponham em assembleia no Upshukkinákku introduz uma importante diferença com relação à assembleia de Tiámat e também à que agora se reúne em torno de Ánshar. Em vez da balbúrdia ruidosa daquele bando de deuses e monstros, que culmina com a elevação de Quíngu a sua liderança, bem como em lugar dessa reunião emudecida, provocada pelo fracasso de Ánshar e convocada não se sabe por quem, requer ele que o "pai dos deuses" chame, como se deve, uma nova assembleia, organizada como se deve, em que juntos e alegres – sem atropelos que os disturbem – os deuses se assentem no Upshukkinákku. Horowitz chama a atenção para o fato de que a localização do *Upšu'ukkinaku* "não é nunca explicada" no poema (HMCG, p. 111).

---

[111] GEE, p. 136, e LBCM, p. 471, ressaltam a relação entre 'encadear' e 'matar' neste ponto, ambas acepções sendo possíveis para o verbo *kamû*.

Contudo, sabe-se que este era o nome de um espaço existente no templo principal das cidades, onde os deuses se reuniam para decretar os destinos. Há notícias disso em Lagash, Níppur (cf. *up-šu-ukkin-na-ki šu-bat ši-tul-ti ilāni rabûti*, 'Upshukkinaki, lugar de deliberação dos grandes deuses) e Úruk. Conforme Lambert, no presente caso o poeta deve ter em vista uma estrutura desse tipo em Babilônia, de acordo com o que se lê em 6, 162 (cf. LBCM, p. 473). Trata-se, portanto, de um local apropriado para deliberações, o chamado "paço dos deuses", que é "como o céu e a terra" (*kisal ilāni Upšu'ukkinaki kima šamê u erṣetim*).[112] Como já ressaltei, quando os deuses se reúnem em tumulto, costumam tomar decisões equivocadas, de que depois se arrependem.

O vingador de seus pais

Ao assumir a missão que lhe é encomendada por Ánshar, é o próprio Marduk quem designa seu novo estatuto: *šummama anāku mutir gimillīkun*, que traduzi por "se eu próprio for o que devolve o feito a vós", mas admitiria também a tradução mais direta "se eu próprio for vosso vingador".[113] Esse qualificativo havia sido usado um pouco antes pelo narrador (v. 127), ao referir-se a Marduk quando de sua convocação por Ea ao "lugar secreto", com a especificação de que se tratava do vingador de seus pais (*mutir gimillu abīšu*), voltando a ser repetido outras vezes no poema, seja pelo narrador ou pelas personagens.[114]

O epíteto *mutir gimilli* merece consideração por várias razões. A primeira, a própria dificuldade (ou aparente facilidade) de tradução: embora fosse fácil optar por verter essa expressão idiomática por 'vingador',

---

112 *Apud* LBCM, p. 382: trecho de encantamento quando do lançamento da pedra fundamental – na verdade tijolo – de um templo.

113 A expressão é bastante enfática, pelo uso do pronome de primeira pessoa do singular, *anāku*, que não é obrigatório, tendo o sentido forte de "eu próprio".

114 As ocorrências, além das que aqui se comentam, são as seguintes: 3, 10, fala de Ánshar ao convocar a assembleia dos deuses; 3, 58 e 156, repetição da fala de Marduk nesta passagem, primeiro por Ánshar e depois por Kakka; 3, 138, último verso da tabuinha, em que o narrador diz que os deuses, em assembleia, decretaram para Marduk o destino; 4, 13, fala dos deuses ao decretar o destino de Marduk; 6, 105, fala de Ánshar na exaltação de Marduk; 6, 163, fala dos deuses no Upshukkinákku, antes de atribuírem a Marduk seus nomes.

isso eludiria aspectos importantes, uma vez que ela é composta pelo estado constructo do particípio D (*mutiru*) do verbo *târu*, 'voltar, retornar' (no modo D, *turru*, significa, dentre outros sentidos, 'enviar', 'pagar de volta', 'restaurar', 'virar', 'retornar', 'devolver'), mais o substantivo *gimillu*, com os sentidos de 'favor', 'recompensa', em geral prevalecendo o aspecto positivo, mas também abrangendo a significação de 'represália', 'vingança'. Assim, *turru gimilla* pode referir-se tanto a 'retornar um favor' quanto a 'vingar-se' (cf. CAD: "*to return an act of kindness, to wreak vengeance, to avenge*"). Embora a tradução de *mutir gimilli* por 'vingador' seja correta, obscurece a relação de reciprocidade de quem devolve o bem ou o mal que lhe é feito ou a outrem (mesmo que vingança suponha sim, numa perspectiva negativa, o movimento de reciprocidade). Essa é uma importante noção arcaica de justiça, pré-jurídica e personalista, motivo por que optei por um torneio que não a apagasse: "o que devolve (*mutir*) o feito (*gimilli*)", seja um bem ou um mal, a alguém.[115]

O fato de que tenha sido usada antes, no requisitório dos deuses a Tiámat, quando lhe pedem "Faze a contenda. O feito por eles devolve!" (*epši tahāzi gimillašunu tirrī*, 1, 123), mostra como essa é uma engrenagem muito central na lógica da narrativa, a qual leva aos desdobramentos do enredo: os ventos perturbam os deuses, logo é preciso que Tiámat devolva o feito por eles; Tiámat desafia e põe em perigo os deuses, então é preciso que Marduk devolva o feito a eles.

O verbo *târu* é usado ainda nas cenas imediatamente anteriores a esta para dizer que tanto Ea quanto Ánu, ao conhecer os planos de Tiámat, param, emudecem e *volvem* atrás (*itūram arkiš*), mostrando, assim, não estar à altura daqueles que *devolvem* o feito a seus pais (*mutir gimilli abīšu*).[116] Com isso, o poeta indica a superioridade de Marduk

---

[115] Uma questão pertinente seria ainda a qual tipo de reciprocidade *mutir gimilli* remete: no caso de Marduk, trata-se daquele que devolve algo feito a seus pais/aos deuses, ou do que devolve o feito de seus pais/os deuses, ou seja, trata-se de vingança ou de agradecimento? É provável que os dois sentidos estejam envolvidos, o que também a tradução por 'vingador' elude.

[116] Como a expressão *itūram arkiš* se repete duas vezes nas passagens imediatamente anteriores (v. 82 e 106), fica bem marcada e sem dúvida ecoa em *mutir gimilli*, o que tentei reproduzir, na tradução, usando, no primeiro caso, a locução um tanto rara (e por isso mais marcante) 'volver atrás', a qual ecoa, no segundo, em 'devolver o feito'.

com relação a seus ancestrais, o que já fora feito por ocasião de seu nascimento, mas só agora se confirma do modo requerido pela trama: enquanto *mutir gimilli*.

Já chamei a atenção para o fato de que a cena em que Ea e Ánu volvem atrás se elabora não só a partir do entrecho similar de *Anzû*, mas de fato como remissão a ele. Ora, como aponta Wisnom, *itūram arkiš* (volveu atrás) pode aludir às flechas disparadas por Ninurta contra Anzu, as quais, pelo poder da tabuinha dos destinos em posse deste último, volvem atrás (*qa-nu it-tu-ra*, 2, 61, 77 e 92, cf. WIBP, p. 124); mais ainda, *mutir gimilli abīšu* é um epíteto de Ninurta, o qual, mesmo que não ocorra em *Anzû*, registra-se em textos litúrgicos.[117] Assim, parece claro que o poeta quer dar a entender que Marduk é o novo Ninurta, enquanto o que devolve o feito a seu pai, mas muito superior a ele, na medida em que se dispõe a enfrentar um perigo muito maior que Anzu – a própria procriadora dos deuses, Tiámat, com seu séquito de monstros.

---

[117] Cf. WIBP, p. 106, que remete para Lambert, Ninurta mythology in the Babylonian Epic of Creation, p. 59, os textos sobre Ninurta referidos sendo a prece SBH 12 e o ritual KAR 307.

TABUINHA 3

A convocação da assembleia
(versos 1-66)

Anšar pâšu īpušamma	[1] Ânshar sua boca abriu
ana ^{d}*Kakka sukkallīšu amatu izakkar*	E a Kakka, seu intendente, palavras disse:
^{d}*Kakka sukkallu muṭib kabattīya*	Kakka, intendente, bom para meu ânimo,
ašriš ^{d}*Laḫmu* ^{d}*Laḫāmu kâta lušpurka*	Até Láhmu e Láhamu envio-te, a ti.
šite''a mudâta tiṣburu tele''i	[5] Busca! és perito, em loquacidade és capaz:
ilāni abbīya šūbika ana maḫrīya	Os deuses, meus pais, introduze defronte a mim,
libukūnimma ilāni nagabšunu	Introduzam-se os deuses, a totalidade deles,
lišāna liškunū ina qerēti lišbū	Ditos se digam, em festa se assentem,
ašnan likulū liptiqū kurunnu	Cereais comam, tomem cerveja,
ana ^{d}*Marduk mutir gimillīšunu lišīmū šimtum*	[10] Para Marduk, o que devolve o feito a eles, destinem o destino!
i'er alik ^{d}*Kakka qudmēšunu izizma*	Avança, vai, Kakka, perante eles ergue-te,
mimmû azakkarūka šunnâ ana šâšun	Tudo que te digo replica para eles:
Anšar mārūkunu uma''iranni	Ânshar, vosso filho, me enviou aqui,
têret libbīšu ušaṣbiranni yâti	Os decretos de seu coração revelou-me a mim:
umma Tiāmat ālittāni izerrannâti	[15] Mãe Tiámat, que nos procriou, nos detesta;
puḫru šitkunatma aggiš labat	A assembleia está posta e em fúria enraivece.
isḫurūšimma ilānu gimiršunu	E voltaram-se para ela os deuses, a íntegra deles,
adi ša attunu tabnā idāša alkū	Até os que vós engendrastes a seu flanco vão.
immaṣrūnimma iduš Tiāmat tebûni	E formaram um círculo e ao flanco de Tiámat se alçam,
ezzū kapdū lā šākipū mūša u imma	[20] Coléricos, tramando sem descanso noite e dia,
našû tamhāra nazarbubū labbū	Prontos para o combate, furiundos, ferozes,

ukkinna šitkunūma ibbanû ṣulāti	Em concílio postos, engendram a batalha:
ummu Hubur pātiqat kalamu	Mãe Húbur, que formou tudo,
ušraddi kakku lā maḫru ittalad mušmaḫḫī	Multiplicou armas sem igual, procriou dragões
zaqtūma šinnū lā pādû atta'ī	[25] De dentes agudos, sem piedade suas mandíbulas,
imtu kīma dāmi zumuršunu ušmalla	De veneno, em vez de sangue, seus corpos encheu,
ušumgallī nadrūti pulḫāti ušalbišma	Serpes furiosas, de terrores vestidas,
melammu uštašša iliš umtaššil	Aura lhes aprontou, de deuses as fez reflexo:
āmiršunu šarbāba lišḫarmim	À sua vista, inane se pereça,
zumuršunu lištaḫḫiṭamma lā ine''ū irassun	[30] Seus corpos arrebatem, não voltem para trás seus peitos.
ušziz bašmu ^{d}mušḫuššu u ^{d}laḫamu	Fez erguerem-se Báshmu, Mushhúshu e Láhama,
ugallu uridimmu u girtablullû	Procela, Cão-Selvagem e Homem-Escorpião,
ūmē dabrūti kulullû u kusariqqu	Tempestades ferozes, Homem-Peixe, Bisonte,
nāši kakkū lā pādû u lā ādiru taḫāzi	Prontos em armas sem piedade, sem temer a contenda,
gapšā têrētūša lā maḫra šināma	[35] Tremendos os decretos dela, sem igual eles são:
appūnāma ištēnešret kīma šuāti uštabši	De todo onze, como aquele, fez ela existir.
ina ilāni brukrīša šūt iškunūši puḫra	Entre os deuses, seus rebentos, que postos em assembleia,
ušašqa ^{d}Qingu ina bīrīšunu šāšu ušrabbīšu	Exalta Quíngu, no meio deles fê-lo grande.
ālikūt maḫru pān ummāni um'irrūtum puḫru	O ir à frente, em face da tropa, o comando da assembleia,
našê ^{is}kakku tiṣbuttum tebû anantum	[40] A prontidão em armas, a refrega, o alçar-se à peleja,
šūt tamḫāra rab-sikkatūtum	Dos que no combate a suprema liderança
ipqidma qātuššu ušēšibašši ina karri	Confiou à sua mão, fê-lo sentar-se no trono:
addi tâka ina puhur ilāni ušarbīka	Lancei teu encantamento, na assembleia dos deuses fiz-te grande,
mālikūt ilāni gimrassunu qātuššu ušmalli	Da liderança dos deuses, a íntegra deles, tua mão enchi.
lū šurbâtāma ḫā'irī edu attā	[45] Que sejas supremo! Esposo único és tu!
lirtabbû zikrūka eli kalīšunu ^{d}Enukka	Seja grande tua fala sobre todos os Enúkka!
iddinšumma ṭuppi šīmāti iratuš ušatmiḫ	E lhe deu a tabuinha dos destinos, no peito lhe prendeu:
kataduggāka lā ininnâ likūn ṣīt pîšu	Ditame teu não mude, seja firme o que vem de tua boca!
innanu ^{d}Qingu šušqû leqû ^{d}enūti	Quando Quíngu foi exaltado, assumiu o que é de Ánu,

an ilāni mārīša šīmāta ištīmu	[50] Para os deuses, dela filhos, destino destinou:
ipšā pîkun ^{d}Girru liniḫḫā	Mandados de vossas bocas Fogo faça sossegar!
imtuka kitmuru magšaru lišrabbib	Teu veneno, ao acumular-se, a força degrade!
ašpur ^{d}Anum ul ilē'â maḫarša	Enviei Ánu, não foi capaz defronte dela,
^{d}Nudimmud īdurma itūram arkiš	Nudímmud temeu e volveu atrás,
i'ēr Marduk apkal ilāni mārūkun	[55] Enfrentou-a Marduk, multíscio dos deuses, vosso filho,
maḫariš Tiāmat libbāšu âra ubla	Defronte de Tiámat seu coração a enfrentá-la conduziu,
epšū pîšu ītamâ yâti	Mandados de sua boca proferiu para mim:
šummama anāku mutir gimillīkun	Se eu próprio for o que devolve o imposto a vós,
akamme Tiāmatma uballaṭ kâšun	Encadear Tiámat e a vós fizer viver,
šuknāma puḫra šūterā ibâ šimtī	[60] Ponde-vos em assembleia, excelso nomeai-me o destino!
ina Upšukkinakki mitḫāriš ḫadīš tišbāma	No Upshukkinákku juntos, alegres sentai-vos
epšū pîya kīma kâtunūma šimāta lušīmma	E mandado de minha boca seja como o vosso e o destino eu destine,
lā uttakkar mimmû abannû anāku	Não mude nada que engendre eu,
ai ittūr ai inninâ siqar šaptīya	Não volte atrás nem se modifique a fala de meus lábios.
ḫumṭānimma šimatkunu arḫiš šimāšu	[65] Apressai-vos a vosso destino logo destinar-lhe
lillikma limḫura nakarkunu dannu	E que ele vá afrontar vossa forte inimiga!

Ánshar dá cumprimento imediato àquilo para que tacitamente obteve a aquiescência da assembleia dos Anunákki e Ígigi, despachando seu intendente até Láhmu e Láhamu, a fim de transmitir-lhes a convocação para a reunião dos deuses, "a totalidade deles". A mensagem de que encarrega Kakka poderia ser entendida (se podemos dizer assim) como uma espécie de pauta, que inclui o motivo da reunião (decretar o destino de Marduk), a exposição da situação (os preparativos de Tiámat), o histórico das providências tomadas (a desistência de Ea e de Ánu, bem como a disposição de Marduk), a requisição de Marduk (que a assembleia dos deuses lhe decrete o destino) e o reforço da convocação (apressai-vos em decretar-lhe logo o destino, para que afronte o inimigo). Como observa Gabriel, se na tabuinha 2 (v. 1-126) foi fartamente explorada a falta de perspectivas diante da situação, agora sublinha-se a falta de alternativas (v. 1-128), a não ser através de Marduk (cf. GEE, p. 139).

Isso justificaria que se repitam mais uma vez o relato sobre a forma como Tiámat se preparou para a guerra e a demanda de Marduk.[118] Observe-se que nem tudo se repete *ipsis litteris*, a missão falha de Ea e de Ánu reduzindo-se a dois versos – "Enviei Ánu, não foi capaz defronte dela, / Nudímmud temeu e volveu atrás" –, aliás, como se vê, na ordem invertida dos acontecimentos. Uma pequena adaptação, no verso 15, é especialmente engenhosa: antes se lia, na fala de Ea a Ánshar, que aqui se repete, "Meu pai (*abī*), Tiámat, que nos procriou, nos detesta", o que foi substituído por "Mãe Tiámat (*umma Tiāmat*), que nos procriou, nos detesta", o que, intencionalmente ou não, reforça o papel da deusa. Portanto, conclui-se que há o que importa repetir com fidelidade e o que não tem essa importância. O requerido por Marduk – seus preparativos para a luta –, integrando o rol das coisas importantes, passa a ser equivalente às providências de Tiámat, dois trechos que serão repetidos mais uma vez nesta mesma tabuinha.

No conjunto, a mensagem tem um traçado engenhoso, considerando-se o que se deve a Ánshar e o que tem outras procedências:

a) os dois primeiros versos são de Ánshar ("Ánshar, vosso filho, me enviou aqui / Os decretos de seu coração revelou-me a mim", v. 13-14);
b) os versos 15-18 são tomados da abertura do discurso de Ea a Ánshar em 2, 11-14, com a mudança indicada da palavra inicial "pai" para "mãe", o que se justifica uma vez que a introdução ao discurso já se encontra nos versos anteriores, esta passagem tendo-se tornado parte da narrativa;
c) os versos 19-52, com o relato dos preparativos de Tiámat, provêm, para Ánshar, do discurso de Ea em 2, 15-48, o qual, por sua vez, o havia tomado do relato do narrador em 1, 129-162;
d) os versos 53-57 são de Ánshar, resumindo as providências que tomara e a disposição de Marduk em assumir a luta;
e) os versos 58-64 são a reprodução literal, por Ánshar, da fala de Marduk em 2, 156-162;

[118] As diferenças são mínimas, como das vezes anteriores, algumas devendo-se provavelmente a erros do copista: assim, no verso 44, *qātuššu*, 'mão dele', em vez de *qātukka*, 'tua mão'; em 49, ^{d}*enūti* em lugar de ^{d}*anūti*, 'o que é de Ánu'. Há ainda a mudança do modo verbal no verso 29.

f) finalmente, o epílogo é de Ánshar ("Apressai-vos a vosso destino logo destinar-lhe / E que ele vá afrontar vosso forte inimigo", v. 65-66).

Esse entrelaçamento de discursos que se fazem de outros discursos é significativo e termina por emprestar ao partido de Ánshar uma importância especial: a de compartilhar com o narrador a incumbência de transmissão dos acontecimentos, o que falta completamente a Tiámat e aos deuses que a seguem.

Kakka

O jogo de espelhamentos, que parece ser uma técnica usada com bastante regularidade no poema, é visível na caracterização dessa nova personagem, o deus Kakka. Seu nome se escreve com os sumerogramas ^{d}GA-GA, o que é glosado como *ka-ka* na lista An = *Anu* (cf. LBCM, p. 474). Trata-se de um deus menor, assistente das grandes divindades, que aparece também na versão de Sultantepe do poema conhecido como *Nergal e Eréshkigal*, na qualidade de "intendente" de Ánu, encarregando-se de transmitir as mensagens dos deuses a Eréshkigal, rainha do mundo dos mortos (Toorn *et al.*, *Dictionary of deities and demons in the Bible*, p. 45).

Apresentado aqui também como "intendente" (*sukkallu*), desta vez de Ánshar, ele já de início se mostra um duplo de Múmmu, o intendente de Apsu. Isso faz com que a saga de Marduk se reflita na de Apsu e, mais especificamente, considerando que o que está em causa é a convocação dos deuses, que a assembleia perfeita de Ánshar se entenda como contraponto daquela "tal assembleia" de dois, Apsu e seu *sukkallu* Múmmu, que agora se faz ver quão totalmente descabida era.

O espelhamento dos "intendentes" expressa-se intencionalmente nos termos com que são introduzidos na narrativa:

v. 1, 29-32	v. 3, 1-4
Então Apsu, gerador dos grandes deuses,	Ánshar sua boca abriu
Conclamou **Múmmu, seu intendente,** e disse-lhe:	E a **Kakka, seu intendente**, palavras disse:
Múmmu, intendente, bom para meu ânimo,	**Kakka, intendente, bom para meu ânimo**,
Vem! junto de Tiámat vamos!	Até Láhmu e Láhamu a ti envio.

Se considerarmos que, enquanto *sukkallu*, os dois exercem função equivalente, diferenciam-se eles na medida em que Múmmu, insubmisso, assume também o papel de conselheiro, como se afirma em 1, 48 – "De intendente insubmisso (*šukkallum lā māgiru*) o conselho (*milik*) de seu Múmmu" – e se confirma em 1, 64, em que o deus é chamado de "mentor" (*tamlāku*) de Apsu. Assim, em comparação com Kakka, Múmmu é um modelo desviante de *sukkallu*, o que implica que Kakka seja o modelo *standard*.

Conforme Ánshar, Kakka é perito em buscas e especialmente loquaz (*šite''a mudâta tiṣburu tele''i*),[119] o que o qualifica para tomar as providências visando à convocação e à realização da assembleia. Note-se que ele não é tratado como simples mensageiro, como entendem alguns tradutores,[120] pois sua função é introduzir diante de Ánshar tanto "os deuses, meus pais", isto é, Láhmu e Láhamu, quando "a totalidade" dos deuses. No primeiro caso, é preciso que Kakka se desloque até onde se encontram os decanos dos deuses, para convocá-los com o longo discurso que, repetido, ocupa quase toda a extensão da tabuinha 3.[121]

A missão de Kakka (versos 67-124)

illik ᵈ*Kakka urḫāšu ušardīma*	[67] Foi Kakka, a sua rota dirigiu-se,
ašriš ᵈ*Lahmu u* ᵈ*Lahamu ilāni abbēšu*	Até Láhmu e Láhamu, os deuses seus pais,
uškīnma iššiq qaqqara maḫaršun	Prosternou-se e beijou a terra defronte deles,

119 Este é um verso especialmente difícil de traduzir, embora seu sentido seja claro. Registrem-se algumas opções: Lambert, "*You are skilled in making inquiry, learned in address*"; CAD, "*You are clever in stratagems, you know (how) to speak volubly*"; Talon, "*Cherche partout, tu es savant, tu sais tourner un beau discours*"; Elli, "*Cerca dappertutto, (poiché) sei saggio: tu sai essere loquace*". Considerando que *šite''a* é um imperativo, optei por um torneio que preservasse isso.

120 Assim, Elli e Talon traduzem *sukkallu*, nesta passagem, por "*messagero*" e "*messager*", respectivamente. Lambert, a meu ver com acerto, prefere "*vizier*".

121 WIBP, p. 128-132, a partir da aproximação do *Enūma eliš* com os poemas relativos a Ninurta (*Anzû* e *Lugal-e*), relaciona Kakka com Šar-ur, sugerindo que a semelhança entre Kakka e *kakku*, 'arma', levaria a que se pudesse entender essa personagem como uma arma de Ánshar.

īšir izzaz izakkaršun	[70] Endireitou-se, ergueu-se, lhes disse:
Anšar mārūkunu uma''iranni	Ánshar, vosso filho, me enviou aqui,
têret libbīšu ušaṣbiranni yâti	Os decretos de seu coração transmitiu a mim:
umma Tiāmat ālittāni izerrannâti	Mãe Tiámat, que nos procriou, nos detesta.
puḫru šitkunatma aggiš labat	A assembleia está posta e em fúria enraivece.
isḫurūšimma ilānu gimiršunu	[75] E voltaram-se para ela os deuses, a íntegra deles,
adi ša attunu tabnā idāša alkū	Até os que vós engendrastes a seu flanco vão.
immaṣrūnimma iduš Tiāmat tebûni	Formaram um círculo e ao flanco de Tiámat se alçam,
ezzū kapdū lā šākipū mūša u imma	Coléricos, tramando, sem descanso noite e dia,
našû tamhāra nazarbubū labbū	Prontos para o combate, furibundos, ferozes,
ukkinna šitkunūma ibbanû ṣulāti	[80] Em concílio postos, engendram a batalha:
ummu Hubur pātiqat kalamu	Mãe Húbur, que formou tudo,
ušraddi kakku lā maḫru ittalad mušmaḫḫī	Multiplicou armas sem igual, procriou dragões
zaqtūma šinnū lā pādû atta'ī	De dentes agudos, sem piedade suas mandíbulas,
imtu kīma dāmi zumuršunu ušmalla	De veneno, em vez de sangue, seus corpos encheu,
ušumgallī nadrūti pulḫāti ušalbišma	[85] Serpes furiosas, de terrores vestidas,
melammu uštašša iliš umtaššil	Aura lhes aprontou, de deuses as fez reflexo:
āmiršunu šarbāba lišḫarmim	À sua vista, inane se pereça,
zumuršunu lištaḫḫiṭamma lā ine''ū irassun	Seus corpos arrebatem, não voltem para trás seus peitos.
ušziz bašmu ^{d}mušḫuššu u ^{d}laḫamu	Fez erguerem-se Báshmu, Mushhúshu e Láhama,
ugallu uridimmu u girtablullû	[90] Procela, Cão-Selvagem e Homem--Escorpião,
ūmē dabrūti kulullû u kusariqqu	Tempestades ferozes, Homem-Peixe e Bisonte,
nāši kakkū lā pādû u lā ādiru taḫāzi	Prontos em armas, sem piedade, sem temer a contenda,
gapšā têrētūša lā maḫra šināma	Tremendos os decretos dela, sem igual eles são:
appūnāma ištēnešret kīma šuāti uštabši	De todo onze, como aquele, fez ela existir.
ina ilāni brukrīša šūt iškunūši puḫra	[95] Entre os deuses, seus rebentos, que postos em assembleia,
ušašqa ^{d}Qingu ina bīrīšunu šāšu ušrabbīšu	Exaltou Quíngu, no meio deles fê-lo grande.
ālikūt maḫru pān ummāni um'irrūtum puḫru	[O ir à frente, em face da tropa, o comando da assembleia,
našê ^{is}kakku tiṣbuttum tebû anantum	A prontidão em armas, a refrega, o alçar-se à peleja,

šūt tamḫāra rab-sikkatūtum	Dos que no combate a suprema liderança
ipqidma qātuššu ušēšibašši ina karri	[100] Confiou à sua mão, fê-lo sentar-se no trono:
addi tâka ina puhur ilāni ušarbīka	Lancei teu encantamento, na assembleia dos deuses fiz-te grande,
mālikūt ilāni gimrassunu qātuššu ušmalli	Da liderança dos deuses, a íntegra deles, tua mão enchi.
lū šurbâtāma ḫā'irī edu attā	Que sejas supremo! Esposo único és tu!
lirtabbû zikrūka eli kalīšunu ^{d}Enukka	Seja grande tua fala sobre todos os Anúkki!
iddinšumma ṭuppi šīmāti iratuš ušatmiḫ	[105] E deu-lhe a tabuinha dos destinos, no peito lhe prendeu:
kataduggāka lā inninnâ likūn ṣīt pîšu	Ditame teu não mude, seja firme o que vem de tua boca!
innanu ^{d}Qingu šušqû leqû ^{d}enūti	Quando Quíngu foi exaltado, assumiu o que é de Ánu,
an ilāni mārīša šīmāta ištīmu	Para os deuses, dela filhos, destino destinou:
ipšā pîkun ^{d}Girru liniḫḫā	Mandados de vossas bocas Fogo faça sossegar!
imtuka kitmuru magšaru lišrabbib	[110] Teu veneno, ao acumular-se, a força degrade!
ašpur ^{d}Anum ul ilē'â maḫarša	Enviei Ánu, não foi capaz defronte dela,
^{d}Nudimmud īdurma itūram arkiš	Nudímmud temeu e volveu atrás,
i'ēr Marduk apkal ilāni mārūkun	Enfrentou-a Marduk, multíscio dos deuses, vosso filho,
maḫariš Tiāmat libbāšu âra ubla	Defronte de Tiámat seu coração a enfrentar ele conduziu,
epšū pîšu ītamâ yâti	[115] Mandados de sua boca proferiu para mim:
šummama anāku mutir gimillīkun	Se eu próprio for o que devolve o feito a vós,
akamme Tiāmatma uballaṭ kâšun	Encadear Tiámat e a vós fizer viver,
šuknāma puḫra šūterā ibâ šimtī	Ponde-vos em assembleia, excelso nomeai-me o destino!
ina Upšukkinakki mitḫāriš ḫadīš tišbāma	No Upshukkináku juntos, alegres sentai-vos
epšū pîya kīma kâtunūma šimāta lušīmma	[120] E mandado de minha boca seja como o vosso e o destino eu destine,
lā uttakkar mimmû abannû anāku	Não mude nada que engendre eu,
ai ittūr ai inninâ siqar šaptīya	Não volte atrás nem se modifique a fala de meus lábios.
ḫumṭānimma šimatkunu arḫiš šimāšu	Apressai-vos a vosso destino logo destinar-lhe,
lillikma limḫura nakarkunu dannu	Vá ele afrontar vossa forte inimiga!

Depois de breve introdução, que demonstra o respeito que tem Kakka pelos venerandos deuses mais velhos – ele prosterna-se e beija a terra –, repete-se a mensagem de Ánshar, sem omissão de nenhuma de suas palavras. Isso significa que é a quarta vez que se relatam os preparativos de Tiámat (por Kakka, que repete Ánshar, que repete Ea, que repetiu o narrador), a terceira vez que se expõem os requisitos de Marduk (por Kakka, que repete Ánshar, que repetiu as palavras do próprio Marduk) e a segunda vez que se reitera o relato e a convocação de Ánshar (por Kakka, que repete Ánshar). Mesmo, portanto, que possa parecer excessivo o que se repete, não se trata de fazê-lo mecanicamente, mas cada situação e cada emissor dão ao que se diz contornos diferentes.[122]

Em termos da mensagem, apenas com Kakka a reprodução do discurso anterior é absolutamente exata, o que demonstra sua adequação à função que exerce. Nos outros casos observa-se como a fala do que repete acrescenta algo ao relato, em geral pelo acréscimo de prólogos e epílogos. Essa liberdade, que não implica traição ao texto que se transmite, recorda a própria liberdade com que os poetas, no Oriente Médio, expandem textos anteriores, sobretudo por meio de prólogos – o exemplo mais conhecido sendo o acréscimo que o chamado narrador sacerdotal faz ao relato da criação na *Torah*, antepondo à história do jardim do Éden, devida ao chamado javista, o prólogo da feitura do mundo em sete dias –, ou então também de prólogos associados a epílogos, como no exemplo notável da versão clássica do poema de Gilgámesh, em que os procedimentos de reescritura se podem acompanhar, mercê de contarmos com manuscritos das versões antiga e média do poema, copiados e revistos por escribas, dentro e fora da Mesopotâmia, por quase dois milênios,[123] de modo que se percebe como o autor da versão média adicionou ao início um prólogo que insiste na sabedoria do herói; no caso da versão *standard*, no entender de Charpin, o poema foi ainda complementado com uma

[122] O jogo de repetição e diferença se faz ver também no primeiro verso da introdução – "Foi Kakka, a sua rota dirigiu-se" (*illik Kakka urḫāšu ušardīma*) – que ecoa tanto o verso 2, 80, relativo a Ea – "Tomou seu caminho, à sua rota dirigiu-se" (*iṣbat harrāšu uruḫšu uštardi*) –, quanto 2, 104, a propósito de Ánu – "Tomou o caminho até ela, à sua rota dirigiu-se" (*iṣbat harranšama uruḫša uštardi*).

[123] Milstein, *Reworking ancient texts*, p. 89. Sobre o tema, ver também Tigay, *The evolution of the Gilgamesh epic*, p. 142; Sasson, Prologues and poets, p. 268-271; Arnaud, *Corpus des textes de bibliothèque de Ras Shamra-Ougarit*, p. 36; e Brandão, *Ele que o abismo viu*, p. 139-141.

narrativa do dilúvio, a prédica de Uta-napištim (o Noé babilônico), e um epílogo" (cf. Charpin, *Reading and writing in Babylon*, p. 53).

As repetições de fórmulas, discursos e cenas são características reconhecidas da poesia oral, o que os estudiosos das epopeias de Homero mostraram de sobejo a partir da segunda metade do século passado. Todavia, o *Enūma eliš* é uma obra certamente composta por escrito, em que, como vimos ressaltando, o poeta escolhe e remaneja dados das tradições cosmogônicas e teogônicas de um modo próprio, o que implica que não é a isso que se deve debitar o traço estilístico das repetições. No plano da representação e pontualmente no caso de Kakka, parece claro que se deseja apresentar como uma mensagem oral se transmite com fidelidade. Aliás, num dos relatos sobre a invenção da escrita cuneiforme, no poema conhecido como *Enmerkar e o senhor de Aratta*, que deve remontar ao século XXI a.C., o elo entre oralidade e escrita se ressalta: Enmerkar, senhor de Kulaba (isto é, Úruk), para levar a cabo grandes obras, mandava buscar madeira nas montanhas de Aratta; o senhor daquele local, para dificultar a tarefa, propunha uma série de enigmas, que Enmerkar tentava resolver, mesmo que o mensageiro tivesse a "boca pesada" e falhasse; certo dia, o senhor de Kulaba "amassou um tanto de argila e pôs as palavras nela, como numa tabuinha", o narrador concluindo: "Antes daquele dia, não se tinham posto palavras na argila. / Mas agora, quando o sol raiou naquele dia – foi assim! / O senhor de Kulaba pôs palavras na tabuinha – foi assim!" (*apud* Charpin, *Reading and writing in Babylon*, p. 1-2). Oralidade e escrita não são, afinal, antagônicas, mas faces complementares de uma mesma moeda: o discurso.

A assembleia dos grandes deuses (versos 125-138)

išmûma ^{d}Laḫḫa ^{d}Laḫamu issû elītum	[125] Ouviram Lahha e Láhamu, clamaram ruidosos,
Igigi napḫaršunu inūqū marṣiš	Os Ígigi, a soma deles, gemeram apenados:
mīnā nakra adi iršû ṭēmīni	Que de tão hostil para ela tal ataque decidir?
la nīdi nīni ša Tiāmat epištāša	Não soubemos nós, de Tiámat, as ações!
ikšaššūnimma illakûni	Reuniram-se e lá vão eles,
ilānu rabiūtu kalīšunu mušīmmu šimāti	[130] Os grandes deuses, todos eles, que destinam os destinos.

irubūma muttiš Anšar imlû ḫidūta	Entraram diante de Ánshar, de ventura cheios,
innišqū aḫḫū aḫḫī ina puhri ----	Beijaram os irmãos aos irmãos, na assembleia ----,
lišānu iškunū ina qerēti ušbū	Ditos se disseram, em festa se assentaram,
ašnan īkulū iptiqū kurunnu	Cereais comeram, tomaram cerveja,
širīsa matqu usanninū rāṭiīšunu	[135] A bebida doce verteram em suas goelas:
šikru ina šatê ḫabāṣu zumri	A birra ao sorver, deleitaram seus corpos.
ma'adiš egû kabattāšunu ītelliṣ	Muito acalmados, ânimos em regozijo,
ana ^d*Marduk mutir gimillīšunu išīmū šimta*	Para Marduk, o que devolve o feito a eles, destinaram o destino.

É esta a primeira vez que, participando da ação, Láhmu (aqui chamado de Lahha) e Láhamu entram em cena (a referência anterior fora apenas ao seu nascimento no interior de Apsu-Tiámat) e o que eles fazem é apenas isto: clamaram ruidosos (*issû elītum*). Traduzi o verbo *šašu* por 'clamar', quando expressão de uma grande emoção, como aqui, por 'conclamar', quando se tratava de chamamento a alguém; e uma única vez por 'proclamar', nos versos finais ("proclamem o canto de Marduk", 7, 161) – sendo a emissão de alta voz o que amarra todos esses sentidos. No caso de manifestação de forte emoção, ele é usado quando se conta como Tiámat, ao saber do plano de Apsu de aniquilar sua prole, "encolerizou-se e clamou (*iltasi*) contra seu consorte" e "clamou (*issīma*) assim apenada, enfurecida ela só" (1, 42-43), do mesmo modo que, antes de enfrentar Marduk, "clamou (*issīma*) Tiámat, com furor e ruidosa" (4,89); de Ánshar também se diz que, ao ouvir o relato de Ea sobre os preparativos de Tiámat, "Ai! clamou (*ištasi*), seus lábios mordeu", bem como, ao ouvir que Ánu, seu filho, falhara em acalmar Tiámat, "Ánshar em cólera clamou (*išassi*)".[124] Já o advérbio *elītam*, 'ruidosamente', ocorre não mais que três vezes: nesta passagem, em 4,89, há pouco citada, e em 1,35, quando "Apsu sua boca abriu / E a Tiámat ruidoso disse" que era preciso aniquilar os filhos. Considere-se assim como 'clamar ruidoso' configura algo bastante especial, que se aplica não mais que aos primeiros, em ordem teogônica, dentre os

[124] Há mais uma ocorrência do verbo que traduzi por 'clamar': quando, durante a batalha, Marduk acusa Tiámat, dizendo: "Clamaram os filhos, a seus pais ultrajaram, / Mas tu, que os procriastes, detestas apiedar-te".

grandes deuses: Apsu-Tiámat, Láhmu-Láhamu e Ánshar. Que Láhmu e Láhamu aqui se limitem a fazê-lo está de acordo com a dignidade que se esperaria deles.

A destacar ainda o fato de que os Ígigi se apresentem como uma sorte de séquito dos dois deuses. Com efeito, eles são também referidos nominalmente no outro raro episódio em que há interferência de Láhmu e Láhamu, os quais, quando da consagração de Marduk como rei, "abriram suas bocas, disseram aos deuses, os Ígigi: / Antes Marduk era o filho nosso amado, agora é vosso rei" (5, 107-108). Que os Ígigi (e também Láhmu e Láhamu) digam "Que de tão hostil para ela tal ataque decidir? / Não soubemos nós, de Tiámat, as ações!" sugere duas coisas: que o lugar onde se encontram é apartado de onde se desenrolaram as ações em torno de Tiámat e Ánshar, ou seja, que os deuses contam com lugares próprios, o que descarta a ideia de que tudo pudesse estar nas águas de Tiámat; em consequência, que a convocação para a assembleia tem sentido, envolvendo não apenas os dois ancestrais ilustres, mas também todos os grandes deuses, configurados como os Ígigi, pois é deles, em conjunto com Láhmu e Láhamu, que se afirma que entraram diante de Ánshar, de ventura cheios.

A assembleia perfeita

Posta na conclusão da terceira tabuinha, acredito que tudo permite considerar esta como uma assembleia perfeita. Ela foi requerida (por Marduk), convocada (por Ánshar e parece que organizada por Kakka) e a ela se dirigem agora todos os grandes deuses que decretam o destino, a fim de decretar o de Marduk. A breve mas significativa descrição da reunião fornece um retrato ideal em contraponto com as três anteriores (a de Apsu e Múmmu; a de Tiámat; a de Ánshar):

a) contra o que se dava nos três casos, os deuses entram diante de Ánshar "de ventura cheios", ou seja, predispostos de modo positivo;
b) acolhe-os um ambiente festivo, em que se beijam uns aos outros e falam uns com os outros;
c) saciam-se de comida, fartam-se de cerveja, deleitando seus corpos.

O que se observa é que tudo acontece como previsto por Ánshar no início da tabuinha ("Os deuses, meus pais, introduze defronte a mim, / Introduzam-se os deuses, a totalidade deles, / Ditos se digam, em festa se assentem, / Cereais comam, tomem cerveja, / Para Marduk, o que devolve o imposto a eles, decretem o destino!", 3, 5-10) – essa sendo parte da ordem que Ánshar dá a Kakka, não fazendo parte da mensagem que envia a Láhmu e Láhamu. A descrição agora de como o ambiente festivo se estabeleceu indica que Kakka cumpriu sua missão, o que tem importância pelo fato de que deuses inquietos e, sobretudo, famintos terminam por tomar más decisões.

Observe-se como, não sendo exclusividade das tradições mesopotâmicas que os deuses se reúnam em assembleia para tomar deliberações, que isso se faça em conexão com banquetes não parece tão comum, por exemplo, nos poemas gregos arcaicos. Conforme Assunção, observado o uso explícito de *agorá* e do verbo correspondente *ageíro* para distinguir a assembleia de outras formas de reunião, as ocorrências em Homero são poucas, mas não de todo inexistentes:

a) em *Ilíada* 4, 2-4, numa "reunião dos deuses no palácio de Zeus que irá também resultar (sob o comando de Zeus, mas com a participação dos outros deuses olímpicos) em coordenadas para a continuidade da guerra de Troia, reunião que desta vez é nomeada ou descrita como 'assembleia': 'Os deuses, sentados junto a Zeus, estavam em assembleia (*egoróonto*)/ sobre piso de ouro' [...], Juventude [...] aparece como escanção, servindo néctar [...] e os deuses 'brindavam uns aos outros': 'Entre eles, a soberana Juventude / servia néctar, e com cálices de ouro brindavam-se / mutuamente' (Ilíada 4, 2-4), o que, de alguma forma, contradiria uma regra ou código estrito de distinção entre 'assembleia' e 'banquete'";

b) também em 15, 84-86, "Hera volta ao palácio do Olimpo, onde os outros deuses olímpicos estavam 'reunidos em assembleia' (*homegeréesin*) e 'todos [...] a saudaram com as taças' [...], no que, portanto, se configura como um banquete 'doméstico' em curso, no qual irão (porém) ser transmitidas ordens básicas de Zeus sobre o curso da guerra de Troia".[125]

---

[125] Assunção, Um brevíssimo esboço sobre comida/bebida nas "assembleias" dos deuses em Homero (trabalho ainda inédito, que agradeço ao autor a gentileza de ter-me transmitido).

Também na Mesopotâmia, mais que a alimentação parece que o que importa nesse tipo de situação é a bebida, referida com uma abundância de vocábulos para 'cerveja': *kurunnu*, palavra de origem suméria, indicando 'bebida oferecida aos deuses e ingerida por homens num ritual', 'cerveja' forte (?);[126] *širīsu*, palavra de origem desconhecida, 'cerveja', é o termo mais comum; e *šikru*, 'cerveja', 'bebida alcoólica', 'vinho de tâmaras', 'vinho de uvas' (*bīt šikri*, 'taverna', literalmente, 'casa da cerveja').[127]

Nos poemas sobre Gilgámesh, a cerveja é tanto parte de grandes festejos,[128] quando índice de civilização: em *Ele que o abismou viu*, quando Enkídu é conduzido por Shámhat para a aldeia de pastores, pela primeira vez é vestido com roupas, come pão e bebe cerveja: "Pão puseram diante dele, / Cerveja (*šikari*) puseram diante dele. / Não comeu pão Enkídu, fixou os olhos tão logo o viu: / Comer pão não aprendera, / Beber cerveja não sabia" (2, 44-48). Mais enfática nesse sentido é a versão antiga do poema (*Proeminente entre os reis*), em que Shámhat afirma a Enkídu:

A meretriz a boca abriu
E disse a Enkídu:
Come pão, Enkídu,
Signo de vida,
Cerveja (*šikaram*) bebe, signo desta terra!
Comeu pão Enkīdu

---

126 George (*The Babylonian Gilgamesh epic*, p. 707) traduz este termo, em inglês, por '*ale*' (eu traduzi-o por 'áraque', apenas para indicar que se trata de uma bebida alcóolica forte, cf. Brandão, *Ele que o abismo viu*, p. 122); Sanmartín (*Epopeia de Gilgamesh*, p. 274) por '*cerveza* [...] *negra*'.

127 Como se vê, havendo em português uma única palavra, essa abundância de termos impõe mais um bom desafio ao tradutor. Nos três versos envolvidos, deixei "cerveja" no primeiro deles, porque o termo *kurunnu* já ocorria sozinho em 3, 9 ("tomem cerveja") e orienta o entendimento do que segue; no verso seguinte optei pelo genérico "bebida", para reproduzir algo do efeito sonoro, em acádio, entre a primeira palavra deste verso (*širīsu*) e a primeira do verso seguinte (*šikru*), que traduzi por "birra".

128 Assim, na narrativa do dilúvio feita por Uta-napíshti, ele declara: "Para os artesãos matei um boi, / Degolei ovelhas cada dia, / Cerveja (*sirišu*), áraque (*kurunu*), azeite, vinho (*karãna*) / Aos artesãos fiz beber, como água de rio – / Uma festa faziam como no dia do *akítu*" (11, 71-75).

[100] Até saciar-se;
Cerveja bebeu:
Sete jarros.
Relaxou a gravidade, pôs-se a cantar,
Dilatou o coração,
Sua face iluminou-se. (v. 94-105)

Este é, portanto, o efeito da bebida, nada diferente daquilo que ela provoca nos deuses em assembleia: deleite dos corpos, descontração e regozijo dos ânimos.[129]

[129] Jastrow (*An old babylonian version of the Gilgamesh*), considerando esse texto e vendo na história de Enkídu uma espécie de arqueologia (que ilustra o percurso humano da vida selvagem à civilização), ressalta o contraste entre a concepção da *Torah* e a do poema de Gilgámesh com relação ao consumo de bebidas alcoólicas: "O escritor bíblico [...] vê a embriaguez de Noé como uma desgraça. Noé perde o senso de pudor e desnuda-se a si mesmo (*Gênesis* 9, 21), enquanto a descrição babilônica da boa disposição de espírito de Enkīdu após ter bebido sete jarras de vinho (*sic*) é aplaudida. O ponto de vista bíblico é que quem bebe vinho fica bêbado; o babilônio diz: se você bebe vinho, fica feliz".

[illegible] principalmente o tratamento dado a Ea e a Anum [illegible] mais marcante a ação de Marduk e mostrar [illegible] supremacia.

Ao que tudo indica, a passagem em que Ea, depois de conhecer os planos de Tiamat, "volve do caminho", parece um elemento-chave da narrativa, considerando-se que é motivo de um comentário que parece remeter a uma performance ritualística, nestes termos:

> [illegible]

Conforme Worthington, esse comentário "liga a ambiguidade numa parte de *Enuma eliš* ao aparecimento de uma carruagem num ritual" – o que "é difícil de avaliar". "O comentador infere que [illegible] *Enuma eliš* é [illegible] ritual? Ou presume que os recebedores do comentário sabem que o *Enuma eliš* é ritualmente reencenado e [illegible] informa qual parte corresponde a qual parte? Noutras palavras, o comentador nos dá uma interpretação do *Enuma eliš* ou faz uma explanação de como o ritual surge do *Enuma eliš*?" (Worthington, *Ea's duplicity in Gilgamesh flood story*, p. 114-115). Quaisquer que sejam as respostas, o fato de que o verso que resume a atitude de Ea seja comentado é, ao que tudo indica, reconhecido [illegible] como a escolha de [illegible] que também se aplica a Anu, e um [illegible] indispensável para [illegible] de Marduk.

Tiamat, que é mulher

Outro [illegible]

[illegible]

TABUINHA 4

A entronização de Marduk
(versos 1-34)

iddûšuma parak rubûti	Lançaram para ele uma sede de soberano,
maḫāriš abbēšu ana malikūti irme	Defronte de seus pais, em liderança fixou-se:
attāma kabtāta ina ilāni rabiūti	Tu és honrado dentre os grandes deuses,
šimatka lā šanān siqarka ^{d}*Anum*	Teu destino não tem duplo, tua fala é a de Ánu!
^{d}*Marduk kabtāta ina ilāni rabiūti*	Marduk, honrado dentre os grandes deuses,
šimatka lā šanan siqarka ^{d}*Anum*	Teu destino não tem duplo, tua fala é a de Ánu!
ištu ūmimma lā inninnā qibitka	De hoje em diante não se modifique tua ordem,
šušqû ū šušpulu šī lū qātka	Exaltar e rebaixar, isso esteja em tua mão!
lū kīnat ṣīt pîka lā sarar siqarka	Seja firme o que vem de tua boca, sem mentira tua fala!
mamman ina ilāni itûkka lā ittiq	Nenhum dentre os deuses teus limites transgrida!
zanānūtum eršat parak ilānima	Provisões requer a sede dos deuses,
ašar sagīšunu lū kūn ašrukka	O lugar de seu santuário esteja firme em teu lugar!
^{d}*Marduk attāma mutirru gimillīni*	Marduk, tu és o que devolve o feito a nós!
niddinka šarrūtum kiššat kal gimrēti	Demos-te a realeza sobre a soma de toda a totalidade!
tišabma ina puhri lū šaqâta amatka	Senta-te na assembleia, que te exaltes com tua palavra!
^{iš}*kakkūka ai ippalṭu lira''isū nakīrīka*	Tuas armas não falhem, aniquilem teus inimigos!
bēlum ša taklūka napištāšu gimilma	Senhor, de quem em ti confia a vida resguarda!
ū ilu ša lemnēti īḫuzu tubuk napšassu	E do deus que mal se teve extirpa-lhe a vida!
ušzizzūma ina birīšunu lumāša ištēn	Ergueram no meio deles uma constelação única,
an ^{d}*Marduk bukrīšunu šunu izzakrū*	A Marduk, seu rebento, eles disseram:
šimatka bēlum lū maḫrat ilānīma	Que teu destino, Senhor, rivalize o dos deuses!
abātu ū banû qibi liktūnū	Destruir e engendrar, comanda e assim seja!
epšū pîka li'abbit lumāšu	Mandado de tua boca destrua esta constelação,
tūr qibīšumma lumāšu lišlim	Torna a comandar e a constelação restabeleça-se!

iqbīma ina pîšu u'abbit lumāšu	[25] Comandou com sua boca, destruiu a constelação.
itūr iqbīšumma lumāšu ittabni	Tornou a comandar e a constelação foi regenerada.
kīma ṣīt pîšu īmurū ilānu abbūšu	Quando o que vem de sua boca viram os deuses, seus pais,
iḫdû ikrubū ^{d}*Mardukma šarru*	Alegraram-se, bendisseram: Marduk é o rei!
uṣṣibūšu ḫaṭṭa ^{is}*kussâ u palâ*	Ajuntaram-lhe cetro, trono, reino,
iddinūšu kak lā maḫra dā'ipu zayāri	[30] Deram-lhe arma sem igual, que subjuga o oponente:
alikma ša Tiāmat napšatuša puru'ma	Vai! a Tiámat a garganta rompe-lhe,
šārū dāmīša ana busrātum libillūni	Ventos o seu sangue, como anúncio, conduzam!
išīmūma ša bēli šimātūšu ilānu abbūšu	E destinaram ao Senhor seu destino, os deuses, seus pais.
uruḫ šulmi u tašmê uštaṣbitūšu harrānu	Em rota de mercês e complacência fizeram-no tomar o caminho.

Recorde-se que a tabuinha anterior terminava com o verso "Para Marduk, o que devolve o feito a eles, destinaram o destino", a que se seguia o reclamo, que é o primeiro verso desta tabuinha, "Lançaram para ele uma sede de soberano" – e o modo como se deu a decretação do destino desdobra-se até o final do trecho reproduzido anteriormente, como se lê no verso 33: "E destinaram ao Senhor seu destino, os deuses, seus pais". Essa delimitação é importante na medida em que, assim como a representação de uma assembleia perfeita, todo o entrecho põe em cena uma solenidade de atribuição de destino também sem reproche, o que a opõe ao repetido pela última vez, não muito antes, na fala de Kakka: a elevação de Quíngu por Tiámat e a decretação, por aquele, de destinos para os deuses seus filhos.

Ainda que a performance constitua uma unidade, certamente divide-se em partes. A primeira, introduzida pelo dístico "Lançaram para ele uma sede de soberano, / Defronte de seus pais em liderança fixou-se" – sem *verbum dicendi* –, constitui a decretação propriamente dita, aberta com um dístico paralelístico, a forma hínica sendo mantida em todo o trecho (v. 1-18). A segunda parte é constituída pela comprovação do poder dado a Marduk de "destruir e engendrar" (v. 19-26). Enfim, o epílogo da cerimônia comporta a constatação da grandeza de Marduk, a atribuição a ele de insígnias e armas, além do comissionamento de que vá enfrentar Tiámat" (v. 27-34).

A decretação do destino

Na parte inicial, a proposta defendida por Talon, de que o poema seja organizado em estrofes de quatro versos, aplica-se bem à organização da fala dos deuses na decretação do destino propriamente dita:

a) primeira parte (v. 3-6): os dois dísticos de abertura destacam o que se poderia considerar como o fado natural de Marduk, o que vem desde seu nascimento: ele pertence à categoria dos grandes deuses, é honrado nesse meio, tem um destino inigualável e sua fala é como a de Ánu ("o comando de Ánu é proverbial", LBCM, p. 474, que remete para Lambert, *Babylonian wisdom literature*, p. 233);

b) segunda parte (v. 7-10): os dois dísticos seguintes são o núcleo da determinação do destino, o que o uso dos imperativos mostra, a ênfase estando posta no poder concedido à palavra de Marduk, a qual é imutável, capaz de exaltar ou rebaixar, firme e sem mentira, determinando limites inamovíveis – o que se poderia resumir na expressão "seja firme o que vem de tua boca";

c) terceira parte (v. 11-14): os dois dísticos representam já uma expressão do que os deuses esperam de Marduk, uma vez que ele foi agraciado com o destino expresso na parte anterior: que as sedes (os santuários) de cada um dos deuses ele mantenha firmes no lugar que é dele[130] e que, tendo recebido a suprema realeza, assuma o papel de quem "devolve o feito a nós" (o verso 13 retoma 2, 15, cf. GEE, p. 334);

d) quarta parte (v. 15-18): os dois últimos dísticos expressam a expectativa de que Marduk aniquile os inimigos, ou seja, vincula a decretação do destino às necessidades de aqui e agora (análise semelhante em GEE, p. 142-143).

---

[130] GEE, p. 333 – que assim traduz o verso 12: "*der Ort ihrer Heiligtümer sol an deinem Ort dauerhaft gemacht sein*" –, observa que os versos 11-12 expressam "uma demanda a Marduk, em que a formulação exata do acádio é decisiva", de modo que, diferentemente de Lambert (LBCM, p. 87: "*you may be establised where their sanctuaries are*"), "o verso deve ser lido no sentido de que os deuses exigem o estabelecimento de seus próprios santuários no lugar de Marduk" – e, "como Babilônia ainda não existe neste ponto e, portanto, seu nome ainda não é conhecido (a primeira ocorrência será em 5, 129), a cidade e, com ela, o santuário de Esagila são genericamente referidos através de *ašrukka*" ("teu lugar"). É esta a leitura que adoto.

Que a assembleia de Tiámat, com a exaltação de Quíngu, pode ser considerada um hipotexto dessa consagração aponta mais de um indício. É significativo que eles se distribuam pelas partes em que dividi a fala dos deuses:

a) na primeira parte, a referência ao "destino" sem igual de Marduk remete à tabuinha dos destinos que Quíngu recebe, sem legitimidade, de Tiámat;

b) na segunda, a expressão "seja firme o que vem de tua boca" (v. 9) repete literalmente o que determinara a deusa para seu campeão logo depois de entregar-lhe a tabuinha dos destinos (*likūn ṣit pîka*, 1, 158);

c) na terceira porção do discurso dos grandes deuses, a expressão "o que devolve o feito a nós", como já comentei antes, retoma o que dizem os deuses a Tiámat, "o feito a nós devolve!" (*gimillašunu tirri*, 1, 123), o que sugere que Marduk está destinado a substituí-la;

d) finalmente, a incitação à guerra da última parte evoca toda a assembleia de Tiámat como modelo aberrante do concílio dos deuses, em especial o destino que Quíngu determina para seus filhos: "Mandados de vossas bocas Fogo faça sossegar / Teu veneno, ao acumular-se, a força degrade!" (1, 161-162).

Considerando-se a técnica de espelhamento praticada no poema, o que se conclui é que tudo o que perfazem os deuses neste passo tem como efeito destacar o caráter desviante das ações de Tiámat em sua assembleia, reiterada à exaustão nas tabuinhas imediatamente anteriores. Acrescente-se que alguns desdobramentos do enredo aqui também se antecipam. Assim, os versos 11-12 ("Provisões requer a sede dos deuses, / O lugar de seu santuário esteja firme em teu lugar!") remetem às ações futuras de Marduk relativa aos santuários; o verso 18 ("E do deus que mal se teve extirpa-lhe a vida!") antecipa a morte de Quíngu, de que depende a criação da humanidade.

Os poderes de Marduk

A segunda parte da cerimônia (versos 19-26) é uma espécie de teste (e demonstração, cf. GEE, p. 143) dos poderes que foram conferidos a Marduk no trecho anterior: os deuses erguem uma constelação e, depois de reafirmar a força das palavras do Senhor, ordenam-lhe que a destrua e restabeleça, o que ele faz (cf. SooHoo, *Violence against the enemy*, p. 215). Nessa passagem fica claro que o poder de Marduk decorre dos "mandados de sua boca" (*epšū pîka*, literalmente, 'feitos de tua boca') – o verso "mandados de tua boca destrua esse astro" ecoando a fala de Quíngu ao decretar o destino para seus filhos: "mandados de vossas bocas (*ipšā pîkunu*) Fogo faça sossegar" (1, 161).

Por outro lado, o teste parece ter um claro papel prospectivo, pois do rol dos feitos futuros do deus constará a organização do espaço celeste: "Produziu ele uma posição para os grandes deuses: / De estrelas, deles reflexo, constelações ergueu" (5, 1-52). Ora, o próprio fato de que, neste ponto, os deuses criem uma constelação – uma só, conforme o uso do numeral *ištēn* ('um/a') –, a qual é criada, destruída e recriada, faz com que ela possa ser julgada como uma espécie de protótipo da multiplicidade de outras constelações a serem erguidas por Marduk.

O comissionamento de Marduk

A terceira parte da cena (v. 27-34) é ocupada pela constatação plena do destino sem igual de Marduk: a) os deuses viram a firmeza do que "vem de sua boca", confirmando-se a realização do que decretaram antes; b) deram-lhe insígnias reais: "cetro, trono, reino"; c) em vista de sua missão como antagonista de Tiámat, deram-lhe ainda "arma sem igual". Ora, pode-se dizer que a força desta passagem esteja em seu caráter antagonístico, já que "seja firme o que vem de tua boca" é referido primeiramente tendo em vista Quíngu, como já salientei (cf. 1, 158), sendo ainda a Quíngu que se fez primeiro sentar-se num trono (cf. 1, 152: "Dos que no combate a suprema liderança / [Tiámat] confiou à sua mão, fê-lo sentar-se no trono"), bem como foi a mesma Tiámat quem primeiro produziu "armas sem igual" (*kakku lā maḫri*, 1, 134).

Tudo isso permite que os deuses possam enfim ordenar a Marduk: "Vai! a Tiámat a garganta rompe-lhe, / Ventos o seu sangue, como anúncio, conduzam!" (*šārū dāmīša ana busrātum libillūni*). Essa declaração, além da função conclusiva da cerimônia, tem o efeito intertextual não menos relevante de reiterar que Marduk é o novo Ninurta, uma vez que corresponde à assertiva presente também em *Anzû*, o segundo verso dos dísticos sendo quase idênticos, com a diferença de uma única palavra: "Destrói sua vida, a Anzu prende, / Ventos as suas penas, como anúncio, conduzam" (*šārū kappīšu ana busrātim libillūnim*, Annus, *The standard Babylonian Epic of Anzu*, 2, 18-19).

Ora, naquele poema essa exortação se faz no contexto das instruções que Bélet-íli e Ea dão a Ninurta, o oponente desse deus sendo um pássaro, o que justifica a referência às penas levadas pelo vento até a casa de Énlil, o Ekur (*bi-ti-iš* É.KUR *a-na ṣe-er a-bi-ka* ^{d}EN.LÍL, 2, 20); já no caso do *Enūma eliš*, Lambert manifestou estranheza com o fato de que o vento pudesse levar até os grandes deuses o sangue de Tiámat, como notícia da vitória, o que Wisnom com razão considera um "criticismo desnecessário": "numa tempestade o vento carrega gotas de chuva; assim, o vento carregar gotas de sangue pode ser visto como uma utilização lógica dos poderes do deus da tempestade", como é Marduk (WIBP, p. 102). Lambert sugere ainda que a imagem, nos dois casos, decorra de que "condições especiais do céu eram explicadas como as penas de Anzu ou o sangue de Tiámat" (LBCM, p. 475), no segundo caso não sendo difícil supor que isso diga respeito à presença de nuvens vermelhas ao nascer ou ao pôr do sol.[131]

Um outro aspecto deduzido da comparação das duas cenas é ressaltado por Wisnom, a qual indica tanto como os dois versos são capazes de evocar passagens muito mais longas de *Anzû*, quanto, mesmo sendo semelhantes, como Marduk ultrapassa Ninurta em poder: "Enquanto Ninurta recebe muito mais linhas de encorajamento (vinte e sete de sua mãe e vinte e três de Ea), esses dois [versos] são tudo o que Marduk recebe", o que parece sugerir "que ele simplesmente não precisa mais do que essa simples instrução, pois ela foi precedida por uma longa passagem de louvor", motivo por que "as longas exortações a Anzu são aqui substituídas por apenas duas linhas que as evocam" (WIBP, p. 101-102).

---

131 Uma dificuldade nesta passagem é a possibilidade de duas leituras, tanto em *Anzû* quanto no *Enūma eliš*: *ina busrati* ('para anúncio') e *ina puzrāti* ('para um lugar secreto'). Em *Anzû*, essa segunda leitura seria mais admissível, uma vez que se faz referência ao *ekur*, a residência de Énlil, que não deixa de ser um lugar ao menos reservado, em que pode haver lugares secretos; no *Enūma eliš*, a dificuldade é maior, pois apenas dificilmente se poderia especular que 'lugar secreto' seria esse em que o sangue, levado pelo vento, provoca a alegria dos deuses. Os editores optam, todavia, pelas duas lições: assim, Talon adota a segunda (*ina puzrāti*), enquanto Lambert prefere a primeira (*ina busrati*), que é também minha opção (ver as razões de Lambert em LBCM, p. 475).

A assembleia e o rei

Considerando o que diferencia essa assembleia das anteriores, Bartash salienta alguns aspectos que merecem consideração. Como se viu, depois que a assembleia comum de todos os deuses, que é o local onde um pretendente apresenta suas demandas, aceita as condições de Marduk, cabe a ação a uma "parte interna da assembleia", o "conselho de cinquenta grandes deuses", que pode ser considerado "como uma espécie de 'câmara superior' da assembleia pública". Os grandes deuses assentam-se no banquete e "concedem a Marduk o direito de tomar lugar no 'palco sagrado do poder' (*parak rubûti*, 4, 1)", o que implica reconhecer-lhe a autoridade de rei. Contudo, observa-se que os deuses fazem também alguns pedidos a Marduk, o que tem como resultado esclarecer que "o rei, como autoridade política, deve agir dentro dos limites estabelecidos pela assembleia dos grandes deuses". Assim, conclui ele, o processo compreende três etapas: "Primeiro, o pretendente tenta obter a aprovação de sua candidatura na assembleia pública. Posteriormente, é necessária uma aprovação da assembleia dos grandes deuses, que é dada após uma determinação escrupulosa de direitos, deveres e limites das autoridades do 'Lugal' [o rei]. Somente depois disso os poderes extraordinários são passados ao pretendente" (Bartash, *Puḫru*, p. 1103-1104).

As armas de Marduk
(versos 35-58)

ibšim ^{iš}*qašta kakkāšu u'addi*	[35] Produziu um arco, por sua arma o reconheceu,
mulmullum uštarkiba ukīnši matnu	Uma flecha lhe sobrepôs, firmou a corda.
iššīma miṭṭa imnāšu ušāḫiz	Levantou a maça, com sua destra susteve-a,
^{iš}*qašta u išpatum idușšu īlul*	Arco e aljava em seu flanco pendurou.
iškun birqa ina pānīšu	Pôs o relâmpago à face de si,
nabla muštaḫmeṭu zumuršu umtalli	[40] De flama ardente seu corpo encheu.
īpušma saparra šulmû qerbiš Tiāmat	Fez a rede, para envolver por dentro Tiámat:
erbetti šārī ušteṣbita lā aṣê mimmīša	Os quatro ventos tomou, para que não saísse nada dela,
šūta ištāna šadâ amurra	Vento Sul, Norte, Leste, Oeste;
iduš saparra uštaqriba qišti abīšu ^{d}*Anim*	A seu flanco a rede achegou; eram eles oferendas de seu pai, Ánu

ibni imḫulla šāra lemna meḫâ ašamšūtum	[45] Engendrou Turbilhão – vento mau –, Borrasca, Ciclone,
šāra erbâ šāra sebâ šāra imsuḫḫâ im-sá-anu-sá-a	Vento-Quádruplo, Vento-Sétuplo, Vento-Tufão, Vento ----
ušēṣâmma šārī ša ibnû sebettīšun	E fez sair os ventos que engendrou, aqueles sete.
qerbiš Tiāmat šudluḫu tebû arkīšu	Para por dentro a Tiámat disturbar alçaram-se atrás dele.
iššīma bēlum abūba [iš]*kakkāšu rabâ*	E levantou o Senhor o Dilúvio, sua grande arma.
[iš]*narkabta ūmu lā maḫri galitta irkab*	[50] No carro da tempestade, sem igual e assombroso, montou
iṣmissimma erbet naṣmadi idušša īlul	E jungiu-lhe quatro atrelados, em seu flanco os pendurou:
šāgišu lā padû rāḫiṣu mupparša	Assassino, Impiedoso, Inundação, Alado,
patûni šapti šinnāšunu nāšâ imta	Abertos têm os beiços, seus dentes levam veneno,
anāḫa lā idû sapāna lamdû	Esmorecimento não conhecem, a devastar ensinados.
ušziz imnuššu taḫāza rašba u tuquntu	[55] Fez erguer à sua destra Temível Contenda e Guerra,
šumēla ananta dā'ipat kala muttētendī	À esquerda, Peleja, que subjuga todos os comparsas.
naḫlapta apluḫti pulḫāti ḫalipma	Por vestimenta, couraça de terror vestia
melammi rašubbati apir rāšuššu	E aura aterradora cobria-lhe a cabeça.

A cena de armação do guerreiro não se pode dizer que seja rara na literatura antiga em geral, o que se deve sem dúvida ao fato de que as armas integram o poder dos heróis e são instrumento efetivo de seu sucesso. Basta que se recorde, no caso grego, a longa cena de preparação, por Hefesto, das armas de Aquiles, na *Ilíada* (18, 468-617), ou as referências às armas de Yahweh na Bíblia hebraica,[132] o que tem paralelos

---

[132] Por exemplo, Salmo 35, 1-3: "Iahweh, acusa meus acusadores, combate os que me combatem! / Toma a armadura (*māgēn*) e o escudo (*ṣinnâ*) e levanta-te em meu socorro! Maneja a espada (*ḫaniṭ*) e o machado (*segor*) contra meus perseguidores! Dize a mim: Eu sou tua salvação!" (tradução da Bíblia de Jerusalém). Sobre o sentido desses termos, traduzidos acima apenas de modo aproximado, ver Botterweck *et al.*, *Theological Dictionary of the Old Testament*, s. v. *māgēn/gânnan/ṣinnâ/šelet*: *māgēn* seria um escudo redondo (correspondendo ao grego *aspís* e ao latim *clipeus*); *ṣinnâ*, o escudo que cobre o corpo inteiro (grego, *thyreós*, latim, *scutum*); e *ḫaniṭ*, a lança.

com episódios dos poemas mesopotâmicos. No presente caso, parece adequado distinguir duas operações no armamento de Marduk: a) as armas que ele produz; b) as armas de que se apropria. Na opinião de Bottéro, todas elas constituem "instrumentos racionais", "calculados com inteligência para integrar uma verdadeira tática", ao contrário da armada monstruosa e brutal de Tiámat (BAB, p. 93).

A produção de armas da parte do deus expressa-se com os verbos *bašāmu* (moldar, formar, delinear, criar), *epēšu* (fazer, construir) e *banû* (engendrar, criar, construir), aplicando-se ao seguinte: a) ao arco que ele produziu (*ibšim*), incluindo a flecha sobre ele posta e a corda; b) à rede que ele fez (*ipuš*); c) ao Turbilhão, à Borrasca, ao Ciclone e aos ventos que ele engendrou (*ibni*). Observe-se que os produtos da ação criadora de Marduk são tanto o que consideraríamos artefatos (como o arco e a rede) quanto fenômenos naturais (o turbilhão, a borrasca, o ciclone, os ventos), o que une todos sendo a condição de armas do deus e, no caso dos últimos, especificamente de um deus da tempestade.

No rol das armas de que Marduk se apropria, sem haver menção de que as tenha criado, os verbos encontrados são *našû* (levantar, brandir, empunhar), *šakānu* (pôr), *šutaṣbutu* (reunir, ajuntar), *rakābu* (montar, dirigir), *ṣamādu* (jungir, atrelar) e *uzuzu* (erguer-se), o que se aplica: a) à maça que ele levantou (*iššī*); b) ao relâmpago que pôs (*iškun*) diante de si; c) aos quatros ventos que tomou (*ušteṣbita*) para si; d) ao Dilúvio que brandiu (*išši*); d) ao carro da tempestade em que montou (*irkab*); e) aos quatro atrelados que ao carro jungiu (*iṣmid*); f) à Contenda, à Guerra e à Peleja que fez erguerem-se (*ušziz*).

As duas esferas de ação encontram paralelos em outros textos mesopotâmicos. Assim, por exemplo, a fabricação de armas integra os preparativos para a expedição de Bilgames/Gilgámesh contra Huwawa/Humbaba. No poema sumério *O senhor à montanha do vivo* (geralmente conhecido como *Bilgames e Huwawa*), o guerreiro, tão logo decide dirigir-se à Floresta de Cedros, toma "o caminho da forja" e manda fazer "um punhal e um machado de bronze, suas armas de herói" (*O senhor à montanha do vivo*, 54-55), a mesma cena se repetindo, com mais longa extensão, em *Ele que o abismo viu*:

> Estavam assentados e trocavam impressões para ----
> Um machado moldemos ----

Machadinhas de sete talentos ----
Suas espadas eram de sete talentos.

Seus cinturões eram de um talento,
Cinturões de ---- (*Ele que o abismo viu* 2, 247-253)

A apropriação e organização de "armas" já existentes encontra-se, por exemplo, em *Anzû*, quando Ninurta, tendo decidido enfrentar o pássaro monstruoso,

Curvou-se em trepidação e foi a um esconderijo.
O senhor organizou os sete da batalha,
O guerreiro organizou os sete ventos malignos
Que dançam no pó, os sete turbilhões;
Reuniu um batalhão, fez guerra com uma formação aterrorizante;
Até os vendavais estavam em silêncio ao seu lado, prontos para o conflito.
Num lado da montanha Anzu e Ninurta se encontraram. (*Anzû* 2, 29-35)

Além das relações intertextuais que possam existir com outras narrativas divinas e heroicas, a passagem em questão está repleta de remissões intratextuais. Não escaparão mesmo à leitura menos atenta duas retomadas importantes. A primeira, dos quatro ventos que Ánu engendrou e com os quais as mãos de Marduk encheu, produzindo este poeira e onda, o que "disturbou Tiámat" (v. 1, 105-108), esse presente sendo o que agora o vingador dos deuses toma, para que, tão logo o interior de sua adversária estivesse envolvido pela rede, "não saísse nada dela" (cf. GEE, p. 145, a referência é direta em vista do hemistíquio "eram eles oferendas de seu pai, Ánu").

A segunda reminiscência, de ordem mais genérica, encontra-se nos versos 45-56, os quais sem dúvida lembram as "armas sem igual" que Tiámat procria e multiplica (v. 1, 133-146). Dessa perspectiva, os números são significativos: os monstros de Tiámat eram "de todo onze" (v. 1, 146), enquanto os ventos de Marduk são os quatro que lhe havia dado Ánu, mais "aqueles sete" que ele engendrou, o que soma também onze. Algumas outras semelhanças parecem servir para alertar o leitor do espelhamento das armas: assim como Tiámat procriou dragões "de dentes agudos" e "de veneno, em vez de sangue, seus corpos encheu"

(v. 1, 135-136), também dos "quatro atrelados" de Marduk se diz que "abertos têm os beiços, seus dentes levam veneno", o mesmo se podendo dizer das "tempestades ferozes" engendradas pela deusa (1, 143), a que se contrapõem os ventos, o turbilhão, a borrasca, o ciclone e, com destaque, o dilúvio, armas de Marduk.

Pode-se considerar que duas armas merecem destaque. A primeira, o arco (*qaštu*), que, conforme o narrador, Marduk reconhece como "sua arma" (*kakkāšu*);[133] a segunda, o dilúvio (*abūbu*), de que se diz ser "sua grande arma" (*kakkāšu rabâ*).[134] A rede (*saparra*), que integrava os apetrechos de guerra, sendo destinada à captura dos inimigos,[135] destaca-se também pela conexão com os ventos, que eram "oferendas" (*qištū*) de Ánu, não deixando de haver um jogo entre a arma por excelência do deus, *qaštu*, o arco, e esses presentes, *qištū*.[136] Ao carro da tempestade empresta-se relevo, por dizer-se "sem igual" e "assombroso", em si mesmo e pelos monstros que se lhe atrelam, e, como não se conhecem outras fontes em que se apresente como atributo do deus, deve-se reconhecer a importância do destaque que tem aqui: enquanto "carro da tempestade" (*narkabta ūmu*), contribui ele para caracterizar Marduk como deus da tempestade, junto com outros atributos, nomeadamente o relâmpago, os ventos, e o dilúvio.[137]

---

[133] O arco receberá elevadas honras da parte dos deuses, em 6, 81-94.

[134] Sobre as armas do Deus da Tempestade nas tradições médio-orientais, ver Töyräänvuori, Weapons of the Storm God in ancient Near Eastern and Biblical traditions.

[135] Geyer (Twisting Tiamat's tail: a mythological interpretation of Isaiah XIII 5 and 8, p. 171) chama a atenção para o uso da rede na Bíblia hebraica: "A rede (*ršt*, *ḫrm*) é apropriadamente citada como instrumento de Iahweh para capturar o monstro marinho Egito, no oráculo de Ezequiel contra esse país (*Ezequiel* 32, 3). Nos salmos, *ršt* invariavelmente se refere ao instrumento usado pelo inimigo (*Salmos* 9, 16; 10, 9; 25, 15; 31, 5; 35, 7; 140, 6), ao passo que nos profetas (fora em Ezequiel 19, 8) é um instrumento de Yahweh (*Ez*. 12, 13; 17, 20; *Oseias* 7, 12; cf. *Lam*. 1, 13). [...] O uso sumério de redes em campanhas militares data do terceiro período paleodinástico (metade do terceiro milênio)".

[136] Nas literaturas mesopotâmicas, jogos de palavras e trocadilhos são muitíssimo usados, sua interpretação desafiando o engenho dos sábios.

[137] Cf. LBCM, p. 473, "Marduk não tinha um carro famoso. Quando, em IV 50, ele estava armado pelos deuses em preparação para a batalha, o texto simplesmente afirma que montou no carro da tempestade (IV 50), mas isso não é mencionado na longa seção da batalha. Quando em V 71-72 e VI 82-100 seu armamento é

De todas as armas, a rede é a que costuma provocar estranheza aos comentadores: qual seria sua utilidade no combate, considerando que Tiámat é água? Talon lê o verso 41 assim: "*il créa le fillet – c'est pour envelopper Tiamat*" (TBCM, p. 92), seguindo o CAD "*he made a net to enfold Tiāmat in it*". Todavia, como anota Lambert, "ainda que aqui seja possível tomar *qirbiš* [por dentro] por *quirbiššu*, 'dentro dela', isto é, dentro da rede [que é um substantivo masculino], no verso 48 isso é impossível, e no verso 65 *qabluš* refere-se claramente às entranhas de Tiámat", acrescentando ele ainda que a terminação *-iš*, que forma advérbios, é errada (mesmo que se registre em todos os manuscritos), *qirbi* devendo ser tomado como objeto direto (LBCM, p. 475). Assim, ele traduz o verso por "*He made a net to enmesh the entrails of Tiamat*". Minha opção pretende preservar o sentido adverbial de *qirbiš*, 'por dentro', uma leitura que não me parece que cria problemas: "fez a rede, para envolver por dentro Tiámat" (também nessa direção me parece que segue EEE, p. 171: "*fece una rete, (per) avviluppare all'interno Tiamat*").

Enfim, relacionados diretamente com seu corpo, realce-se a "flama ardente" de que se encheu, a "couraça de terror" de que ia vestido[138] e a "aura aterradora" que lhe cobria a cabeça. Todos esses elementos remetem para sua primeira descrição, tão logo nascido: uma nutriz "de terror o encheu" (1, 86), quando ele mexe os lábios, "Fogo brilha" (1, 96), ele se veste "com a aura de dez deuses" (1, 103)[139] e "cinquenta terrores sobre ele se acumulavam" (1, 104).[140] Trata-se, portanto, de uma pintura coerente.

---

elogiado, nenhum carro é mencionado. No entanto, existia um hino bilíngue ao carro de Marduk [...] – mas composto não antes do *Enūma eliš*, porque, nele, Marduk é rei dos deuses, e Énlil constrói o carro para Marduk".

[138] Lambert (LBCM, p. 475) chama a atenção para a notável aliteração neste verso: *naḫlapta apluḫti pulḫāti ḫalipma* (por vestimenta, couraça de terror vestia), envolvendo os fonemas *ḫ*, *l*, *p*, *t*, presentes nas quatro palavras, com exceção do *t*, que falta na última, a qual, todavia, ressoa a primeira, já que se trata da mesma raiz (*hlp*). A assonância é de fato sofisticadíssima – *ḫlpt plḫt plḫt ḫlp* –, de tal modo que Lambert a considera única em toda a poesia acádia.

[139] A menção à aura (*melammu*) é sempre significativa, com relação não apenas a Marduk: recorde-se que Ea tira a aura de Apsu (1, 68); as serpes furiosas procriadas por Tiámat envolviam-se em suas auras (1, 138); finalmente, no momento de sua glorificação, "Marduk veste a aura de realeza" (5, 94).

[140] De modo similar ao observado na nota anterior, a referência a "terror/es" (*pulḫātu*) também parece significativa: as serpes furiosas eram "de terrores vestidas" (1, 137) e aos onze portentos "terror atulhava" (4, 115).

A batalha
(versos 59-104)

uštēšerma bēlum urḫāšu ušardīma	Seguiu direto o Senhor, à sua rota dirigiu-se,
ašriš Tiāmat ša uggugat pānuššu iškun	[60] Até Tiámat, que enfurecida: à sua face se pôs.
ina šaptīšu tâ ukalla	Em seus lábios um encantamento retém,
šammi imta bullî tameḫ rittuššu	Erva para veneno exterminar segura sua mão.
ina ūmīšu idullūšu ilānu idullūšu	Naquele seu dia se lhe desarvoraram, os deuses se lhe desarvoraram,
ilānu abbūšu idullūšu ilānu idullūšu	Os deuses, seus pais, se lhe desarvoraram, os deuses se lhe desarvoraram.
iṭḫēma bēlum qablūš Tâwati ibarri	[65] Chegou o Senhor e o bucho de Tiámat contemplou,
ša ^{d}*Qingu ḫā'irīša išeʾʾâ šibqīšu*	De Quíngu, seu esposo, desvendou-lhe o plano.
inaṭṭalma eši mālakšu	Encarou-a e perturbou-se seu intento,
sapiḫ ṭēmāšūma seḫâti epšessu	Dispersou-se sua decisão e confundiu-se sua ação.
u ilānu rēṣūšu ālikū idīšu	E os deuses, deles aliados, que iam a seu flanco,
īmurūma qarda ašarēdu niṭilšun īši	[70] Viram o valente comandante, seu olhar perturbou-se.
iddi tâša Tiāmat ul utāri kišāssa	Lançou seu encantamento Tiámat, sem volver a nuca,
ina šaptīša lullâ ukāl sarrāti	Em seus lábios, um engodo retinha de mentiras:
---- ša bēlum ilānu tibûka	---- Senhor, os deuses alçam-se contra ti!
[a]šruššun ipḫurū šunu ašrukka	No seu lugar, em assembleia, estão no teu lugar.
iššīma bēlum abūba ^{is}*kakkāšu rabâ*	[75] Levantou o Senhor o Dilúvio, sua grande arma,
ana Tiāmat ša ikmilu kiām išpuršim	E contra Tiámat, que irada, assim ele arremeteu:
minâ ṭubbāti eliš našâtima	Por que paz por fora aparentas
u kapid libbākima dekê ananta	E tramas no teu coração lançar-te à peleja?
issû mārū abbāšunu idaṣṣū	Clamaram os filhos, a seus pais ultrajaram,
u attī ālittāšunu tazerrī rēma	[80] Mas tu, que os procriaste, detestas apiedar-te.
tabbêma ^{d}*Qingu ana ḫā'irūtiki*	Nomeaste Quíngu para o que é do esposo,
ana lā simātīšu taškunīšu ana paraṣ ^{d}*ēnūti*	Para o que não lhe convém o puseste, para o rito do que é de Ánu.
ana Anšar šar ilāni lemmēti teš'êma	Para Ánshar, rei dos deuses, o mal buscaste
u ana ilāni abbē'a lemuttāki tuktinnī	E para os deuses, meus pais, tua maldade firmaste.
lū ṣandat ummatki lū ritkusū šunu kakkūki	[85] Monte-se tua armada! cinjam eles tuas armas!
endīmma anāku u kâši i nīpuš šašma	Aproxima-te! e eu e tu façamos um duelo!
Tiāmat annīta ina šemêša	Tiámat isso quando ouviu
maḫḫūtiš īteme ušanni ṭēnša	Enlouquecida tornou-se, perdeu o senso;
issīma Tiāmat šitmuriš elīta	Clamou pois Tiámat com furor e ruidosa,
šuršiš malmališ iturā išdāša	[90] Nas raízes por completo tremeram-lhe as bases.

imanni šipta ittanamdi tâša	Recita ela um sortilégio, lança seu encantamento
u ilānu ša taḫāzi uša''alū šunu kakkīšun	E os deuses da contenda, afiam eles suas armas.
innindūma Tiāmat apkal ilāni ᵈMarduk	E aproximaram-se Tiámat e o multíscio dos deuses, Marduk,
šašmiš itlupū qitrubū taḫāziš	Em duelo misturaram-se, achegando-se em contenda;
ušparrirma bēlum saparrāšu ušalmēši	[95] E desdobrou o Senhor sua rede, envolveu-a;
imḫulla ṣābit arkāti pānūšša umtaššir	O Turbilhão, tomada ela por trás, em sua face soltou
iptêma pîša Tiāmat ana la'ātīša	E abriu sua boca Tiámat, para devorá-lo;
imḫulla ušteriba ana la kātam šaptīša	O Turbilhão fez ele entrar, para não fechar ela os lábios:
ezzūtum šārū karšāša izānūma	Ventos coléricos suas entranhas atulharam,
innesil libbāšama pâša ušpalki	[100] Inflou-se seu coração e sua boca ela escancarou.
issuk mulmulla iḫtepi karassa	Ele atirou uma flecha, rasgou-lhe as entranhas,
qerbīša ubattiqa usallit libba	Seu interior cortou, retalhou-lhe o coração.
ikmīšīma napšatuša uballi	Encadeou-a e a vida exterminou-lhe,
šalamtāša iddâ elīša izzizam	Seu cadáver lançou, sobre ela ergueu-se.

Essa passagem segue um modelo comum de cenas de lutas heroicas na poesia acádia, envolvendo tanto uma disputa verbal (v. 71-86) quanto o enfrentamento físico (v. 93-104). Conforme SooHoo,

> nesses mitos, a batalha entre o guerreiro divino e seu inimigo vai além da violência física. Vociferar, ou insultar, costuma fazer parte do conflito. Ocorre em um cenário agonístico, com os lados opostos trocando elogios ou insultos, frequentemente usando de fórmulas, ao modo de antífonas. [...] O protagonista, demonstrando a eficácia de sua fala e sua sabedoria, triunfa sobre seu inimigo, superando-o tanto física quanto verbal e intelectualmente. Essa batalha de inteligência destaca a importância e o poder do nome e sua conexão com a identidade na antiga Mesopotâmia. (SooHoo, *Violence against the enemy in Mesopotamian myth, ritual and historiography*, p. 159)

É o que acontece, por exemplo, em *Ele que o abismo viu*, em que, a contenda se estendendo por quase cento e cinquenta versos, a luta propriamente dita de Gilgámesh e Enkídu contra Humbaba ocupa não mais que treze, na primeira passagem, quando o guardião da floresta é derrotado,[141]

---

141 *Ele que o abismo viu* 5, 175-187:
Ouviu-os à distância

e seis, no desfecho, quando é ele morto,[142] o restante sendo dedicado a ameaças, pedidos e declarações dos contendores. Do mesmo modo, em *Anzû*, cujas relações intertextuais com o *Enūma eliš* são evidentes, tão logo Ninurta se apresenta para a batalha, é interpelado por Anzu e responde:

Num lado da montanha Anzu e Ninurta encontram-se.
Anzu olhou-o e tremeu de raiva diante dele,
Arreganhou os dentes como um demônio, sua aura cobriu a montanha,
Ele rugiu como um leão, em raiva repentina,
Em total fúria gritou para o guerreiro:
Eu arrebatei cada um dos rituais
E estou no comando de todas as ordens dos deuses!
Quem és tu para vir lutar comigo? Dê tuas razões.
Com insolência essa fala lançou contra ele.
O guerreiro Ninurta respondeu a Anzu:
Eu sou o vingador do deus de Duranki,
Que estabeleceu Duranki, o ---- extenso,
Terra de Ea, rei dos destinos.
Vim para --- lutar contigo, para calcar-te.
Anzu ouviu sua fala.
Então lançou seu grito furiosamente no meio das montanhas,

Pisoteou o chão e ---- atacou.
Aos calcanhares deles o chão se abria,
Ao darem a volta, partiram-se o Sirara e o Líbano.
Negra se fez nuvem branca,
Morte, como névoa, sobre eles chovia.
Shámash contra Humbaba incitou os grandes ventos:
Vento sul, norte, do levante, do poente – ventania,
Vendaval, temporal, tempestade, tufão,
Redemoinho, vento frio, tormenta, furacão.
Os treze ventos se alçaram, de Humbaba escureceu a face:
Não se lança à frente, não vai para trás –
E a arma de Gilgámesh alcançou Humbaba!

[142] *Ele que o abismo viu* 5, 283-288:
Ouviu Gilgámesh as palavras de seu amigo,
Tirou a espada do lado,
E Gilgámesh golpeou-lhe o pescoço.
---- Enkídu ---- enquanto os pulmões lhe tirava ele,
---- dava saltos,
Da cabeça arrancou-lhe as presas como botim.

Escuridão caiu sobre as montanhas, suas faces estavam toldadas.
(*Anzû* 2, 35-50)

No *Enūma eliš*, o enfrentamento entre os deuses comporta três etapas: a) a preparação de Marduk e seu primeiro confronto visual com Tiámat (v. 59-70); b) o embate verbal (v. 71-86); c) enfim, o combate físico (v. 87-104). Passemos a considerar cada uma dessas partes.

O confronto visual (versos 59-70)

O foco desse primeiro movimento põe-se em Marduk: ele dirige-se até onde se encontra Tiámat enfurecida e se apresenta diante dela. Como precaução, guarda nos lábios um encantamento (*tû*) e tem na mão um antídoto contra veneno. A menção ao encantamento cria a expectativa de que é com ele que Tiámat será vencida, a exemplo do que se passara com Apsu, derrotado pelo encantamento de Ea. O que se observa, contudo, é que Marduk não usará desse recurso, ao contrário de Tiámat, que lança o seu duas vezes, sem sucesso.

O foco passa então rapidamente para os deuses que acompanham Marduk e, diante da cena, desarvoram-se (*idullu*), a mudança de foco ficando enfatizada pela repetição paralelística do verso. O verbo *dalû* ('mover-se', 'vagar', 'disturbar', 'irromper') já havia sido usado três vezes antes, a saber: a) quando os deuses foram informados dos planos de Apsu e Mummu, "e ouviram [...] e desarvoravam-se" (1, 57); b) quando, tendo Marduk ganhado os ventos de Ánu, "dia e noite [os deuses] desarvoravam-se" (1, 109); c) quando os deuses, mergulhados nessa situação aflitiva, questionaram Tiámat: "E mamãe não és tu? Em perturbação desarvora-te / E nós, que não descansamos, não nos amas?" (1, 120). Note-se que, com exceção do último uso, nos outros dois trata-se de uma reação grupal dos deuses, como aqui, esse alvoroço constituindo a manifestação do impasse em que se encontram. No caso de Tiámat, estar inicialmente desarvorada faz com que se iguale aos deuses que vagam sem recurso, atitude que muda quando, em seguida, ela decide enfrentar o problema. Essa parece ser uma atitude impossível para os deuses, tomados como conjunto, independentemente do lado em que se encontrem, pois sempre dependem de um campeão: num primeiro momento, Ea; em seguida, para uma parte deles, Tiámat/Quíngu; enfim, para os grandes deuses, Marduk.

Note-se como Marduk não avança sozinho, mas seus aliados seguem "a seu flanco" (v. 69). O alvoroço com que cercam a aproximação do comandante desdobra-se na perturbação que toma conta dele ao contemplar o bucho de Tiámat e desvendar o plano de Quíngu – preocupação que se expressa de modo triplo: "perturbou-se seu intento" (*mālaku*), "dispersou-se sua decisão" (*ṭēmu*), "confundiu-se sua ação" (*epešṭu*).[143] Há nisso um crescendo que, desde a intenção, isto é, o impulso que conduz ao confronto, e a tomada de decisão, ou seja, o entendimento do que foi premeditado, atinge finalmente a ação, o que mostra como Marduk não age inconsequentemente, mas de um modo calculado, ressaltando o contraste com Tiámat, que tudo fizera, até então, tomada de fúria.

A expressão do temor de um herói na iminência do perigo que deve enfrentar encontra-se também em outros textos e tem como finalidade, ao superlativar o risco, tornar o feito mais destacado. Em *Ele que o abismo viu*, tão logo chegam Gilgámesh e Enkídu à Floresta de Cedros, aonde foram para enfrentar Humbaba, um temor toma o herói:

> Lança sua sombra o cedro,
> O medo cai sobre Gilgámesh:
> Um torpor toma seus braços
> E debilidade cai-lhe sobre os joelhos.
> Enkídu abriu a boca para falar, disse a Gilgámesh:
> Entremos no interior da floresta,
> Teu intento comece, soemos o alarme!
> Gilgámesh abriu a boca para falar, disse a Enkídu:
> Por que, amigo meu, como fracos trememos?
> ---- atravessamos todas as montanhas,
> ---- em face de nós,
> ---- vejamos a luz![144]

---

[143] Ver GEE, p. 146, nota 154, sobre a importância, neste passo, dos lexemas *naṭālu*, 'ver', e *išu*, 'perturbar'.

[144] *Ele que o abismo viu* 5, 27-38. Os versos 29-30 são formulares, ocorrendo também no chamado *Poema do sofredor justo* (*Ludlul*), 2, 77-78. Cumpre-se neles o previsto por Enkídu em 2, 229: "Se vai alguém à sua floresta [de Humbaba], fraqueza assalta-o".

É a visão da desmedida dimensão da floresta que parece infundir temor em Gilgámesh, como se isso lhe desse uma medida do perigo. Também no caso de Marduk, o que lhe provoca perturbação, dispersão e confusão, é a vista do "bucho" de Tiámat.[145] Ora, essa é uma das visões da deusa que parece não ser inteiramente zoomórfica, como se Marduk tivesse dado de cara com o amontoado de águas que ela é e o seu interior (suas entranhas ou seu bucho) ficasse então exposto em toda sua monstruosidade. Outro entendimento possível é que contemplar o bucho de Tiámat equivale a entender completamente o seu intento, o que iria de par com o plano de Quíngu que Marduk também compreende inteiramente, essa compreensão súbita sendo o que o perturba, dispersa e confunde.

O embate verbal (versos 71-86)

O começo deste entrecho é bastante difícil, por si mesmo e pelas breves lacunas no início dos versos 73 e 74. Primeiramente, informa o narrador,

iddi tâša Tiāmat ul utāri kišāssa
ina šaptīša lullâ ukāl sarrāti

Lançou seu encantamento Tiámat, sem volver a nuca,
Em seus lábios um amontoado mantinha de mentiras.

A disputa verbal principia, assim, com um encantamento (*tû*) de Tiámat, que, todavia, parece não surtir nenhum efeito sobre Marduk. O fato de que o tenha lançado "sem volver a nuca" interpreta-se no sentido de que persiste em sua posição, algo semelhante, portanto, a dizer que o fez sem dar o braço a torcer.[146]

---

145 Elli traduz o termo por "*l'interno di Tiamat*" (EEE, p. 177); Talon, "*les entrailles de Tiamat*" (TBCM, p. 92); Lambert, "*the maw of Tiāmat*" (LBCM, p. 89); o CAD, "*Tiāmat's interior*". *Qablu* tem os sentidos de 'meio', 'centro'; aplicado ao corpo de homens, animais ou deuses, 'meio do corpo', 'quadril', 'interior'.

146 Cf. o CAD, "*she did not change her mind* (?)". Elli traduz "*Tiamat gettò il suo sortilegio; non voleva cedere* (?)" (EEE, p. 178); Talon, "*Tiamat jeta un sortilège, elle ne voulait pas*

Em seguida, a atenção se volta para o "engodo de mentiras" (*lullâ sarāti*) que a deusa "retinha" (*ukal*) nos lábios. Os tradutores divergem no entendimento do termo *lullû* neste passo, dividindo-se entre dois dos sentidos possíveis: a) 'homem primevo', ou seja, o homem quando ainda sem todas as marcas de humanidade; b) 'falso'. Assim, Talon traduz o verso por "e em seus lábios esse ser informe (*lullâ*) não tinha senão mentiras", com o que converge Elli,[147] enquanto Lambert verte "em seus lábios ela mantinha inverdade (*lullâ*) e mentiras".[148] Considero a primeira opção menos plausível, motivo por que optei por "engodo de mentiras" para traduzir *lullâ sarāti*, entendendo que o segundo termo determina o primeiro. Não creio que o sentido de tal expressão levante problema: o que ela retém nos lábios não são mentiras variadas, mas um engodo inteiro composto de mentiras articuladas, uma farsa mentirosa.

Os termos de tal engodo são difíceis de entender – e não só pela mutilação no início dos versos:

> ---- *ša bēlum ilānu tibûka*
> *[a]šruššun ipḫurū šunu ašrukka*
>
> --- Senhor, os deuses alçam-se contra ti!
> No seu lugar, em assembleia, estão no teu lugar.

Admito, no segundo verso, a reconstituição da palavra [*a*]*šrum*,[149] o que dá o sentido de que os deuses, os quais contra Marduk se levantam, reunidos no lugar deles, estão no lugar de Marduk, isto é, o ameaçam. Embora seja uma declaração de entendimento difícil, percebe-se que se trata de uma fala cujo objetivo é intimidar o adversário, mesmo que não passe de um amontoado de mentiras.

A resposta de Marduk introduz-se, como as mentiras de Tiámat, com dois versos que são paralelos:

---

céder" (TBCM, p. 92). Lambert opta por manter a expressão idiomática: "*Tiamat cast her spell without turning her neck*" (LBCM, p. 91).

147 TBCM, p. 92: "*et sur ses lèvres, cet être informe n'avait que mensonges*"; EEE, p. 178, "*sulle sue labbra quell'essere informe (?) aveva (solo) menzogne*".

148 LBCM, p. 91: "*in ther lips she held untruth and lies*".

149 Cf. TBCM, p. 53. Observe-se que Lambert não procede a essa emenda nem traduz o verso (cf. LBCM, p. 90-91).

iddi tâša Tiāmat ul utāri kišāssa
ina šaptīša lullâ ukāl sarrāti

Lançou seu encantamento Tiámat, sem voltar a nuca,
Em seus lábios um amontoado retinha de mentiras:

iššīma bēlum abūba iṣkakkāšu rabâ
ana Tiāmat ša ikmilu kiām išpuršim

Levantou o Senhor o Dilúvio, sua grande arma,
E contra Tiámat, que irada, assim arremeteu:

Se, de um lado, Tiámat lança mão de um encantamento, de outro, Marduk exibe sua "grande arma", o Dilúvio, e arremete sua acusação contra o "engodo de mentiras" da outra. Se as palavras desta são intencionalmente confusas, as do deus primam pela clareza, constituindo um discurso elaboradamente organizado em quiasma:

minâ ṭubbāti eliš našâtima
u kapid libbākima dekê ananta
issû mārū abbāšunu idaṣṣū
u attī ālittāšunu tazerrī rēma
tabbêma [d]*Qingu ana ḫā'irūtīki*
ana lā simātīšu taškunīšu ana paraṣ [d]*ēnūti*
ana Anšar šar ilāni lemmēti teš'êma
u ana ilāni abbē'a lemuttāki tuktinnī
lū ṣandat ummatki lū ritkusū šunu kakkūki
endīmma anāku u kâši i nīpuš šašma

Por que paz por fora aparentas
E tramas no teu coração lançar-te à peleja?
Clamaram os **filhos**, a **seus pais** ultrajaram,
Mas tu, que os procriaste, detestas apiedar-te.
Nomeaste Quíngu para o que é do esposo,
Para o que não lhe convém o puseste, para o rito do que é de Ánu.
Para Ánshar, rei dos deuses, o mal buscaste
E para os deuses, **meus pais**, tua maldade firmaste.
Monte-se tua armada! cinjam eles tuas armas!
Aproxima-te! e eu e tu façamos um duelo!

Os dísticos dos dois extremos se dizem no presente – com o uso de permansivos (*našâti*, aparentas; *kapid*, tramas; *ṣandat*, monta; *ritkusū*, cinjam), um imperativo (*endi,* aproxima) e um coortativo (*i nīpuš*, façamos) –, à diferença dos internos, que usam formas verbais no pretérito (com exceção de *idaṣṣū*, que é, contudo, um presente histórico). Assim, o discurso tem uma forma segundo a qual os fatos do presente se justificam pelos acontecimentos passados, os quais se apresentam como justificativa tanto para a invectiva do primeiro dístico (por que aparentas paz tramando a guerra?) quanto para o desafio que se apresenta no último (prepare-se tua armada e duelemos nós dois!).

Essa justificativa – o miolo do quiasma – arrola os malfeitos de Tiámat aparentemente em ordem cronológica: a) o clamor dos filhos que ultrajam seus pais (requerendo repouso) e a falta de compaixão da deusa (que prepara a guerra); b) o casamento com Quíngu e a entrega a ele da supremacia; c) a decisão de atacar Ánshar e os grandes deuses. Esses fatos, contudo, desde que contemplados na estrutura do quiasma, deixam de ser mero arrolamento sequencial para expressar-se em termos valorativos. Considerando-se os dísticos correspondentes aos acontecimentos arrolados em 'a' e 'c', observa-se que no primeiro estão em causa o clamor dos filhos, o ultraje dos pais e a falta de compaixão da deusa, ao passo que no segundo a referência é ao mal que ela busca para Ánshar e os grandes deuses, ou seja, o que neles se opõe são os filhos aos pais (conforme marquei em negrito no texto).

Esses dísticos envolvem aquilo que se indica ser o núcleo da acusação, posto no ponto mais central do quiasma: tudo o que diz respeito a Quíngu. Já salientei antes como sua investidura como esposo é ilegítima, o que, contudo, só aqui se declara: "para o que não lhe convém o puseste". Conforme Bartash, a irregularidade decorreria do fato de que "a mulher escolheu o marido sozinha", o que contrariaria os costumes na Mesopotâmia,[150] em que a fórmula de casamento supõe reciprocidade, cabendo ao noivo dizer "tu és minha esposa" (*attā aššatka*) e, à noiva, "tu és meu esposo" (*attā mutka*). Não que a atitude de Tiámat seja única, pois há outros exemplos de deusas que elegem sozinhas os maridos, como Ishtar faz com relação a Gilgámesh

[150] Bartash, *Puḫru*, p. 1088, nota 8: "Este casamento não pode ser legítimo do ponto de vista do direito de família na Mesopotâmia, pois, no caso, a mulher escolheu o marido sozinha. Marduk denota o caráter ilegítimo de tal casamento em sua acusação de Tiámat antes da batalha (*tabbêma* ^{d}*Qingu ana ḫā'irūtīki*, IV 81). Assim Marduk declara que Kíngu adquiriu um poder que é inadequado (*ana lā simātīšu taškunīš (u) ana paraṣ* ^{d}*ēnūti*, IV 82). Desse modo, do ponto de vista dos oponentes de Tiámat, Kíngu é um usurpador".

e Eréshkigal ao escolher Nergal, todas essas escolhas representando uma sorte de consagração de um poderio feminino.[151]

No caso de Quíngu, mais que o simples casamento interessa sua consequência, sua introdução no *paraṣ* ^{d}*ēnūti*, "rito do que é de Ánu", (^{d}*ēnūti* = ^{d}*Anūti*). O que traduzi por 'o que é de Ánu' equivale a ^{d}*Anūti*, isto é, 'a posição de Ánu' enquanto senhor dos deuses (em inglês corresponderia a algo como *Anuship*, em alemão, *Anuschaft*), ou seja, uma entidade que expressa o que pertence a Ánu, inclusive recebendo o classificador que indica divindade. Observe-se, salientando o nexo dos dois termos, como o primeiro verso do dístico relativo a Quíngu termina com um substantivo abstrado *ḫā'irūtu*, 'o que é próprio do esposo', o 'esponsal', derivado de *ḫā'irū*, 'esposo', pelo mesmo processo pelo qual de ^{d}*Anu* procede ^{d}*Anūtu*, o que deixa claro que, escolhendo Quíngu para seus esponsais (*ana ḫā'irūtī*), Tiámat consequentemente o escolhe para o senhorio dos deuses, para o que é próprio de Ánu (*ana paraṣ* ^{d}*ēnūti*). Mesmo que aqui não haja menção à tabuinha dos destinos, que é uma referência importante quando da investidura de Quíngu, o fato de que, mais à frente, Marduk a dê justamente a Ánu implica, de um certo modo, que lhe devolve sua ^{d}*Anūtu*.

A disputa corporal

A narração da luta se faz com notável agilidade, os focos concentrando-se em: a) as ações de Tiámat; b) o encontro dos dois antagonistas; c) as ações de Marduk.

O primeiro foco apresenta o que faz Tiámat mais como reação da deusa às palavras de Marduk, tanto que o trecho se introduz com a

---

[151] Em *Ele que o abismo viu* é assim que Ishtar se dirige a Gilgámesh: *attā lū mutima anāku lū aššatka*, "sejas tu o esposo e eu tua consorte" (6, 9) – o que implica uma subversão da fórmula tradicional, na medida em que Ishtar assume os dois lados e deixa de haver a mutualidade própria do rito (a ausência de reciprocidade é própria apenas da fórmula de divórcio, que é inteiramente unilateral, pois apenas o marido declara: "tu não és minha esposa, eu não sou teu marido"). O modelo desviante aparece, conforme Abusch, em outros dois textos, a saber: a) quando Eréshkigal, rainha da Érsetu, se dirige a seu futuro marido Nergal (*attā lū mutima anāku lū aššatka*); b) quando o demônio Arad-Lili fala com uma mulher (*attā lū aššatu anāku lū mutka*, "sejas tu a consorte, seja eu teu esposo", cf. cf. Abusch, Ishtar's proposal and Gilgamesh's refusal, p. 149).

fórmula "Tiámat isso quando ouviu", provendo-se assim o elo com o episódio anterior. A reação se faz em cadeia: ela enlouqueceu, perdeu o senso, clamou furiosa e ruidosa, suas bases mais profundas tremeram, o que só confirma como age sempre impulsivamente. A única ação que não se configura como simples reação é que ela volta a recitar um sortilégio e lançar um encantamento, enquanto seu exército afia as armas.

O segundo foco reduz-se a registrar como os dois deuses se aproximaram e se misturaram no duelo, o que implica que o desafio de Marduk foi aceito, constituindo-se mais um elo com o episódio anterior.

Finalmente, toda luz se joga sobre Marduk, para arrolar passo a passo como conduz o embate: a) envolveu Tiámat com sua rede (supõe-se que, como antes afirmado, envolveu-a por dentro); b) soltou o Turbilhão em face dela, fazendo com que abrisse a boca; c) fez o Turbilhão entrar, fazendo com que ela escancarasse a boca; d) atirou uma flecha em suas entranhas;[152] e) cortou suas entranhas e retalhou seu coração; f) encadeou-a; g) tirou sua vida; h) lançou abaixo seu cadáver; i) sobre ele se alçou, consagrando a vitória. Como se vê, das armas que levou, Marduk usou apenas o Turbilhão e o arco e flecha, dando-se a entender que sua vitória foi acachapante, na medida mesma de seu poder. Talvez haja algo de simbólico no uso de arco e flecha, pelo menos da perspectiva de um comentário assírio a um rito antigo que identifica o rei com "Marduk, que com seu pênis derrotou Tiámat" (*Marduk ša ina ušārīšu tiāmat i*[*kmû*]) – o que poderia ser interpretado como mais um indício de que subjaz à contenda um confronto de gêneros (cf. Helle, Marduk's penis, p. 64, que remete a Livingstone, *Mystical and mythological explanatory works of Assyrian and Babylonian scholars*, p. 94).

Neste ponto é quando se sugere a forma de Tiámat de modo mais elaborado. Ela tem uma "boca", mas provavelmente não zoomórfica, antes um tipo de abertura pela qual se atinge seu interior. Nada impediria imaginá-la como uma massa de água (o próprio mar) onde o turbilhão abre uma entrada, os ventos sendo aquilo que logra manter essa fenda aberta. A rede com que Marduk a envolve por dentro parece ter a função de preservar tal abertura, um artefato para impedir as águas de refluírem confusamente, eliminando o vazio em que as entranhas

[152] Como observa WIBP, p. 132, esse é mais um dado que aproxima o *Enūma eliš* de *Anzû*, no qual é também com arco e flecha que Ninurta vence o seu antagonista.

se põem à mostra e onde se encontra seu coração. Este parece de fato ser o ponto mais sensível, o coração, o qual os ventos primeiramente inflam, até que, no desfecho, Marduk o retalhe. Diferentemente do que seria nossa concepção, esse volume de água é um portentoso animal, ou seja, um ser vivo. Por mais zoomórfica que se imagine Tiámat (o que a menção a coração, boca e, eventualmente, pernas[153] pode sugerir), a batalha de Marduk contra ela se descreveria a contento como uma violentíssima tempestade em alto mar, muito além da mais impactante que alguém pudesse conceber.

A vitória sobre os aliados (versos 105-126)

ultu Tiāmat ālik pāni ināru	[105] Após o que vai na vanguarda matar Tiámat,
kiṣrīša uptarriram puḫrurša issapḫam	Dela as hostes dissolveram-se, sua assembleia dispersou-se:
u ilānu rēṣūša ālikū idiša	E os deuses, seus aliados, que iam a seu flanco,
ittarrū iplaḫū usaḫḫirū alkassun	Tremeram, amedrontaram-se, inverteram seu rumo,
ušeṣûma napšātušun ēṭirū	Saíram, a vida a salvarem,
nīta lamû naparšudiš lā le'ê	[110] Cerco os envolvia, fugir não podiam,
īsiršūnutīma ⁱˢkakkīšunu ušabbir	Capturou-os ele e suas armas quebrou,
saparriš nadûma kamāriš ušbū	Na rede os jogou e na armadilha sentaram-se,
endū tubqāti malû dumāmī	Fixos nos cantos, cheios de gemidos,
šeressu našû kalû kišukkiš	Seu castigo suportando, detidos em prisão;
u ištēnešret nabnēti šūt pulḫāti za'inū	[115] E aos onze portentos que terror atulhava,
milla gallê āliku kalû imnīša	A horda de demônios que ia toda à direita dela,
ittadi ṣerrēti idīšunu ukassi	Lançou-lhes a brida, seus braços acorrentou,
qadu tuqmātīšunu šapalšu ikbus	Junto com a guerra deles, debaixo de si os pisoteou;
u ᵈQingu ša irtabbû ina bīrīšunu	E Quíngu, que se fez grande no meio deles,
ikmīšūma itti dingiriggê šuāta imnīšu	[120] Prendeu-o e dentre os deuses mortos o contou,

[153] O termo *išdu*, cujo significado é 'base', 'fundamento', quando no dual, como acontece no v. 90, *išdān*, pode ter o sentido de 'pernas'. Assim, o que traduzi por "suas bases" (*išdāša*) poderia ser vertido também como "suas pernas", o que seria um traço antropomórfico, já que se trataria de duas pernas. Elli traduz por "*le sue gambe*" (EEE, p. 182); Lambert por "*her lower members*" (LBCM, p. 91); Talon por "*ses bases*" (TBCM, p. 93).

īkimšūma ṭuppi šīmāti lā šimātišu	Pegou-lhe a tabuinha dos destinos, não a ele destinada,
ina kišibbi iknukamma irtuš itmuḫ	Com sinete a selou e no peito a postou.
ištu lemnēšu ikmû isādu	Depois de os malvados encadear, abater,
ayābu mutta'idu ušappû šūrišam	Ao oponente poderoso emudeceu, como um touro,
irnitti Anšar eli nakirī kališ ušzizzu	[125] E o triunfo de Ánshar sobre os inimigos de todo ergueu:
nizmat ᵈ*Nudimmud ikšudu* ᵈ*Marduk qardu*	O desejo de Nudímmud realizou Marduk valente!

Esta passagem constitui uma continuação da anterior, concluindo a vitória de Marduk. O que ela tem de especial é que o foco agora se volta inteiramente para o exército de Tiámat, que não fora mencionado senão de passagem em nada mais que cinco versos, a saber: a) quando, no confronto visual, se diz que Marduk desvendou o plano de Quíngu (v. 66); b) quando, no confronto verbal, Marduk recorda que ela nomeara Quíngu para seus esponsais e para o que é de Ánu (v. 81-82; c) quando, no mesmo trecho, Marduk incita: "monte-se tua armada, cinjam eles suas armas!" (v. 85); d) enfim, no verso 92, quando do embate físico, o narrador informa que os deuses da contenda afiam suas armas (comentários em SooHoo, *Violence against the enemy*..., p. 220). Contudo, mesmo que eles as afiem, não têm nenhuma participação na luta, que se reduz toda ao confronto entre os dois protagonistas, o exército de uma e de outro constituindo não mais que uma espécie de assistência (uma função compartilhada, portanto, com o ouvinte ou leitor).

Que esse passo, mesmo estreitamente vinculado ao anterior, tem sua autonomia sugere sua cuidada organização, que se articula por dois termos-chave, a saber: "após" (*ultu*) Marduk matar Tiámat (v. 105), tais e tais coisas aconteceram; "depois de" (*ištu*) tais e tais acontecimentos, Marduk levantou o triunfo de Ánshar sobre seus inimigos e "o desejo de Nudímmud realizou Marduk valente" (v. 123-126) – salientando Lambert como "o sujeito de cinco verbos é deixado bem para o fim da frase introduzida com *ištu*, a fim de criar suspense" (LBCM, p. 476). Isso mostra como, ainda que a morte de Tiámat represente um primeiro triunfo, a vitória não está completa senão quando têm lugar os acontecimentos referidos neste trecho, todos relativos ao exército da deusa. De fato, depois de toda a ênfase que nele se pôs desde a tabuinha 1 (com as retomadas nas tabuinhas 2 e 3), seria estranho que nada se dissesse do que lhe aconteceu – tais acontecimentos, entre *ultu* e *ištu*, estando distintamente referidos em três longos enunciados que principiam com *u* ('e'), os quais tratam das providências tomandas por Marduk com relação, de um lado, aos aliados de Tiámat ("E os deuses, seus aliados, que iam a seu flanco..."), de outro, aos onze portentos por ela criados ("E aos onze portentos que terror atulhava..."), bem como, em terceiro lugar, a Quíngu ("E Quíngu, que se fez grande no meio deles..."). Observe-se ainda o equilíbrio do número de versos: são oito dedicados aos aliados, mais quatro aos portentos e, enfim, quatro a Quíngu.

A habilidade do conjunto se mostra tanto mais destacável se consideramos como segue a descrição do exército de Tiámat na tabuinha 1. Lá, de início, a referência era aos deuses que, no interior dela, "formaram um círculo e ao flanco de Tiámat se alçam / coléricos, tramando sem descanso noite e dia, / prontos para o combate, furibundos, ferozes" (1, 129-131), ao que agora se contrapõem "os deuses, seus aliados, que iam a seu flanco", os quais "tremeram, amedrontaram-se, inverteram seu rumo", terminando "detidos em prisão"; em seguida, o foco se voltava para os onze portentos que ela procriou, "prontos em armas sem piedade, sem temer a contenda" (1, 144), aos quais agora Marduk "lançou-lhes a brida, seus braços acorrentou, / Junto com a sua guerra, debaixo de si os pisoteou"; finalmente, a descrição se encerrava com a investidura de Quíngu, o qual agora se conta "dentre os deuses mortos" e do qual se arrebata a tabuinha dos destinos, "não a ele destinada". Assim, é preciso considerar que, sendo uma sequência natural do relato da guerra, esta passagem tem também a função diegética de fechar o ciclo de menções à armada de Tiámat, pois só agora essa reunião de deuses em pé de guerra se desfaz: "as hostes dela dissolveram-se, sua assembleia (*puḫru*) dispersou-se".

Os deuses de Tiámat

O que mais se destaca no modo como se dá a dissolução da hoste de Tiámat é como a movimentação frenética que a caracterizava é substituída, pela ação de Marduk, por estrita imobilidade. De início, mesmo já derrotados, os deuses tremem, amedrontam-se, voltam atrás e correm para salvar sua vida – ou seja, persistem na agitação inicial –, logo constatando, todavia, que estão cercados (v. 107-110). Esses quatro primeiros versos, em que nada se diz das ações de Marduk, funcionam como uma espécie de elo com as descrições anteriores dos aliados de Tiámat, preparando o contraste com o que lhes será imposto em seguida: Marduk captura-os, joga-os na rede e lá eles ficam assentados e fixos nos cantos, a lamentar-se, detidos em prisão (v. 111-114).

Assim, fica completa a passagem do alvoroço para a quietude – e, de novo, como no caso de Apsu, a inação imposta aos deuses corresponde ironicamente à ausência de movimento por eles anelada quando do tumulto provocado pelos ventos dados por Ánu a Marduk, o que fora a causa de toda a guerra.

Os portentos de Tiámat

Os onze portentos criados por Mãe Húbur são também imobilizados, Marduk pondo neles a brida e acorrentando seus braços, para só então, no gesto característico de vitória, pisoteá-los. A facilidade com que o deus domina esses monstros pode parecer estranha, quando se insistiu tanto em seu caráter formidável. Parece mesmo que o fato de Marduk se dirigir à batalha tendo em sua mão uma "planta para veneno exterminar" (4, 62) se justificasse por essas armas de Tiámat terem os corpos cheios de veneno (1, 136), o destino que Quíngu decretou para os deuses seus filhos sendo ainda que "teu veneno, ao acumular-se, a força degrade!" (1, 162). Ora, tudo isso cria a expectativa de que Marduk, de algum modo, terá de enfrentar esse veneno, o que todavia não acontece, provocando o que Wisnom considera um anticlímax, o qual só reforça quanto o poder do deus é extremado e superior a qualquer medida:

> [...] o veneno não participa da batalha efetiva [...]. Ti'āmtu e Marduk duelam e os monstros venenosos não o atacam. Talvez o objetivo disso tenha sido minar a presunção de Ti'āmtu, já que ela sequer tem a chance de usar suas armas venenosas. [...] Isso pode ter sido uma tática sábia da parte dele [Marduk], pois evita que tenha de lutar contra um grande número de criaturas e mostra como pôde despachar a líder primeiro e então dedicar-se ao resto mais facilmente. O epíteto dado a Marduk quando está prestes a lutar contra Ti'āmtu é *apkal* (ABGAL) *ilāni* (DINGIR)^{meš}, "sábio dos

deuses" (IV, 93), enfatizando sua sabedoria nesse ponto crucial. (WIBP, p. 135-136)

Quíngu

Finalmente, há tudo que diz respeito a Quíngu. Recordando: a) Tiámat exaltou-o e confiou à sua mão a "suprema liderança"; b) sentou-o no trono, lançou seu encantamento e no concílio dos deuses fê-lo grande; c) tomou-o por esposo; d) decretou que sua fala sobrepujasse a de todos os Anúkki; d) deu-lhe a tabuinha dos destino, prendendo-a em seu peito; e) recebendo tudo isso de Tiámat, Quíngu decretou o destino para os deuses, "seus filhos": "mandados de vossas bocas faça Fogo sossegar! / Teu veneno, ao acumular-se, a força degrade!"

Todas essas mercês, e em especial a posse ilegítima da tabuinha dos destinos, faz esperar que Quíngu seja um adversário tão difícil de vencer quanto Anzu foi para Ninurta,[154] os dons, honras e poderes de que foi cumulado por Tiámat sendo recordados no verso 119: "E Quíngu, que se fez grande no meio deles". Sua derrota, todavia, não foi menos prosaica que a dos demais, com apenas dois movimentos: a) Marduk "prendeu-o (*ikmīšūma*) e dentre os deuses mortos o contou"; b) "pegou-lhe (*īkimšūma*) a tabuinha dos destinos, não a ele destinada (*ṭuppi šīmāti lā šimātišu*), / com sinete a selou (*ina kišibbi iknukamma*) e no peito a postou (*irtuš itmuḫ*)". Note-se como os três versos, mesmo que breves, ganham em ênfase pelos recursos de ressonância, os dois primeiros abrindo com *ikmīšūma*/*īkimšūma* (efeito que procurei manter com "prendeu-o" / "pegou-lhe"), a que se acrescentam os efeitos da "tabuinha do destino" a ele "não destinada", bem como os jogos fônicos do verso seguinte (cf. GEE, p. 148). O primeiro movimento, a prisão, destrói a elevação a que

[154] Cf. Wisnom, "a posse da tabuinha dos destinos por Quíngu remete imediatamente a *Anzû*. Cria a expectativa de que Quíngu será um inimigo formidável para derrotar, já que três oponentes se recusaram a lutar contra Anzu, antes de Ninurta concordar, e mesmo na primeira tentativa Ninurta falhou, exigindo o conselho complicado de Ea para ter sucesso. *le-qu-u$_2$* [*^{d}a-nu-ti*] (v. 113) pode ser um eco de *Anzû*, 'tomando o *enlilūtu*' (*^{d}en-lil$_2$-u$_2$-ta il-te-qi$_2$ na-du-⌜u$_2$⌝* [*par-ṣi*], 'tomando o *Enlilship*, [os poderes divinos] foram derrubados!' (*SB Anzû* I, 82). No entanto, essa expectativa será revertida: Quíngu acaba sendo bastante fácil de derrotar, despachado em uma única linha (IV, 119)" (WIBP, p. 107-108).

Quíngu fora alçado, enquanto o segundo marca a transição da tabuinha dos destinos dum peito ilegítimo a outro legítimo.

Os deuses mortos

A categoria em que Quíngu ingressa, a dos deuses mortos (*dingiriggû*),[155] pode parecer estranha para o leitor de hoje, que tem por hábito associar o conceito de 'deus' ao de 'imortalidade', o que procede de uma perspectiva grega, em que a oposição mortal/imortal (*brotos/ámbrotos*) tem uma função classificatória importante, separando homens (e tudo mais que morre) de deuses (que não morrem).[156] No caso da Mesopotâmia, a partilha parece bem definida pela deusa-taberneira Shidúri, com quem Gilgámesh se encontra nos confins do mundo:

> Gilgámesh, por onde vagueias?
> A vida que buscas não a encontrarás:
> Quando os deuses criaram o homem,
> A morte impuseram ao homem,
> A vida em suas mãos guardaram. (*Proeminente entre os reis*, in Brandão, *Epopeia de Gilgámesh*, p. 120)

A distinção se faz, portanto, entre vida (*balāṭu*, 'vida', 'vigor', 'saúde') e morte (*mūtu*), a vida (vigor, saúde) sendo o que os deuses guardaram para si, isso não significando que faça parte indissociável de sua natureza. Do mesmo modo que a existência humana não termina com o fim da vida, já que o espectro (*eṭemmu*) do morto continua existindo na Érsetu e mantendo sua identidade,[157] dos deuses mortos a existência

---

155 Como observa GEE, p. 148, *dingiruggû*, que constitui um *hápax legómenon* (cf. CAD, s. v.), é um empréstimo do sumério.

156 Registre-se que imortalidade não é o mesmo que eternidade. Os deuses gregos, mesmo que sejam imortais, não são eternos, uma vez que nascem. Isso não impede que haja deuses que morrem, como Dioniso (que morre e ressuscita), mas este não é o padrão, a expressão 'os imortais' (*hoi ámbrotoi*) sendo uma forma de referir-se aos deuses.

157 Tratei detalhadamente dessa questão em Brandão, *Ao Kurnugu, terra sem retorno*, p. 83-98, mostrando que, em resumo, desde a época suméria parece haver um entendimento de que a existência humana comporta dois estados: o primeiro, em que o homem goza de uma corporeidade plena, começa com o nascimento

também tem continuidade. Assim, comentando esta passagem, já Labat observava que os deuses mortos "não são mortos no sentido estrito do termo [...], são os deuses vencidos, relegados ao além, onde viverão entre os mortos" (Labat *et al.*, *Les religions du Proche-Orient asiatique*, p. 54, nota 1), o que me parece que se torna mais claro caso se diga que não são deuses que perdem sua existência, mas que passam a existir de um modo precário, como efetivamente mortos, em sentido sim estrito, pois carecem de *balāṭu*, vida, vigor, saúde.

A par dos deuses mortos do *Enūma eliš* (Apsu, Tiámat, Quíngu), de outras divindades se conta o mesmo, a mais conhecida delas sendo Dúmuzi/Tammuz, relacionado com o ciclo das estações,[158] a que se pode acrescentar o funeral de Gugalana, esposo de Ereckigala, rainha do mundo subterrâneo ('kur'), referido no poema sumério conhecido como *Descida de Inana ao mundo dos mortos*.[159] Saliente-se que a própria Inana, no mesmo poema, tão logo chega ao Kur, termina morta e seu cadáver é pendurado numa estaca na parede, retornando ela à vida apenas com a intervenção de Enki.[160]

(talvez com a concepção) e termina com a morte; o segundo, com o gozo de uma corporeidade depauperada (o *eṭemmu*), começa com a morte e não tem fim. Uma das distinções mais salientes entre os dois estados, relacionada com a corporeidade, está na capacidade de geração dos vivos por oposição à impossibilidade de geração dos mortos. Pode-se considerar que *eṭemmu* seria um equivalente bastante próximo, no grego homérico, de *psykhé* e *eídolon* (cf. *Odisseia* 11, 51 e 83, em que ambos se aplicam a Elpenor), tanto no sentido do que continua no estado de morto quanto de que a propriedade do vivo não se dissolve, com a observação de que, segundo Circe, só a *psykhé* de Tirésias havia conservado as *phrénes* (capacidades) e o *nóos* (entendimento) depois da morte, enquanto as demais são "sombras" que se agitam (*skiaí*, cf. *Odisseia* 10, 493-495). Cf. Chiodi, Introduzione, p. 18, "esse 'ser primordial' [o *eṭemmu*], cujo corpo, para os assírios-babilônios, diferentemente dos sumérios, era imaginado como aéreo e impalpável, uma vez tornado prisioneiro dos infernos não pode mais reanimar o cadáver que jaz sobre a terra nem reunir-se com ele".

158 Dúmuzi/Tammuz relaciona-se com cultos e festividades dedicados aos mortos, o seu retorno ao mundo dos vivos, em geral no início do verão, sendo o dado principal de sua manifestação. Ver Cohen, *The cultic calendars of the ancient Near East*, p. 455; e Brandão, *Ao Kurnugu, terra sem retorno*, p. 19-20.

159 GDS, p. 58, especulam se esse funeral "comemorava sua remoção (de Gugalana) para as regiões inferiores (num certo sentido, sua 'morte') ou se a isso seguiu uma 'segunda' morte no mundo subterrâneo – seja lá o que possa ser entendido por isso".

160 *Descida de Inana*, no *Electronic Text Corpus of Sumerian Literature*, do Oriental Institute da Universidade de Oxford (etcsl.orinst.ox.ac.uk); tradução para o francês em

Exemplo muito significativo é o do deus We-ila, o qual foi sacrificado para que o gênero humano fosse criado, o que significa que a continuidade de sua existência, como um dos "deuses mortos", se dá na humanidade. Conforme o *Atrahasīs*,

> Wê-ílu, que tem personalidade (*ṭe*$_4$*-e-ma*),
> Em sua assembleia eles degolaram,
> Em sua carne e sangue
> Nintu misturou argila,

fazendo com essa argamassa quatorze protótipos de homens, sete machos e sete fêmeas, sendo em virtude dessa origem que o homem tem em si "carne do deus" (*šīr ili*) e

> Na carne do deus ânimo (*e-ṭe-em-um*) há,
> Vivente seu signo floresce,
> Para que não se esqueça, ânimo (*e-ṭe-em-um*) há.[161]

Observe-se que também com relação a Apsu e Tiámat a continuidade da existência se dá de uma forma diferente daquela anterior a sua morte: no primeiro caso, Apsu se torna o *apsû*, como vimos; no segundo, como se verá logo em seguida, Tiámat se torna tanto o firmamento quanto a superfície da terra. Do mesmo modo, portanto, que a criação da humanidade depende do sacrifício de um deus, também a própria conformação do mundo, sua arquitetura (céu/terra/mundo subterrâneo), decorre da crise e do sacrifício dos deuses derrotados. Acrescente-se que, numa narrativa dependente do *Atrahasīs*, também mais à frente, no próprio *Enūma eliš*, Quíngu será sacrificado para a criação do homem:

Bottéro; Kramer, *Lorsque les dieux faisaient l'homme*, p. 276-295; tradução para o português em Flores e Scandolara, *Inana*, p. 83-130.

161 *Atrahasīs* 1, 223-232. Como já apontei, *eṭemmu* nomeia o 'espectro' de uma pessoa morta, ou seja, o que permanece do homem na existência *post mortem*, isso se devendo, nos termos do *Atrahasīs*, à permanência, nele, do *ṭēmu* do deus sacrificado, isto é, de sua 'previdência', seu 'entendimento', sua 'razão'. Mesmo que a aproximação entre *eṭemmu* e *ṭēmu* seja apenas analógica e não etimológica, o que se propõe é que o *eṭemmu* que permanece é, para dizer desse modo, a própria personalidade do vivo, sua individualidade ou propriedade.

Quíngu é quem engendrou a guerra,
A Tiámat fez revoltar-se e enredou a contenda.
Encadearam-no e defronte de Ea o retiveram,
O castigo impuseram-lhe e seu sangue romperam.
Em seu sangue ele engendrou a humanidade. (6, 29-33).[162]

A fabricação do céu (versos 127-146)

eli ilāni kamûtum ṣibittāšu udanninma	[127] Sobre os deuses encadeados a prisão fez possante
ṣēriš Tiāmat ša ikmû itūram arkiš	E para junto de Tiámat, que encadeara, atrás ele volveu.
ikbusma bēlum ša Tiāmatum išissa	Pisou então o Senhor, de Tiámat, a sua base,
ina miṭṭīšu lā pādî ulatti muḫḫa	[130] Com a maça, sem piedade, despedaçou-lhe o crânio.
uparri'ma ušlāt dāmīša	Rompeu-lhe as veias e seu sangue
šāru iltānu ana buzrāt uštabil	O vento norte, como anúncio, conduziu:
īmurūma abbūšu iḫdû irīšū	Viram-no seus pais e alegraram-se, exultaram,
igisê šulmānī ušābilū ana šašu	Dons e mercês conduziram para ele.
inutuḫma bēlum šalamtaša ibarri	[135] Sossegou o Senhor, o cadáver contemplou:
^{šir}*kūbu uzâzu ibannâ niklāti*	O aborto ele parte para engendrar prodígios!
iḫpīšima kīma nūn maštê ana šinīšu	Dividiu-a, como um peixe seco, em duas.
mišlušša iškunamma šamāmī uṣṣallil	Metade dela dispôs e o firmamento esticou,
išdud maska maṣṣara ušaṣbit	Reforçou o couro, guardas fez tomá-lo,
mêša lā šu šūṣâ šunūti umta''ir	[140] Suas águas não deixar sair lhes ordenou.
šamê ībir ašrata iḫīṭamma	O céu atravessou, os lugares examinou,
uštamḫir miḫrit Apsî šubat ^{d}*Nudimmud*	Replicou réplica do Apsu, assento de Nudimmud:
imšuḫma bēlum ša Apsî binûtuššu	Mediu o Senhor, do Apsu, a forma
ešgalla tamšīlāšu ukīn Ešarra	E, do Eshgalla reflexo, firmou o Esharra.
ešgalla Ešarra ša ibnû šamāmī	[145] Eshgalla, Esharra que ele engendrou, e o firmamento,
Anim Enlil u Ea māḫāzīšun ušramma	De Ánu, Énlil e Ea templos fez para morar.

Esta passagem implica uma nova mudança de foco, o verso 127, com sua referência aos "deuses encadeados" (*ilāni kamûtum*), tendo a

[162] Sobre os "deuses mortos" no *Enūma eliš*, ver as breves notas de LBCM, p. 453, 463 e 476. Também Bottéro, *Mythes et rites de Babylone*, p. 131.

função de encaixe.[163] Parece que se englobam sob essa denominação as três categorias que Marduk derrotou antes – os deuses de Tiámat, seus portentos e Quíngu –, leitura justificada tanto em vista de o verso ser uma espécie de resumo do passo anterior quanto pelo fato de que ficara dito que o vencedor, aos primeiros, "capturou-os" e os deixou "detidos em prisão" (v. 111-114), aos segundos, "lançou-lhe a brida, seus braços acorrentou" (v. 117) e, a Quíngu, também "encadeou" (*ikmi*).[164] Depois de assegurar a prisão dos vencidos, Marduk volta-se, no verso seguinte, para Tiámat, que igualmente encadeara (*ikmû*), iniciando uma nova etapa da lida com ela, a saber, o tratamento de seu cadáver.

Saliente-se que é pela parte do relato que aqui se inicia e se estende até mais de metade da tabuinha 6 que o *Enūma eliš* foi lido tradicionalmente como um "poema da criação", uma vez que Marduk assume agora o papel dum demiurgo que organiza o mundo. Depois de, nesta passagem, fazer-se a apresentação geral de a partir de que a "criação" se faz, nas seguintes é tratada a organização do céu (5, 1-52), a fabricação da terra (5, 53-66), a criação de Babilônia (5, 117-140), a criação da humanidade (5, 141-158 e 6, 1-38) e a organização final dos grandes deuses (6, 39-106).

A mutilação do cadáver

A forma como Marduk trata o cadáver de Tiámat é especialmente violenta. Mesmo que parti-lo em dois tenha como justificativa a criação

---

[163] Conforme Lambert, "os filhos de Quíngu (*sic*) são constituídos não apenas pelos monstros, mas também pelos filhos dos deuses mais jovens, como declarado em II, 14 etc. Mitologicamente, isso é inexplicável. Eventualmente, eles são levados para a batalha, onde todo o seu objetivo é aparentemente frustrado, pois, em vez de lutar por Tiámat, são espectadores num único combate e, quando isso acaba, eles tentam fugir, mas são vencidos e presos por Marduk, de tal modo que são eles os Deuses Encadeados. Depois disso, desaparecem da história tão repentinamente quanto entraram. O próprio Quíngu, depois de perder a Tabuinha dos Destinos, é incluído dentre os Deuses Mortos, um grupo muito semelhante ao dos Deuses Encadeados" (LBCM, p. 453).

[164] De todos, como se vê, realça-se o fato de que terminaram encadeados (*kamûtu*), embora pareça que isso se aplica especialmente a Quíngu, em vista do uso do verbo *kamû* (encadear). Deuses encadeados e deuses mortos são grupos relacionados, que têm em comum histórias de rebelião e derrota.

do mundo, podendo por isso constituir uma espécie de violência justificada, o que antecede esse ato tem ar de violência pela violência: ele pisa (*ikbus*) a base (ou as pernas) de Tiámat, com a maça despedaça-lhe (*ulatti*) o crânio e rompe-lhe (*uparri'*) as veias. Tanto os verbos quanto as partes do corpo atingidas respondem à necessidade simbólica de consagrar a derrota do inimigo, conforme práticas guerreiras em curso no mundo mesopotâmico.

Segundo Rede, essas práticas têm relação com "a natureza santa da guerra [...] legitimada pelo discurso religioso", sua representação fazendo-se no sentido de que "a ação mundana do rei prolongou na terra a vontade dos deuses, reiterou o conflito mítico entre ordem e caos, tornando a guerra a tradução perfeita, em seu cenário humano, de planos divinos mais universais, mais ancestrais e abstratos" (Rede, The image of violence and the violence of image, p. 108). Num curioso processo circular, os relatos sobre os deuses e heróis justificam as práticas de guerra, ao mesmo tempo que as práticas de guerra informam esses relatos. Ainda, portanto, que o tratamento do cadáver de Tiámat por Marduk seja especialmente cruel, não destoa do imaginário comum.

SooHoo é de opinião que o "desmembramento do 'outro' inimigo, na antiga Mesopotâmia, une ritualmente destruição e criação", os mesmos verbos sendo usados nos mitos, nos rituais de sacrifício de animais e nos anais dos reis para descrever o tratamento dado aos oponentes e os rituais de guerra destinados a caracterizar a morte de um substituto:

> Frequentemente, a violência à qual os antagonistas de mitos que envolvem o guerreiro divino são submetidos vai além do meramente instrumental. Essas vítimas não são apenas mortas. Seus corpos são humilhados por desmembramentos ou tratamentos degradantes, que sinalizam a nova dinâmica de poder. Esses desmembramentos físicos são acompanhados por deslocamento social. A morte real é acompanhada pela morte social. Por meio de atos de extrema violência o "outro" inimigo é separado, literal e simbolicamente, de suas redes sociais. Torna-se um objeto inofensivo por esse desmembramento físico e social, e termina incorporado ao cenário social do vencedor, como um troféu, lembrando o público futuro das ações e proezas do herói e servindo como um aviso para outros que possam ousar transgredir expectativas e limites. [...] Paradoxal-

> mente, o inimigo retém e perde sua alteridade enquanto é incluído no mundo social e mental do lado vitorioso. (SooHoo, *Violence against the enemy*..., p. 162-163)[165]

Nesse contexto, é evidente a importância que a cabeça tem na mutilação de cadáveres, embora também, com frequência, isso se estenda às extremidades do corpo – mãos e pés –, podendo abranger ainda a extirpação da língua.[166] Em termos literários, o exemplo mais significativo é o da cabeça de Humbaba, cortada por Gilgámesh e depositada como oferenda no templo de Énlil, em Nípur,[167] o que corresponderia ao narrado aqui apenas em parte, pois Marduk não corta a cabeça de Tiámat – o que, afinal, não teria sentido em vista do aproveitamento de seu corpo logo à frente – mas a despedaça. Recorde-se que o principal uso da cabeça, nas práticas guerreiras descritas, é o de um troféu, podendo-se dizer que Marduk carece de buscar um para si ou que seu troféu é todo o corpo vencido de Tiámat.

A referência às bases (ou aos membros inferiores) de Tiámat, que Marduk pisa, e logo a seguir à cabeça, que despedaça, parece constituir um merismo para dizer que, de cabo a rabo, a deusa foi inteiramente subjugada. O rompimento das veias, embora faça parte do ultraje ao cadáver, dá cumprimento ao ordenado pelos grandes deuses quando

---

165 Cf. também Rede (The image of violence and the violence of image, p. 105), a propósito das imagens do palácio de Assurbanípal, "a extirpação corporal [...] opera uma transformação da ação e seu campo semântico, deslocando-o da exibição de um troféu de vitória para um ato sacrificial".

166 Cf. Backer, "Cruelty and military refinements", o qual arrola, ao lado das mutilações de cabeça, mãos, pés e língua, também exemplos de esfolamentos, furo dos olhos e empalamento. Ver também Collins, "Gods, Heroes, Rituals, and Violence", e o mesmo Backer, "Fragmentation of the enemy in Ancient Near East during the Neo-Assyrian period".

167 Cf. Rede (The image of violence and the violence of image, p. 105-106), "Bonatz [...] chama a atenção para a natureza religiosa da consagração da cabeça decepada aos deuses, o que aproxima [o caso de Assurbanípal] do episódio em que Gilgámesh e Enkidu trazem para Nippur, a cidade santa por excelência, a cabeça de Humbaba, guardião da floresta de cedro, morto por eles em brilhante combate. Em geral, o desmembramento dos corpos de inimigos massacrados pelo herói é um tema recorrente na narrativa mitológica. Em *Lugal-e*, o deus Ninurta fragmenta impiedosamente o corpo do demônio Asakku: 'ele esmaga Asakku como o trigo torrado, o emascula e o rasga em pedaços, como pilhas de tijolos'".

da entronização de Marduk: "Vai! a Tiámat a garganta rompe-lhe, / Ventos o seu sangue, como anúncio, conduzam!" (4, 31-32), garantindo o narrador que, de fato, o vento norte conduziu o sangue como anúncio e "viram-no seus pais e alegraram-se, exultaram", e "dons e mercês conduziram para ele". O paralelismo entre os dois trechos fica mais evidente pelo fato de que estão repletos de paralelismos lexicais:

4, v. 31-32:	4, v. 131-132:
alikma ša Tiāmat napšatuša ***puru'ma***	***uparri'ma*** *ušlāt* ***dāmīša***
šārū dāmīša ana busrātum libillūni	***šāru*** *iltānu* ***ana buzrāt uštabil***
Vai, a Tiámat a garganta **rompe-lhe**,	**Rompeu-lhe** as veias e **o seu sangue**
Ventos o seu sangue, como anúncio,	**O vento** norte, **como anúncio,**
conduzam!	**conduziu**.

Ora, se considerarmos a sequência de lesões que vão dos pés à cabeça e às veias, como uma espécie de ritual de desonra da deusa vencida, esse mesmo ritual implica honra para seu antagonista, tanto que Marduk recebe por ele, dos deuses, seus pais, oferendas e dons. Trata-se, assim, da efetiva consagração da vitória.

A feitura do mundo

Tem início a longa descrição de como se dá a organização do cosmo, cuja importância é sublinhada pelos versos que a introduzem: "Sossegou (*inutuḫma*) o Senhor, o cadáver (*šalamta*) contemplou: / O aborto ([šīr]*kūbu*) ele parte para engendrar (*ibannâ*) prodígios!". Gabriel chama a atenção para a afirmativa de que, antes de tudo mais, Marduk "sossegou", o que marca o fim da fúria guerreira e a substituição daquele que devolve o feito aos deuses pelo demiurgo do cosmo (GEE, p. 150). O verso "O aborto ele parte para engendrar prodígios" ([šīr]*kūbu uzâzu ibannâ niklāti*) é crucial para dar a medida que se pretende à obra de Marduk, até na disposição dos termos: de um lado, como primeiro, o "aborto" a ser partido; de outro, como último termo, os "prodígios" a serem criados.

No primeiro caso trata-se do resultado do modo violento como Marduk, atirando sua flecha dentro de Tiámat, "rasgou-lhe as entranhas", "seu interior cortou" e "retalhou-lhe o coração" (4, 101-102), isso sendo o que fez de seu corpo morto não apenas um cadáver (*šalamta*), mas propriamente um aborto (*širkūbu*), ou seja, um cadáver monstruoso resultante de um nascimento prematuro ou de algum tipo de deformação (cf. GEE, p. 366). É significativo que a mãe que havia gerado tudo termine, pela ação de Marduk, dando origem a um natimorto, que é ela própria, um corpo que, de signo da mais vigorosa fecundidade, termina restrito à condição não propriamente de infecundidade, senão de uma procriação frustrada. Não se trata apenas de construção de algo novo a partir do cadáver disforme, o que se marca é a transição entre dois modelos cosmogônicos, o mais arcaico, dos deuses que procriam, e o que agora se impõe, o do deus demiurgo. Como assinala Haubold, "o que vemos aqui se lê como paródia das narrativas clássicas de nascimento: Marduk penetrou Tiámat, mas só para matá-la. E trata seu cadáver como um nascimento aberrante (*širkūbu*), em ridicularização de seu papel como uma mãe" (Haubold, *Greece and Mesopotamia*, p. 59).

Posto significativamente como último termo do verso, o termo usado para qualificar o que serão as obras do demiurgo, *niklāti* (plural de *nikiltu*), nomeia 'ideias engenhosas', 'obras habilidosas' e 'prodígios', sendo derivado do verbo *nakālu*, 'ser habilidoso', 'ser astuto', 'ser inteligente'. Essas qualidades aplicam-se, portanto, a Marduk, a feitura do mundo constituindo sua mais completa confirmação. Saliente-se que *niklātu* se diz, no poema, apenas de duas obras: o mundo, neste ponto; e, mais à frente, a humanidade (6, 2 e 38). Quando da proferição dos cinquenta nomes do deus, repete-se que ele é o "que na contenda com Tiámat engendrou prodígios" (7, 116) e que "ninguém sem ele não engendra prodígios" (7, 112).

Como resume George, as "estruturas básicas" do mundo, que emergem dos dois atos de violência descritos no poema (a morte de Apsu, por Ea, e a de Tiámat, por Marduk), são "em número de três", a saber: a) "o assento de Ea, no Apsu", que "é o domínio cósmico de água doce que fica debaixo da terra"; b) "o céu", que "é uma cobertura para a terra, retendo as águas sobre ele"; c) "a terra", que "é uma cobertura para conter as águas debaixo dela". Para constituição das duas últimas estruturas, Marduk usa "as duas metades de Tiámat", que "são empregadas como deques cósmicos" (George, Cosmogony in ancient Mesopotamia).

A criação do céu

O verbo que descreve as intervenções, agora criativas, de Marduk no corpo de Tiámat, *ḫepû*, tem tanto o sentido de 'quebrar', 'arruinar', 'destruir', 'ferir', o que seria apropriado ao curso da mutilação do cadáver, quanto a acepção que se poderia dizer mais técnica de 'dividir', 'dividir pela metade', com uso inclusive matemático. Assim, ao começar o relato da fabricação do céu e da terra afirmando que Marduk "dividiu-a (*iḫpīši*), como um peixe seco, em duas", o narrador dá a entender que, finda a violência ritual, tem início agora um procedimento mais calculado. A sugestiva remissão ao modo como se corta um peixe seco em dois oferece algum vislumbre sobre a forma de Tiámat, ao que tudo indica uma massa de água envolta por alguma espécie de pele (HMCG, p. 112), algo que se pode partir justamente ao meio.

Esse modo de produção de Marduk deve ser avaliado, de acordo com lógica reflexiva do poema, no contraponto com a ação cosmogônica precedente, envolvendo Apsu e Ea. Naquele caso, o que se diz é que, depois de inseminar nele sono, desatar-lhe os tendões, arrebatar-lhe a coroa, tirar-lhe a aura, encadeá-lo e matá-lo, Ea firmou sobre Apsu seu assento, sossegou no interior dele, denominou-o Apsu, revelou seus santuários, naquele lugar sua câmara estabeleceu e nela se assentou com sua esposa Dámkina (1, 65-78). Todas essas ações parecem extremamente simples em comparação com as de Marduk, inclusive tendo em vista seu resultado cosmológico, o estabelecimento do Apsu. Justamente o fato de que Marduk tenha inteligentemente partido Tiámat em duas e criado, em vez de apenas mais um, dois lugares cósmicos, mostra como ele ultrapassa em pelo menos o dobro o feito de seu pai.

É possível que o detalhamento com que se acompanham as operações realizadas por Marduk visem a realçar sua engenhosidade, apresentando-o como um deus de fato demiurgo:

a) ele estica uma das metades de Tiámat e forma o "firmamento" (*šamāmū*), o qual, portanto, é constituído de águas, as quais ele faz que sejam contidas no alto por meio do "couro" da deusa,[168] mantido por "guardas" encarregados de impedir que escorram,

---

[168] A edição de Talon, em vez de *marku*, 'couro' de animal, 'casca' de fruta e também 'pele', lê nesse passo *parku*, 'trava', o que o leva a traduzir o verso assim: "*il tira le verrou et établi une garde*" (TBCM, p. 56 e 94).

cumprindo ressaltar que essa concepção de que o céu é constituído de água registra-se também na *Bíblia* hebraica (cf. *Gênesis*, *Jó* 26, 8-10 e *Provérbios* 8), podendo derivar tanto da experiência de que o céu é azul como o mar e de que águas dele caem quando chove, quanto da etimologia popular semítica para o acádio *šamû* e o hebraico *šamaim*, que se entende sejam compostos respectivamente pelas expressões *ša mê* e *šal main*, isto é, 'de água';[169]

b) num segundo movimento, estando assim constituído o 'firmamento', Marduk atravessa-o para examiná-lo, devendo-se entender que *šamāmū* (que traduzi por 'firmamento') é sinônimo de *ašratu* (a 'cobertura celeste'), este segundo termo sendo derivado de *ašru*, 'lugar', ou seja, trata-se do vocábulo mais genérico para designar o céu;[170]

c) terceira providência, Marduk faz uma réplica do Apsu (que a partir de agora também recebe o nome de Eshgalla): ele mede-o e cria, como seu reflexo, o Esharra;

d) enfim, tendo definido esses três lugares, o Eshagalla/Apsu, que já existia antes, o Esharra, que acabou de criar, e o *šamāmū/ašratu*, que também fabricou, Marduk dá-os como templos, para morada, respectivamente a Ea, Énlil e Ánu.

Cabe anotar que essa é a leitura que considero mais adequada, ainda que o uso dos sinônimos provoque dúvidas em alguns comentadores. Talon, por exemplo, na tradução de 2005, identifica o Esharra com o céu ("O santuário Ešarra, que ele criou, é o céu"),[171] entendimento

---

169 Cf. Ayali-Darshan, The question of the order of Job 26, 7-13 and the cosmogonic tradition of Zaphon, p. 409; Livingstone, *Mystical and mythological explanatory works of Assyrian and Babylonian scholars*, p. 32-33; Kee (A study on the dual form of *mayim*, water) observa como, em hebraico, tanto *šamayim* quanto *mayim* são formas de dual, o que pode implicar remissão à dualidade das águas – de cima e de baixo –, além de apenas indicar grande extensão.

170 Horowitz (HMCG, p. 113-114) chama atenção para o fato de que, "em 5, 119-122, *Ašratu* é listado ao lado do Apsu, a superfície da terra e o Ešarra, mas o céu propriamente (*šamu/šamāmū*) é omitido. [...] *Ašrata* é parte do céu ou um segundo nome dele, como *Ešgalla* é o segundo nome do Apsu". Anote-se, finalmente, que o parônimo *ašrātu* significa 'santuário', 'capela', o que emprestaria à abóbada celeste um caráter sagrado, preparando o que se afirma no verso 146, já que os lugares celestes são dados, como templo, a Ánu.

171 TBCM, p. 94: "*Il mesura les structures de l'Apsû, le Seigneur, / et comme un sanctuaire jumeau, il fonda l'Ešarra. / Le sanctuaire Ešarra, qu'il avait crée, c'est le ciel*". Elli segue

que muda na de 2019, anotando o seguinte: "o Eshgalla é um nome do Apsu, morada de Ea. O Esharra é a morada de Énlil, entre o Apsu e o céu de Ánu. Marduk criou o Esharra, enquanto os outros dois lugares são formados a partir do cadáver de Tiámat" (TEE, p. 125). Horowitz, a meu ver acertadamente, argumenta que "Bel [Marduk] mede o Apsû e estabelece o Ešarra, fazendo-o igual ao Ešgalla, mas o próprio Ešgalla não é construído"; como, todavia, nos versos 145-146, "o Ešgalla é atribuído a Ea, quando Ánu recebe o céu (*šamāmū*) e Énlil recebe o Ešarra", o "Ešgalla pode ser um segundo nome para a região de Ea, o Apsû".[172] De fato, como pondera Lambert, a chave para o entendimento "dessa passagem encontra-se no último dístico, em que os lugares cósmicos são dados, em quiasma, a Ánu, Énlil e Ea" (LBCM, p. 476), a saber:

Ešgalla[1] *Ešarra ša ibnû*[2] *šamāmī*[3]	Eshgalla[1], Esharra que ele engendrou[2], e o firmamento[3],
Anim[3] *Enlil*[2] *u Ea*[1] *māḫāzīšun ušramma*	De Ánu[3], Énlil[2] e Ea[1] templos fez para morar.[173]

Assim a estrutura do mundo começa a ser estabelecida, com seus três níveis, dois dos quais já definidos: no alto, o céu (*šamāmū/ašratu*); embaixo, o Eshgalla/Apsu. Como a terra ainda não foi formada, é forçoso considerar que Esharra seja o que há entre os dois outros, isto é, o espaço intermediário, segundo especula Horowitz, o nível em que se encontram os ventos e as tempestades (cf. HMCG, p. 113).

Huxley chama a atenção para a concepção mesopotâmica do céu como constituído por três níveis, de acordo com que se lê, por exemplo, no seguinte texto (KAR, 307):

> O céu superior é pedra *luludānītu*, de Ánu,
> Ele aí fixou os 300 Ígigi;

---

o mesmo entendimento: "*Il grande tempio Esharra, che egli costruì, è il cielo*" (EEE, p. 195).

[172] HMCG, p. 113. Ver também GEE, p. 150-152, Seri, The role of creation in *Enūma eliš*, p. 14. Lambert traduz de acordo com essa compreensão do texto: "*Bēl measured the shape of the Apsû / And set up Ešarra, a replica of Ešgalla. / In Ešgalla, Ešarra which he had built, and the heaven / He settled in their shrines Anu, Enlil, and Ea*" (LBCM, p. 95).

[173] Ešgalla é registrado, em duas ocorrências, para nomear o mundo subterrâneo (cf. LBCM, p. 476).

> O céu intermediário é pedra *saggilmut*, dos Ígigi,
> *Bēl* aí se assentou numa cobertura de lápis-lazúli, acendeu uma lâmpada de pedra *elmēšu*;
> O céu inferior é de jaspe, o das estrelas,
> Ele aí desenhou as constelações dos deuses.[174]

Assim, continua ela, "a descrição registra três céus e dois níveis de ocupação, o céu superior pertencendo a Ánu e aos trezentos deuses Ígigi, o mais baixo a Bēl [Marduk] e o restante dos Ígigi", enquanto o nível mais inferior é o das estrelas: "era composto de jaspe e tinha as constelações dos deuses nele 'pintadas'", sendo a esse estrato que corresponderia o Esharra:

> Este é o céu estrelado que vemos acima, dos três céus o mais próximo de nossa porção terrestre do cosmo. Pode ser comparado a um telhado ou cobertura sobre a terra, conforme a expressão "cobertura do céu" aplicada a ele em alguns textos cuneiformes. Com a terra como um "piso", o cosmo destinado à humanidade mortal é como que uma vasta câmara na qual vivemos nossos dias. Os dois níveis de ocupação celestial mencionados no texto, sugiro, foram similarmente concebidos como espaços vastos, mas finitos, cada um com um solo e um céu, como uma câmara maciça. O nível mais baixo, do qual Bel governava, tinha nosso céu de jaspe como base, e o céu do meio, feito de pedra s*aggilmut*, como céu ou cobertura de telhado. O nível superior, em que Anu habitava, estava acima disso e, tendo o céu de pedra *saggilmut* como seu piso, era coberto com o céu de pedra *luludānītu*, que formava o limite mais alto do cosmo. (Huxley, The shape of the cosmos according to cuneiform sources, p. 189-190)[175]

Mesmo que não se faça, nesse passo do *Enūma eliš*, nenhuma distinção entre o nível de Ánu e o de Marduk – já que Marduk é superior a todos os deuses e sua morada será Babilônia –, parece bastante razoável admitir que o Esharra, construído pelo deus neste momento, como réplica do Apsu, seja de fato o nível do céu que se estende sobre

---

[174] Com exceção de jaspe, não se sabe a que tipo de pedras (provavelmente preciosas) os demais termos remetem.

[175] Ver também Koch-Westenholz, *Mesopotamian astrology*, p. 115-118.

a terra. Ainda nos termos de Huxley, "Esharra era o mais baixo dos céus sobre a terra e o Apsu a mais elevada das regiões sob a terra; assim, a afirmativa do *Enūma eliš* sugere uma estrutura cósmica que era simétrica, ou, no mínimo, igual, acima e abaixo, com a terra em seu centro" (Huxley, The shape of the cosmos according to cuneiform sources, p. 190).

TABUINHA 5

As estrelas e o ano
(versos 1-10)

ubaššim manzāza an ilāni rabiūtim	[1] Produziu ele uma posição para os grandes deuses:
kakkabī tamšīlšunu lumāšī ušziz	De estrelas, deles reflexo, constelações ergueu.
u'addi šatta miṣrāta u'aṣṣir	Assinalou o ano, seu limite traçou,
12 arḫū kakkabī šulušā ušziz	Doze meses, três estrelas para cada um ergueu.
ištu ūmi ša šatti uṣṣiru uṣurāti	[5] Desde o dia em que, do ano, traçou o traçado,
ušaršid manzāz ^{d}*Nēberi ana uddû riksīšun*	Fixou a posição de Néberu, para expor seus liames.
ana lā epēš anni lā egû manama	Para não haver quebra nem incúria de ninguém,
manzāz ^{d}*Enlil u* ^{d}*Ea ukīn ittīšu*	A posição de Énlil e de Ea firmou com aquela.
iptēma abullāti ina ṣēlī kilallān	Abriu portais em cada lado,
šigaru udannina šumēla u imma	[10] Travas fez possantes à esquerda e à destra.

Uma vez criado o céu, Marduk inicia sua organização. Para compreender o que se descreve, nem sempre com o detalhamento esperado pelo leitor de hoje, é preciso recordar que o céu se entende como a cobertura sólida sobre a terra, a qual impede as águas superiores de cair e, como a terra é circular, rodeada pelo mar, encontra-se com ela em toda a sua volta.[176]

---

[176] Embora ele seja essa cobertura sobre a terra, Lambert (The pair *Lahmu-Lahamu* in cosmology, p. 202) alerta para o fato de "não ter encontrado evidência de que,

Conforme Huxley, cuja argumentação resumo a seguir, "o cosmo é pensado como tendo uma seção transversal circular no nível do horizonte", a terra, e tudo leva a crer que a seção transversal vertical, do zênite ao nadir, teria uma forma cilíndrica, esférica ou elíptica, embora haja "evidências de que o pensamento mesopotâmico imaginou de fato o cosmo como uma esfera". No céu, conheciam eles a distinção entre as estrelas e os planetas – enquanto estes eram andarilhos, passando de uma constelação a outra, aquelas, nas constelações, mantinham sempre a mesma distância umas das outras. Como as constelações se moviam a cada noite de leste a oeste, a opinião que parece prevalente é de que o céu se move e as estrelas foram nele "desenhadas" por um deus, tendo uma posição fixa. Do local de onde a abóbada celeste é vista da Mesopotâmia, os textos consideram que o centro (ou liame) do céu (*markas šamê*) é a constelação por eles chamada de Carro (^{mul}MAG.GÍ.DA) – uma constelação polar correspondente à Ursa Maior dos gregos e romanos –, mesmo que ela esteja muito longe ao norte, não no zênite. A conclusão que parece mais razoável é entender, portanto, que o céu tivesse um eixo polar em torno do qual girava, estando junto dele a constelação do Carro (cf. Huxley, The shape of the cosmos according to cuneiform sources, p. 192-193).

Nesse céu em constante rotação, as estrelas fixas eram divididas em três grupos: as de Ea, as de Ánu e as de Énlil, de acordo com os "caminhos" donde surgiam. Esses caminhos correspondiam a parcelas do horizonte, o de Ea estando ao norte, o de Ánu no meio e o de Énlil ao sul, e, conforme Koch-Westenholz, os limites entre os caminhos dependiam de onde o sol se põe no correr do ano, a saber: a) no Caminho de Anu, de 1.º do mês de Áddaru (XII) até 30 de Ayyáru (II) (azimute do sol 290°-250°);[177] b) no caminho de Énlil, de 1.º de Simánu (III) até 30 de Ábu (V) (azimute 250°-240°-250°); c) no caminho de Ánu, de 1.º de Ulúlu (VI) até 30 de Arahsámnu (VIII)

---

na Mesopotâmia antiga, o céu era concebido como um domo ou cúpula (*domo or vault*)".

[177] Azimute, do árabe *as-sumūt*, 'direções', plural de *samt*, nomeia um ângulo da orientação numa esfera. Em astronomia, é o ângulo ou longitude de arco medido no horizonte celeste que forma o Norte e a projeção vertical do astro no horizonte do observador situado em alguma latitude. O azimute mede-se em graus, em sentido horário, a partir do Norte, avançando para Leste, Sul, Oeste e Norte.

(azimute 250°-290°); d) no Caminho de Ea, de 1.º de Kislímu (IX) até 30 de Shabátu (XI) (azimute 290°-300°-290°, cf. Koch-Westenholz, *Mesopotamian astrology*, p. 24). Isso corresponde à variação topográfica do sol na abóbada celeste durante um ano, indo do centro (o caminho de Ánu) ao sul (o caminho de Énlil) e então, passando de novo pelo centro, ao norte (o caminho de Ea).[178]

Essa organização do espaço e do tempo celeste é que se representa nos astrolábios, que se dividem em 12 seções, correspondentes aos 12 meses, os três caminhos dos grandes deuses sendo assinalados: o caminho ao centro é o de Ea (correspondente ao norte), o do meio é o de Ánu e o da extremidade, o de Énlil (ao sul), cada um deles contando com uma estrela, o que implica que a cada mês correspondem três delas.[179] O centro

[178] A correspondência dos meses mesopotâmicos com os atuais é a seguinte, conforme os nomes em acádio (cf. Caramelo, Os calendários mesopotâmicos, o culto e as hemerologias, p. 3-4):

Nome em acádio	Correspondente a	Observações
Nissanu	Março/abril	Primeiro mês do ano babilônico: festa do *akītu*
Ayyāru	Abril/maio	Mês de Ishtar
Simānû	Maio/junho	
Tammuzu	Junho/julho	Mês de festas a Tammuz/Dúmuzi
Abu	Julho/agosto	Mês do *kíspum* (festas dos mortos)
Elūnu/Ulūlu	Agosto/setembro	
Tašrītu	Setembro/outubro	Primeiro mês do ano em algumas cidades: festa do *akítu*
Araḫsamnu	Outubro/ novembro	
Kislīmu	Novembro/ dezembro	Mês de Nergal
Tebētu	Dezembro/janeiro	Mês de Ánu
Šabāṭu	Janeiro/fevereiro	Comemoração do casamento de Bel e Beltiya
Addaru	Fevereiro/março	

[179] Uma tabuinha encontrada em Boghazköi e conhecida como "Prece aos deuses da noite" conclui com um ritual contra a insônia (KUB IV, 47: 42-48) em que se encontra a referência mais antiga aos caminhos de Ea, Ánu e Énlil: contém ele uma lista de estrelas, escrita parcialmente na ortografia hitita, e os nomes de talvez quatro planetas e treze constelações, terminando com a invocação das estrelas dos caminhos de Ea, Ánu e Énlil (cf. Koch-Westenholz, *Mesopotamian astrology*, p. 46).

do astrolábio representa o eixo em torno do qual gira o firmamento, ou seja, o ponto mais ao norte, uma volta completa correspondendo a um ano, o que também mostra a circularidade do tempo cósmico.

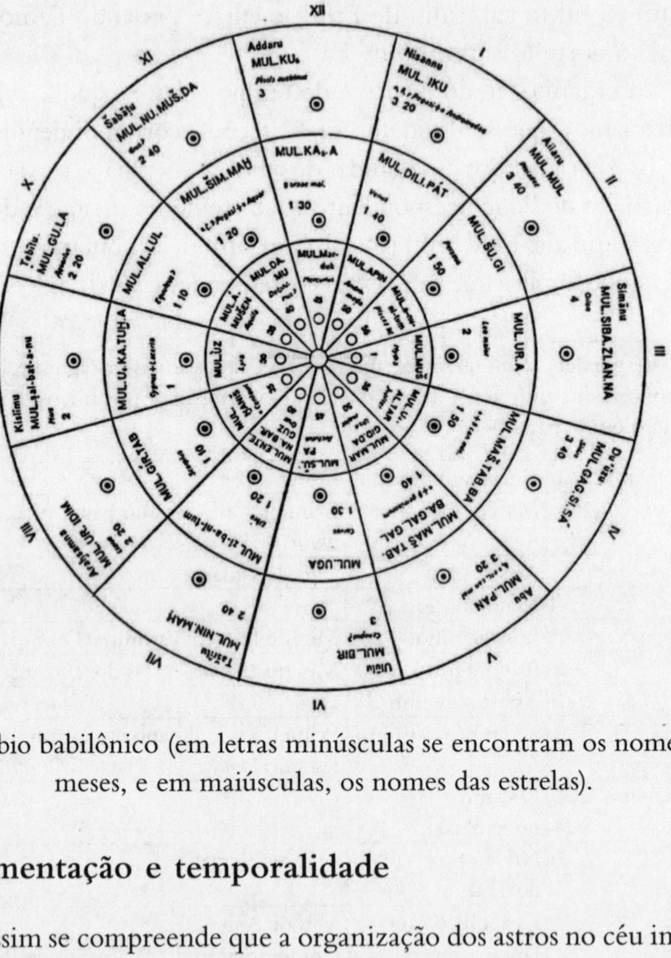

Astrolábio babilônico (em letras minúsculas se encontram os nomes dos meses, e em maiúsculas, os nomes das estrelas).

Movimentação e temporalidade

Assim se compreende que a organização dos astros no céu implica também a criação da contagem do tempo cíclico, isto é, o ano, resultante da rotação das estrelas fixas e da posição dos astros móveis, lua, sol e planetas. Nesse sentido conjugado é que se dão as primeiras ações de Marduk descritas anteriormente, a saber: a) produziu ele posição (*manzāzu*) para os grandes deuses,[180] erguendo as constelações que

[180] *Manzāzu*, 'localização'; 'posição' de estrela, planeta, constelação; 'fase' da lua. O termo é usado para indicar o 'pedestal' de uma imagem de um deus; o púlpito

deles são reflexos ou imagens (*tamšilu*);[181] b) assinalou o ano e traçou seu limite, dividindo-o em doze meses, a cada qual cabendo três estrelas.

O tratado de adivinhação intitulado *Enūma Anu Enlil* (*Quando Ánu e Énlil*) começa de modo semelhante a essa passagem do *Enūma eliš*, com a diferença de que a organização do espaço celeste, da qual dependem os prognósticos, não se faz por Marduk, mas pelos três grandes deuses:

> *e-nu* ^{d}*a-nu* ^{d}*en-líl u* ^{d}*é-a ilū rabûti*
> *šamê*^{e} *u erṣeta*^{ta} *ib-nu-ú u-ad-du-ú gis-kim-ma*
> *ú-kin-nu na-na-za-za* [*ú-š*]*ar-ši-du gi-is-gal-la*
> *ilī mu-ši-tim ú-*[*ad-du*]*-ú ú-za-i-zu ḫar-ra-ni*
> *kakkabī tam-ši-li* [*sunu i-ṣ*]*i-ru lu-ma-a-*[*ši*]
> *mi-u*$_{4}$*-zal-l*[*u-u im-du-d*]*u arḫu u šattu ib-nu-u*
> *ana* ^{d}*Sin* [*u*] ^{d}*Šamaš gir-ra* [*x x x purussē šamê*^{e} *u erṣitim*^{tim} *iprusu*$^{š[u]}$
> Quando Ánu, Énlil e Ea, os grandes deuses,
> O céu e a terra engendraram, manifestaram o sinal (*giskimma*),[182]
> Estabeleceram a posição (*nanzāza*),[183] fixaram a estação (*gigallu*),[184]
> Os deuses da noite nomearam, distribuíram os caminhos,
> De estrelas, reflexo deles (*tamšili*), desenharam as constelações,
> As durações mediram, mês e ano criaram,
> Para Sin e Shámash a rota ----, decretos para céu e terra fizeram.
> (*apud* Landsberger; Wilson, The fifth tablet of *Enūma Eliš*, p. 172)

Como se vê, a organização do espaço celeste implica também o estabelecimento das durações, já que se trata de algo móvel, o seu movimento sendo responsável pela contagem e pela própria existência do tempo. Num primeiro momento, quando Apsu e Tiámat misturavam como um só suas águas, não se pode dizer que houvesse tempo; em seguida, alguma temporalidade se conta com referência aos corpos dos

---

ou a tribuna de um rei ou de um sumo-sacerdote; a posição; a posição das estrelas fixas; uma constelação. As estrelas podem dizer-se *Manzāzū* dos deuses (cf. Landsberger; Wilson, The fifth tablet of *Enūma Eliš*, p. 171).

[181] *Tamšilu*, 'imagem', 'semelhança', derivado de *mašālu*, 'igualar'. Ver Landsberger; Wilson, The fifth tablet of *Enūma Eliš*, p. 170-172.

[182] *Giskimmu* significa 'signo', 'presságio', definido pelos deuses e trazido pelo céu e a terra.

[183] *Nanzāzu* é sinônimo de *manzāzu*.

[184] *Gigallu* tem o uso especializado de 'estação das estrelas', isto é, seu lugar no céu.

dois primeiros deuses, Láhmu e Láhamu; as gerações permitem então uma perspectiva de sucessão, ainda baseada, contudo, nos corpos que se geram; com as ações, mais um critério se estabelece, na passagem do 'antes' para o 'depois' – a saga de Apsu antecedendo a de Marduk –, o que configura uma espécie de temporalidade narrativa; enfim, a organização do céu por Marduk, envolvendo a atribuição de lugares e a medida de duração dos movimentos, cria um tempo cósmico que põe em relação as partes com o todo.

A fim de aquilatar a importância da demiurgia de Marduk, tenha-se em vista que a premissa fundadora da epistemologia mesopotâmica é que as coisas no universo se encontram relacionadas umas com as outras, cabendo ao pensamento deslindar essa teia de relações. Noutros termos, do mesmo modo que nossa ciência tem como premissa que as coisas se dão de acordo com leis de caráter universal, o conhecimento dependendo da compreensão delas, através de observação e experimentos, para os babilônios cada acontecimento, mesmo os menores, tem um ou vários correlatos em outros pontos do mundo, o entendimento disso concretizando-se em catálogos de ocorrências, os quais funcionam como um vasto repertório cuja lógica foi relevada pelos deuses – como, considerando suas origens, nesta passagem do *Enūma eliš* –, cabendo aos sábios expandir esse conhecimento.[185]

Néberu

Este corpo celeste tem uma posição e uma função de destaque na ordem estabelecida por Marduk, uma vez que lhe cabe ser o liame (*riksu*) das constelações.[186] Recorde-se que, quando Ea enfrenta Apsu,

---

185 Cf. Koch-Westenholz, *Mesopotamian astrology*, p. 18-19: "Nossas ciências são baseadas numa premissa tão simples que é ela usualmente tomada como garantida: as coisas acontecem de acordo com leis universalmente válidas. É nossa função descobrir essas leis, e a maneira de fazer isso é a observação, apoiada por experimentos controlados. De um modo semelhante, a adivinhação babilônica baseia-se numa proposição muito simples: as coisas no universo estão relacionadas umas com as outras. Cada evento, mesmo pequeno, tem um ou mais correlatos em algum outro lugar do mundo. Isso nos foi revelado, em dias de outrora, pelos deuses, e nossa função é refinar e expandir esse corpo de conhecimentos".

186 *Riksu* tem o sentido de 'nó', 'vínculo', 'amarração', 'tendão'.

a primeira coisa que faz é desatar-lhe os tendões (*ipṭur riksīšu*, 1, 67), o que faz com que se torne inerte, demonstrando a importância dos liames para o corpo vivo. O que se observa neste passo é, portanto, uma espécie de transferência dos vínculos que dão coesão ao corpo dos deuses para o corpo do céu – que, recorde-se, é Tiámat –, Néberu, enquanto *riksu* das constelações, constituindo sua amarração.

Não há consenso com relação a qual astro ^{d}*Nēberu* corresponderia, observando-se que, no texto, o nome aparece precedido do classificador que indica divindade.[187] Uma hipótese é que seja o planeta Júpiter ou Mercúrio, já que identificados com Marduk.[188] Landsberger, contudo, propõe que seja a Estrela Polar, considerada o próprio eixo do céu.

Essa última hipótese é justificada por um argumento intratextual, o que se declara em 7, 124-134, a propósito da atribuição a Marduk do nome de Néberu:

> Néberu: travessias (*nēberit*) do céu e da terra ele retenha,
> No alto e abaixo não atravessam (*ibbirū*), esperam por ele.
> Néberu é sua estrela, a que no céu ele fez surgir,
> Tome dele o eixo (*kunsaggû*), elas a ele fitem;
> Eia!, ele que, no interior (*qerbiš*) de Tiámat, atravessou (*ītebbiru*) sem sossegar,
> Seu nome seja Néberu, quem prende seu interior (*ša āḫizu qirbīšu*);
> Ele que, das estrelas do firmamento, a conduta faça firme,
> Como gado pastoreie os deuses, a íntegra deles,
> Encadeie Tiámat, sua vida estreite e encurte:
> No vindouro para as gentes, em pósteros dias,
> Siga ela e não seja retida, vá longe no porvir!

Landsberger observa que a expressão *ša āḫizu qirbīšu* ("quem prende seu interior", isto é, o interior de Tiámat) leva a concluir que *nēberu* ocupa uma posição no centro, ou seja, depois de ter cruzado o interior da deusa – "o interior (*qerbiš*) de Tiámat atravessou (*ītebbiru*)" –, tornou-se

---

[187] Como termo comum, *nēberu* significa 'travessia', 'vau'; 'ponto de travessia'; 'balsa'; 'barqueiro' – sendo derivado do verbo *ebēru*, 'atravessar'.

[188] Sobre Júpiter e sua relação com Marduk, Verderame, Il pianeta Giove nella tradizione mesopotamica; e Koch-Westenholz, *Mesopotamian astrology*, p. 120: "Júpiter é a estrela de Marduk, mas referências nos textos literários ao aspecto astral de Marduk não são frequentes".

então estacionário (conforme o sentido de *ahāzu*, 'pegar', 'prender', 'agarrar'), podendo aplicar-se bem à estrela polar o verso 131: ela é quem, "das estrelas do firmamento, a conduta faça firme", uma vez que todas giram à sua volta.[189] No caso do *Enūma eliš*, o dado principal é que "a posição de Néberu" foi fixada para expor os "liames" (*riksu*) das constelações, ou seja, ele tem uma posição destacada enquanto o que garante a ordenação celeste.

Os versos 7-8 levantam também muitos problemas de compreensão: "Para não haver quebra nem incúria de ninguém, / A posição de Énlil e de Ea firmou com aquela". Trata-se de uma dificuldade já sentida pelos copistas antigos, considerando-se que se registra a variante "a posição de Énlil e Ánu". A questão está em que o texto fornece, nesse ponto, uma tríade que não se registra em nenhum outro lugar – Néberu, Énlil, Ea – e pode ser que a substituição de Ea por Ánu gerasse uma lição mais compreensível, considerando-se que o caminho de Ea é o que se encontra ao norte, como a estrela polar. Outra dificuldade é que, caso Néberu fosse identificado com Marduk, a lista também careceria de sentido, tendo presente que o enaltecimento desse deus é que poderia justificar a ausência quase completa de Énlil no *Enūma eliš*.

As portas do céu

As providências de Marduk na organização dos lugares fixos do céu incluem a abertura de duas portas: "Abriu portais em cada lado, / Travas fez possantes à esquerda e à destra". Mesmo que a função dessas portas não seja explicitada no texto, Heimpel considera que o fato de serem duas e em lados opostos indica que são por onde Shámash (o Sol) entra e sai a cada dia, o que representaria um vínculo entre o espaço fixo das estrelas e os astros móveis, de que o poema tratará na sequência. É ainda Heimpel que sugere que essas passagens dariam acesso ao local para onde o Sol, a Lua e Vênus se dirigem quando desaparecem, um lugar que, na "Prece aos deuses da noite", se afirma ser o *ú-tu-ul šamê*, o que, admitindo-se

---

[189] Landsberger; Wilson, The fifth tablet of *Enūma Eliš*, p. 173-174. Ele observa ainda que essa "concepção de *nēberu* no *Enūma eliš* não é conciliável com a concepção mais recente de Marduk como um planeta (ou planetas). Ela pressupõe uma 'cosmologia' muito irregular, talvez inventada pelo autor do *Enūma eliš* (considerada paleobabilônica), a qual lida só com as estralas fixas e sua revolução".

a leitura *utlu šamê* ("seio do céu"), faria referência a uma localidade que "está abaixo do horizonte, porque o sol, a lua e Vênus não são visíveis no momento da oração", o que indica que foram para o "interior do céu" (Heimpel, The sun at night and the doors of heaven, p. 130-134).

A Lua
(versos 11-26)

ina kabattīšama ištakan elâti	No âmago mesmo dela pôs um cume
^{d}*Nannaru uštēpâ mūša iqtīpam*	E Nánnaru fez surgir, a noite consignou-lhe,
u'addīšumma šuknāt mūši ana uddû ūmi	E mostrou a joia da noite, para mostrar os dias:
arḫišam lā naparkâ ina agê uṣṣir	Cada mês seu, sem cessar, nas fases lhe traça:
ina rēš arhīma napāhi e[l]i māti	[15] No começo do mês brilha tu sobre a terra!
qarnī nabâta ana uddu ūmi	Os teus cornos resplandece para mostrar seis dias;
ina sebūti agâ [maš]la	No sétimo, a coroa pela metade,
[š]apattu lū šutamḫurat miši[l arḫi]šam	No décimo quinto estejas defronte, na metade de seu mês;
i[n]ūma ^{d}*Šamaš ina išid šamê ina[ṭṭāl]uka*	Quando Shámash, na base do céu, te encarar,
ina [s]imti šutakṣibamma bini arkāniš	[20] Como convém diminui e cresce de volta;
[bubbul]um ana ḫarrān ^{d}*Šamaš šutaqribma*	No dia de teu sumiço, ao caminho de Shámash achega-te
ša [x (x) ud-3]0.kám *lū šutamḫurat* ^{d}*Šamaš šanât*	---- no trigésimo dia estejas a ele defronte, um segundo Shámash.
ú-[....] x *ittu ba'î uruḫša*	---- signo, segue a rota dela,
za x [..... *š*]*utaqribāma dīnā dīn[a]*	---- achegai-vos e julgai os julgamentos.
lib- [.....] x ^{d}*Šamaš nimmatu d[âka] ḫabāla*	[25] ---- Shámash constrange morte, pilhagem,
aš-x [.............-*n*]*i yâti*	---- de mim

O possessivo feminino no primeiro verso deste passo – *ša*, dela – não deixa esquecer que é do âmago de Tiámat que se trata (*kabattīša*), onde Marduk põe o cume do céu[190] e faz surgir a lua, dando-lhe o governo da noite. Depois das estrelas fixas, esse é o primeiro dos astros móveis, cuja relação com a contagem do tempo fica claramente marcada, em termos de semanas e do mês.

---

[190] Cf. LBCM, p. 477, *elâtu* ("cume"), nesta passagem, bem como em 7, 83, corresponde a *elât šamê* ("cume do céu"). Ele observa ainda que a terminologia astronômica do *Enūma eliš* não corresponde à de nenhum outro texto.

Nánnaru

Nánnaru é um dos nomes da lua – em sumério Nanna ou Nánnar, ou ainda Suen (muitas vezes se registrando a forma composta, Nanna-Suen). Deste último, Suen, deriva a forma acádia *Sîn*, todos designação do deus Lua (um deus masculino), também chamado Asimbábbar, Namrasit ('Brilhante') e Inbu ('Fruto'). Seu nome pode ser grafado com o numeral 30, em referência aos dias do mês lunar.

De acordo com as tradições sumérias, Nanna era fruto do estupro de Nínlil por Énlil, o qual, por isso, foi banido do convívio dos deuses, mas Nínlil o seguiu, grávida de Nanna, o qual enfim dá à luz. A esposa de Nanna era a deusa Ningal, seus filhos sendo Utu, o Sol, e Inana (correspondente à acádia Ishtar). O deus Lua era venerado em Ur e, na época paleobabilônica, em Harran, no norte da Síria. Seu símbolo era o crescente (em acádio, *uskaru*, cf. GDS, p. 53 e 135).

O que se descreve no trecho em questão é o processo mensal de mudança por que passa o astro, envolvendo o crescente (no início do mês) até a lua cheia (no décimo quinto dia), o minguante até lua nova (*bubbulu*, isto é, 'dia do sumiço', o vigésimo oitavo ou vigésimo nono dia).

Observe-se que o ciclo temporal de Nanna está sempre em relação com Shámash, o Sol.

O Sol
(versos 27-44)

e- [........................] x [x (x)]	----
qar- [...	----
^{d}*Š[amaš*..............	Shámash ----
ina x [.............	[30] Em ----
lu [.................	Que ----
ad-x [...............	----
ai ibbaši ma na [............	Que não exista ----
šu x UR *ú-šaḫ-*[.................	----
ina taqtī[t................	[35] No fim ----
bumbul[um lib-b[aši...........	O dia de teu sumiço exista ----
ištu têrēti x [..................	Após ordens ----
úṣurāti pāni x [................	Desígnio de em face e ----
bnima ūmu [.................	Engendrou então o dia ----
išatta lū šutāmḫ[urat...............	[40] O ano seja equivalente ----
ina zagmukku	No começo do ano ----
šattum ina man-ša-x [...............	O ano em ----
lū kânam[a.................	Que seja habitual ----
šigaru āṣīt[um..............	A tranca da saída ----

Esta é sem dúvida a passagem mais mutilada do texto, o que torna difícil sua tradução e muito incerto o seu entendimento. O único que se pode deduzir é que se trata dos movimentos do sol – parece que em relação com a lua, pela referência ao *bubbulu* –, a medida principal sendo todavia o ano (*šattum*).

As nuvens
(versos 45-52)

*ultu ūme ú-*x [..................	[45] Desde os dias ----
maṣrat mūši u i[mmi.........	Guardas da noite e do dia ----
rupuštu ša Tiāma[t..........	A baba que Tiámat ----
Marduk ibtani..........	Marduk engendrou ----
ikṣurma ana erpēti ušasbi'	Enredou e em nuvens brandiu;
tebi šāri šuznunu kaṣāṣa	[50] O assaltar do vento, o derramar da chuva,
šuqtur imbari kamar imtīša	O alçar do nevoeiro, o acumular do veneno dela
u'addīma ramānuš ušāḫiz qāssu	Assinalou ele a si mesmo, susteve em sua mão.

Embora o início desse passo esteja bastante corrompido, permite de qualquer modo um entendimento coerente. Observe-se que ele se abre com a expressão *ultu ūme* ("desde os dias"), comum em outros versos de transição. A mesma técnica é usada no início da tabuinha, permitindo que se observe como se trata de um encaixe que tanto diz do que veio antes quanto do que sucederá: "Assinalou o ano, seu limite traçou, / Doze meses, três estrelas para cada um ergueu. / Desde o dia em que (*ištu ūmi*), do ano, traçou o traçado, / Fixou a posição de Néberu, para revelar seus liames" (5, 3-6). No presente caso, "desde que" remete a pelo menos o último verso anterior, em que está em causa "a tranca da saída" (supõe-se que do Sol), o que condiz com a referência no v. 46 aos "guardas da noite e do dia". Em resumo, desde que a etapa anterior da ordenação do céu foi concluída – o percurso do Sol –, Marduk passa agora a novo trabalho.

Este consiste na apropriação da "baba de Tiámat" (*rupuštu ša Tiāmat*) para a constituição de três fenômenos atmosféricos: o vento, a chuva e o nevoeiro. Considerando que *rupuštu* se diz, nas fontes conhecidas, apenas como secreção de humanos, touros[191] e, num caso,

[191] Cf. *Ele que o abismo viu* 6, 126: "O Touro, em sua face, cuspiu baba".

do ferrão de escorpiões, elucubra-se que isso sugeriria uma forma bovina para Tiámat, em concordância com a referência, logo a seguir, a suas tetas e cauda (cf. Landsberger; Wilson, The fifth tablet of *Enūma Eliš*, p. 175). Deve-se notar, todavia, que *rupuštu* apresenta também o sentido de 'escuma', podendo assim remeter à espuma produzida pelas ondas do mar.[192]

Um dado importante nesse trecho é que se dá mais um passo numa progressão descendente: depois de expor o nível das estrelas fixas, passando, em seguida, para o da lua e do sol (que, como astros móveis, se supõe que se movam abaixo das constelações), introduz-se agora a atmosfera, onde se localizam as nuvens, os ventos, a chuva e o nevoeiro. Esses fenômenos meteorológicos pode-se dizer que constituem o que liga a superfície da terra ao céu que a cobre, sendo duas as etapas da demiurgia de Marduk: a) ele enreda e condensa a baba de Tiámat em nuvens; b) ele mantém em suas mãos o "assaltar do vento", o "derramar da chuva" e o "alçar do nevoeiro", confirmando sua identidade como um deus da tempestade. Assim se transita do que está no alto (as nuvens) para o que atinge o solo (as chuvas) e dele se ergue (o nevoeiro), tudo parecendo resultar do acúmulo da baba de Tiámat (parece que "o acumular do veneno dela" seria um aposto de "o alçar do nevoeiro" e talvez também de "o derramar da chuva").

---

[192] Como ressalta Ayali-Darshan, tradições semelhantes se registram na *Bíblia* hebraica, em *Jó* 26, 8-10 e *Provérbios* 8: "o desenho de um limite circular em volta das águas inferiores e o envolvimento das águas superiores nas nuvens. [...] Relatos etiológicos similares, de envolvimento das águas superiores nas nuvens – ou sobre o firmamento –, ocorrem também no babilônico *Enūma eliš*. O primeiro, uma passagem bem conhecida, apresenta Marduk colocando um guarda e um ferrolho nas águas superiores, de modo a prevenir que elas transbordassem (4, 139-140). O segundo – que é uma variante com o clima do sul da Mesopotâmia – reflete-se na recolha do veneno e da espuma de Tiámat (= o Mar) nas nuvens, arrogando Marduk para si mesmo o papel de fornecedor de chuva – isto é, o papel do Deus do Trovão (5, 47-52). Ambas as tradições podem ter-se desenvolvido independentemente na Mesopotâmia e no Levante, devido tanto à semelhança entre o azul do céu e do mar quanto à etimologia popular semítica para 'céu' (acádio, *šamû*; hebraico, *šamaim*) como sendo 'de água' (*ša mê*; *šal main*), ou ainda à caída da chuva do céu" (Ayali-Darshan. The question of the order of Job 26, 7-13 and the cosmogonic tradition of Zaphon, p. 409).

A fabricação da Terra e o arremate do cosmo (versos 53-66)

iškun qaqqassa ina muḫḫīšu šadâ išpuk	Dispôs dela a cabeça, em cima montanha empilhou,
nagbu uptettâ mû ittasbi	O abismo abriu, água o encharcou.
iptēma ina īnānīša Puratta Idiglat	[55] Abriu-lhe nos olhos o Eufrates e o Tigre,
naḫīrīša x x (x) *ētezba*	As narinas lhe obstruiu, ---- deixou.
išpuk ina ṣirtīša šadê bērūti	Dispôs-lhe nas tetas montanhas remotas,
namba'ī uptalliša ana babālim kuppu	Poços furou para conduzir aos reservatórios.
ēgir zibbassa durmāḫiš urakkisma	Torceu-lhe a cauda, como corda a amarrou,
[x x x] x x *apsî šapal šēpuššu*	[60] ---- do Apsu, debaixo dos seus pés.
iškun ḫallāša retât šamāmi	Pôs-lhe a virilha presa no firmamento,
mišlāša uṣṣallila erṣeti uktinna	Metade dela esticou, a terra firmou.
[x x *š*]*ipra libbuš Tâwati ušasbi'*	---- a obra no coração de Tiámat brandiu,
[*ušparri*]*r saparrāšu kališ uštēṣi*	Desdobrou a sua rede, por inteiro a fez sair.
ipteqma šamê u erṣetim x x [(x)] x	[65] Formou assim céu e terra ----
[x x] *rikisunuma* x x x *kunnūni*	---- os tendões deles ---- firmou.

Recordando que a fragmentação do texto em partes se faz apenas no interesse da análise, cumpre observar que essa passagem se divide em três momentos, os dois primeiros constituídos por três dísticos (v. 53-58 e v. 59-64), o último por apenas um (v. 65-66), embora de inegável importância, pois se trata do encerramento da cosmogonia propriamente dita ou da criação do mundo por Marduk.

A criação da Terra

Das três partes assinaladas, apenas a primeira refere-se à fabricação da terra, somando não mais que seis versos dos oitenta e seis dedicados à demiurgia de Marduk (v. 4, 127-146 e 5, 1-66). Apenas a título de comparação, considere-se que, dos seis dias da criação no relato sacerdotal da *Torah*, três se dedicam ao céu e igual número à terra, à qual se empresta, portanto, muito mais atenção que no *Enūma eliš*.

Essa extrema concisão tem todavia a vantagem de salientar os traços marcantes da terra como concebida pelo poeta e por seus leitores ou ouvintes. Existe uma ênfase muito marcada nas águas (lembre-se sempre de que Tiámat é água): a água que encharca o abismo; os rios Eufrates e Tigre que nascem dos olhos da deusa; as águas subterrâneas que se encontram nos poços e se conduzem aos reservatórios. Essa presença da água distribui-se equilibradamente pelos três dísticos:

a) depois de ter empilhado sobre a cabeça de Tiámat uma montanha, abriu o abismo (*nagbu*) que água encharcou, ou seja, o primeiro verso diz respeito à terra que se eleva, o segundo às profundezas, recordando-se que *nagbu* nomeia "o subsolo de água doce, do qual as fontes brotam" (Geyer, Twisting Tiamat's tail, p. 170);

b) na montanha que se eleva – na cabeça de Tiámat –, dos olhos da deusa ele faz fluir os dois grandes rios, o Eufrates (*Purattu*)[193] e o Tigre (*Idiglat*),[194] cujas águas só podem provir do abismo (fica sem compreensão o segundo verso, uma vez que não se sabe por que Marduk obstruiu as narinas da deusa);

c) finalmente, em paralelismo com o primeiro dístico, apresentam-se as montanhas, que são as tetas de Tiámat, seguidas dos poços donde fluem as águas subterrâneas.

Deduz-se de tudo isso uma corografia apropriada ao espaço mesopotâmico, de que a nomeação dos rios Eufrates e Tigre garante a propriedade: há uma montanha ao norte, donde fluem os rios, e há montanhas distantes (provavelmente as que se encontram ao leste) que fecham a planície mesopotâmica. No mais, o que existe é o vasto plano (desértico) que se beneficia das águas fluviais e subterrâneas, supondo-se inclusive o trabalho de irrigação, com poços e reservatórios. Considerando-se o estágio inicial, quando Apsu e Tiámat misturavam como um só suas águas – e "prado não enredam, junco não amontoam" –, a principal diferença está em que agora surge uma paisagem, capaz de dar conta dos traços próprios da terra.

---

[193] *Purattu* é o nome acádio do rio, procedente do sumério 'Buranuna'. *Euphrátes* é a forma grega, recebida através do persa, de acordo com o seguinte processo fonético: *Purattu* > *prat- > *(Eu)phrates)*. Na Bíblia hebraica o nome aparece como *Prat* e no árabe atual como *al-Furat*. Sobre os nomes dos dois rios, sua etimologia e registros nos textos cuneiformes, ver Blaschke, *Euphrat und Tigris im Alten Orient*, p. 85-168.

[194] Em sumério, a denominação do rio era 'Idigna', donde provém o acádio *Idiglat*. A forma grega é *Tígris*, recebida com intermediação do persa, supondo-se as seguintes mudanças fonéticas: *Idiglat* > *digl- > *Tígris*.

Mesmo que sem correspondência exata, o *mappa mundi* que se apresenta em tabuinha datada dos séculos IX-VIII a.C., hoje no Museu Britânico (BM92687), fornece concepção geográfica análoga:[195]

Mapa babilônico do mundo: tabuinha BM92687 (Museu Britânico) e diagrama reproduzido de Horowitz, The Babylonian map of the world, p. 149.

Há um espaço circular, rodeado pelo oceano (*marratu*),[196] em que se localizam os locais geográficos comuns, bem como outros espaços

[195] Para a edição do mapa e sua datação, ver Horowitz, The Babylonian map of the world, p. 153. Embora numerosos mapas em pequena escala de cidades e áreas rurais tenham sido conservados, este é o único exemplo de um mapa do mundo.

[196] Observe-se que a visão da forma circular da terra, com o mar em torno, é a que tem também Etana, o qual se eleva sobre uma águia, no intento de alcançar a morada dos deuses:

A águia leva-o [a Etana] acima por uma milha:
Amigo meu, olha a terra! Que te parece?
Os negócios da terra zumbem como moscas

míticos além do oceano (as áreas triangulares externas ao segundo círculo, nomeadas como *nagû*, 'região', 'distrito administrativo', 'área costeira').[197] O círculo interno é o que representa a superfície da terra, destacando-se a existência de montanhas (*šadû*) ao norte (n. 1),[198] das quais flui, ao centro, de norte a sul, um rio – o Eufrates –, bem como a indicação, ao sul, de pântano (*apparu*, n. 7) e canal (*bitqu*, n. 9).[199]

E o amplo mar não é maior que um redil.
A águia leva-o uma segunda milha:
Amigo meu, olha a terra! Que te parece?
A terra tornou-se um jardim ----
E o amplo mar não é maior que uma bacia.
Ela leva-o acima uma terceira milha:
Amigo meu, olha a terra! O que te parece?
Estou olhando para a terra, mas não a posso ver,
E meus olhos não podem distinguir o amplo mar!
Amigo meu, não posso ir mais nada em direção ao céu!
Refaz o caminho e leva-me de volta a minha cidade (*apud* Dalley, *Myths from Mesopotamia*, p. 198)

[197] A representação cartográfica desses espaços externos, além do mar, garante que o mapa visa a uma representação cosmográfica e não apenas geográfica. O *nagû* mais ao norte é descrito como "um lugar onde Shámash não é visto". Há referências, no texto que acompanha o mapa, a "deuses arruinados que ele [Marduk] estabeleceu no mar" e a monstros como, dentre outros, *báshmu*, grande *mushhushu* e *girtablullû*, integrantes da armada de Tiámat, de que aqui se diz serem "bestas que Marduk criou". Parece que é também no espaço externo ao mar que se encontra a morada de Uta-napíshti, o herói do dilúvio, e dos reis Sargão e Nur-Dagan (cf. Horowitz, The Babylonian map of the world, p. 148-149 e 158). Em busca do primeiro, Gilgámesh teria alcançado tais locais extremos – segundo relatos sumérios do dilúvio, a terra de Dilmun, onde nasce o sol; conforme *Ele que o abismo viu*, o *pî nārāti* (as "bocas dos rios"), provavelmente a foz do Eufrates, do Tigre e de outros rios de Elam, no Golfo Pérsico (cf. George, *The Babylonian Gilgamesh Epic*, p. 519-520). Pezzoli-Olgiati (Erkundungen von Gegenwelten, p. 232) entende que a viagem de Gilgámesh se faz do "mundo" (*Welt*) para o "antimundo" (*Gegenwelt*), distinguindo, assim, os dois espaços separados, no mapa, pelo mar.

[198] Cf. Horowitz (The Babylonian map of the world, p. 155), "a 'montanha' na nascente do rio representa as montanhas do sul da Turquia, onde Shalmaneser III visitou as nascentes do Tigre e do Eufrates" ("No décimo quinto ano de meu reinado, fui às nascentes do Tigre e do Eufrates; pus meu selo real em suas escarpas").

[199] Observa Horowitz (The Babylonian map of the world, p. 155) que "o retângulo na foz do rio marcado como *apparu*, 'pântano', e *bitqu*, 'canal', representa os pântanos que se estendem pelo baixo Eufrates e um canal que conecta a foz do Eufrates com o Golfo Pérsico. [...] É provável que esse *bitqu* fosse um canal navegável que

Várias regiões e cidades (Assíria, Elam, Uratu, Bit Yakin, Der, Habban) são marcadas, com destaque para Babilônia (n. 13), cujo território se estende sobre o Eufrates.[200] Como pondera Huxley, mesmo que "o mapa inclua aspectos reais da vida mesopotâmica, rios, montanhas, pântanos, cidades, não é o tipo de mapa que seria usado para guiar um viajante", constituindo, em vez disso, um "diagrama cosmológico, uma declaração sobre o mundo, sobre as regiões míticas que afetam o mundo e sobre a percepção humana da centralidade da Babilônia e da Terra dos dois Rios no mundo" (Huxley, The shape of the cosmos according to cuneiform sources, p. 190-191).

Com esse acréscimo de compreensão, voltemos a examinar os três dísticos da formação da terra,

> Dispôs dela a cabeça, em cima montanha empilhou,
> O abismo abriu, água o encharcou.
>
> Abriu-lhe nos olhos o Eufrates e o Tigre,
> As narinas lhe obstruiu, ---- deixou.
>
> Dispôs-lhe nas tetas montanhas remotas,
> Poços furou para conduzir aos reservatórios,

sendo possível então ressaltar o seguinte:

a) A centralidade do dístico referente aos dois rios, que equivale à própria centralidade deles na corografia mesopotâmica, sua dualidade podendo explicar o fato de que suas nascentes sejam consideradas procedentes dos olhos de Tiámat (o dual sendo o número gramatical daquilo que aparece aos pares, sobretudo no corpo humano: olhos, orelhas, narinas, braços, pernas, mamas

---

permitia às embarcações contornar os charcos do sul da Babilônia, em seu caminho para o mar aberto".

[200] Conforme Horowitz (The Babylonian map of the world, p. 153-155), isso mostra que o mapa foi feito em Babilônia, não na Assíria, tendo em vista que a primeira é representada por "um grande retângulo que ocupa quase a metade da largura do continente central, enquanto a Assíria é representada como uma pequena forma oval", acrescentando que, "no primeiro milênio, o Eufrates corria pelo centro da cidade", conforme a informação de Heródoto ("Há duas partes da cidade, porque um rio corre pelo meio dela: seu nome é Eufrates"), as escavações tendo "encontrado restos arquitetônicos em ambos os lados do curso antigo do rio".

e testículos).[201] Acrescente-se que *īnu*, 'olho', designa também 'nascente', 'fonte' (um 'olho d'água').[202] O que se sugere, portanto, é que os dois rios são as lágrimas da deusa vencida.

b) A dualidade dos olhos lança luz sobre a referência, no segundo verso do mesmo dístico, às narinas, as quais foram obstruídas por Marduk. Ainda que o segundo hemistíquio esteja danificado, é legítimo especular que essa providência visasse a impedir que as águas subterrâneas fluíssem também pelo nariz de Tiámat, o que seria algo anômalo, diferentemente do que se passa com os olhos, que têm as lágrimas como algo próprio.

c) Se foi na cabeça de Tiámat que Marduk pôs uma montanha[203] e de seus olhos é que fluem os rios, podemos inferir, com base no mapa-múndi babilônico, que o corpo da deusa foi posto com o crânio ao norte – o local, no mapa, onde se encontra a montanha com a nascente dos rios –, estendendo-se daí para o sul, pois as águas deveriam correr sobre esse mesmo corpo, que é a terra.

d) Como o último dístico declara que Marduk "dispôs-lhe nas tetas montanhas remotas", não parece que se possa postular para Tiámat uma imagem antropomórfica, pois os dois seios não poderiam estar distantes da cabeça, sendo talvez mais razoável admitir que tivesse a forma de uma fêmea de animal mamífero, com as tetas, em série dupla (cf. BAB, p. 99), na extremidade do tronco, como sugere Landsberger – e já que logo a seguir se faz referência à cauda da deusa, esta é uma hipótese bastante verossímil (cf. Landsberger; Wilson, The fifth tablet of *Enūma Eliš*, p. 175).

---

[201] O próprio termo acádio que designa água é um plural: babilônio antigo *mā'ū* > *mû/mê* (há também as formas antigas *māmū/māwū*, que, a partir do médio-babilônico, se usam como termo poético).

[202] Sobre a mesma relação de significados nos tratados de adivinhação babilônicos, ver Mieroop, *Philosophy before the Greeks*, p. 121.

[203] Neste ponto me afasto da edição de Lambert (LBCM, p. 100), que deixa incompleta a lacuna do texto (*iškun qaqqassa* x (x) [x (x)] x *išpuk*), adotando a lição de Talon (TBCM, p. 58), que me parece adequada, em vista do paralelismo com o terceiro dístico, em que o primeiro verso também se refere à terra (às montanhas) e o segundo, às águas.

A amarração final do cosmo

Como coroamento de sua demiurgia, Marduk toma providências para garantir que a ordem cósmica se mantenha, atando a terra tanto ao firmamento quanto (tudo indica) ao Apsu, em três movimentos, distribuídos pelos três dísticos.

O primeiro consistiu em que "torceu-lhe a cauda, como corda (*durmāḫiš*) a amarrou, / ---- do Apsu, debaixo de seus pés". O termo-chave aqui é *durmāḫiš*, advérbio derivado de *durmāḫu*, 'corda forte', que, em sentido especializado, designa "a corda cósmica que mantinha as partes do universo unidas", um uso da palavra que "pode ter sido sugerido por cordas de juncos trançados que eram postas em zigurates, para fortalecê-los" (LBCM, p. 478). A forma como Marduk realiza essa operação é entendida de três modos: a) ele torce a cauda de Tiámat e amarra-a no Durmahu, este sendo concebido, portanto, como uma estrutura cósmica definida e pré-existente;[204] b) depois de torcer a cauda, ele a amarrou numa corda (ou amarrou com uma corda);[205] c) havendo torcido a cauda, ele a amarrou como uma corda.[206] Minha opção é pelo último entendimento, que tanto prioriza o sentido modal do advérbio *durmāḫiš* quanto entende que é nesse exato momento que se cria o Durmahu, que nada mais é que a cauda de Tiámat retorcida. Ora, considerando que em 7, 95 Marduk recebe o título de "Lugal-durmah, rei vínculo dos deuses, senhor da corda" (EN *durmāḫi*), seria

---

[204] Assim traduz Lambert: "*He twisted her tail and wove it into the Durmaḫu*" (LBCM, p. 101); também Landsberger: "*He bent back her tail, bound (it) [to] the 'great bond'*" (The fifth tablet of *Enūma Eliš*, p. 161). Vai na mesma direção o entendimento de Geyer, que traduz "*he twisted her tail, attached (it) (to) the* Durmāḫu", esclarecendo que "esse *durmāḫu* era uma espécie de fio de telégrafo cósmico, ao qual as várias estrelas tinham de estar presas para que fossem mantidas em seu curso. O deus encarregado dessa operação (DINGIR LUGAL DUR MAH) recebe o título de 'Rei-Laço dos deuses – Senhor do Durmahu' (*šarru markas ilī bēl durmāḫi*) e era uma pessoa muito importante, 'preeminente em realeza, muitíssimo exaltado entre os deuses' (*šarrūti šurbû an ilī ma'adiš ṣīru*) (*Enūma eliš* 7, 95-96), ainda que, na tabuinha 5, é Marduk quem ata Tiámat ao fio cósmico" (Geyer, Twisting Tiamat's tail, p. 170).

[205] Esse é o entendimento tanto de Talon, "*Il tordit as queue et la noua en une corde*" (TBCM, p. 96), quanto do CAD, que desconsidera a terminação adverbial, registrando apenas *durmāḫi*, "*tied it with strong ropes*".

[206] É a tradução de Elli, "*attorcigliò la sua coda, come uma corda (la) legó*".

de esperar que se narrasse como o Durmahu foi criado, que é o que acredito se faz aqui.

Ainda que mutilado, o segundo verso do dístico remete ao Apsu, talvez para dizer que foi posto debaixo dos pés dele, ou seja, de Marduk (já que o possessivo é masculino), não sendo impossível interpretar que a cauda torcida como corda fixaria os dois lugares: terra e Apsu.

A segunda operação consiste em que ele, Marduk, "pôs a virilha dela (*ḫallāša*) presa no firmamento, / metade dela esticou (*uṣṣallila*), a terra firmou". Conforme Geyer, "o verso 61 apresenta Tiámat deitada de costas, com suas pernas viradas para trás sobre seu torso e abertas de modo a manter o céu no lugar" (Geyer, Twisting Tiamat's tail, p. 171). Se considerarmos uma forma bovina para Tiámat, poderíamos imaginar que a deusa estivesse, sim, deitada de costas (com a cabeça ao norte, os rios que nascem de seus olhos fluindo por seu peito e as montanhas de suas tetas ao longe), tendo elevadas e cravadas no céu as coxas (cf. *ḫallu*, 'coxa', 'parte superior da coxa'), que formam o triângulo da virilha. Independentemente, todavia, do que se possa delinear tanto em termos da forma de Tiámat quanto de sua posição, o que está em causa aqui é justamente a fixação da distância entre o céu e a terra, os quais funcionam, nos termos de George, "como deques cósmicos: o céu é uma cobertura para a terra, retendo as águas acima dela, e a terra é uma cobertura para manter as águas abaixo dela" (George, Cosmogony in ancient Mesopotamia). Uma vez que a terra se achava assim atada ao céu, então Marduk terminou sua conformação, esticando a metade de Tiámat a ela correspondente.

Finalmente, depois que "a obra no coração de Tiámat brandiu" (isto é, agitou, moveu),[207] Marduk "desdobrou a rede, por inteiro a fez sair" (ou seja, puxou-a, provavelmente do interior da deusa). Como resume Gabriel, "depois que Marduk assegurou a estabilidade do universo, largou a pequena rede estabilizadora provisória em que envolveu Tiamat", de modo que, "com este último ato, a remoção do andaime, o construtor Marduk completou a criação física do mundo".[208] Recorde-se

---

[207] Ao contrário de Lambert, cuja lição adoto (*š*]*ipra libbuš Tâwati ušasbi'*), Talon lê este verso assim:]*epra libbuš Tâwati ušasbi'*, ou seja, "poeira no coração de Tiámat ele brandiu".

[208] GEE, p. 155. Sobre esta última operação, Lambert, tem um entendimento diferente: traduzindo o verso por "*he spread his net and let it right out*" ("ele estendeu sua rede

que essa rede, usada por Marduk no enfrentamento com Tiámat, foi várias vezes referida: a) o deus a fez, "para envolver por dentro Tiámat" (4, 41); b) no duelo, "desdobrou o Senhor sua rede, envolveu-a" (isto é, envolveu Tiámat, 4, 95); c) vencida a antagonista, Marduk capturou os deuses dela aliados, suas armas quebrou e "na rede os jogou", onde eles se sentaram (4, 111-112). Nas palavras de Landsberger, "após sua vitória, Marduk tira da água a rede que havia usado para prender suas vítimas", a qual oferecerá logo depois a seus pais (Landsberger; Wilson, The fifth tablet of *Enūma Eliš*, p. 176).

Os dois versos seguintes são claramente conclusivos – "formou assim o céu e a terra" –, insistindo o poeta nos "tendões deles", ou seja, em seus liames. Como se vê, Marduk não age como um 'criador' no sentido comum de alguém que tira algo do nada, mas antes como um demiurgo, cuja criação se dá enquanto organização de um cosmo articulado a partir dos corpos de dois deuses mortos: Apsu e Tiámat.

Os troféus de Marduk (versos 67-76)

ištu pilludīšu uṣṣiru ubaššimu parṣīšu	Após seu culto instituir, produzir seus ritos,
ṣerrēti ittadâ ^{d}Ea uštaṣbit	A brida tendo lançado, a Ea fez tomá-la.
ṭuppi šimāti ša ^{d}Qingu īkimu ūbilamma	A tabuinha dos destinos, que Quíngu arrebatara, apanhou
rēš tāmarti itbala ana ^{d}Anim iqtīšam	[70] E, tal remate de dons a levando, a Ánu ofereceu.
sapar taḫāzi ša īlulu kittabruš	A rede da contenda, que pendurara a seu lado,

---

e a soltou", LBCM, p. 101), explica que "a necessidade de manter o céu e a terra separados numa distância fixa" é o que se expressa aqui: "Marduk completa o céu e a terra, feitos a partir da parte de cima e de baixo do corpo de Tiámat [...], depois do que ele estende sua rede em volta do todo, para prevenir céu e terra de flutuarem separados um do outro" (The pair Lahmu-Lahamu in cosmology, p. 199). Como da rede usada na guerra se diz que está na posse de Marduk pouco mais à frente (v. 71-72), não parece razoável admitir que se trata aqui de outra rede, enquanto um instrumento cosmológico, introduzida no relato sem nenhum esclarecimento relativo a sua origem. De qualquer modo, trata-se de passagem difícil, o que reflete nas soluções dadas pelos tradutores: "*il deploya son filet et l'ouvrit tout entier*" (TBCM, p. 96); "*dispiegò la sua rete, interamente avendo(la) aperta*" (EEE, p. 210); "*he trew his net, let it out fully*" (CAD, s.v. *aṣû*). Minha compreensão é a mesma de Landsberger; Wilson (The fifth tablet of *Enūma Eliš*, p. 161) e de Gabriel (GEE, p. 155).

[x] x *irtedâ ana maḫar abbīšu*	---- dirigiu para defronte de seus pais.
u ištēnešret nabīssa ša Tiāmat ibnû u-x-x	E dos onze portentos que Tiámat engendrou ----,
kakkīšun iḫtepâ īsir šēpuššu	Suas armas quebrou, capturou-os a seus pés
ibnīma ṣalmīšunu bāb Apsî ušaṣbit	[75] E deles engendrou imagens, à porta do Apsu as pôs:
aḫrātaš lā immaššâ šī lū ittu	Para doravante não se esquecer sejam elas signos!

Landsberger intitula esse breve trecho de modo bastante adequado: "Marduk desfaz-se de seus troféus". De fato, os três primeiros dísticos põem em relação um objeto e um deus ao qual ele é destinado, o que se faz depois de o próprio Marduk ter instituído seu culto (*pilludīšu*) e produzido seus ritos (*parṣīšu*):[209] a brida deu ele a Ea; a tabuinha dos destinos, a Ánu; a rede, a seus pais. É significativo que a ordem dos deuses configure uma espécie de genealogia ascendente de Marduk, incluindo, pela ordem, Ea, Ánu e os pais dos deuses (isto é, Ánshar e Kíshar, Láhmu e Láhamu), todos tendo-se envolvido de algum modo no enfrentamento de Tiámat. Conforme Gabriel, a atribuição da brida a Ea e da tabuinha a Ánu indica que, "junto com Marduk, eles formam uma nova tríade dos deuses mais elevados, que substitui, em sucessão, a velha tríade formada por Ánshar, Láhmu e Láhamu" (GEE, p. 156). Ressalte-se que essas espécies de despojos de guerra foram referidos no final da tabuinha 4, quando da confirmação da vitória, na seguinte sequência ininterrupta: a) os deuses aliados que iam ao flanco de Tiámat foram jogados na rede por Marduk (4, 112); b) aos onze portentos que terror atulhava lançou ele a brida (4, 117); c) finalmente, de Quíngu, arrebatou-lhe a tabuinha dos destinos e em seu peito prendeu-a (v. 121-122). Estabelecidos os elos intratextuais, cumpre perguntar qual o significado de cada um desses troféus e por que se dão a cada um desses deuses.

A brida (*ṣerrēti*) tem relação com os onze portentos, as armas por excelência engendradas por Tiámat, os quais são referidos cinco versos mais adiante, em que se informa como Marduk "suas armas quebrou,

---

[209] Cf. GEE, p. 155, "o verso 5, 67 usa termos de culto em seu resumo: o lexema *parṣu* ('ordem de culto') e a palavra suméria *pelludû* ('culto', 'ritos'). Além dos desenhos de templos aplicados às partes do mundo e do estabelecimento de um calendário necessário ao culto, esta é a terceira ligação entre a criação do mundo e o culto aos deuses".

capturou-os a seus pés / e deles engendrou imagens, à porta do Apsu as pôs".[210] Basta essa destinação ao Apsu, onde suas imagens serão postas como signos "para doravante não se esquecer", para justificar que a brida que prende os portentos seja dada a Ea. Acrescente-se que, quando de sua vitória sobre Apsu, o próprio Ea "capturou Múmmu, reteve-lhe a brida" (1, 72), o que demonstra que não se trata de uma tralha a ele estranha.

As questões que levanta a introdução, no poema, da tabuinha dos destinos (*ṭuppi šimāti*) já foram apontadas antes, a impressão de que isso depende do desejo do poeta de relacionar o feito de Ninurta com o de Marduk sendo de todo justificada. Um novo problema, todavia, está em entender por que é ela destinada, afinal, a Ánu. Lambert sugere que o entrecho pode ter uma função etiológica, esclarecendo por que Ánu chegou a possuir a tabuinha dos destinos, como se acreditava na época em que o poema foi escrito (cf. Lambert, Ninurta mythology in the Babylonian Epic of Creation, p. 58). Wisnom, por seu lado, acrescenta que isso pode ser mais uma manifestação de desprezo por Énlil, já que a tabuinha era dele em *Anzû*, sendo dada agora a outro deus (cf. WIBP, p. 114-115).[211] Mais que desprezo, o que salta aos olhos é a ausência gritante de Énlil, numa passagem em que se citam seus parceiros tra-

---

[210] Lambert aponta outras conexões desses portentos com Ea, as quais se colhem em outros textos. As "portas do Apsu" remetem para o *Ekarzaginna*, o santuário de Ea no Esagil, que continha também um *Bīt Mummi*, o que leva a crer que o autor fornece uma explicação etiológica para as imagens existentes no templo. Um dos monstros referidos, o *kusariqqu* (Bisonte), tem relações especiais com o deus; recorde-se o já citado encantamento para fazer cessar o choro de uma criança: "Com seu soluço, com o barulho de seu choro / O *kusariqqu* recuou e Ea acordou"; o mesmo acontece numa fórmula de exorcismo que diz: "Exorcizo-te pelo *kusariqqu* da porta da casa de teu pai Ea" ([*ú-ta*]*m-mi-ki* ^{d}*ku-sa-rik-ku šá bāb bīt* ^{d}*é-a abī-ki*, LKA 133 rev. 5). Sugere Lambert que o *kusariqqu* talvez fosse considerado uma espécie de cão de guarda da porta de Ea. Acrescenta ainda que os *laḫama* também têm conexões com o deus, já que cinquenta deles o servem no poema intitulado *Inana e Enki* (cf. LBCM, p. 129-130).

[211] Ela acrescenta: "Mas roubar a tabuinha de Ánu não faria muito sentido, já que o conflito é entre Ti'āmtu e Ánshar. Ánshar é o objeto da rebelião de Ti'āmtu, e não o deus do céu, Ánu, porque a escala da crise é muito maior no *Enūma eliš* do que nas histórias anteriores: a saga de Ánshar diz respeito a todo o círculo do céu e, assim, o *Enūma eliš* é a história do enfrentamento do mar contra a região celestial mais elevada e todos os deuses que ela abrange".

dicionais, Ea e Ánu. Enfim, recorde-se que a intertextualidade entre *Anzû* e o *Enūma eliš* parece ter como motivação justamente a ultrapassagem dos feitos de Marduk com relação ao grande feito de Ninurta, o que permite supor que, se naquele caso toda contenda se centrava na recuperação da tabuinha dos destinos, aqui ela não é mais que um dos troféus de que Marduk dispõe, o próprio fato de não conservá-la para si encenando essa ultrapassagem. Enfim, o que provavelmente é o mais relevante, a tabuinha e a capacidade de destinar destinos, como já ressaltei, havia ido de par com a ^{d}*Anūtu*, aquilo que é de Ánu, seu senhorio ("Quando Quíngu foi exaltado, assumiu o que é de Ánu / Para os deuses, seus filhos, o destino destinou"), sendo natural que retorne justamente a ele.

Considero que o mais significativo dos troféus seja a rede da contenda (*sapar taḫāzi*), que parece relacionada de algum modo com os deuses pais. Diferentemente da brida e da tabuinha dos destinos, cuja origem não se conhece, a rede é obra de Marduk: "Fez a rede, para envolver por dentro Tiámat" e "a seu flanco a rede achegou" (4, 41 e 44). Ela se inclui no rol daquelas armas que o deus fabricou, a saber, como analisados antes, o arco que ele produziu (*ibšim*), a rede que ele fez (*ipuš*), o Turbilhão, a Borrasca, o Ciclone e os ventos que ele criou (*ibni*), salientando-se que os "artefatos" são apenas dois, o arco e a rede. Como aquele, esta tem um uso importante na batalha, pois a primeira providência de Marduk é envolver Tiámat com a rede, para soltar em face dela o Turbilhão e, enfim, atirar a flecha em suas entranhas. A rede e o arco são mencionados ainda na tabuinha 6, em que se consagra a relação de ambos com os feitos – tanto no sentido de que são obra do deus quanto de que tornaram possível sua façanha:

> A rede que ele fizera viram os deuses seus pais,
> E viram o arco, como era engenhosa sua forma.
> Ao feito que ele fez louvaram seus pais (6, 83-85).

Ora, considerando que Marduk conserva o arco consigo, o qual se torna motivo de veneração entre os deuses, é significativo que tenha ofertado a rede a seus pais, que lhe conferiram a realeza para que lutasse e assim se firmasse em seu poderio.

A aclamação de Marduk (versos 77-88)

īmurū[ma ilānu k]arasunu ḫadīš iriššū	Viram-no os deuses e suas entranhas alegres exultaram,
[^{d}*La]ḫmu u* ^{d}*Laḫāmu kalīšunu abbūšu*	Láhmu e Láhamu, todos eles, seus pais.
[*īdir]šumma Anšar šarri šulma ušāpišu*	E abraçou-o Ánshar, do rei as mercês fez ver,
[^{d}*A]num* ^{d}*Enlil u* ^{d}*Ea uqa''išūšu qišāti*	[80] Ánu, Énlil e Ea ofereceram-lhe oferendas,
[*umm]a* ^{d}*Damkina ālittāšu ušālilšu*	Mãe Dámkina, que o procriou, aclamou-o
[*ina e]bbi tû siqe pānīšu ušnammir*	Em alvo traje, a face dele fez brilhar.
[*an]a* ^{d}*Usmî ša tāmartāša ana buzrāti ubla*	A Usmu, que os dons dela, como anúncio, conduziu,
[*iq]īpšūma sukkallūt Apsî paqādu ešrēti*	Consignou a intendência do Apsu, confiou os santuários.
[*pa]ḫrūma* ^{d}*Igigi kalīšunu uškinnūšu*	[85] Em assembleia os Ígigi, todos eles, prosternaram-se,
[^{d}]*Anunnaki mala bašû unaššaqū šēpīšu*	Os Anunnáki, quantos existem, beijaram-lhe os pés.
[x x (x)-*ma puḫrušunu labāniš appī*	---- a assembleia deles, baixando os narizes,
[x x (x)] x *izzizū iknušu annāma šarru*	---- ergueram-se, inclinaram-se: Eis o rei!

Depois das iniciativas de Marduk descritas na passagem que precede, com o alerta de que, "para doravante não se esquecer, sejam elas signos" (ver GEE, p. 157), nesta se expressa a ampla aprovação dos deuses. Há evidentes elos intratextuais com os versos 133-134 da tabuinha anterior: depois de o Senhor ter despedaçado o crânio de Tiámat e ter rompido suas veias, o sangue tendo sido conduzido até os deuses como anúncio, "Viram-no seus pais e alegraram-se, exultaram, / dons e mercês conduziram para ele" (*īmurūma abbūšu iḫdû irīšū/ igisê šulmānī ušābilū ana šašu*). Assim, o primeiro verso, "Viram-no os deuses e suas entranhas alegres exultaram" (*īmurūma ilānu karasunu ḫadīš iriššū*), mesmo que não seja idêntico, retoma tanto o primeiro quanto o último verbo (*īmurūma... iriššū*), mantendo ainda, no advérbio *ḫadīš* ('alegremente'), um cognato do verbo *iḫdû* ("alegraram-se"). Há ainda a repetição de outros cognatos, *šulmānu* ('presente de saudação', 'bem-estar', 'saúde') e *šulmu* ('bem-estar, 'completude', 'saúde', 'felicitação'), ambos derivados de *šalāmu*, os quais traduzi por 'mercê'.[212] Indício

[212] Há uma grande dificuldade de entender o segundo hemistíquio do verso 79, *īdiršumma Anšar šarru šulma ušāpišu*, a minha tradução admitindo a correção de *šarru* para *šarri*. Como em casos semelhantes, os tradutores divergem: "*King*

muito significativo da relação entre as duas passagens é, finalmente, a repetição do hemistíquio "como anúncio conduziu" (*ana buzrāti ubla*), o qual, no verso 132, refere-se ao sangue de Tiámat que "o vento norte, como anúncio, conduziu", enquanto aqui diz respeito a "Usmu, que os dons dela, como anúncio, conduziu" – o uso das mesmas palavras na segunda unidade rítmica de dois versos que tratam de acontecimentos diferentes configurando uma autêntica fórmula.[213]

Tudo isso sugere que o feito imediatamente precedente, ou seja, a dedicação dos troféus a Ea, a Ánu e a seus pais, se equipara à vitória sobre Tiámat ou, pelo menos, são a consequência dela esperada por alguém que se reconhece agora como um rei de que as mercês se fazem ver. Note-se como a sequência dos deuses que celebram o ato de Marduk retoma a genealogia: Láhmu e Láhamu; Ánshar; Ánu, Ea – com o detalhe de que também se recupera Énlil, como na formação dos espaços cósmicos –, acrescentando-se ainda Dámkina, a mãe, mencionada antes apenas na tabuinha 1, quando se afirma que se assentara com o esposo no Apsu (1, 78), onde depois a seu filho pariu (1, 84), sua presença aqui indicando que o ciclo de feitos de Marduk se completa em sua plenitude (*šulmu*).

Usmu

Mais uma deusa se apresenta: *Usmû* (em sumério, Isimud). Trata-se de uma divindade menor que, nos poemas sumérios *Enki e Ninhursaĝa* e *Inana e Enki*, tem a função de mensageira de Enki. Seu nome parece significar 'com duas faces' (palavra masculina e feminina), podendo ser identificada com uma divindade de duas faces, relacionada, na arte mesopotâmica, com Enki/Ea (cf. GDS, p. 110).

Aqui, uma vez que ela conduz os dons de Dámkina, coube-lhe ser a intendente do Apsu, o que a liga, como tradicionalmente acontece, a Ea.

Anšar embraced him, pronounced a greeting to him" (CAD); "*Lo abbraciò Anshar e rese manifesto il saluto al re*" (EEE, p. 213); "*Anšar l'embrassa et rendit éclatant son salut au Roi*" (TBCM, p. 97); "*Anšar embraced him and published abroad his title, 'Victorious King'*" (LBCM, p. 103).

213 Essa fórmula ocorre ainda, com diferença da forma verbal, em 4, 34: *šāru dāmīša ana buzrātum libilluni* ("Ventos o seu sangue, como anúncio, conduzam!").

A nova assembleia

Além dos deuses nomeados, os dois últimos dísticos introduzem nova assembleia dos Ígigi e Anunákki, que reverenciam Marduk de vários modos: os primeiros prosternam-se; os segundos, beijam-lhe os pés. Todos na assembleia, em conjunto, baixam os narizes (ou seja, baixam as cabeças), erguem-se e inclinam-se dizendo: "Este é o rei!".

Bartash considera que a assembleia que aqui se inicia estende-se até o verso 156, ou seja, até o final da tabuinha. Tendo em vista que ela comporta mais de uma ação, analisaremos separadamente cada uma de suas etapas (ver GEE, p. 158 ss.).

A vestição de Marduk (versos 89-100)

[*ištu ilānu*] *abbūšu išbû lalâšu*	Após seus pais fartarem-se de seu esplendor,
išmīma ^{d}*bēl appašu ubbuḫu turbu'u šašmi*	[90] Ouviu o Senhor seus pedidos, revestido da poeira do duelo.
x [..........] x *e-ma ta-paq-qu-šú*	----
ḫašurru [............. *z*]*umuršu ušalbak*	E óleo de cedro ---- seu corpo fez ungir,
uteddiqma tēdīq rubûtīšu	Trajou os trajes de sua soberania,
melamme šarrūti agâ rašubbati	A aura da realeza, coroa aterradora.
iššīma miṭṭa inmāšu ušāḫiż	[95] Levantou a maça, com sua destra a susteve,
[……….. *šu*]*mēla uktil*	---- a esquerda a retém.
iškun eli x [……………….]	Pôs sobre ----
x […. *eli mušḫuš*]*ši šēpāšu ušaršid*	---- sobre o monstro seu pé fixou,
ušpar šulmi u tašmê iduššu īlul	Insígnias de mercês e complacência em seu flanco pendurou
[....................]U-*ti ú*-x-x	[100] ----

Tendo concluído seus grandes trabalhos, Marduk é confirmado como rei diante da assembleia de todos os deuses. São dois os movimentos: sua vestição, seguida de sua proclamação. O primeiro trecho encontra-se bastante danificado, mas, como observa Landsberger, uma alusão em outro texto auxilia na compreensão da cena: "depois de a realeza assumir, em água banhou-se [Marduk], suas vestimentas vestiu" (*šarrūtu kî ilqû mê irmuk nalbašu it*[*albaš*]).[214] Trata-se, portanto, de

[214] Landsberger; Wilson, The fifth tablet of *Enūma Eliš*, p. 176. A remissão é a E. Ebeling, *Tod und Leben nach den Vorstellungen der Babyloner* (TuL), 39, 14.

uma "cena de banho", que não é incomum em relatos heroicos, como acontece, por exemplo, em *Ele que o abismo viu*, quando, após vencer Humbaba e retornar para casa, Gilgámesh

> "Lavou-se da sujeira, limpou as armas,
> Sacudiu os cachos sobre as costas,
> Tirou a roupa imunda, pôs outra limpa,
> Com uma túnica revestiu-se, cingiu a faixa:
> Gilgámesh com sua coroa cobriu-se".[215]

---

[215] *Ele que o abismo viu*, 6, 1-5. Há ainda uma longa cena de banho na tabuinha 11, quando, antes de retornar a Úruk e como conclusão de sua longa viagem, por ordem de Uta-napíshti Gilgámesh abandona a pele de leão e as roupas usadas, lavando-se e cobrindo-se com vestes condignas:

> Uta-napíshti a ele falou, a Ur-shánabi, o barqueiro:
> Ur-shánabi, o cais te repila, a embarcação te rejeite!
> Tu que lado a outro percorrias dum e doutro priva-te!
> O homem com que vieste,
> Está coberto de grenhas seu corpo,
> Uma pele de leão destrói a beleza de sua carne:
> Pega-o, Ur-shánabi, ao lugar de banho leva-o:
> Suas grenhas, na água, como as de um purificado ele lave,
> Tire ele a pele de leão, leve-a o mar,
> Molhe bem seu belo corpo,
> Mude o pano que tem na cabeça,
> Uma roupa ele vista, veste condigna.
> Até que chegue a sua cidade,
> Até que termine sua rota,
> A roupa mancha não tenha, mantenha-se nova!
> Pegou-o, Ur-shánabi, ao lugar de banho levou-o:
> Suas grenhas na água como as de um purificado ele lavou,
> Tirou a pele de leão, levou-a o mar,
> Molhou bem seu belo corpo,
> Mudou o pano que tinha na cabeça,
> Uma roupa ele vestiu, veste condigna:
> Até que chegue a sua cidade,
> Até que termine sua rota,
> A roupa mancha não tenha, mantenha-se nova. (*Ele que o abismo viu,* 11, 247-270)

Há uma terceira cena de banho, quando Gilgámesh se encontra já no caminho de volta para Úruk, tendo consigo a planta da juventude que colhera no fundo do mar (comentários em Brandão, *Ele que o abismo viu*, p. 298-299):

> Às vinte léguas partiram o pão,
> Às trinta léguas estenderam a tenda:
> Viu Gilgámesh uma cisterna cuja água estava fria,

Com relação à preparação de Marduk no *Enūma eliš*, Seri ressalta: "ele unge seu corpo com óleo de cedro, põe em si mesmo vestimentas principescas, cinge-se com uma tiara e pega atributos régios como o cetro e o báculo", o que deve ser considerado da perspectiva de que "o limpar-se e mudar de roupa denotam uma mudança pessoal" (Seri, The role of creation in *Enūma eliš*, p. 16). O estado fragmentado da passagem não nos permite saber se, antes de ungir-se com óleo de cedro, Marduk se lavou, para livrar-se da poeira do duelo – o verso em que talvez isso estivesse consignado estando inteiramente prejudicado.[216]

Cumpre todavia observar que, em outras cenas de banho, não se faz referência a unção, os passos reduzindo-se ao banhar-se e ao vestir roupas limpas (diferentemente do que acontece nos poemas homéricos, em que a sequência canônica compreende lavar-se, ungir-se e pôr roupas limpas).[217] Assim, no presente caso, como em *Ele que o abismo viu*, a ênfase parece estar posta na paramentação do rei, o qual, após os cuidados lustrais, se apresenta em sua glória. Com efeito, o banho, com eventual unção, e a vestição do monarca são uma espécie

---

Entrou-lhe no coração e na água banhou-se.
Uma cobra sentiu o cheiro da planta,
Em silêncio chegou e a planta levou:
Ao voltar-se, deixou sua pele. (*Ele que o abismo viu*, 11, 301-307)

[216] Banhar-se é sinal de civilização, integrando o rol daquilo a que deve aspirar o homem, conforme afirma a taberneira Shidúri, na versão paleobabilônica do poema de Gilgámesh, *Proeminente entre reis* (OB, VA, 3, 1-15):

Tu· Gilgámesh, repleto esteja teu ventre,
Dia e noite alegra-te tu,
Cada dia estima a alegria,
Dia e noite dança e diverte!
Estejam tuas vestes limpas,
A cabeça lavada, com água estejas banhado!
Repara na criança que segura tua mão,
Uma esposa alegre-se sempre em teu regaço:
Esse o fado da humanidade.

[217] Note-se que na poesia mesopotâmica não é tão comum, quanto na homérica, que a unção seja a última parte do banho, pelo menos quando referido a heróis. Cf. Assunção (O banho de Diomedes e Odisseu no fim do canto X da *Ilíada*, que remete à bibliografia pertinente), a cena típica, com uma ocorrência na *Ilíada* e oito na *Odisseia*, comporta os seguintes passos, nesta ordem: "banho, unção de óleo e o vestir roupas novas".

de performance cerimonial, semelhante à que a deusa Nínsun realiza, antes de dirigir a Shámash a prece em favor de seu filho Gilgámesh.[218]

A entronização de Marduk (versos 101-116)

ultu melamme [..................]	Após a aura ----
azamilšu Apsû rašub[ti ....]	Seu alforje, Apsu temível ----
šūšub kīma [.......................]	Assentado como ----
ina emāši ašt[īšu ....]	Na sala de seu trono ----
ina simakkīšu [................]	Em sua ermida ----
ilānu mala bašû [................]	Deuses, quantos existem ----
^{d}*Laḫmu u* ^{d}*Laḫāmu [................]*	Láhmu e Láhamu ----
īpušūma pâšunu izakkarū an ilāni ^{d}*Igigi*	Abriram então suas bocas, disseram aos deuses, os Ígigi:
pānāma ^{d}*Marduk māru narāmni*	Antes Marduk era o filho nosso amado,
inanna šarrākun qibīssu qālā	Agora é vosso rei, em suas ordens atentai!
šaniš izzakrūma iqbû puḫuršun	Uma segunda vez disseram e proclamaram em assembleia:
^{d}*Lugaldimmerankia zikrāšu šuāšu tiklāšu*	Lugaldimmerankia é sua alcunha, nele confiai!
enūma ana ^{d}*Marduk iddinū šarrūta*	Quando a Marduk deram a realeza,
ka'inimmak dumqi u tašmê šuāšu izzakrū	Voto de bem e complacência lhe disseram:
ultu ūme attā lū zāninu parakkīni	Desde hoje sejas tu o provedor de nossas sedes!
mimmû attā taqabbû i nīpuš nīni	Tudo o que tu comandares, faremos nós!

O verso 101, de que apenas se lê "após a aura" (*ultu melamme*), parece o encaixe característico que permite a mudança na sequência da ação, ligando um "antes" a um "depois", neste caso a conclusão da preparação de Marduk, cuja última etapa deveria ser o envergar sua aura, e sua apresentação na assembleia dos deuses, que se realiza na própria sala do trono.

---

[218] *Ele que o abismo viu* 3, 35-41:

A vaca selvagem Nínsun as palavras de Gilgámesh, filho seu,
E de Enkídu em aflição ouviu.
À casa do banho lustral sete vezes foi,
Purificou-se com água de tamarisco e ervas,
---- uma bela veste, adorno de seu corpo,
---- adorno de seus seios,
---- posta e com sua tiara coroada.

Tudo leva a entender que essa assembleia é presidida por Láhmu e Láhamu, ou seja, pelos primeiros rebentos de Apsu e Tiámat, aos quais se empresta elevada autoridade para proclamar aos Ígigi que Marduk é seu rei e que seu nome agora é Lugaldimmerankia. Este título é composto pelas palavras sumérias ‘lugal’ (rei) + ‘dim.me.er’ (das divindades) + ‘an’ (do céu) + ‘ki’ (da terra) + ‘a(k)’ (terminação de genitivo), o que corresponde, em acádio, a *šar aḫḫāzī šamê erṣetim* (“Rei das divindades do céu e da terra”).

A resposta da assembleia é enfática, envolvendo compromisso das duas partes: de Marduk, como rei, espera-se que seja o *zāninu* (provedor, curador, guarda) dos santuários, em consequência do que tudo que por ele for mandado será feito por todos os deuses (cf. Bartash, *Puḫru*, p. 1093).

Babilônia
(versos 117-158)

Marduk pâšu īpušma iqabbi	Marduk a boca abriu e comandou,
ana ilāni abbīšu amatum izakkar	Aos deuses, seus pais, palavra disse:
elēnu Apsî šubat ḫašmāni	Sobre o Apsu, assento de esmeralda,
miḫrit Ešarra ša abnû anāku elkun	[120] Réplica do Esharra que engendrei eu para vós,
šapliš ašrata udanninam qaqqarša	Abaixo da cobertura celeste firmei o solo
lūpušma bīta lū šubat lalê'a	E farei uma casa, assento de meu esplendor:
qerbuššu māhāzāšu lušaršidma	Em seu interior um templo fixarei
kummī luddâ lumur šarrūtī	E meus aposentos mostrarei, farei ver minha realeza!
enūma ultu Apsî tillâ ana puḫri	[125] Quando do Apsu subirdes para a assembleia,
ašruššu lū nubattākun ana maḫar puḫurkun	Aí seja vosso pernoite, para toda a vossa assembleia!
enūma ultu šamāmī turradā ana puḫri	Quando do firmamento descerdes para a assembleia,
ašruššu lū nubattākun ana maḫar puḫurkunu	Aí seja vosso pernoite, para toda a vossa assembleia!
lubbīma šumšu Bābili^{ki} *bītāt ilāni rabiūtim*	Declararei seu nome: Babilônia, casa dos grandes deuses!
isinnu qirbuššu d[*a*-x] *nippušu sī nubatum*	[130] Festas em seu interior ---- faremos, noturnas!
išmû ilānu abbūšu annâ qabâšu	Ouviram os deuses, seus pais, estes comandos seus,
x [....................] x i lu ka ma	----
eli mimma ša ibnâ qātāka	E sobre tudo que engendraram tuas mãos,
man[*nu* x x x]-*ka iši*	Quem ---- teu tem.
eli qaqqaru ša ibnâ qātāka	[135] Sobre o solo que engendraram tuas mãos,

man[*nu* x x x]-*ka iši*	Quem ---- teu tem.
Bābili^{ki} *ša tazkuram šumšu*	Babilônia, de quem disseste o nome,
ašruššu nubattāni īdi dārišam	Lugar de nosso pernoite mostra para sempre!
x [..................*sa*]*ttukkāni libillūninim*	---- nossa oblação conduzam,
ad/ṣ[i..................] x-*ni*	[140] ----
manāma šiprīni ša nini [...........]	Alguém nossa obra, que nós ----
ašrušš[*u*...... *m*]*ānaḫtāš* x [........]	Neste lugar ---- seu labor ----
iḫdû [...................]	Alegraram-se ----
ilānu šu[*lulu* ......] x [..........]	Os deuses ----
ša īdû [..............] -*ṭibšun*[*uti*]	[145] Que conhece ---- bom para eles.
iptē[*ma pâšu ukala*]*mšunūti nū*[*ra*]	Abriu então sua boca, exibindo-lhes luz.
x ki [............ *qab*]*âšu et*[*el*]	---- seu comando magnífico.
[*u*]*š-b/pal-*[*ki-i*..................]	----
[................] x-*šunūti*	---- a eles ----
u x [................] x-*nu* lu hu x (x)	[150] E ----
uškinnūšūma ilānu iqabbûšu	Prosternaram-se diante dele os deuses, comandaram-lhe,
ana Lugaldimmerankia bēlīšunu šunu izzakrū	a Lugaldimmerankia, seu Senhor, eles disseram:
pānāma bēlum māru narāmni	Antes eras o Senhor, o filho nosso amado,
inanna šarrāni idn[*a-*..........]	Agora és nosso rei ----
*ša me-*x [x x x] x *uballiṭ*[*unâši*]	[155] Quem ---- manteve a vida
*a-*x x [x x x (x) *mel*]*amme miṭṭi u ušpari*	---- aura da maça e das insígnias.
lipuš iṣrē[*ti*....... *ka*]*la u*[*mmâ*]*nūt*[*um*]	Que faça o projeto ---- toda destreza,
[(x)] x x [............ -*m*]*eš nīnu*	---- nós.

Como ressalta Sommer, essa passagem, severamente mutilada, diz respeito a dado de fundamental importância: a criação da cidade de Babilônia é o ponto de chegada da criação do mundo. É isso, aliás, que justifica a leitura do poema como parte da liturgia do Akítu (a festa de Ano Novo), com o que se teria em vista não só o seu significado cosmológico (a rememoração da cosmogonia) e teológico (a recitação da teogonia e dos feitos de Marduk), como em geral é reconhecido pelos comentadores, mas também a reiteração da posição eminente de Babilônia na ordem cósmica e teológica (cf. Sommer, The Babylonian Akitu Festival; também GEE, p. 200-203).

A criação de Babilônia

Falar de criação neste ponto exige que se modalize o sentido do verbo. Na verdade, com seu comando, o que faz Marduk é algo equivalente à concepção da cidade, a seu engendramento, cuja concretização física acontecerá apenas mais à frente, com a construção do Esagil. Nesse sentido, observe-se que o novo comando de Marduk comporta três elementos: a) a localização de sua "casa" (*bītu*); b) seu uso; c) seu nome.

Tudo o que diz respeito à localização deve ser lido em vista da topografia cósmica apresentada no final da tabuinha anterior (outros detalhes sendo acrescentados ainda em 6, 47-66):

> O céu atravessou, a cobertura examinou,
> Replicou réplica do Apsu, assento de Nudimmud:
> Mediu o Senhor, do Apsu, a forma
> E, do Eshgalla reflexo, firmou o Esharra (4, 141-144).

Considerando essa distribuição do espaço cósmico em três esferas, Marduk determina agora que

> Sobre o Apsu, assento de esmeralda,
> Réplica do Esharra que engendrei eu para vós,
> Abaixo da cobertura celeste firmei o solo
> E farei uma casa, assento de meu esplendor.

Tendo em vista a partição do espaço em três, a localização cósmica de Babilônia pode ser representada assim:

Lugares cósmicos	**Localização de Babilônia**
Šamû/Šamāmu (céu)	
Ašratu (cobertura celeste) *Ešarra* (réplica/reflexo do *Apsû*)	abaixo da *Ašratu* Réplica do *Ešarra*: Babilônia sobre o *Apsû*
Qaqqaru (solo) *Ešgalla/Apsû*	

Localização cósmica de Babilônia (casa de Marduk)

Assim, observa-se o seguinte:

a) do mesmo modo que o mapa-múndi reproduzido antes provê uma localização de Babilônia de um ponto de vista horizontal, considerando a forma circular da terra e a distribuição dos espaços sobre o solo, o que se informa aqui é a sua posição no eixo vertical do cosmo (ainda que o mapa não tenha de necessariamente refletir a mesma concepção do poema, o mero fato de que nele se afirme que a cabeça de Tiámat corresponderia às montanhas ao norte e que de seus olhos corria o Eufrates sugeriria ao leitor ou ouvinte alguma localização da cidade, já que cortada pelo rio);[219]

b) há uma relação simétrica entre os três níveis cósmicos, que se correspondem, isto sendo declarado com relação ao Esharra, réplica e reflexo do Apsu, a Áshratu (cobertura celeste), que divide os dois níveis superiores, sendo correlata ao Qáqqaru (solo), que divide os dois níveis inferiores;

c) no Esharra, réplica do Apsu, é que se localiza Babilônia, sendo ela, por sua vez, réplica daquele, o que dá a medida de sua grandeza (a sequência de réplicas é, portanto, a seguinte: Apsu = Esharra = Babilônia);

d) como Babilônia é a casa e sede (*bītu/šubtu*) de Marduk, isso implica que ele escolhe para si o espaço intermediário, o qual coube a Énlil quando da distribuição feita no final da tabuinha anterior (4, 145-146) – o firmamento ficando com Ánu e o Eshgalla/Apsu com Ea ("Eshgalla, Esharra que ele engendrou, e o firmamento, / De Ánu, Énlil e Ea templos fez para morar") – em nova demonstração de como o apagamento de Énlil é necessário para a afirmação da soberania de Marduk.

Essa localização determina o uso da cidade por todos os deuses, uma vez que, ao subirem do Apsu para a assembleia, é em Babilônia que terão pouso, do mesmo modo que, ao descerem do firmamento, é lá que o terão – a assembleia acontecendo na própria Babilônia, que, estando no centro, é o único local para onde se pode tanto subir quanto descer. O termo-chave, neste caso, é *nubattu*, 'descanso noturno', 'lugar de parada noturna' (designando uma parte do dia, 'hora vespertina', 'véspera de uma festa', 'cerimônia/refeição/oferenda vespertina'), derivado de *biātu*, 'passar a noite', 'ficar durante a noite' (o que se diz de pessoas, animais e da lua), verbo que, por sua vez, deriva de *bītu*, 'casa'. Assim, a pousada de Marduk é um lugar de "pouso" para os deuses, que nela se comprazerão em festas noturnas. Como observa Gabriel,

---

[219] Comentando o *mappa mundi* antes apresentado, Pezzoli-Olgiati (Erkundungen von Gegenwelten, p. 232) chama a atenção para o fato de que o mapa constitui uma representação não do mundo físico, mas do universo, e, portanto, "Babilônia se encontra no centro não do mundo conhecido, mas do conjunto do cosmo".

"aqui a qualidade planejada de Babilônia como um lugar de descanso entra em cena novamente, o que exige uma dispensa do trabalho, pois só assim os deuses podem realmente descansar" (GEE, p. 201).

Finalmente, o nome da cidade enuncia-se duas vezes: a primeira, por Marduk, ao proferir com grandiloquência: "Declararei seu nome: Babilônia (*Bābili*), casa dos grandes deuses"; a segunda, pelos deuses, que ecoam: "Babilônia (*Bābili*), de quem disseste o nome".[220] Recorde-se a coalescência já apontada antes entre coisas e nomes, a dicção destes correspondendo à entrada em existência daquelas, neste caso, de acordo com o significado proposto pelo próprio deus, o nome comportando uma acabada definição: *bītāt ilāni rabiūtim*, 'casa dos grandes deuses'.

Essa explicação do nome não constitui propriamente uma etimologia – sequer um exemplo de etimologia popular –, configurando antes um exercício de interpretação que toma como ponto de partida os trocadilhos sugeridos por *Babīli*, *bītātu* (em vez de *bītu*) e *ilāni* (*ili*). Popularmente, tanto na Antiguidade quanto mesmo na era moderna, *Babīli* foi interpretado como *bāb ilim ou bāb ilāni*, 'porta dos deuses', o que se supunha um decalque do sumério 'ka.dingir.ra' (ka, 'porta' + dingir, 'deus' + ra, terminação de genitivo). Essa é uma hipótese hoje ultrapassada, tendo em vista que, como demonstrou Gelb, em toda a extensão da história mesopotâmica não se conhece nenhum outro caso de decalque acádio de topônimos sumérios, as denominações nesta última língua sendo preservadas, como Ur, Úruk, Níppur etc. (Gelb, The name of Babylon, p. 266). Ora, considerando a existência de "um elemento lexical *babil*, que era usado para muitos nomes geográficos em Sumer" (seu significado e origem sendo desconhecidos), ele é que "poderia estar na base do nome da cidade, o qual, por um processo de etimologia popular, aparece como *Bāb-ilim*" ('porta dos deuses'), de que o sumério 'ka.dingir.ra' é que seria decalque, mesmo que seja a forma encontrada nos registros mais antigos.[221]

---

[220] Neste segundo caso, só se conservou o início do verso de um dos testemunhos do texto assirianizado, o qual registra o nome da cidade de Assur (cf. GEE, p. 162).

[221] Cf. Gelb, The name of Babylon, p. 267-269. O primeiro registro remonta a inscrição de Šar-kali-šarri (cerca de 2224-2199), relativo à fundação do templo de Anunītum e Aba em KA-DINGIR^{KI}, havendo outras ocorrências na época da terceira dinastia de Ur, por volta de 2100. A título de exemplo de como se buscavam sentidos para o nome da famosa cidade, recorde-se como, no episódio bíblico da torre de Babel, em mais um exemplo de etimologia popular, é ele

Finalmente, observe-se que Babilônia, enquanto pouso dos deuses, é um lugar de festas, como se afirma logo depois da primeira proferição do nome, o mesmo se repetindo quando a segunda vez é dito.

A demanda dos deuses

É difícil saber com precisão a que dizem respeito os versos a partir de 140, a pista, bastante débil, sendo fornecida pelo verso 141: "Alguém, nossa obra (*šipri*), que nós...". Uma possibilidade seria supor que se tratasse dos desdobramentos da feitura de Babilônia, os trabalhos cabendo aos deuses. Todavia, são os próprios Anunnáki que se oferecerão mais à frente (6, 47-66) para isso, como reconhecimento pela "emancipação" (*šubarrû*) que lhes foi concedida por Marduk. Assim, parece que o trabalho referido seria o diuturno (expresso como a condução das oferendas, ou seja, a produção de alimentos), sendo disso que se encarregaria a humanidade, cuja criação se relata imediatamente a seguir.

Conforme Gabriel, o uso do plural no que resta no verso 139 (*sa*] *ttukkāni libillūninim*, "nossa oblação conduzam") pode ser explicado pela hipótese de Oppenheim, segundo o qual "os deuses formulam o desejo não de ter que trabalhar eles próprios, mas sim de que se exija trabalho dos deuses de Tiámat, que foram derrotados" (GEE, 163), com o que concorda Landsberger, que pensa que, neste ponto da narrativa, parece que todos os deuses rebeldes se tinham tornado servos dos vencedores (cf. Landsberger; Wilson, The fifth tablet of *Enūma Eliš*, p. 178), o que proveria uma relação intertextual com *Atraḫasīs*, em que os Ígigi são submetidos à labuta pelos Anunnáki. Isso estaria ainda em conformidade com a explicação de dois dos nomes de Marduk: a) Tutu-Agaku, aquele "que dos deuses encadeados teve compaixão, / a canga imposta tirou de sobre os deuses, seus inimigos" (7, 27-29); b) Marukka, "bom para o coração dos Anunnáki, que faz repousar os Ígigi" (6, 133-134).

Nos dois últimos versos – em que ocorre o termo *ummânūtum*, 'destreza', 'perícia' –, Bottéro acredita que se acharia uma referência a Ea, na condição de *ummânu* ou de *mār ummâni*, "uma espécie de engenheiro [...] encarregado de encontrar e de aplicar os procedimentos técnicos próprios para realizar os planos do inventor ou do cliente" (BAB, p. 102).

---

explicado, em hebraico, a partir da raiz verbal *bll*, 'confundir': "chamou seu nome Babel, pois ali confundiu (*balal*) Iahweh as línguas" (*Gênesis* 11, 9).

TABUINHA 6

A criação da humanidade (versos 1-38)

^{d}*Marduk zikrī ilāni ina šemīšu*	Marduk a fala dos deuses quando ouviu,
ubbal libbāšu ibanna niklāte	Conduziu seu coração a engendrar prodígios.
epšū pîšu ana ^{d}*Ea iqabbi*	Mandado de sua boca a Ea comandou,
ša ina libbīšu uštāmû inamdin milku	O que em seu coração proferiu deu em conselho:
dāmī lukṣurma eṣmēta lušabšīma	[5] Sangue condensarei, ossos farei existir,
lušzizma lullâ lū amēlu šumšu	Farei erguer-se um ente, seja homem o seu nome!
lubnīma lullâ amēlu	Engendrarei sim um ente, o homem:
lū endū dullū ilānīma šunu lū pašḫū	Imponha-se-lhe a labuta dos deuses e estes repousem!
lušannīma alkakāt ilāni lunakkil	Mudarei a condição dos deuses com prodígios:
ištēniš lu kubbutūma ana šina lū zīzū	[10] Como um só sejam honrados, em dois se repartam!
īpulšūma ^{d}*Ea amatu iqabbīšu*	Respondeu-lhe Ea, uma palavra proclamou
aššu tapšuḫti ša ilāni ušannâššu ṭēmu	Sobre o repouso dos deuses, repetiu-lhe a decisão:
linnadnamma ištēn aḫūšun	Seja-me entregue deles um único irmão,
šu li'abbitma nišī lippatqū	Este seja trucidado e gente formada!
lipḫurūnimma ilānu rabiūtum	[15] Estejam em assembleia os grandes deuses,
ša anni linnadinma šunu liktūnū	O culpado seja dado e fiquem eles firmes!
^{d}*Marduk upaḫḫirma ilāni rabiūtim*	Marduk reuniu em assembleia os grandes deuses,
ṭābiš uma''ar inamdin têrti	Benigno avança, dá ordens,
epšū pîšu ilānu upaqqūšun	Aos mandados de sua boca os deuses atentem,
šarru ana ^{d}*Anunnaki amata izakkar*	[20] O rei aos Anunnáki palavras disse:
lū kīnamma maḫrû nimbûkun	Seja bem firme o primeiro vocábulo vosso!
kīnāti atāmâ inimmâ ittīya	Firmes dizei as sentenças para mim!
mannumma ša ibnû tuquntu	Quem pois que engendrou a guerra,
Tiāmat ušabalkitūma ikṣuru taḫāzu	A Tiámat fez revoltar-se e enredou a contenda?
linnadnamma ša ibnû tuquntu	[25] Seja-me dado sim quem engendrou a guerra
arnuššu lušaššâ pašāḫiš tušbā	A seu castigo o levarei, em repouso sentai!
īpulūšūma ^{d}*Igigi ilānu rabiūtim*	E responderam-lhe os Ígigi, os grandes deuses,
ana Lugaldimmerankia mālik ilāni bēlāšun	A Lugaldimmerankia, conselheiro dos deuses, seu senhor:

^{d}Qingūma ša ibnû tuquntu	Quíngu é quem engendrou a guerra,
Tiāmat ušbalkitūma ikṣuru taḫāzu	A Tiámat fez revoltar-se e enredou a contenda.
ikmûšūma maḫriš ^{d}Ea ukallūšu	Encadearam-no e defronte de Ea o retiveram,
annam īmidūšūma dāmēšu iptar'ū	O castigo impuseram-lhe e seu sangue romperam.
ina dāmēšu ibnâ amēlūtu	Em seu sangue ele engendrou a humanidade,
īmid dulli ilānīma ilāni umtaššir	Impôs-lhe a labuta dos deuses e aos deuses liberou.
ultu amēlūtu ibnû ^{d}Ea eršu	Após à humanidade engendrar Ea, o ciente,
dullu ša ilāni īmidūni šâšu	A labuta que dos deuses a ela impuseram.
šipru šū lā naṭû ḫasāsiš	Sua obra, incompatível de considerar-se:
ina niklāti ša ^{d}Marduk ibnâ ^{d}Nudimmud	Com o prodígio de Marduk, engendrou-a Nudímmud.

A primeira observação a ser feita é que, embora envolvendo a criação da humanidade, esse episódio tem em vista não os homens, mas os deuses, constituindo não propriamente uma antropogonia, mas uma etiologia de como esta se insere na economia divina. O encaixe com a cena anterior deixa-o bem claro: é porque Marduk ouviu a fala dos deuses que decidiu engendrar mais um prodígio, a fim de que eles, os deuses, fossem liberados de trabalhos.

O trabalho dos deuses

O dilema que se apresenta é tradicional na Mesopotâmia, as relações dos deuses com o trabalho, uma vez que, como já se viu, sua felicidade depende da possibilidade de usufruir de repouso, o que é efetivamente o principal motor da ação no *Enūma eliš*. Antes, contudo, o impedimento do repouso não se fazia pela necessidade do trabalho, a qual todavia surge tão logo têm solução as crises de que se ocupou anteriormente o relato, constituindo um desdobramento necessário da ação: após Marduk ter eliminado os conflitos e ter produzido um cosmo em que tudo se encontra em lugares determinados e em movimentação regulada, a qual evita, portanto, distúrbios, resta resolver o motivo de perturbação que decorre da constituição da superfície da terra, a necessidade do trabalho, em especial o agrícola.

De fato, a antinomia trabalho/repouso permeia toda passagem: a) conforme o comando de Marduk, será criado o homem, "imponha-se-lhe a labuta dos deuses e estes repousem!"; b) para que isso se faça, os deuses devem acompanhar sua criação em repouso ("em repouso sentai!"); c) terminada a obra, foi imposta ao homem "a labuta dos deuses" e estes foram liberados; d) os últimos versos resumem o tema: "Após a humanidade engendrar Ea, o ciente / A labuta que dos deuses impuseram a ela". São dois os termos que se utilizam neste trecho para dizer 'trabalho': *dullu*, 'perturbação', 'serviço', 'obrigação', 'corveia' – o que traduzi por 'labuta'; e *šipru*, 'obra', 'ação', 'artefato', 'manufatura' – traduzido como 'obra'. A esses pode-se acrescentar ainda *mānaḫtu*, 'fadiga', 'faina', 'vassalagem' – vertido como 'labor' –, o qual se lê nos versos 141-142 da tabuinha anterior, quando parece que os deuses apresentam sua demanda a Marduk: "Alguém, nossa obra (*šipru*), que nós ----/ Neste lugar ---- seu labor (*mānaḫtu*) ----". A esses termos contrapõem-se o verbo *pašāḫu*, 'repousar', e, dele derivados, o substantivo, *tapšuḫtu*, 'repouso', 'pacificação', e o advérbio *pašāḫiš*, 'em repouso'. A humanidade é, ela própria, resultado do trabalho divino, compreendido não como labuta, mas como produção de algo, a obra (*šipru*) de Ea, prodígio (*niklātu*) de Marduk.[222] A famosa distinção de Arendt entre *labour* e *work* poderia aplicar-se bem à distribuição dos termos *dullu/mānaḫtu* em oposição a *šipru*: de um lado, o trabalho de subsistência, cujo sucesso está no consumo, impondo a necessidade constante de reprodução; de outro, aquele produtivo, que deixa resultados permanentes, tem uma conclusão e permite, na sequência, o repouso (cf. Arendt, *A condição humana*).

Considerando as relações intertextuais entre o *Enūma eliš* e o *Atraḫasīs* (cf. WIBP, p. 140-176), que constitui a antropogonia mais bem articulada da zona de convergência do Oriente Médio, não há dúvida de que a faina infindável que atormenta os deuses é o trabalho agrícola, envolvendo a construção dos canais de irrigação, além do plantio e da colheita. Já fiz antes um resumo do poema tendo em vista a questão do repouso divino em face dos ruídos provocados pela multiplicação descontrolada da humanidade, cumprindo agora examinar o que precede a sua criação, ou seja, como se explora nele a questão

---

[222] Destaque-se que, com exceção de em 5, 141, *šipru* se usa apenas nesta tabuinha, aplicando-se, na sequência, também à construção de Babilônia (v. 47) e do Esagil (v. 67).

do labor divino, apenas a fim de que as especificidades do *Enūma eliš* possam ser mais facilmente percebidas.

A situação inicial é apresentada deste modo:

> Quando os deuses eram homens,
> Suportavam a labuta, penavam na peleja.
> A peleja dos deuses era grande,
> A labuta pesada, farta a opressão.
> Os grandes Anunnáki, os sete,
> Na labuta faziam os Ígigi penar. (*Atraḫasīs*, 1, 1-6)

O primeiro verso provoca problemas de compreensão, muitos tradutores optando pelo torneio "quando os deuses, como homens, suportavam a labuta" etc. Em qualquer dos casos, o que ressalta é quanto o trabalho integra a condição humana, a ponto de se poder dizer que um deus que trabalha é em algo homem – o que a leitura literal e mais incisiva do verso, que é a que adoto, exprime sem rodeios. Nessa situação em que aos Ígigi cabe tal carga de labuta (*dullu*), peleja (*šupšuqu*) e opressão (*šapšāqu*), os três deuses maiores do panteão procedem à divisão dos lotes, Ánu subindo ao céu, Ea descendo ao Apsu e a Énlil cabendo a governança da superfície (*Atraḫasīs*, 1, 11-18). Então, o foco voltando para os Ígigi,

> Os anos contam eles de sua peleja:
> ---- quarenta anos, muitos,
> ---- labuta sofreram noite e dia.
> Lamentam e dizem calúnias,
> Resmungam na escavação:
> ---- vamos confrontar o camareiro,
> Nossa pesada labuta tire de sobre nós. (*Atraḫasīs*, 1, 36-42)[223]

Em novo passo, aceitam a convocação para a guerra (não fica claro da parte de quem):

> Os deuses atenderam suas palavras,
> Atearam fogo em suas ferramentas,

[223] A referência é ao camareiro de Énlil, Ninurta.

Fogo em suas enxadas colocaram
E chamas em seus baldes.
Seguravam-nas enquanto iam
Até o portão do santuário do herói Énlil. (*Atraḫasīs*, 1, 63-69)

Instala-se assim a crise entre os deuses, com a guerra (*tuquntu*) que opõe os Anunnáki, a quem não se tolhe o repouso, aos Ígigi, sobrecarregados pelo trabalho destinado a produzir alimentos para os primeiros, o que fica claro pelas referências a escavações, enxadas e outras ferramentas. Nessa situação, reunidos os deuses em assembleia, com a presença de Ánu, Énlil e Ea, este último oferece a solução:

Estando presente Bélet-íli, a Matriz,
A Matriz um rebento engendre,
A peleja dos deuses o homem assuma! (*Atraḫasīs*, 1, 189-191)

Também no *Enūma eliš* está em causa mudar a condição dos deuses, com algumas importantes diferenças: a) não há referência ao fato de que o trabalho caiba aos Ígigi nem a algum grupo determinado de deuses, mesmo que isso se possa dever ao estado lacunar do fim da tabuinha 5 (devendo ser considerada a proposta de Oppenheim de que fosse a labuta atribuída aos deuses de Tiámat, então derrotados); b) Énlil não faz parte da trama, uma vez que seu papel é assumido por Marduk; c) não há revolta dos que trabalham contra aqueles que repousam, mas, como parece, um pedido dos deuses com relação a obras e labor. O autor do *Enūma eliš* dá a entender que supõe que os recebedores sabem quanto o trabalho é indispensável, pois as próprias divindades dele dependem, e, não havendo ainda homens, como cabe ele aos deuses, no mundo recém-organizado. Essa necessidade se mostra de maneira superlativa por ocasião do dilúvio, quando os deuses, privados de alimento durante os sete dias do cataclismo, se desesperam e, terminada a tormenta, ao ser-lhes oferecido um sacrifício pelo Supersábio,

Sentiram os deuses seu aroma,
Como moscas, sobre a oferenda, reuniram-se (3, 5, 34-36),

uma cena sugestiva e famosa, a qual, além do reflexo no *Gênesis* bíblico (*Gênesis* 8, 21: "Iahweh respirou o odor de apaziguamento", *veirakh*

Iahweh et-rikha hanikhkha), é retomada quase literalmente em *Ele que o abismo viu*, o que garante seu pertencimento ao repertório de longa duração das culturas da zona de convergência médio-oriental:[224]

> Os deuses sentiram o aroma,
> Os deuses sentiram o doce aroma,
> Como moscas, sobre o chefe da oferenda reuniram-se.[225]

Essa imagem parece a alguns desrespeitosa ou mesmo humorística.[226] Claus Wilcke, contudo, assevera que "a comparação [dos deuses com moscas] reflete o destino dos homens no dos deuses (quase, é preciso dizer) mortos de fome e de sede", de modo que "o dilúvio fez deuses e homens voarem iguais – uma lembrança do primeiro verso do poema: 'Quando os deuses eram homens'" (*apud* Baumann, Das Opfer nach der Sintflut für die Gottheit(en), p. 4). Na mesma linha segue Baumann, ao negar que haja nisso desrespeito, já que o objetivo é mostrar como o destino dos deuses se encontra estreitamente vinculado ao dos homens: "Quando os deuses matam os homens, ficam eles mesmos ameaçados de morte. [...] A imagem da mosca não é, assim, nenhum discurso desrespeitoso com relação às antigas divindades orientais, mas

---

[224] De um modo que talvez remeta tacitamente à mesma concepção, anote-se que, na *Teogonia* de Hesíodo, o discernimento entre homens e deuses acontece durante a distribuição, entre eles, das partes do "grande boi", ou seja, numa situação envolvendo sacrifício e alimentação (*Teogonia*, 535-555).

[225] *Ele que o abismo viu*, 11, 161-163. A imagem dos deuses famintos amontoados sobre o altar, "como moscas" (*kima zumbê*), é extremamente sugestiva. Bauman (Das Opfer nach der Sintflut für die Gottheit(en) des Altes Testaments und des Alten Orients, p. 3) entende que destaca o papel de Uta-napíshti o fato de que, em *Ele que o abismo viu*, os deuses se reúnam sobre o oficiante, ao contrário de no *Atrahasīs*, em que o fazem sobre as oferendas.

[226] George (*The Babylonian Gilgamesh epic*, p. 518) considera que "essa imagem implica uma visão algo cínica dos deuses, ainda mais desrespeitosa que o símile anterior que os comparava a cães encolhidos" (cf. 11, 116: "Os deuses, como cães encolhidos, fora deitavam"), ressaltando que a mesma imagem comparece em outra narrativa poética (K 3200), em que se lê: "Os deuses de Úruk, o redil, / Mudaram-se em moscas zumbindo nas ruas". Para Greenstein (Sages with a sense of humor, p. 60), "a representação de divindades famintas, em busca de comida, exatamente como moscas", é satírica, não constituindo um exemplo isolado na tradição da literatura sapiencial do Oriente Médio.

uma indicação da ligação do destino humano ao divino" (Baumann, Das Opfer nach der Sintflut für die Gottheit(en), p. 4).

A criação do homem

O comando de Marduk que responde à demanda dos deuses inclui a receita de como se produzirá o homem:

*dāmī **lu**kṣurma eṣmēta **lu**šabšīma*	Sangue condensarei, ossos farei existir,
***lu**šzizma **lullâ lū amēlu** šumšu*	Farei erguer-se um ente (*lullû*), seja homem (*amēlu*) o seu nome!
lu**bnīma **lullâ amēlu	Engendrarei sim um ente, o homem:
***lū** endū **dullū** il**ā**nīma šunu **lū** pašḫū*	Imponha-se-lhe a labuta (*dullû*) dos deuses e estes repousem!
***lu**šannīma alkakāt il**ā**ni **lu**nakkil*	Mudarei a condição dos deuses com prodígios:
*ištēniš **lu** kubbutūma ana šina **lū** zīzū*	Como um só sejam honrados, em dois se repartam!

Antes de tudo ressalte-se, nesse trecho, a apurada exploração da forma, certamente motivada pelo jogo entre *lullû* (o protótipo de homem), *dullû* (labuta, trabalho) e *amēlu* (homem). Além disso, expressando a determinação de Marduk, todo o discurso se faz no precativo, modo que se constrói em acádio pelo acréscimo, ao verbo, do prefixo *lu-* e, no caso de estativos, pelo uso da partícula *lū*. É provável que se possa acrescentar a esses elementos também a palavra *ilāni* ('deuses'), que contribui para dar ao trecho uma dicção líquida, desdobrada sem dúvida da motivação fornecida por *lullû*, a qual, em termos semânticos, poderia ser configurada assim: criarei um *lullû/amēlu* que assuma o *dullû* dos *ilāni*.

Lullû é empréstimo do sumério, palavra que se escreve muitas vezes como 'lu-u-lu', forma duplicada de 'lú', 'homem'. Provém provavelmente de *Atraḫasīs* seu uso para designar o primeiro protótipo de homem criado pelos deuses, o que Bottéro traduz por "rascunho de homem" (poderíamos dizer um 'hominídeo'). Para Lambert, a justaposição *lullû amēlu*, em que o segundo termo é a palavra acádia para 'homem', não deve implicar que o primeiro signifique também mais que 'homem', como ocorre em enunciados multilíngues do tipo, nos evangelhos, "abba páter", em que ambas as palavras significam 'pai', em hebraico e em grego, respectivamente (cf. LBCM, p 478).

Não se pode negar, contudo, que *lullû* se tenha especializado para nomear o homem primevo, conforme a perspectiva evolucionista de que vários traços antrópicos só se acrescentaram à condição humana paulatinamente, incluindo a sexualidade, o trabalho (especialmente agricultura e pecuária), a produção e o consumo de pão e cerveja (a culinária), os hábitos de higiene (banhar-se e os cuidados com o corpo), o uso de vestimentas e a vida em cidades –, embora seja no *lullû* que se enraíza o que há de mais humano, a mortalidade. Trata-se de uma concepção presente já na tradição suméria, nomeadamente no poema *A disputa entre o gado e os cereais*, em que se afirma que a humanidade, de início, não conhecia "o comer pão", "o vestir roupas", "as pessoas andavam a esmo cobertas de peles", "comiam grama com suas bocas, como ovelhas", "bebiam água de valas", sendo esta a condição em que se representa também Enkídu, chamado de *lullû amēlu* em *Ele que o abismo viu* 1, 178 (ver Tigay, *The evolution of the Gilgamesh epic*, p. 202-203). As mesmas ideias, explícita ou implicitamente, ecoam em outras tradições médio-orientais, como no *Gênesis* bíblico, especificamente no relato antropogônico do javista, em que Adão de início vive só e, mesmo após a criação de Eva, andam ambos nus, numa vida compartilhada de perto com os animais, os primeiros traços de civilização aparecendo só após a expulsão do jardim, com o uso de vestimentas, o trabalho, a agricultura, a pecuária e a fundação de cidades. Uma referência a essa ideia, no caso babilônico, encontra-se em Beroso: "na Babilônia havia uma grande multidão de homens de raça diferente dos que habitam a Caldeia: viviam desordenadamente como os animais"; aparece então, saído do mar, o "animal marinho de nome Oanes", um peixe anfíbio, com uma cabeça humana além da de peixe, e pés também humanos, sendo ele quem civilizou Babilônia, ensinando a agricultura, as artes e as letras (cf. Syncellus, *Ecloga chronographica*, 29).

Embora se trate de um trecho muito fragmentado, o modo como se decide a criação da humanidade no *Atraḫasīs* é paralelo ao do *Enūma eliš*, com a diferença de que é Ea quem dá as coordenadas:

> Ea sua boca abriu
> E disse aos deuses seus irmãos:
> De qual calúnia os acusamos [aos Ígigi]?
> Pesada sua labuta, muita a opressão!
> Todo dia ----

Seu lamento pesado ----
Há ----
Estando presente Bélet-íli, a Matriz,
Engendre um ente (*lullû*), o homem (*amēlu*),
O jugo ele assuma ---- (*Atraḫasīs*, fragmento BM 78257, 1-10).

Evidentemente o que está em causa nos três últimos versos é que Bélet-íli (a Senhora dos deuses) criará a humanidade (*lullû amēlu*) para que assuma os encargos dos Ígigi, o que a versão paleobabilônica antes citada também confirma. O ato da criação no *Atraḫasīs* estende-se por bastantes versos, que detalham cada passo, a começar pela ordem de Ea/Enki:

Estando presente Bélet-íli, a Matriz,
A Matriz um rebento engendre,
A peleja dos deuses o homem (*awīlum*) assuma![227]
A deusa convocaram, pediram
À parteira dos deuses, sábia Mámi:[228]
Tu és a Matriz, engendradora da humanidade (*awīluti*);
Engendra pois um *lullû*, assuma ele o jugo!
Nintu sua boca abriu
E disse aos grandes deuses:
De mim não são próprios os feitos,
Com Enki ficam as obras;
Ele sabe limpar tudo,
Argila forneça, eu própria o farei!
Enki sua boca abriu
E disse aos grandes deuses:
No primeiro, sétimo e décimo quinto dia
Um banho farei de purificação;
Um deus seja abatido,
Purifiquem-se os deuses em imersão.
Em sua carne e seu sangue
Nintu misture argila,
E deus e homem
Misturem-se, reunidos na argila.

---

[227] A palavra acádia para 'homem' é *awīlum*, de que também se registram as variantes mais recentes *amēlu(m)/amīlu(m)*.

[228] *Mami* é outro nome de *Belet-ili*, que se chama também, em sumério, Nintu.

O resto dos dias o tambor ouçamos,
Na carne do deus ânimo (*eṭemmu*) haja,
Ao vivo, como seu signo, ele proclame,
Para que não se esqueça, ânimo haja.
Na assembleia responderam sim
Os grandes deuses que gerem os destinos.
No primeiro, sétimo e décimo quinto dia,
Um banho ele fez de purificação.
Wê-ílu, que tinha senso (*ṭēmu*),
Em sua assembleia abateram.
Em sua carne e sangue
Nintu misturou argila.
O resto dos dias o tambor ouviram,
Na carne do deus ânimo (*eṭemmu*) houve.
O vivo seu signo proclamou,
Porque não se esqueça, ânimo (*eṭemmu*) houve.
Depois que misturou essa argila,
Convocou os Anunnáki, grandes deuses.
Os Ígigi, grandes deuses,
Cuspe lançaram na argila.
Mámi sua boca abriu
E disse aos grandes deuses:
Uma obra me ordenastes e completei-a;
Um deus abatestes com seu ânimo.
A pesada labuta vossa removi,
A peleja vossa ao homem impus.
Lançastes um grito pela humanidade,
O jugo aboli, alforria promulguei. (*Atraḫasīs* 1, 189-243)

Não parece haver dúvida que o episódio do *Enūma eliš* é uma retomada deste, trabalhado contudo com a grande liberdade com que o poeta lida com a tradição: as duas cenas correspondem-se no criar-se a humanidade na assembleia divina, no ser o homem fabricado a partir de um deus sacrificado e na participação de Ea no processo que redunda na libertação dos deuses de sua labuta. Neste caso, é de ressaltar especialmente como, considerados os estudos de mitologia comparada por autores como James Frazer, Mircea Eliade, Charles Long e David Leeming, Lisman conclui que "as histórias mesopotâmicas não parecem ser únicas [...], muitos mitemas tendo um valor universal, com uma exceção: o abate de um deus para criar o primeiro homem na versão acádia da origem da humanidade" (Lisman, *Cosmogony, theogony and anthropogeny in Sumerian texts*, p. 202).

Ressalte-se, contudo, que as diferenças entre eles são também bastante relevantes, o comentário delas fazendo realçar a especificidade do *Enūma eliš*, da perspectiva tanto da economia divina quanto da humana:

a) No *Atraḫasīs*, o responsável pela fadiga dos Ígigi era Énlil, que aqui não comparece, cabendo a Marduk, de um modo mitigado, assumir essa função, embora apenas para determinar que a labuta cesse.[229]
b) Toda situação conflituosa em torno do trabalho presente no *Atraḫasīs*, com a existência de duas classes de divindades que se distinguem com base nisso, foi eliminada, embora a questão envolvendo a necessidade do trabalho se mantenha, mas de uma forma muito suavizada, com diferenças importantes: no primeiro caso, a criação do homem é resultado do insolúvel conflito entre os deuses; no segundo, aparece como que um necessário desdobramento da organização do mundo.
c) No *Atraḫasīs* cabe a Ea dar a solução para o conflito, com a proposta de criação da humanidade, enquanto aqui é Marduk

---

[229] Esse aspecto foi examinado em detalhe por Wisnom, que assim resume as relações entre os dois poemas: "Uma série de motivos encontrados no *Atraḫasīs* são recorrentes no *Enūma eliš*. Eles podem ser agrupados amplamente em aqueles que se referem à ameaça de destruição e aqueles que lidam com novas criações. O terrível clamor que impede um deus de dormir, o plano resultante para destruir os seres que criam o ruído e a intervenção de Ea para salvar aqueles seres formam um conjunto de correspondências que conectam Apsu destronado com um Énlil agora deslocado e obsoleto. Isso é reforçado por alusões a outras representações da perda de poder por Énlil, como o roubo de sua tabuinha dos destinos em *Anzû* e uma representação de Marduk num papel que Enlil ocupou na poesia suméria, o de Énlil, o caçador. O motivo da perturbação do sono é repetido novamente quando os deuses menores estão inquietos, ampliando o padrão e trazendo-o ao seu clímax. Os motivos da criação formam outro conjunto, conectando Marduk com Ea: a criação do homem no *Enūma eliš* baseia-se no mesmo episódio contado no *Atraḫasīs* e mostra Marduk substituindo seu pai como deus criador, até instruindo Ea. Alusões ao *Atraḫasīs* no *Enūma eliš*, portanto, contribuem tanto para a promoção de Marduk a chefe do panteão quanto para a superação do pai por seu filho, embora de uma maneira nova e sutil" (WIBP, p. 140).

quem exerce esse papel, deixando a Ea a sua realização. Isso fica realçado na forma sintaticamente elaborada da resposta de Ea à decisão de Marduk:

linnadnamma ištēn aḫūšun	Seja-me entregue deles um único irmão,
šu li'abbitma nišī lippatqū	Este seja trucidado e gente formada!
lipḫurūnimma ilānu rabiūtum	Estejam em assembleia os grandes deuses,
ša anni linnadinma šunu liktūnū	O culpado seja entregue e fiquem eles firmes!

Como ressalta Gabriel, o primeiro e o terceiro verso são constituídos por apenas três palavras e uma única oração, a referência, no primeiro, a um único irmão (um só deus) se opondo ao conjunto dos grandes deuses no terceiro; por seu lado, o segundo verso e o quarto são constituídos, cada um deles, por duas orações coordenadas pela partícula *-ma*, as primeiras, nos dois casos, referindo-se ao deus destinado à morte, as segundas fechando os versos com menção, num caso, à humanidade, no outro, aos deuses (cf. GEE, p. 166).

d) Ressalta a forma como a participação de Bélet-íli, a Mãe dos deuses, foi sumariamente eliminada, Marduk atribuindo a Ea o papel que, no *Atraḫasīs*, este atribuíra à deusa, o que vai ao encontro do modo como se elude, no *Enūma eliš*, qualquer protagonismo feminino que não o de Tiámat. No caso do poema paleobabilônico há efetiva cooperação entre Ea e a Mãe dos Deuses: ela toma "da argila que Enki insuflou com vida" e "molda-a em forma humana", o que, segundo Helle, esclarece como "a criação da matéria pertence ao deus masculino", mas "a criação da forma pertence à deusa feminina" (Helle, Marduk's penis, p. 71).

e) O longo ritual antropogônico descrito em detalhes no *Atraḫasīs* não se apresenta aqui, mantendo-se não mais que a circunstância de criação se dar na assembleia dos deuses: nada se fala dos banhos, da argila nem da formação de sete machos e sete fêmeas (cf. também GEE, p. 166).

f) Em consequência, a justificativa teológica e antropológica para o sacrifício de um deus sofre profunda inflexão: no *Atraḫasīs*, essa necessidade se impunha pelo fato de o deus possuir *ṭēmu*, isto é, 'personalidade', 'previdência', 'razão', o que redundaria na existência de um *eṭemmu* ('ânimo', 'espectro', 'espírito') no homem, cuja existência ultrapassaria a morte,[230] enquanto no *Enūma eliš* parece que a justificativa está na mera necessidade de sangue, a fim de que se possa, a partir de sua condensação, produzir carne.[231]

g) Não há menção de que o deus sacrificado no *Atraḫasīs* tenha sido escolhido em virtude de alguma culpa, ao contrário do que se afirma no *Enūma eliš*, em que é ressaltado o argumento do crime e do castigo (o termo usado, *arnu*, tendo ambos os significados):

> Seja-me dado sim quem engendrou a guerra,
> A seu castigo (*arnu*) o levarei, em repouso sentai! [...]
> Encadearam-no e defronte de Ea o retiveram,
> O castigo (*arnu*) impuseram-lhe e seu sangue romperam".[232]

---

230 Como já esclarecido antes, *eṭemmu* nomeia o 'espectro' de uma pessoa morta (cf., por exemplo, em *Ele que o abismo viu* 12, 20), o que se deve, nos termos do *Atrahasīs*, à permanência, nele, do *ṭēmu* do deus sacrificado, isto é, de sua 'previdência', seu 'entendimento', sua 'razão'. Mesmo que a aproximação entre *eṭemmu* e *ṭēmu* seja analógica, pois o primeiro não deriva do segundo, o que parece que se deseja sublinhar em *Atraḫasīs* é que o *eṭemmu* que permanece é, para dizer desse modo, a própria personalidade do vivo, sua individualidade ou propriedade. Conforme Renata MacDougal (*Remembrance and the dead in second millenium BC Mesopotamia*, p. 119-120), "o sangue divino liga-se à força da vida no homem, da qual provém o *self*": enquanto "a argila (*ṭiddu*) provê a forma corpórea, a base física da humanidade [...], o sangue do deus provê vida e inteligência (*ṭēmu*)", evocando "a carne [...] tanto o humano mortal quanto o deus imortal", ou seja, está em causa a dualidade própria da "natureza da divindade do deus, o qual se torna mortal quando violentamente morto", uma parte do homem sendo considerada "imortal, como resultado do elemento divino" e subsistente, "após a morte, como *eṭemmu*". Wisnom (*Intertextuality in Babylonian narrative poetry*, p. 171) chama a atenção para o fato de que no *Atrahasīs* o deus Wê "parece existir apenas por causa do trocadilho entre seu nome e a palavra para homem, *awīlum*", não tendo nenhuma função "na narrativa antes de quando seu sangue é necessário como ingrediente".

231 Observa Lisman (*Cosmogony, theogony and anthropogeny in Sumerian texts*, p. 49), remetendo ao estudo de Steinkeller (Early Semitic literature and third millennium seals with mythological motifs, p. 246-247), que o sacrifício de um deus constitui matéria poética tipicamente semítica, que vai de encontro ao modo pacífico como se representa a convivência entre deuses nas fontes sumérias literárias e iconográficas. Foge contudo desse padrão a cosmogonia KAR 4, em que se afirma que, para criar-se a humanidade, dois deuses foram sacrificados, Alla e Illa: "No Uzumua, a ligação entre o céu e a terra, / massacraremos os deuses Alla e Illa, / para que seu sangue faça a humanidade surgir" (*apud* Lisman, *Cosmogony, theogony and anthropogeny in Sumerian texts*, p. 57).

232 Bottéro alerta que não se deve considerar, como consequência disso, ou seja, do fato de que a humanidade nasce a partir um deus culpado e executado, que

Finalmente, em consequência do foco quase exclusivo nos deuses, nada há no *Enūma eliš* sobre o que sucede à humanidade a partir de sua criação, a não ser a informação de que a ela foi imposta a labuta das divindades, diferentemente de no *Atraḫasīs*, em que a criação é só o primeiro capítulo para os sucessos que levarão ao estabelecimento final da condição humana, após o dilúvio.

Respondendo à lógica do próprio poema, alguns traços do episódio antropogônico também se realçam. A absoluta supremacia de Marduk faz com que seja ele quem comanda a Ea o trabalho ("Mandado de sua boca a Ea comandou"), o que, conforme Wisnom, não é a situação usual, que seja o filho a dar instruções a seu pai. Ao mesmo tempo, isso confirma que o deus supremo tinha de fato dois inimigos, não só Tiámat, contra a qual se desenvolveu o embate, mas também Quíngu, vencido sem combate, o destino de ambos sendo paralelo após a morte: a primeira, torna-se o céu e a terra; o segundo, a humanidade. Há uma coalescência, portanto, entre as duas criações de Marduk, o *habitat* dos homens sendo o interior de Tiámat.

A repartição dos lotes (versos 39-46)

^{d}*Marduk šarru ilāni uza''iz*	Marduk, rei dos deuses, repartiu
^{d}*Anunnaki gimrassunu eliš u šapliš*	[40] Os Anunnáki, todos eles, no alto e embaixo:
u'addi ana ^{d}*Anim têrētušu naṣāru*	Assinalou a Ánu seus decretos guardar,
5 UŠ *ina šamê ukīn maṣṣartu*	Cinco vezes sessenta no céu pôs como guardas;
uštašnīma alkkakāt erṣetim u'aṣṣir	Uma segunda vez a condição da terra assinalou,
ina šamê u erṣetim DIŠ.U *uštēšib*	No céu e na terra sessenta vezes dez assentou.
ultu têrēti napḫaršina uma''iru	[45] Após os decretos, a soma deles, avançar,
ana ^{d}*Anunnaki ša šamê u erṣetim uza''izu isqāssunu*	Entre os Anunnáki, que, no céu e na terra, repartiu os lotes.

---

haja na natureza humana algo dessa culpa, alguma espécie de "pecado original", tomando como argumento que, no *Atrahasīs*, nenhuma culpa tem Wê-ílu (cf. BAB, p. 103). Tomar este último poema como argumento não parece comprobatório, mas cumpre ressaltar o evidente desinteresse do *Enūma eliš* pela humanidade, sua natureza e história, o que impede esse tipo de especulação.

Essa breve passagem tem a importância de declarar o modo como Marduk distribui os espaços entre os Anunnáki, instalando trezentos deles no céu (*šamû*) e o mesmo tanto na terra (*erṣetu*), isto é, sob o solo da terra.[233] O termo-chave, que se repete no início e no final do trecho, é *uza''izu* (repartiu), que tem como objeto inicialmente os próprios Anunnáki, para, na última ocorrência, ser determinado por outra palavra-chave para a compreensão do processo: *isqû*, 'lote', 'divisão', 'herança', 'atributo'.

Como se lê acima, os Anunnáki são seiscentos, trezentos dos quais "assentados" no céu, outros trezentos na *erṣetu*. Um pouco mais à frente, declara-se que "os cinco vezes sessenta Ígigi do firmamento e os seiscentos do Apsu" estavam, todos eles, postos em assembleia (v. 69 *infra*). Caso não se distinga o que se diz das duas classes de deuses, a contradição fica evidente, mesmo que nem sempre pareça claro como, a partir da tradição, o autor do *Enūma eliš* as considere.[234] O sumário mais razoável sobre o assunto foi proposto por Bartash,[235] o qual sigo

[233] O termo *erṣetu*, como seu correlativo sumério 'kur', tem os seguintes significados: 1. 'a terra', por oposição ao céu; 2. 'a terra abaixo da superfície', isto é, o mundo subterrâneo (onde se encontram os mortos); 3. 'solo', terra encharcada, terra arada, terra para sepultamento; 4. em termos políticos, 'país', território, distrito de uma cidade. Em 5, 125-128, tomando Babilônia como o ponto de referência, Marduk dá a entender que os deuses, seus pais, se encontram no Apsu ou no firmamento, ao afirmar: "Quando do Apsu subirdes para a assembleia, / Naquele lugar [em Babilônia] esteja o vosso pouso, para toda a assembleia! / Quando do firmamento descerdes para a assembleia, Naquele lugar esteja o vosso pouso, para toda a assembleia!" Sobre a questão, ver Horowitz, *Babylonian cosmic geography*, p. 122; GEE, p. 167.

[234] Gabriel (GEE, p. 167) anota como "Wilfred Lambert resolve o possível conflito entre VI, 40-44 e VI, 69 entendendo o verso VI, 69 como interpolação e apagando-o. Ele justifica isso principalmente pelo ritmo dos versos e pela existência de um possível modelo de texto. Em vista dos diferentes grupos de deuses e áreas cósmicas, no entanto, essa exclusão não é necessária, especialmente porque ainda permaneceria a questão do significado e propósito da glosa, a qual, curiosamente, registra-se em todos os testemunhos textuais conservados".

[235] Cf. Bartash, que distingue: a) Ígigi e Anunnáki; b) deuses pais; c) todos os deuses; d) os grandes deuses; e) os deuses do destino. Landsberger; Wilson, The fifth tablet of *Enūma Eliš*, p. 178-179, de modo menos sistemático, mas mais detalhado, arrola: a) "os deuses", sem especificação ou contraste com "os deuses, seus pais"; b) "todos os deuses"; c) "os deuses seus filhos, que formavam sua assembleia"; d) "os deuses, seus aliados"; e) "os deuses presos"; f) "os deuses mortos"; g) "os deuses, seus inimigos"; h) os Anunnáki (cf. Bartash, *Puḫru*, p. 1097-1101).

em parte, recapitulando no poema as seguintes denominações ou categorias de deuses:

a) Os Anunnáki e Ígigi, referidos em conjunto, o que parece ser um modo de falar da totalidade dos deuses, como nos seguintes passos: por ocasião da assembleia de Ánshar que antecede a comissão de Marduk ("Em assembleia estavam os Ígigi, todos eles, os Anúkki, / Seus lábios fechados e em silêncio assentados", 2, 121-122); quando da assembleia de todos os deuses, depois da vitória de Marduk ("Em assembleia os Ígigi, todos eles, prosternaram-se, / Os Anunnáki, quantos existem, beijaram-lhe os pés", 5, 85-86); quando da proferição dos cinquenta nomes de Marduk, afirma-se ainda que Marukka é "bom para o coração dos Anunnáki" e "faz repousar os Ígigi" (6, 134), e Narilugaldimmerankia "para os Ígigi e os Anunnáki repartiu as posições" (6, 145).

b) Os Anunnáki (ou Anúkki), referidos separadamente, aparecem pela primeira vez quando Tiámat ordena a Quíngu: "Seja grande tua fala sobre todos eles, os Anúkki" (1, 156), o que leva alguns a pensar que eles são, em bloco, partidários da deusa, mas o fato de que se desarvorem, junto com os Ígigi, na assembleia de Ánshar, o desautoriza.[236] Como um grupo específico, aparecem na presente passagem, quando são divididos nos dois grupos no céu e na terra dispostos – e, já que Marduk "nossa emancipação dispôs", retribuem o benefício encarregando-se da construção do Esagil de Babilônia (6, 47-68). Enfim, no episódio da criação da humanidade, talvez seja significativo que Marduk interrogue justamente os Anunnáki sobre "Quem pois que engendrou a guerra", mas a resposta seja dada não por eles, mas pelos Ígigi (6, 20-30).

c) A primeira referência aos Ígigi isoladamente acontece quando Kakka transmite a mensagem de Ánshar a Lahha e Láhamu, provocando expressões de dor ("Ouviram Lahha e Láhamu, clamaram ruidosos, / Os Ígigi, a soma deles, gemeram apenados", 3, 125-126), o fato de que estivessem também na assembleia de Ánshar

---

[236] Landsberger; Wilson (The fifth tablet of *Enūma Eliš*, p. 179) parecem ter esse entendimento, observando contudo que Anunnáki nunca é usado em sentido derrogatório, de modo que, quando se mencionam os deuses rebeldes, o autor opta por usar algum outro sinônimo.

antes mencionada garantindo que em nenhum dos casos se trata de abarcar todos os Ígigi. São também eles que, depois da vitória, apresentam ao conjunto dos deuses o rei Marduk ("Abriram então suas bocas, disseram aos deuses, os Ígigi:/ Antes Marduk era o filho nosso amado, / Agora é vosso rei", 5, 108-110) e, como já observado, indicam o culpado pela guerra, Quíngu, no episódio da criação da humanidade – saliente-se que nada indica que os Ígigi ou qualquer parte deles se tenham posto a favor de Tiámat, diferentemente do que acontece com os Anunnáki.

d) Os grandes deuses (DINGIR.DINGIR GAL.GAL ou DINGIR^{MEŠ} GAL^{MEŠ}), que em nenhum momento se define quem sejam com precisão, numa ocasião identificam-se, pelo menos em parte, com os Ígigi ("E responderam-lhe os Ígigi, os grandes deuses", 6, 27), noutro ponto contando-se em número de cinquenta ("Os grandes deuses, cinquenta são, assentaram-se", 6, 80).[237] Outras menções informam ainda o seguinte: Apsu é o "gerador dos grandes deuses" (1, 29); Ánshar é o "pai dos grandes deuses" (2, 125) e "destino dos grandes deuses" (2, 155); os grandes deuses são "os que decretam os destinos" (3, 130); Marduk produziu no céu "uma posição para os grandes deuses" e "como reflexo deles constelações ergueu" (5, 1-2); Babilônia é a "casa dos grandes deuses" (5, 129). Enfim, quando da criação da humanidade, é a eles que Marduk reúne em assembleia (cf. 6, 15 e 17) e, dado da máxima relevância, Marduk é "honrado dentre os grandes deuses" (6, 3 e 5), o que implica que seja, ele próprio, um deles (Cf. Bartash, *Puḫru*, p. 1100).

e) Os deuses seus pais, nomeados enquanto um grupo (deixo de lado a menção de que um deus isoladamente seja pai de outro), se dizem apenas com relação a Marduk, como em: "Lançaram para ele [Marduk] uma sede de soberano, / Defronte de seus pais em liderança fixou-se" (4, 1-2); "Quando o que vem de sua boca viram os deuses, seus pais, / Alegraram-se, bendisseram" (4, 27-28); "Viram-no os deuses e suas entranhas alegres

[237] Bartash (*Puḫru*, p. 1100) considera que também se pode deduzir que sejam cinquenta do fato de que "transferem seus nomes (50 + os nomes de Énlil e Ea) a Marduk".

exultaram, Láhmu e Láhamu, todos eles, seus pais" (5, 78-77). Numa ocasião afirma-se que os deuses que decretam o destino são os "pais" de Marduk ("E destinaram ao Senhor seu destino, os deuses, seus pais", 4, 33), embora o que parece mais razoável é considerar que Marduk, sendo o mais jovem dos deuses, por isso se diz filho daqueles que se dizem seus pais.

f) Os deuses do destino são mencionados como uma categoria divina somente duas vezes: em 6, 81, onde se afirma que são sete ("Os deuses dos destinos, sete são, as sentenças firmaram"); e em 7, 122 ("Aharu, ele que, conforme seu nome, reuniu os deuses do destino"). De outros deuses, Ánshar, Láhmu e Láhamu, Marduk e, mesmo que ilegitimamente, Quíngu, se diz que são capazes de decretar destinos, prerrogativa que tem também a assembleia composta por todos os deuses (cf. Bartash, *Puḫru*, p. 1100).

g) Os deuses encadeados são referidos na conclusão da batalha contra Tiámat, constituindo uma categoria composta por aqueles que foram vencidos ("Sobre os deuses encadeados [Marduk] a prisão fez possante", 4, 127).

h) Os deuses mortos constituem uma categoria (relacionada talvez com a anterior) à qual passa a pertencer Quíngu, tão logo Tiámat é vencida ("E Quíngu, que se fez grande no meio deles, / Prendeu-o e dentre os deuses mortos o contou", 4, 119-120), ou seja, antes mesmo que fosse sacrificado para a criação da humanidade. Quando da proferição dos nomes, sobre o de Asalluhi-Namtilla, "o deus que vivifica", se diz que "restaurou todos os deuses arruinados" e, "com seu sortilégio puro, fez viver os deuses mortos" (6, 151,153).

A construção de Babilônia (versos 47-66)

ᵈAnunnaki pâšunu ipušūma	Os Anunnáki suas bocas abriram
ana ᵈMarduk bēlīšunu šunu izzakrū	E a Marduk, senhor deles, eles disseram:
inanna bēlī ša šubarrâni taškunūma	Agora, senhor meu, que nossa emancipação dispôs,
minû dumqāni ina maḫrīka	[50] Qual nosso bem defronte a ti?
i nīpuš parakkī ša nabû zikiršu	Façamos uma sede, seja denominada por sua alcunha,

kummukku lū nubattāni i nušapšiḫ qerbuš	Tua residência nos seja lugar de pernoite, repousemos em seu interior!
i niddi parakku nēmeda ašaršu	Lancemos uma sede, um trono neste lugar,
ina ūmi ša nikaššadam i nušapšiḫ qerbuš	No dia em que isso realizemos, repousemos em seu interior!
^{d}*Marduk annītu ina šemêšu*	[55] Marduk isso quando ouviu,
kima ūmu immeru zīmūšu ma'diš	Como o dia brilharam seus traços com intensidade:
epšāma Bābili ša tērišā šipiršu	Fazei sim Babilônia, de que desejastes a obra!
libnāssu lippatiqma parakka zuqrā	Seus tijolos lhe deem forma, a sede seja alta!
^{d}*Anunnaki itrukū alla*	Os Anunnáki batem as enxadas,
šattu ištât libittāšu iltabnu	[60] No ano primeiro seus tijolos fabricaram.
šanītu šattu ina kašādi	O segundo ano quando se completou,
ša Esagil miḫrit Apsî ullû rēšīšu	Do Esagil, réplica do Apsu, elevaram a cabeça.
ibnûma ziqqurrat Apsî elite	Engendraram pois o zigurate do Apsu, elevado,
ana ^{d}*Anim* ^{d}*Enlil* ^{d}*Ea u šašu ukinnū šubtu*	Para Ánu, Énlil, Ea e para ele firmaram o assento.
ina tarbâti maharšunu ūšibamma	[65] Em majestade defronte deles assentou-se
šuršiš Ešarra inaṭṭalū qarnāšu	E às raízes do Esharra fitavam seus cornos.

Esse ponto constitui a culminância da produção do mundo, a qual só se completa com a construção de Babilônia – e não, como acontece, por exemplo, na Torah, com a criação do homem –, o que a técnica de composição em anel (*Ringkomposition*) ressalta, como observa Gabriel (cf. GEE, p. 203). De fato, esse episódio retoma o tema dos versos 117-140 da tabuinha 5, quando Marduk anuncia o projeto da construção da cidade, só agora efetivado, a estrutura bem arquitetada podendo ser visualizada no seguinte esquema:

5, 117-140	5, 141-158	6, 1-38	6, 39-46	6, 47-66
Projeto de criação de Babilônia: "casa dos grandes deuses", "vosso pouso"	Demanda dos deuses relacionada com trabalho (trecho muito fragmentado)	Criação da humanidade: "imponham-se-lhe os trabalhos dos deuses e estes repousem!"	Repartição dos Anunnáki no alto e em baixo e repartição dos lotes: "nossa emancipação"	Construção de Babilônia: "lancemos uma sede" e "repousemos em seu interior"

Observe-se que a criação da humanidade, não sendo o ponto de chegada, tem contudo importância por estar no lugar mais central da nova economia outorgada por Marduk aos deuses, com a finalidade de garantir-lhes o repouso, cuja busca, repita-se mais uma vez, foi o motor de toda a narrativa. A estrutura em anel ressalta ao mesmo tempo que o repouso desejado pelos deuses tem como lugar privilegiado justamente Babilônia.

A correspondência entre as duas passagens (5, 117-140 e 6, 47-66) deixa-se ver na ressonância estrutural e lexical. A primeira principia com um dístico *dicendi* ("Marduk a boca abriu e comandou, / Aos deuses, seus pais, palavra disse"), assim como a segunda ("Os Anunnáki suas bocas abriram/ E a Marduk, senhor deles, eles disseram"), e, mesmo que se possa considerar que são formas bastante usuais de introduzir discursos, o paralelismo não deixa de ser significativo, ressaltando a mudança do emissor – de Marduk para os Anunnáki – e do recebedor – dos "deuses, seus pais", para Marduk –, ou seja, de um emissor individual para um coletivo e de um recebedor coletivo para um individual, estes últimos, os recebedores, alegrando-se com o que ouvem, mesmo que, no primeiro caso, falte o segundo verso do dístico ("Ouviram os deuses, seus pais, estes comandos seus...", 5, 131; "Marduk isso quando ouviu, / Como o dia brilharam seus traços com intensidade", 6, 55-56).

Com relação à obra que se anuncia, os termos-chave são *kummu*, 'o lugar mais íntimo de um templo ou de uma casa' (que traduzi por 'aposentos'), *nubattu*, 'pernoite', 'refeição noturna', 'festa noturna', e *šubtu*, 'assento', 'sede', 'morada. Os dois primeiros distribuem-se por quatro versos na tabuinha 5 ("E meus aposentos mostrarei", 5, 124; "Aí seja vosso pernoite", 5, 126 e 127; "Lugar de nosso pernoite revela...", 5, 138), concentrando-se, na sexta, num único: "Teus aposentos sejam nosso lugar de pernoite" (6, 52). Já *šubtu* se usa em 5, 122 – "E farei uma casa, assento de meu esplendor" –, bem como em 6, 64 – "Para Ánu, Énlil, Ea e para ele firmaram o assento". São ainda paralelos os sintagmas *lūpušma bīta* ("farei uma casa", 5, 122) e *epšāma Bābili* ("fazei sim Babilônia", 6, 57), já que Marduk explicou antes que o nome da cidade significa *bītāt ilāni* ("casa dos deuses", 5, 129).

O que há de próprio nessa passagem está na descrição dos aspectos materiais da construção: no primeiro ano, os deuses batem as enxadas e fabricam os tijolos; no segundo, elevam o Esagil, o templo de Marduk em Babilônia, e seu zigurate. São dois aspectos etiológicos a destacar: esta é a primeira vez que, no mundo organizado por Marduk, tem lugar um trabalho de construção como devem ser as construções; e este, o Esagil, é a casa definitiva de Marduk.

A ocupação de Babilônia (versos 67-91)

ultu Esagil īpušū šipiršu	Depois que o Esagil fizeram, a sua obra –
^{d}*Anunnaki kālīšunu parakkīšunu ibtašmū*	Os Anunnaki, todos eles, suas sedes tendo produzido,
5.UŠ ^{d}*Igigi ša šamāmā u* DIŠ.U *ša Apsî kalīšunu paḫru*	Os cinco vezes sessenta Ígigi do firmamento e os seiscentos do Apsu, todos eles, em assembleia –,
bēlum ina paramaḫḫi ša ibnû šubassu	[70] O Senhor, no tabernáculo que engendraram, seu assento,
ilāni abbīšu qerētāšu uštēšib	Os deuses, seus pais, em festa assentou:
annāma Bābili šubat narmêkun	Eis Babilônia, assento de vosso domicílio!
nugâ ašruššu ḫidūtāšu tišbâma	Cantai neste lugar, alegres sentai-vos!
ūšibūma ilānu rabiūtum	E sentaram-se os grandes deuses,
ṣarbaba iškunū ina qerēti ušbū	[75] O caneco puseram, para a festa assentaram-se.
ultu nigūtu iškunū qerebšu	Depois que cantoria puseram em seu interior,
ina Esagil rašbi ītepušū šunu taqribtu	No Esagil temível perfizeram eles o festejo.
kunnā têrēti napḫaršina uṣurāte	Firmes os decretos, a soma deles, os ardis,
manzāz šamê u erṣetim uza''izū ilānu gimrassunu	Posições no céu e na terra repartiram-se os deuses, todos eles,
ilānu rabiūtum ḫamšāssunu ušibūma	[80] Os grandes deuses, cinquenta são, sentaram-se,
ilānu šīmāti sibittīšunu ana purussê uktinnû	Os deuses dos destinos, sete são, as sentenças firmaram.
imḫurma bēlum ^{is}*qašta* ^{is}*kakkāšu maḫaršun iddi*	E recebeu o Senhor o arco, sua arma defronte deles lançou,
saparra ša ītepušu īmurū ilānu abbūšu	A rede que fizera viram os deuses, seus pais,
īmurūma ^{is}*qašta kī nukkulat binûtu*	E viram o arco, como engenhosa sua forma,
epšet ītepušu inaddû abbûšu	[85] Ao feito que ele fez louvaram seus pais.
išši ^{d}*Anum ina ukkin ilāni iqabbi*	Levantou-o Ánu, no concílio dos deuses comandou,
^{is}*qasta ittašiq šī lū mārat*	O arco tendo beijado: seja um filho!
imbīma ša ^{is}*qašti kiām šumīša*	E declarou, do arco, assim os seus nomes:
iṣu arik lū ištēnumma šanû lū kāšid	Longo-Madeiro seja o primeiro, e o segundo seja Conquistador;
šalšu šumša qaštu ina šamê ušāpi	[90] Terceiro nome seu: Arco que no céu surge!
ukīnma gišgallāša itti ilāni atḫêša	Firmou-lhe o pedestal entre os deuses, seus irmãos.

Mesmo que se possa considerar que, a partir deste ponto, não há mais obra a ser realizada pelos deuses, o mundo parecendo completo (cf. BAB, p. 105), o surgimento da constelação do arco representa mais um acabamento especialmente relacionado não só com Marduk, como uma referência ao próprio poema que se pretende um hino a ele, pois provê a amarração do que se narra com o signo celeste que é a própria arma do deus. Estando em pauta a ocupação de Babilônia e a instalação do culto divino no Esagil, esta passagem termina por ter um sentido etiológico que justifica os ritos em honra de Marduk, em especial nas festas do *akītu* (cf. GEE, p. 234-235), dando-se a entender como uma projeção dos usos futuros do próprio *Enūma eliš* enquanto poema e comemoração.[238]

A assembleia de todos os deuses

O início desse trecho é difícil de interpretar, em vista do corte aparente provocado pelo verso 69 ("Os cinco vezes sessenta Ígigi do firmamento e os seiscentos do Apsu, todos ele em assembleia"), que Lambert tem por interpolação, uma hipótese possível, embora não de todo necessária, o único dos argumentos por ele apresentados que considero pertinente sendo o de ordem formal,[239] pois de fato o verso parece um tanto anômalo, por desestruturar a organização em dísticos, além de ser desmesuradamente longo, se considerados os dele próximos. Saliente-se contudo que, admitindo-se a quebra da ordem que ele provoca (o que na tradução expressei ao deixá-lo como um verso-órfão), a perturbação na organização dística transfere-se para o final da passagem, já que "Ánu, no concílio dos deuses, a ele fez sentar" (v. 94) termina por apresentar-se também como um monóstico.[240]

---

[238] GEE, p. 231, considera que o trecho que vai do verso 70 ao 120 constitui uma parte liminar (*Schwellenteil*) do episódio da atribuição dos cinquenta nomes a Marduk.

[239] Seus argumentos são de três ordens: a) a exterioridade da concepção que se apresenta, procedente de uma fonte que transmite "informação topográfica" (5 gìš bára ^{d}í-gì-gì u geš'u bára ^{d}a-nun-na-ki, BTT 68 85); b) a contradição com os versos 41-44; c) a perturbação da estrutura em dísticos. Também Talon considera que se trata de interpolação (TEE, p. 161); em TBCM, p. 65 e 100, destaca ele o verso, colocando-o entre travessões e afastando-o da margem.

[240] Cf. também Lambert (LBCM, p. 114) e Talon (TBCM, p. 66 e 101), que supõe que haja um verso perdido depois de 94. Essa perturbação mostra como o

Uma segunda questão diz respeito ao ponto onde se encontra o corte entre esta passagem e a precedente, o que, no meu modo de entender, está indicado pela conjunção *ultu* (depois), a qual, como vimos constatando, se pode considerar um dos marcadores diegéticos por excelência (cf. GEE, p. 179): depois de fazerem o Esagil, os Anunnáki tendo produzido suas sedes e os Ígigi estando reunidos (isto é, estando postos em assembleia), o Senhor fez sentarem-se os deuses seus pais, declarando-lhes: "Eis Babilônia, assento de vosso domicílio!".[241] Caso o verso relativo aos Ígigi tenha sido deveras acrescentado a um estado anterior do texto, a intenção do interpolador deve ter sido a de indicar que tudo que se seguirá se fez em assembleia de todos os deuses, não apenas dos Anunnáki,[242] a convocação da qual, conforme Gabriel, marca o ponto final da criação.[243]

Assim considerado, este primeiro episódio da assembleia que se estenderá até quase o término do poema pode ser dividido em três partes: a apropriação do Esagil, comandada por Marduk; a instalação de seu culto; a veneração de suas armas.

A apropriação do Esagil

Após os versos de passagem (v. 67-69), tem lugar a ocupação do Esagil, dividida em dois movimentos: de um lado, as ações e palavras de Marduk; de outro, o cumprimento do que ele determina. O lexema que domina a passagem é 'assento'/'assentar' (*šubtu/wašābū*):

---

v. 69, ainda que suponha problemas, é indispensável para a consistência formal da passagem.

241 Gabriel tem um entendimento diverso quanto à identificação da passagem: ele considera que os versos 67-68 se ligam ao trecho anterior, desconsidera o verso 69 e classifica 70-120 como um preâmbulo (*Schwellenteil*) dos 50 + 2 nomes de Marduk (cf. GEE, p. 231 ss).

242 Esse é o entendimento também de Bartash, que arrola, dentre as "resoluções" da assembleia, a "divisão de funções entre os deuses celestes e terrestres", conforme o v. 79, sendo razoável que os Ígigi se contem entre eles (cf. Bartash, *Puḫru*, p. 1094)..

243 Cf. GEE, p. 169, que considera o verso 69 ser o encaixe entre a parte que se encerra (a criação) e a que se inicia (a glorificação final de Marduk).

O Senhor, no tabernáculo (*paramaḫḫi*) que engendraram, **seu assento (*šubassu*)**,[244]
Os deuses, seus pais, em festa (*qerētāšu*) **assentou (*uštēšib*)**:
Eis Babilônia, **assento (*šubat*)** de vosso domicílio!
Cantai neste lugar, alegres **sentai-vos** (***tišbâma***)!
E **sentaram-se (*ūšibūma*)** os grandes deuses,
O caneco puseram, para a festa (*qerēti*) **assentaram-se (*ušbū*)**.

Esse passo, construído com tanta perícia poética, realça como se trata agora de apropriarem-se os deuses do espaço para eles preparado, a própria residência de Marduk no Esagil, competindo-lhes fazê-lo em "festa" (*qerētu*), termo que se repete duas vezes, sempre associado a "assentar" – "em festa assentaram-se" constituindo o ponto de chegada da passagem. *Qerētu* (festa, banquete) deriva de *qerû*, 'chamar/convidar' uma pessoa para a refeição, um deus para a oferenda, um inimigo para a batalha (*qerû* alguém sendo um eufemismo para 'morrer', no sentido de que foi chamado a seu destino). Dessa perspectiva, o que se ressalta é o aspecto de compartilhamento e convivência, sobretudo em termos de comensalidade festiva. Gabriel salienta que, *qerētu* admitindo a acepção de 'banquete', "pode contudo também designar uma cerimônia de sacrifício num templo ou uma festa religiosa, como o *akītu*" (GEE, p. 233).

A instalação do culto

O marcador diegético *ultu* ("depois") indica que nova etapa da assembleia tem lugar, a cerimônia em que se firmam decretos, prescrições e funções:

Depois que cantoria (*nigūtu*) puseram em seu interior (*qerebšu*),
No Esagil temível perfizeram eles o festejo (*taqribtu*).

Note-se que *taqribtu* (que traduzi pelo "festejo" que se perfaz), derivado de *qerēbu*, 'chegar ou estar perto' de alguém,[245] é um cognato

---

[244] O empréstimo sumério *paramaḫḫi* designava o trono (ou o estrado) do deus existente na cela (o local mais interno e mais santo) do Esagil, o termo sendo usado aqui, por sinédoque, para referir-se à cela (cf. GEE, p. 233, n. 241).

[245] Com o sentido de 'chegar perto' de alguém, usa-se o verbo com relação a pessoas, divindades ou demônios, neste último caso com intenção hostil; referindo-se a

de *qerētu* (festa), ou seja, trata-se de desdobramento da mesma festa de caráter litúrgico, agora com um aspecto ritualístico mais marcado, nomeadamente enquanto um ritual de intercessão (não deixa de ser significativo que o verso 76 termine com *qerebšu*, 'seu interior', ecoando tanto *qerēti*, usado no verso anterior, quanto *taqribtu*, no seguinte). Também *nigūtu*, cujo sentido primeiro é 'música alegre', pode ser entendido numa conotação cerimonial, como um 'canto lamentoso'. Assim, Gabriel entende que, "depois da música, os deuses de Babilônia proferem lamentos", este devendo ser o sentido de *taqribtu*, já que, no primeiro milênio a.C., "lamentações se registram em contexto litúrgico de ritos regulares (por exemplo, na festa de ano novo)" (GEE, p. 233). É legítimo, portanto, considerar que se trata da primeira cerimônia realizada no interior do Esagil, a festa sendo uma das finalidades para a qual ele foi construído: "O termo *taqribtu* pode ser entendido, nesse ponto, como sinédoque da liturgia do Emesal – e talvez se possa também, nesse ponto, entender *nigûtu* (e *qerītu*) como um complemento disso, de modo que ambos refletem metonimicamente todo o culto do templo. Assim, trata-se da primeira versão daquela canção e, portanto, do primeiro ato de culto" (GEE, p. 234).

A cerimônia comporta três movimentos – todos de confirmação da ordem que se estabelece, com ênfase no verbo *kanû* (firmar) – envolvendo três grupos de deuses: a) todos os deuses, que, "firmados (*kunnā*) os decretos (*têrēti*), a soma deles" e "as prescrições (*uṣurāte*), posições no céu e na terra repartiram"; b) os grandes deuses, que se estabelecem em número de cinquenta; c) finalmente, os deuses do destino, que, em número de sete, "para sentenças (*purussê*) firmaram-se (*uktinnû*)". Decretos (*têrēti*), prescrições (*uṣurāte*) e sentenças (*purussê*) dão à passagem um caráter que se pode dizer jurídico – sendo notável que não se diga que os deuses do destino se tenham estabelecido para "destinos destinar", que é o torneio mais comum no resto do poema, mas para dar sentenças. Mieroop ressalta como *purussû* é termo especialmente significativo em razão de seu uso na esfera tanto da adivinhação quanto da legislação: "O paralelismo entre presságios e leis fez-se explícito na

---

mulher, com intento sexual; em linguagem jurídica, no sentido de 'comparecer' perante um agente da lei ou um tribunal; referindo-se a animais, 'ser apresentado' para um sacrifício; em contexto guerreiro, 'acercar-se' para a batalha; em D, 'levar/apresentar' um presente, um tributo, uma oferenda, uma refeição (cf. CAD, s.v.).

escolha de termos para referir-se a uma decisão na forma de presságio, que eram os mesmos que para um veredito legal, *purussû*, em acádio. Os deuses faziam julgamentos na forma de oráculos; eram juízes divinos" (Mieroop, *Philosophy before the Greeks*, p. 136).

A veneração das armas

O foco se volta agora para duas das armas de Marduk, sem dúvida as mais representativas de sua vitória: a rede e o arco. Como já ressaltado antes, estas são armas produzidas pelo próprio deus, a par dos ventos, as quais foram as únicas efetivamente utilizadas no duelo contra Tiámat: Marduk primeiro envolve-a com a rede, em seguida os ventos atulham-na, tudo concluindo quando o deus dispara-lhe sua flecha nas entranhas (cf. GEE, p. 238; Seri, The role of creation in *Enūma eliš*, p. 13). Recorde-se ainda que essas armas são o primeiro produto da industriosidade de Marduk, a qual se desdobrará na fabricação do mundo. A veneração das armas constitui mais uma forma de veneração do deus, neste caso especialmente em razão do benefício que fez a seus pares, enquanto aquele que devolveu o feito a eles, tanto que a visão do arco e da rede por seus pais conduz ao louvor do "feito que ele fez".

É nesse sentido que se deve entender o louvor do arco, que, conforme o comando de Ánu: a) torna-se a partir de então um filho (para os deuses) – como também é Marduk, a coalescência entre a arma e o deus sendo ressaltada pelo fato de que *mārtu*, 'filha' (que é o termo usado, já que *qaštu*, 'arco', é uma palavra feminina) é um homófono de *Marutuk* (cf. BAB, p. 105); b) recebe três nomes – esse ritual de nomeação não deixando de ser prenúncio do que logo se fará com relação ao próprio Marduk; c) firma-se em pedestal (*ukīnma gišgallāša*) entre os deuses, seus irmãos – o que significa que ganha uma posição no firmamento, como os demais deuses. O que ressalta no episódio é de fato a coalescência entre o deus e sua arma por excelência, especialmente expressa nos nomes que se lhe dão: "Longo Madeiro" (*iṣu arik*) remete à matéria de que é feito; "Conquistador" (*lū kāšid*), à vitória que perfez; "Constelação" (*qaštu ina šamê ušāpi*), a sua glorificação.

O primeiro nome constitui provavelmente uma tradução do sumerograma ^{giš}GÍD.DA, que em acádio significa *ariktu*, uma arma de longo alcance, seja lança, seja arco – o sumerograma GIŠ (𒄑) determinando objetos feitos de madeira. Gabriel recorda que, na lista lexical Antagal C, ^{giš}GÍD.DA/*ariktu* aparecem no mesmo grupo de *tilpānu* e *qaštu*, ambos os termos significando 'arco', o que permite entender que, se não são sinônimos, pertencem a uma classe de objetos tidos como análogos. Assim, "no nome *iṣu arik* o determinante GIŠ de ^{giš}GÍD.DA é traduzido pelo acádio *iṣu* ('madeira'), enquanto GÍD.DA o é por *arku* ('longo', 'comprido')", a expressão tendo o significado de 'a madeira é longa' (Cf. GEE, p. 299-306). Acrescente-se, enfim, que GIŠ.GÍD.DA é uma arma de Ninurta nos poemas *Lugale* e *Na-gim-dím-ma*, não um arco, mas uma espécie de lança (em acádio, *ariktu*, cf. LBCM, p. 479).

O segundo nome, *lū kāšid*, que se pode traduzir literalmente por 'seja ele bem-sucedido' (o que traduzi por "Conquistador"),[246] deve ser lido em conexão com o primeiro, o que se indica tanto pelo fato de que *kāšid* se encontra no masculino – ligando-se, portanto, a *iṣu*, 'madeiro', e não a *qaštu*, 'arco', que é uma palavra feminina – quanto pela conexão que os numerais proveem: "Longo Madeiro seja o primeiro, e o segundo seja Conquistador" (ou, numa outra opção, 'Bom-Sucesso'), ambos desembocando no terceiro nome, "Arco que no céu surge".[247] Esse é o ponto de chegada, enquanto celebração do que a matéria e a performance do arco produzem: a instalação no firmamento da última das constelações – em termos de escrita, a passagem de ^{giš}BAN (o arco com o determinativo 'feito de madeira') para ^{mul}BAN (o arco com o determinativo de 'constelação').

Recorde-se que, na preparação para a disputa, o primeiro teste a que se submeteu Marduk foi a destruição e a restauração justamente de uma constelação – a primeira referida no poema; em seguida, alcançada a vitória e entregue à demiurgia do mundo, ele se ocupa de instalar, no céu, constelações; agora, quando já instalado em sua glória, no concílio dos deuses a última das constelações se ergue, a de seu próprio Arco.

---

[246] A tradução justifica-se tendo em vista que, em contexto bélico, *kašādu* significa 'conquistar' uma terra, uma cidade, ou 'derrotar' um inimigo.

[247] Para a exploração de como os nomes se organizam à maneira dos presságios, GEE, p. 300-303.

Marduk, rei dos deuses (versos 92-106)

ultu šimātiša qašti išīmu ^{d}*Anum*	Depois que o destino do arco Ánu destinou,
iddīma kussi šarrūti ina ilāni šaqata	Lançou um trono de realeza, dentre os deuses elevado:
^{d}*Anum ina ukkin ilāni šâšu ultešibši*	Ánu, no concílio dos deuses, para ele instalou-o.
iphurūnimma ilāni rabiūtum	[95] Em assembleia postos os grandes deuses,
šimat ^{d}*Marduk ullû šunu uškinnū*	O destino de Marduk exaltaram, prosternaram-se eles.
uzakkirūma ana ramānīšunu ararru	Disseram para si mesmos uma maldição,
ina mê u šamni itmû ulappitū napšāti	Com água e óleo juraram, tocaram as gargantas,
iddinūšumma šarrūt ilāni epēša	E deram-lhe a realeza sobre os deuses exercer:
ana bēlūt ilāni ša šamê u erṣetim šunu uktinnūšu	[100] No senhorio dos deuses do céu e da terra firmaram-no eles.
ušātir Anšar ^{d}*Asalluḫi ittabi šumšu*	Excelso o fez Ánshar, Asalluhi declarou ser seu nome:
ana zikrīšu qabê i nilbin appa	Ao sua alcunha proclamar, baixemos os narizes!
epšū pîšu ilānu lipiqqūšu	Aos mandados de sua boca os deuses atentem,
qibītūšu lū šūturat eliš u šapliš	As suas ordens sejam excelsas no alto e embaixo!
lū šušqīma māru mutir gimillīni	[105] Excessivo seja o filho, o que devolve o feito a nós,
ēnūšu lū šūturat šānina ai irši	Sua condução seja superior, igual não tenha!

Conforme ressalta Gabriel, essa é a terceira vez que os grandes deuses determinam o destino de Marduk (GEE, p. 252-253). Anteriormente, isso havia acontecido em 3, 138 (os deuses reunidos, "Muito acalmados, ânimos em regozijo, / Para Marduk, o que devolve o feito a eles, destinaram o destino") e 4, 33 ("E destinaram ao Senhor seu destino, os deuses, seus pais. / Em rota de mercês e complacência fizeram-no tomar o caminho"), o que poderia ser considerado um mesmo ato, já que as duas referências dizem respeito à mesma assembleia convocada por Ánshar. Após a derrota de Tiámat, esta é, portanto, a primeira vez que os deuses voltam a decretar o destino de Marduk. Se na primeira vez tudo dizia respeito às condições para que ele enfrentasse Tiámat, agora se trata de destinar-lhe o comando supremo e indiscutível dos deuses todos.

Depois de ter estabelecido o destino do arco – o que implica, como se viu, enaltecer o próprio Senhor por seu grande feito –, Ánu introduz um trono de realeza e instala-o no concílio dos deuses, o trono destinando-se, naturalmente, a Marduk.[248] Não se trata mais

[248] São três as possibilidades de entendimento do verso 94: 1) considerando-se o texto dado por Lambert (LBCM, 114) e Talon (TEE, p. 66), ^{d}*Anum ina ukkin ilāni šuāša*

de "destinar um destino", mas de uma espécie de reconhecimento da supremacia de Marduk. Assim, os grandes deuses, em assembleia, "exaltam" (*ullû*) seu destino[249] e apresentam-lhe "um juramento execratório de fidelidade e de obediência" (BAB, p. 106), expresso com palavras e gestos: a) a proferição da "maldição" para si mesmos – caso desconsiderassem seu Senhor; b) o juramento com água e óleo – juramento de fidelidade;[250] c) e o toque nos pescoços – salientando-se que *napuštu*, derivado de *napāšu*, 'respirar', significa tanto 'garganta' quanto 'vida', a acepção ritual do gesto sendo um modo de afirmar: 'que eu seja estrangulado se quebrar este juramento'.[251]

Os nomes e o sumodeísmo de Marduk

Na sequência, Ánshar atribui-lhe um nome, Asalluhi. Isso tem uma dupla importância. Antes de tudo, aponta para a sequência da narrativa, quando Marduk receberá seus nove primeiros nomes (da série de cinquenta e dois), todos esses nove sendo retomadas e desdobramentos de denominações já por ele recebidas: Marduk (Marukka, Marutukku, Mershakushu), Lugaldimmerankia (Narilugaldimmerankia) e, agora, Asalluhi (Asalluhi-Namtila e Asalluhi-Namru). A atribuição do nome neste ponto obedece, portanto, a uma estratégia narrativa.

Além de ser um ato de nomeação que antecipa a proferição dos cinquenta nomes, dar ao deus o nome de Asalluhi testemunha também

---

ultešibši", como os pronomes *šuāša* e *ši* são femininos: 1.1) podem remeter a *qaštu*, 'arco', que também é uma palavra feminina (esse é o entendimento de EEE, p. 246), ou: 1.2) a *kussû*, 'trono', termo também feminino (esse é a leitura de LBCM, p. 115: "*Anu set it there in the assembly of the gods*", o neutro mais imediatamente próximo sendo "*royal throne*'); 2) adotando a lição *[d]Anum ina ukkin ilāni šâšu ultešibši*, Gabriel (GEE, p. 346) entende que *šâšu*, pronome masculino, remete a Marduk, *ši* remetendo a *kussû*, 'trono', o que dá a seguinte leitura: "*Anu ließ* (*ihn = den Thron) für ihn, ja ihn (= Marduk), in der Versammlung der Götter stehen*". É esta última leitura que adoto.

249 Cf. *elû*, 'mover para o alto'; no modo D, *ullû*, 'elevar', 'exaltar', 'enaltecer'.

250 Cf. Lambert (LBCM, p. 479), o uso de água e óleo em juramentos é atestado também em inscrições do rei Esarhaddon.

251 Cf. Lambert (LBCM, p. 479), essa é a interpretação de Dossin, que considera correta. Salienta ainda que a fórmula *lipit napištim* ou *napištam lapātum* ('tocar a garganta') ocorre em cartas procedentes de Mári.

o processo de conflução nele de múltiplas divindades. Asalluhi é, em princípio, o deus de Kuara, localidade próxima de Eridu, sendo considerado filho de Enki e Damgalnuna (ou seja, de Ea e Dámkina), sendo, como seu pai, associado a conhecimento mágico, características que tornaram fácil sua absorção por Marduk. Um hino paleobabilônico refere-se a Asalluhi como "rio da provação", primogênito de Enki e o mesmo que Marduk, seu nome sendo usado em substituição do nome deste último deus em encantamentos e preces (cf. GDS, p. 36).

A conflução de Asalluhi em Marduk é um primeiro dado relevante em vista da tendência para o que se costuma chamar, com relação ao contexto mesopotâmico, sobretudo a partir da metade do segundo milênio, de "monoteiotetismo", "espécie de monoteísmo", "henoteísmo" ou "sumodeísmo". Como registram Asher-Greve e Westenholz, o primeiro termo foi criado por Soden, que o definiu como "a orientação prioritária da religião babilônica e assíria [...] para um deus-pai e uma deusa-mãe, os quais se chamavam, na maioria das vezes, pelos nomes tradicionais". Lambert, por sua vez, considera que "o processo de identificar deuses originalmente distintos, mas com atributos semelhantes, continuou até que alguns dos antigos teólogos identificaram todos os deuses maiores com Marduk, numa espécie de monoteísmo", o que Parpola defende ser uma inovação na Mesopotâmia (particularmente na Assíria). Outros entendem esse fenômeno como um caso de monolatria (cf. Lambert, Polythéisme et monolatrie des cités sumériennes). Mais recentemente, Smith utilizou os conceitos de henoteísmo e sumodeísmo, o primeiro, na definição de Versnel, constituindo em "devoção privilegiada a um deus que é visto como o único superior, ainda que outros deuses não sejam nem depreciados nem rejeitados e continuem a receber a observância do culto onde quer que seja requerida", a diferença entre henoteísmo e monolatria estando em que o primeiro admite a existência de outros deuses e seu culto, enquanto o segundo admite sua existência mas nega-lhes o culto. Já sumodeísmo, ainda de acordo com Smith, refere-se à admissão de um único deus como a soma e o ápice de todas as outras divindades, "o culto de um deus supremo como cabeça de um panteão politeístico, esse fenômeno registrando-se, na Mesopotâmia, com a ascensão do império neoassírio.[252]

[252] Cf. Asher-Greve e Westenholz, *Goddesses in context*, p. 30-36, com uma excelente exposição de todas essas categorias e interpretações. Anote-se que esse fenômeno

Ora, não representando um caso de monoteísmo *stricto sensu*, sem dúvida o *Enūma eliš* consagra Marduk como o deus supremo de seu panteão. Isso configura bem uma ambientação henodeística e sumodeística, que parece ser mesmo o fito do poema, de acordo com a ordem de Ánshar aos demais deuses, depois de proceder à primeira conflução de uma outra divindade, Asalluhi, com Marduk:

> Ao sua alcunha proclamar, baixemos os narizes!
> Aos mandados de sua boca os deuses atentem,
> As suas ordens sejam excelsas no alto e embaixo!
> Excessivo seja o filho, o que devolve o feito a nós,
> Sua condução seja superior, igual não tenha!

Marduk, pastor dos homens (versos 107-120)

līpušma rē'ût ṣalmāt qaqqadi binâtušu	Faça ele o pastoreio dos cabeças-negras, criaturas suas:
aḫrātaš ūmē lā mašê lizakkirā alkassu	Nos dias por vir, sem esquecer, digam dele a conduta!
likīn ana abbīšu nindabê	Firme para seus pais grandes ofertas,
zāninūssun līpušā lipaqqidā ešrēssun	[110] Provisões lhes façam, confie-lhes seus santuários,
lišeṣin qutrinni tâšina lišriššā	Faça recender incenso, com sua manutenção exultem!
tamšīl ina šamê ītepušu ina erṣetim lippuš	Reflexo do que no céu fez, na terra se faça!

---

não é restrito à Mesopotâmia, registrando-se, por exemplo, no caso grego, no modo como Zeus ganha, com o passar do tempo, um estatuto proeminentíssimo. Conforme o Pseudo-Aristóteles (*Sobre o mundo* 401a 27b 7), Zeus "é tanto celeste quanto terrestre, sendo epônimo de toda natureza e fortuna, já que ele próprio é causa de tudo; por isso, também nos escritos órficos se diz, nada mal:

> Zeus primeiro veio a ser, Zeus, por último, do raio flamejante;
> Zeus, cabeça; Zeus, membros; por Zeus tudo se completa;
> Zeus, abismo da terra e do céu estrelado;
> Zeus macho veio a ser, Zeus imortal fez-se noiva;
> Zeus, alento de tudo; Zeus, do infatigável fogo o ímpeto;
> Zeus, do mar raiz; Zeus, o sol e a lua;
> Zeus rei, Zeus comandante de tudo, do raio flamejante;
> Pois tudo escondeu e de novo à luz bem-aventurada
> De seu puro coração devolveu, ruínas deixando."

liaddīma ṣalmāt qaqqadi palāhīšu	Revele aos cabeças-negras seu temor,
ba'ulātu lū ḫissusâ ilūšina lizzakra	O povo seja prudente, por seus deuses chame.
epšū pîšu ^{d}*ištariš lišiqqā*	[115] Ao mandado de sua boca, as deusas exaltem!
nindabê linnašâ [ana] ilīšina ^{d}*ištarīšina*	Ofertas levem a seus deuses e suas deusas!
ai immašâ ilšina likillā	Não se esqueçam, seus deuses conservem!
mātīšina lištepâ parakkīšina lītepša	Às suas terras surjam, os seus templos se façam!
lū zizāma ṣalmāt qaqqadi ilāni	Que se dividam os cabeças-negras entre os deuses:
nâši mala šumi nimbû šū lū ilni	[120] A nós, qualquer nome declaremos, seja ele nosso deus!

Essa passagem é a continuação do discurso com que Ánshar exalta o destino de Marduk, agora voltando-se para sua relação com os homens, ou, noutros termos, confirmando a posição destes na ordem do mundo. Recordando que o que motivou a criação da humanidade foi o trabalho dos deuses, o que se prescreve diz respeito às oferendas e ao culto que se esperam dos "cabeças-negras". Esta é uma expressão suméria para referir-se à humanidade, 'saĝ gíg' (cabeça + negra), decalcada no acádio como *ṣalmāt qaqqadi* (negro com relação à cabeça). Num de seus poemas, o rei Shulgi declara: "Sou o rei das quatro regiões, sou o pastor e zagal dos cabeças-negras" (Poema A, *in* etcsl.orinst.ox.ac.uk), o torneio "pastor dos cabeças-negras", sendo aplicado tanto a reis quanto a deuses que conduzem os humanos.

O que cumpre aos homens na ordem cósmica define-se assim:

a) a recordação da trajetória de Marduk ("nos dias por vir, sem esquecer, digam dele a conduta");
b) o cuidado com os santuários dos deuses, incluindo ofertas e provisões;
c) o cultivo do temor do deus, o que redunda em prudência e súplica;
d) a exaltação de suas deusas e de seus deuses;
e) a construção dos templos para os diferentes deuses de diferentes regiões.

Na diversidade de muitos deuses, essas determinações se fecham com a confirmação de que Marduk é o deus dos deuses, independentemente dos nomes que se lhe atribuem, a diversidade dos nomes voltando-se para o interesse da humanidade, ou seja, o fato de "que se dividam os cabeças-negras entre os deuses" parece uma necessidade humana, por isso os muitos nomes. Tal multiplicidade depende da variedade de lugares, o poeta parecendo ter em vista a existência de deuses próprios das diferentes cidades, cujo culto não se espera que seja abolido, mas se entenda como algo periférico a ser preservado, considerada essa espécie de taxonomia: há os deuses nacionais e o deus dos deuses, que é Marduk.

Essa é a confirmação mais clara que o poema fornece de sua adesão a uma perspectiva henoteísta ou sumodeísta, já que, para os deuses, "qualquer nome declaremos", seja ele, Marduk, "nosso deus".

Os nomes de Marduk (versos 121-166)

i nimbēma ḫašâ šumēšu	Declaremos pois os cinquenta nomes seus:
alkātūšu lū šūpâtu epšētūšu lū mašlat	Sua conduta resplandeça, suas ações o reflitam.
ᵈ*Marduk ša ultu ṣitīšu imbûšu abūšu* ᵈ*Anum*	Marduk, como desde o nascimento o chamou seu pai, Ánu:
šākin mirīti u mašqīti muṭaḫḫidu urīšun	Ele dispõe pastos e açudes, faz prosperar seus estábulos,
ša ina ⁱˢ*kakkīšu abūbi ikmû šāpûti*	[125] É quem, com sua arma, o Dilúvio, encadeou oponentes,
ilāni abbīšu īṭiru ina šapšāqi	Os deuses seus pais em dificuldade salvou.
lū māru ᵈ*Šamši ša ilāni nebû šūma*	Seja Filho do Sol dos deuses, radiante ele é,
ina nūrīšu namri littallakū šunu kayān	Em sua luz luzente caminhem eles sempre;
nišī ša ibnû šikitti napsu	À gente que engendrou, dotando-a de vida,
dulli ilāni īmidma šunu ippašḫū	[130] A labuta dos deuses impôs e estes repousaram;
banû abātu napšura enēna	Engendrar, destruir, perdoar, punir
lū bašīma nannûššu lū naplusū šunu šāšu	Existam a seu mando: a ele mirem-no eles!
ᵈ*Marukka lū ilu bānūšunu šūma*	Marukka, o deus que os engendrou é ele,
muṭib libbi ᵈ*Anunnaki mušapšihu* ᵈ*Igigi*	Bom para o coração dos Anunnaki, que faz repousar os Ígigi.
ᵈ*Marutukku lū tukultu māti āli u nišīšu*	[135] Marutukku, amparo de sua terra, sua cidade e sua gente é ele,
šâšūma litta'idāšu nišū aḫrātaš	A ele louve-o a gente doravante!
ᵈ*Meršakušu eziz u muštāl sabus u tayār*	Mershakushu, colérico e ponderado, irado e clemente,
rapaš libbāšu lā'iṭ karassu	Vasto é seu coração, controla suas entranhas.
ᵈ*Lugaldimmerankia šumšu ša nimbû puḫurni*	Lugaldimmerankia é o nome seu que declarou nossa assembleia,
zikrī pîšu nušašqû eli ilāni abbīšu	[140] As palavras de sua boca exaltamos sobre

	os deuses, seus pais,
lū bēli ilāni ša šamê u erṣetim kalīšunu	Seja ele Senhor dos deuses que há no céu e na terra, todos eles,
šarru ana taklimtīšu ilānu lū šu'durū eliš u šapliš	Rei, à sua revelação os deuses temam, no alto e embaixo.
^{d}*Narilugaldimmerankia šumšu ša nizkur āšir ilāni kalāma*	Narilugaldimmerankia, nome com que o chamamos, regente dos deuses todos,
ša ina šamê u erṣetim ittaddû šubatni ina pušqi	Que no céu e na terra lançou nosso assento longe de agruras,
ana ^{d}*Igigi u* ^{d}*Anunnaki uza''izu manzāzū*	[145] Para os Ígigi e os Anunnaki repartiu as posições,
ana šumêšu ilānu lištarībū linūšū ina šubti	A seu nome os deuses tremam, inquietem--se nos assentos.
^{d}*Asalluḫi šumšu ša imbû abūšu* ^{d}*Anum*	Asalluhi, o nome que declarou seu pai, Ánu,
šū lū nūru ša ilāni gišṭû dannu	Seja ele a luz dos deuses, prócer forte,
ša kīma šumēšūma lamassi ilāni u māti	Quem, consoante seu nome, é protetor dos deuses e de sua terra,
ina šašme danni īṭiru šubatni ina pušqi	[150] Em forte duelo salvou nosso assento de suas agruras.
^{d}*Asalluḫi-*^{d}*Namtila šanîš imbû ilu mušneššu*	Asalluhi-Namtilla segunda vez o declararam, o deus que vivifica,
ša kīma binûtīšūma ikširu kalu ilāni abtūti	Quem, consoante tal forma, restaurou todos os deuses arruinados,
bēlum ša ina šiptīšu elletim uballiṭu ilāni mītūti	Senhor que, com seu sortilégio puro, fez viver os deuses mortos,
mu'abbit egrūti zā'irī nipuš	Destruidor dos obstinados oponentes o façamos!
^{d}*Asalluḫi-*^{d}*Namru ša innabû šalšiš šumšu*	[155] Asalluhi-Namru, como é declarado terceira vez o seu nome,
ilu ellu mullilu alaktīni	Deus puro, purificador de nossa conduta.
šuluša šumūšu imbû Anšar ^{d}*Laḫmu u* ^{d}*Laḫāmu*	Por três nomes, cada um, o chamaram Ánshar, Láhmu e Láhamu,
ana ilāni mārīšunu šunu izzakrū	Aos deuses, seus filhos, eles disseram:
nīnūma šuluša nittabi šumīšu	Nós próprios, com três cada um, o chamamos por seus nomes,
kī nâšīma attunu šumīšu zukrā	[160] Como nós, vós também por seus nomes chamai-o!
iḫdûma ilāni išmû siqaršunu	Alegraram-se os deuses, ouviram sua fala,
ina Upšukkinakki uštaddinū šunu milkāssun	No Upshukkinákku deram-se eles seus conselhos:
ša māru qarrādu mutir gimillīni	Do filho, o corajoso, que devolve o feito a nós,
nīnu ša zānini i nulli šumšu	Nós próprios, do provedor, exaltemos o seu nome!
ūšibūma ina ukkinnīšunu inambû šīmāššu	[165] Sentaram-se em concílio e declararam-lhe o destino,
ina mēsī nagbāšunu uzakkirū šumšu	Nos rituais, todos eles, invocaram o seu nome.

Tem início a penúltima seção do poema, dedicada aos cinquenta nomes de Marduk – que contam exatamente cinquenta e dois. Para o recebedor moderno ela pode parecer estranha, alguns intérpretes tendo considerado mesmo que seria interpolação posterior, ponto de vista hoje inteiramente descartado, uma vez que o texto deve ser entendido, com toda propriedade, como um autêntico hino a Marduk, a lista sendo o ponto de chegada do relato, de modo que, nela, a "sua conduta resplandeça, suas ações o refletam" (cf. LBCM, p. 147; GEE, p. 170; Seri, The fifty names of Marduk in *Enūma eliš*, p. 513 ss).

A composição de listas é prática já registrada em ambiente sumério, constituindo uma espécie de epistemologia – e a existência de listas bilíngues decorre da adoção do cuneiforme para escrever também o acádio, bem como do ambiente multicultural gerado pelo encontro de sumérios e semitas. Assim, além de simplesmente constituírem um arrolamento das coisas no mundo, as listas passam a incluir também breves explicações, o que se aplica ao caso dos nomes divinos (cf. Mieroop, *Philosophy before the Greeks*, p. 35-58). Nas palavras de Danzig:

> Essas listas foram organizadas para um uso básico na instrução, tendo em vista a aquisição da escrita, e de modo a categorizar e construir um conhecimento sobre o mundo. Neste caso, estamos no estágio das listas de deuses sumérias mais antigas. Do mesmo modo que outros tipos de listas se expandem com o tempo, assim também acontece com as listas de deuses. Mas elas crescem de um modo diferente. Quando se listam pedras ou animais, ou mesmo usos gramaticais, há sempre mais coisas a adicionar às listas para fazê-las mais inclusivas. Mas o panteão não se prestava realmente a tanta expansão. É quando o uso de listas para produzir conhecimento pela primeira vez se combina com um uso explicativo, pelo menos para os nomes divinos. Listas de nomes divinos foram aumentadas agrupando-se nomes de divindades que foram identificadas umas com as outras, bem como expandidas pela inclusão de variações dos nomes e epítetos das divindades. [...] Logo depois, a tendência de expansão moveu-se também horizontalmente, tanto fisicamente, na tabuinha, quanto figurativamente, ao incluir, com o nome, alguma explicação. Então se chega ao estágio das grandes listas de

> deuses, como AN: *Anum*. Não muito depois é quando topamos com a seção dos cinquenta nomes do *Enūma eliš*. (DNWP, p. 151)[253]

Acrescente-se que a polionimia divina é entendida, na Mesopotâmia e em toda na zona de convergência do Oriente Médio, como um acréscimo de honra que se presta a um deus, até como uma honra pelos deuses desejada.[254] Assim, um hino a Nabu arrola-lhe oito nomes, outro a Lámashtu apresenta sete, bem como, num poema bilíngue em honra de Ishtar, somam-se também sete nomes da deusa:

> *šumi ištēn anāku* ^{d}*ištar* [*šamê*^{e}]
> *šanû šumi bēlet mātāti*^{meš}
> *šalšu rubāti muribti šamê*^{e} *munarrit erṣetim*^{tim}
> *rabû išātum napīḫ*[*tum*...]
> *hanšu irnina* [...]
> *šešša ša ana ēdiššīša qar*[*ad*]
> *sebû šumi bēlet eulmaš*
>
> Por nome, primeiro eu sou Ishtar do céu;
> Segundo nome: Senhora de sua terra;
> Terceiro: Princesa que abala o céu e treme o solo;
> Quarto: Fogo ardente ----
> Quinto: Írnina ----
> Sexto: A que só ela é guerreiro;
> Sétimo nome: Senhora de Êumash. (*apud* LBCM, p. 147-148)

Como ressalta Lambert, nesses exemplos encontramos mais propriamente epítetos que nomes, o paralelo mais próximo ao que acontece no *Enūma eliš* estando num hino à Ishtar de Níppur, em que, nas poucas linhas que se leem, a ela atribuem Ánu, Énlil e Ea, respectivamente, os nomes de Ninanna, Ne'anna e Zánaru, os três sendo explicados. Assim, ele completa, "o *Enūma eliš* não é único por listar os nomes

---

[253] Ver também Rochberg, The catalogues of *Enūma Anu Enlil*.

[254] Também entre os gregos isso se observa, como afirma Ártemis no hino a ela dedicado por Calímaco: "ainda criança pequena isso ela pede a seu genitor: / dai-me, papai, eterna virgindade guardar / e polionimia" (Calímaco, *Hino a Ártemis* 5-7; comentários em Brandão, *Em nome da (in)diferença*, p. 369-370). Esse uso prolonga-se nas práticas cristãs, como no caso das ladainhas, que constituem nada mais que uma lista de nomes e epítetos atribuídos a Jesus, sua mãe ou algum santo.

duma divindade, nem pela maneira como são eles dados e explicados, mas nenhum texto literário até agora conhecido tem algo como o número de nomes dados a Marduk no poema" (LBCM, p. 148-149).

O antecedente mais significativo do *Enūma eliš* encontra-se, sem dúvida, na conclusão de *Anzû*, quando se atribuem em torno de dezoito nomes a Ninurta, considerando o que se conserva de uma passagem muito danificada:

> Quem jamais criou como tu? Os ritos da montanha
> Foram proclamados, os templos dos deuses dos destinos concedidos a ti.
> Chamam eles Níssaba para tua cerimônia de purificação,
> Chamam teu nome no sulco Ningúrsu.
> Designaram-te o inteiro pastoreio dos povos,
> Dão-te grande nome, como Duku, para realeza.
> No Elam dão-te o nome de Hurabtil,
> Falam de ti como Shushinak em Susa.
> Teu nome na [terra] de Ánu ---- dão-te como Senhor do Segredo. [...]
> Dão-te o nome de Pabilsag em Egalmah,
> Chamam-te ---- em Ur,
> Dão-te o nome Nínazu em Ekurmah,
> ---- Duranki foi teu lugar de nascimento.
> Em ---- falam de ti como Istaran,
> Em ---- Zabara.
> Tua bravura é muito maior que a de todos outros deuses,
> ---- tua divindade é excessiva:
> Com sinceridade louvo-te!
> Dão o nome em ---- de Lugalbanda.
> Em E-igi-kalama dão-te o nome de Lugal-Marada.
> Teu nome em E-sikil dão como Guerreiro Tíshpak,
> Chamam-te ---- em E-nimma-anku.
> Teu nome em Kullab chamam Guerreiro de Úruk,
> ---- filho de Bélet-íli, tua mãe.
> ---- Senhor da Grande Seta do Limite,
> ---- Panigara,
> Em E-akkil chamam eles.
> Teu nome Papsúkkal, que marcha à frente.
> ---- excessivos são teus nomes dentre os deuses em muito!
> ---- és previdente, capaz, terrível,
> Teu conselheiro é o perspicaz, teu pai Ánu.

Não cabe dúvida de que a lista com que se conclui o *Enūma eliš* imita essa conclusão de *Anzû*, inclusive porque não se trata de algo comum, os exemplos conhecidos reduzindo-se aos dois. Mesmo que o recurso seja, a princípio, o mesmo – coroar os feitos do deus com os nomes que demonstram sua glória –, uma diferença é que em *Anzû* parece que a intenção é mostrar como Ninurta absorve os feitos, o caráter e os nomes de outros deuses, como Ningirsu, Nínazu, Tíshpak, Lugalbanda, no caso do *Enūma eliš* essa não sendo a tônica principal (cf. WIBP, p. 118-119). Também a insistência como se indica em quais lugares Ninurta é conhecido por tal e qual nome responde a uma intenção de fundo henoteísta, ou seja, demonstrar que se trata de um único sumo deus que recebe denominações diferentes em lugares diversificados. Em conclusão, mais que simples imitação, a relação entre os dois textos funda-se em emulação, pois o que ressalta do confronto entre eles é como a lista de Marduk ultrapassa em muito a de Ninurta, não só pela quantidade de nomes, como pelo que a eles se ajunta em termos de tradução, explicação, interpretação e louvor.

Uma primeira pergunta costuma ser: por que cinquenta nomes? Na convenção gráfica que atribui numerais aos vários deuses, 50 é o número de Marduk, mais exatamente, é o número de Énlil, assumido, com outros traços e funções, por Marduk.[255] Recorde-se ainda como o episódio do nascimento do deus significativamente se fecha com o verso "cinquenta terrores sobre ele se acumulavam", o que não deixa de constituir uma primeira menção de sua relação com essa cifra, uma sorte de chamada para o que afinal se concretiza.

---

[255] Bottéro, *La religión más antigua*, p. 54: "a Ánu atribui-se a cifra 60; a Énlil, 50; a Ea, 40; a Sin, 30; a Shámash, 20; a Ishtar, 15; a Ádad, 6... Semelhante tradução aritmética supõe especulações complicadas de que não temos a menor pista e que nos escapam por completo. Parece-nos ao menos 'normal' que 60, número redondo por excelência (segundo a numeração local, décimo-sexagesimal), fosse a cifra atribuída ao chefe supremo da dinastia divina; e que 30 correspondesse a Sin, deus da Lua (cifra que lhe servia inclusive de ideograma) e, portanto, "Senhor do Mês", como era chamado correntemente, mês que, no calendário lunar, único conhecido na região, era constituído regularmente por trinta dias". No caso do numeral 15 como logograma de Ishtar, considera Parpola que a justificativa estaria nas fases da Lua, seu pai (Sîn é um deus masculino): "uma vez que ela era filha da lua, a lua cheia, com seu disco perfeitamente brilhante, simbolizava Ishtar, e o décimo quinto dia do mês era o dia ideal da lua cheia" (*apud* Lapinkivi, *The Neo-Assyrian Mith of Ištar's Descent and Ressurection*, p. 36).

É curioso que os nomes contem de fato cinquenta e dois, mas se afirme tanto no início da lista quanto a seu término que se trata de cinquenta: "Declaremos pois os cinquenta nomes seus (*ḫašâ šumēšu*)" (v. 120); "Em cinquenta alcunhas (*zikrī ḫanšā*) os grandes deuses / Cinquenta nomes seus (*ḫanšā šumēšu*) declararam, fizeram excessiva sua conduta!" (v. 144-145). A explicação para isso estaria no fato de que os dois últimos, atribuídos a Marduk por Énlil e Ea, não devem ser levados na conta dos cinquenta, uma vez que se trata das próprias denominações desses dois deuses – nos termos de Seri, espécies de "bônus finais" que "não seguem o modelo da lista precedente" (Seri, The fifty names of Marduk in *Enūma eliš*, p. 509). Esses desvios de ordem formal indicando excepcionalidade, o mais importante é o fato de que Énlil e Ea transmitam seus próprios nomes ao mais jovem e então reconhecidamente o sumo deus, num movimento de caráter marcadamente henoteístico (cf. GEE, p. 294-298).

Os nomes se organizam como uma lista, manifestando relações intertextuais com outras listas.[256] Cada entrada apresenta, em geral, a seguinte estruturação, os dois primeiros elementos sendo constantes, enquanto os outros dois podem aparecer ou não:

a) registro do nome, a maioria dos quais em sumério;
b) explicação do nome considerando seu significado, sua etimologia ou os signos com que se escreve;
c) relacionamento do nome com episódios da narrativa;
d) louvor e voto relativos a Marduk.

Considerada em sua totalidade, a lista dos 50 + 2 nomes apresenta três partes, a segunda das quais contando ela própria com duas, a saber:

a) os primeiros nove nomes (6, 123-156), dados a Marduk por Ánshar, Láhmu e Láhamu;
b) os nomes de 10 a 50 (7, 1-135), que lhe atribuem os Ígigi, dos quais quarenta e sete são sumérios (7, 1-134), os quatro últimos sendo acádios 7, 115-135);
c) os dois nomes transferidos por Énlil e Ea (7, 136-142).

[256] Ver as listas e comentários em LBCM, p. 149-156. Comentários também em Seri, The fifty names of Marduk in *Enuūma eliš*, p. 508.

Os nove primeiros nomes

Como se afirma nos versos 157-166, Ánshar, Láhmu e Láhamu são os primeiros a atribuírem nomes a Marduk, cada um dando-lhe três. Em geral considera-se que a nomeação siga a ordem do texto ("Por três nomes, cada um, o chamaram Ánshar, Láhmu e Láhamu", v. 157): assim, Ánshar o teria chamado de Marutuk, Marukka e Marutukku; Láhmu, de Mershakushu, Lugaldimmerankia e Narilugaldimmerankia; finalmente, Láhamu o teria nomeado de Asalluhi, Asalluhi-Namtila e Asalluhi-Namri. Ora, esse entendimento contradiz o que se afirma no verso 101 *supra*: "Excelso o fez Ánshar, Asalluhi declarou ser seu nome", o que tem desconcertado os comentadores. A dificuldade contudo se desfaz caso se considere que o arrolamento dos três deuses se faz em quiasma com relação aos nomes, de modo que é Ánshar quem profere os três últimos (Asalluhi, Asalluhi-Namtila e Asalluhi-Namri), o que concorda com o verso 101, os três intermediários sendo dados por Láhmu e os três primeiros por Láhamu. Além de ser um recurso estilístico que não é estranho ao próprio *Enūma eliš* (conforme o que se faz também em 4, 145-146), a ordem de proferição respeitaria ainda a sequência genealógica dos primeiros deuses, com Láhmu e Láhamu antecedendo Ánshar.

O que os primeiros nove nomes têm de específico é serem a retomada de três já usados no poema, Marduk, Lugaldimmerankia e Asalluhi, de que se apresentam também variantes. Gozam, portanto, do estatuto de nomes primeiros, não só por essa circunstância como por serem atribuídos pela tríade divina mais antiga. Por outro lado, servem de preâmbulo para o ritual durante o qual a assembleia decretará o destino de Marduk, invocando o seu nome.

Na consideração de cada um dos nomes apontarei não mais que os elementos principais de cada entrada, uma análise detalhada podendo ser encontrada em Danzig, *Name word play and Marduk's fifty names in* Enūma eliš (DNWP), em que principalmente me baseio, bem como em Lambert, *Babylonian creation myths* (LBCM). É preciso ter em vista que, na explicação, não se trata só de informar a composição ou a etimologia dos nomes, mas de explorar todos os elementos que possam ser entendidos como significativos. Assim, em Marūtuk, distinguem-se as seguintes unidades significativas, 'mar', 'maru', 'ru', 'utu', 'tuk', 'uk', consideradas em termos fonéticos e gráficos.[257] A fim de facilitar a compreensão, ao lado de cada nome, entre parênteses, registro a forma como se escrevem em silabogramas ou logogramas, sempre transliterados.

Primeiro nome: Marduk (^{d}Marūtuk – ^{d}amar-utu)

Nesta entrada, que é uma das mais longas da lista, observam-se os seguintes jogos hermenêuticos:

a) O verso "Marduk, como desde o nascimento o chamou seu pai, Ánu" (v. 123), apresenta o nome mais comum do deus, junto com a informação de que lhe foi dado por Ánu, o que representa uma novidade, pois tal não se tinha afirmado antes. Como *māru* significa 'filho', pode ser que a referência a "pai" seja por isso motivada.

b) "Ele dispõe (*šakin*) pastos (*mirēti*) e açudes, faz prosperar seus estábulos" (v. 124) propõe que em Marūtuk se encontram dois elementos significativos: 'mar', que no dialeto emesal é uma forma escrita do sumério 'gar' = acádio *šakānu*, 'estabelecer', 'dispor' (no particípio masculino, *šakin*); e 'uku', que remete a 'ú-kú' = *merītu*, 'pasto'.[258] A junção dos açudes a pastos parece dever-se a merismo – pastos e açudes constituindo elementos característicos de uma terra de cultivo, a que se ajunta, no segundo hemistíquio, também a referência a pecuária. Marduk é apresentado, portanto, como um deus da fertilidade, sendo de destacar que essa é a primeiríssima explicação de seu nome.

c) "É quem, com sua arma, o Dilúvio, encadeou oponentes, / Os deuses seus pais em dificuldade salvou" (v. 125-126), um

---

[257] A escrita cuneiforme comporta dois tipos de signos: a) logogramas, ou seja, um signo que corresponde a uma palavra inteira (como no caso de Utu); b) silabogramas, as sílabas podendo consistir em: vogal; consoante + vogal (como ru); vogal + consoante (como uk); e consoante + vogal + consoante (tuk). A identificação de possíveis elementos significativos no nome se faz respeitando essas possibilidades fonéticas e gráficas.

[258] O emesal (ou 'língua refinada') é um dialeto – ou, mais exatamente, um socioleto – do sumério, utilizado apenas nos discursos diretos de deusas e mulheres em textos como lamentos, canções de amor, diálogos, provérbios, canções de ninar e alguns outros gêneros semelhantes.

enunciado que remete à narrativa, mas parte da seguinte exegese do nome, conforme o que se encontra na lista AN = *Anum*: '^{d}mar-uru-^{giš}tukul' = ^{d}*marduk a-bu-ub* ^{giš}*kakkī*, isto é, 'Marduk da arma (*kakkī*) do dilúvio (*abūbu*)'. Recorde-se que em 4, 49 e 75 se descreveu como "levantou o Senhor o Dilúvio, sua grande arma (*abūba kakkāšu*)", esse sentido do nome estando, portanto, relacionado com a vitória contra Tiámat, que salva os deuses, seus pais.

d) "Seja Filho do Sol dos deuses (*māru Šamši ša ilāni*), radiante ele é, / Em sua luz luzente caminhem eles sempre" (v. 127-128) retoma a explicação dada quando de seu nascimento, a saber: *mārīutu* = *māru* + Utu, 'filho de Utu' ('filho do Sol', v. 1, 101). Observe-se que, usando o correspondente acádio de Utu, ou seja, Shámash, o poeta faz confluir numa única expressão os dois sintagmas de 1, 101, os quais qualificavam Marduk como *mārī* ^{d}*Šamši*, 'filho de Shámash' ('filho do Sol') e ^{d}*Šamši ša ilāni*, 'Shámash dos deuses' ('Sol dos deuses').

e) "À gente que engendrou (*nisī ša ibnû*), dotando-a de vida, / A labuta dos deuses impôs e estes repousaram" (v. 129-130) remete também à narrativa, o jogo estando em as sílabas -uku- serem homófonas da palavra 'ùku' = *nišū*, 'gente', 'povo'; por seu lado, -ru- é homófono de 'rú', que se escreve com o sumerograma KAK, o qual pode ser lido também como 'dù' = *banû*, 'engendrar' (cf. *ibnû*).

f) "Engendrar (*banû*), destruir, perdoar, punir / Existam a seu mando: a ele mirem todos!" (v. 131-132) constitui o louvor, expresso no modo precativo, sendo significativo que se abra com 'engendrar', cuja conexão com o nome Marutuk foi explorada no dístico anterior (Cf. DNWP, p. 26-35).

Segundo nome: Marukka (^{d}ma-ru-uk-ka)

"Marukka, o deus que os engendrou (*ilu banûšunu*) é ele, / Bom (*muṭīb*) para o coração dos Anunnáki, o que faz repousar os Ígigi" (v. 133-134) apresenta a variante emesal do nome de Marduk (isto é, Marukka), definindo-o como o 'deus que os engendrou' a partir do jogo entre -ru- e *banû* antes indicado. É ainda provável que, no segundo verso, haja o jogo entre -tuk- e seu parônimo 'dùg' = *ṭābu* 'ser bom' (de que *muṭīb* é um particípio). Aqueles que se diz que o deus engendrou são os homens, já que isso foi bom para o coração dos Anunnáki e permitiu o repouso dos Ígigi (cf. DNWP, p. 35-36).

Terceiro nome: Marutukku (^{d}ma-ru-tu-uk-ku)

"Marutukku, amparo (*tukultu*) de sua terra (*māti*), sua cidade (*āli*) e sua gente (*nišī*) ele é, / A ele louve-o a gente doravante", em que a interpretação do nome considera as seguintes aproximações:

a) *tukultu*, 'amparo', 'apoio', 'esperança', escreve-se com o logograma TUKUL, homófono das sílabas -tukku-, contidas no nome;
b) -ma-, contido no nome, é explicado em várias listas como *mātu*, 'país';
c) -aru-, contido no nome, é homófono de 'uru' = *ālu*, 'cidade';
d) -uku- é homófono de 'ùku', que é uma leitura variante de 'un' = *nišū*, 'gente' (cf. DNWP, p. 36).

Quarto nome: Mershakushu (^{d}mer-šà-kúš-ù)

"Mershakushu, colérico e ponderado (*ēziz u muštal*), irado e clemente, / Vasto é seu coração (*libbāšu*), controla suas entranhas (*karassu*)", em que a explicação do nome se dá como "colérico e ponderado", considerando que: a) 'mer' = *uzzu*, 'colérico'; b) 'šà-kúš-ù', 'deliberativo', equivale a *muštālu*, 'ponderado'. No segundo verso há ainda o jogo entre 'šà', 'coração', 'interior', que equivale tanto a *libbu* quanto a *karšu* (cf. DNWP, p. 39). As qualidades de Marduk que o impulsionam para a luta e, uma vez obtida a vitória, dão lugar a ponderação e clemência encontram-se expostas na narrativa.

Lambert observa que *Meršakuš* é um antropônimo sumério comum, que homenageia a divindade do portador, colérica algumas vezes, mas que cede com o tempo (cf. LBCM, p. 480). Dessa perspectiva, tem relação com a tradição sumério-babilônica do justo sofredor, tematizado no poema *Ludlul bēl nēmeqi* (*Louve eu o deus de sabedoria*), modernamente conhecido como *Poema do justo sofredor* (séc. XIV a.C.), em que *Šubši-mešrê- Šakkan* se apresenta atormentado sem saber por quê, confiando todavia no seu deus (in Lambert, *Babylonian wisdom literature*, p. 21-62).

Quinto nome: Lugaldimmerankia (^{d}lugal-dìm-me-er-na-ki-a)

Esta entrada divide-se em dois passos:

a) "Lugaldimmerankia é o nome seu que declarou nossa assembleia, / As palavras de sua boca exaltamos sobre os deuses, seus pais", que são versos que representam uma retomada de cenas anteriores, nomeadamente 5, 111-112 ("uma segunda vez disseram e proclamaram em assembleia: / Lugaldimmerankia é sua alcunha, nele confiai!").

b) "Seja ele Senhor (*bēlum*) dos deuses (*ilāni*) que há no céu e na terra (*ša šamê u erṣetim*), todos eles, / Rei, à sua revelação os deuses temam, no alto e embaixo (*eliš u šapliš*)", em que se encontra a explicação do nome, já que lugal = *bēlum*, 'senhor' + dimmer (forma emesal de diĝir) = *ilāni* ('deuses') + an = *šamê* ('céu') + ki = *erṣetim* ('terra') + a(k), terminação de genitivo (relação expressa em acádio com a preposição *ša*). O dístico fecha-se com "no alto e embaixo", que é um merismo para referir-se ao todo, remetendo ainda ao início da narrativa, quando no alto (*eliš*) e embaixo (*šapliš*) ainda não havia nomes (Cf. DNWP, p. 39-42).

Sexto nome: Narilugaldimmerankia (^{d}na-ri-lugal-dim-me-er-na-ki-a)

Essa entrada divide-se em dois momentos:

a) "Narilugaldimmerankia, nome com que o chamamos, regente (*āšir*) dos deuses todos, / Que no céu e na terra lançou nosso assento longe de agruras, / Para os Ígigi e os Anunákki repartiu as posições", versos que enfatizam Marduk como organizador do mundo divino. O sumério 'na-RI', lido como 'na-ri' ou 'na-de$_5$', significa 'supervisor', correspondente ao acádio *āšir*, 'organizador', 'regente'.

b) "A seu nome os deuses tremam, inquietem-se nos assentos" constitui o louvor ao deus que rege todos os demais (cf. DNWP, p. 42-45).

Sétimo nome: Asalluhi (^{d}asar-lú-ḫi)

Com relação a este nome, um problema levantado de imediato pelos comentadores diz respeito ao primeiro verso, "Asalluhi, o nome que declarou seu pai, Ánu", uma vez que se lê um pouco antes, na mesma tabuinha, "Excelso o fez Ánshar, Asalluhi declarou ser seu nome" (6, 101). Dizer que foi Ánu que lhe deu o nome talvez tenha relação com o verso 123 *supra*, em que se afirma que também Marduk é nome que foi dado por Ánu. Ora, em diferentes listas paleobabilônicas, Asalluhi precede Marduk nas denominações do deus, podendo ser por essa razão que se tornou tradição que, sendo a primeira, foi dada pelo primeiro dos deuses, Ánu (cf. LBMC, p. 480-481).

A questão mais espinhosa diz respeito ao significado do nome, pois não se tem certeza do sentido de 'asar'. Conforme Lambert, "o deus '^{d}asar' aparece em listas do terceiro milênio, documentos administrativos e nomes de pessoas, mas '^{d}asal-lu-hi' não é registrado antes da terceira dinastia de Ur" – Asar denominando "o deus da cidade de Ku'ara, próxima de Eridu", o qual "tinha um prestígio tradicional de que Marduk, deus de Babilônia, carecia". Os significados apresentados em algumas listas – ^{d}ASAR = *šu šá-maš* (^{d}ASAR = ele é Shámash, isto é, o Sol) –, ainda segundo Lambert, são "seguramente uma exposição teológica, não uma tradição léxica, não sendo levado em conta no *Enūma eliš*", mesmo que nos versos 101-102 Marduk seja chamado de *šamšu ša ilāni* ("Sol dos deuses", cf. LBMC, p. 481).

O segundo verso, "Seja ele a luz dos deuses (*nūru ša ilāni*), prócer forte (*gešṭu dannu*)", parece conter, no primeiro hemistíquio, a interpretação do nome – ou, como acredita Dantzig, "a tradução de pelo menos parte do nome", isto é, Asar, a considerar-se o padrão seguido nas entradas anteriores.[259] Já "prócer forte" pode ter relação com a segunda parte do nome, 'lú-hi', Dantzig sugerindo que *gešṭu*, 'condutor', 'poderoso líder', 'prócer', "pode estar interpretando 'lú', em sentido comum 'homem', como 'homem especial' ou 'governante', em cujo caso *dannu* seria um epíteto adicional que não pretende traduzir 'ḫi', ou pode ser um sentido desconhecido de 'ḫi'" (DNWP, p. 48).

---

[259] DNWP, p. 45-46, que chama a atenção para a forma como a tradução é introduzida pela partícula *lū*, que poderia ser entendida como "isso significa".

O terceiro verso, "Quem, consoante seu nome (*kīma šumīšūma*), é protetor (*lamassi*) dos deuses (*ilāni*) e de sua terra (*māti*)", parece ser uma interpretação, considerando-se a expressão "conforme seu nome" (DNWP, p. 46), o verso seguinte esclarecendo a motivação dessa leitura: ele é o protetor dos deuses e de sua terra porque "Em forte duelo salvou nosso assento de suas agruras", o que remete à narrativa.

Oitavo nome: Asalluhi-Namtila (dasal-lú-hi diĝir nam-ti-la)

O primeiro verso, "Asalluhi-Namtila, segunda (*šaniš*) vez o declararam, o deus que vivifica (*ilu mušneššu*)", acrescenta ao nome duas informações: a) que se trata de um segundo nome – o que poderia ser entendido tanto como segundo do grupo Asalluhi quanto, conservando alguma memória da ordenação das listas, em que Asalluhi e seus compostos aparecem em primeiro lugar, o segundo nome em geral; b) que a tradução do sumério 'dingir namtil' é "deus que vivifica" (sobre os problema dessa leitura, DNWP, p. 50).

Os dois versos seguintes desdobram esse significado em "Quem, consoante tal forma, restaurou todos os deuses arruinados, / Senhor que, com seu sortilégio puro, fez viver os deuses mortos", as duas explicações sendo relativas ao "deus que vivifica" e tendo relações com os poderes mágicos de Asalluhi. Em princípio, "sua forma" diz respeito à forma do nome, mas pode também remeter ao próprio deus, a coalescência entre nome e nomeado justificando que ambos os sentidos são admissíveis (Cf. LBCM, p. 482).

O último verso constitui uma espécie de louvor que parte das mesmas sugestões: "Destruidor dos obstinados oponentes o façamos!".

Nono nome: Asalluhi-Namru (dMIN diĝir nam-ru)

São dois versos concisos, o primeiro dedicado a informar que se trata de um terceiro nome, o segundo a explorar seu significado: "Asalluhi-Namru, como é declarado terceira vez o seu nome, / Deus puro (*ilu ellu*), purificador (*mullilu*) de nossa conduta". O significado de 'namru' é difícil de determinar (cf. LBCM, p. 482), mas Dantzig raciocina, a meu ver corretamente, que "deus puro" deve ser sua tradução, argumentando ainda que *namru*, cujo significado mais comum é 'brilhante', tem também a acepção de 'puro'. É estranho, todavia, que *namru* seja uma palavra acádia, quando seria de esperar, nos nomes, apenas termos sumérios. Caso todavia se adote o entendimento de 'diĝir-nam-ru' ou do equivalente 'diĝir-nam-šub' como 'deus que lança sortilégios', isso seria condizente com o caráter de Asalluhi como "deus puro" (cf. DNWP, p. 52-53). A ênfase na pureza é que motiva o restante do verso, que ensina que o deus purifica também a conduta de seus pares divinos.

TABUINHA 7

Os nomes de Marduk: de 10 a 52

A quase totalidade da tabuinha 7 é dedicada aos restantes quarenta e três nomes de Marduk, de que os trinta e sete sumérios aparecem em primeiro lugar, sendo seguidos por seis nomes acádios. Dentre os primeiros, alguns se agrupam por apresentar variantes ou composições a partir dos mesmos elementos. O texto mantém o formato de uma lista, em que cada entrada comporta a organização já descrita e obedece a uma lógica bem estruturada.

Asarre, Asaralim, Asaralimnunna (versos 1-8)

ᵈAsarre šārik mīrišti ša iṣrata ukinnu	Asarre, doador do cultivo, que a gleba firmou,
bānû še'am u qê mušēṣû urqīti	Genitor da cevada e do linho, faz brotar a vegetação.
Asaralim ša ina bīt milki kabti šūturu milikšu	Asaralim, que na casa do conselho é honrado, superior é seu conselho,
ilānu utaqqû adīr lā aḫzu	Os deuses dão-lhe atenção, pavor ele não tem.
Asaralimnunna karūbu nūr abi ālidīšu	[5] Asaralimnunna, honorável, luz do pai que o procriou,
muštēšir têrēt ᵈAnim ᵈEnlil ᵈEa u ᵈNinšīku	Endireita os decretos de Ánu, Énlil, Ea e Ninshíku,
šūma zāninšunu mu'addû isqīšunu	Ele é deles provedor, mostra seus lotes,
ša šukussu hegalli uṣṣabu ana māti	Quem tesouro de prosperidade faz aumentar em sua terra.

10.º nome: Asarre (ᵈasar-re)

Asarre é uma forma breve de Asalluhi, glosado como *šarik mīrišti*, 'doador do cultivo', isto é, da agricultura, o que parece supor um jogo paranomástico com o signo ASAL, lido como ‘àlal’ = *mēreštu*, ‘cultivo’, ‘campo cultivado’, bem como com RU, alofone de ‘re’, que, na palavra ‘aru’, corresponde a *šāraku*, ‘doar’, ‘oferecer’ (de que *šāriku* é particípio, cf. DNWP, p. 58).

Marduk aqui é apresentado como um deus da vegetação ou, mais exatamente, como o deus que provê para seus pares (e para a humanidade) a produção agrícola. Isso coaduna com o que se afirmou nos últimos versos da tabuinha anterior. No Upshukkinákku, assentados em concílio, os deuses proclamaram: “Do filho, o corajoso, que devolve o feito a nós, / Nós próprios, do provedor (*zānini*), exaltemos o seu nome!”. Esse qualificativo – *zāninu* – havia sido dado a Marduk anteriormente pelos Ígigi, quando de sua entronização: “Quando a Marduk deram a realeza, / Voto de bem e complacência lhe disseram: / Desde hoje sejas tu o provedor (*zāninu*) de nossas sedes!” (5, 113-115). No verso 60 *infra*, sob a denominação de Enbilulu-Hegal, esse traço voltará a ser ressaltado.

11.º nome: Asaralim (^{d}asar-alim)

O acréscimo ao nome anterior é ‘alim’ = *kabtu*, ‘honrado’, ‘importante’, o que o dístico explicita bem: “na casa do conselho [ele] é honrado (*kabtu*)”. A sílaba -sa-, por sua vez, joga com o homófono ‘sá’ = *milku*, ‘conselho’ (cf. LBCM, p. 482; DNWP, p. 60). O segundo verso insiste em como os deuses atentam ao que ele diz: “Os deuses dão-lhe atenção, pavor ele não tem”.

12.º nome: Asaralimnunna (^{d}asar-alim-nu-na)

^{d}Alim-nun-na aparece como um nome de Ea na lista An = *Anum*. Tomando o sentido de ASAR como ‘luz’, a acepção de Asaralimnunna é dada no primeiro verso: “luz do pai que o procriou”, ou seja, luz de Ea. Já *karūbu*, ‘honorável’, epíteto que se aplica especialmente a divindades, pode estar traduzindo ‘alim’ ou ‘nun’. Este e o verso seguinte – “Endireita os decretos de Ánu, Énlil, Ea e Ninshíku” –, segundo Lambert, parecem citação de um texto expositivo em que se lê: “[^{d}*asar-ali*]*m-nun-na: nu-úr ša* ^{d}60 ^{d}50 *u* ^{d}4[0]: ASAR/ [^{d}*asar-a*]*lim-nun-na ka-ru-ba nu-úr a-bi a-li-di-šu*” (“Asaralimnuna, luz de Ánu, Énlil e

Ea: ASAR / Asaralimnuna, honorável, luz do pai que o procriou").[260] Como se vê, há uma ênfase em Ea, tanto no sentido de que é o pai de Marduk quanto de que integra a tríade tradicional – Ánu, Énlil, Ea (sendo de notar como a presença de Énlil é recuperada neste ponto). Ninshíku sendo um dos nomes de Ea, é provável que se use como um epíteto deste (Ea Ninshíku), o que reforça sua importância.

Os dois versos finais retomam a figura do provedor (*zāninu*): "Ele é deles provedor, mostra seus lotes, / Quem tesouro de prosperidade (*ḫegalla*) faz aumentar em sua terra". O tema da prosperidade ou fartura, expresso pelo empréstimo sumério *ḫegalla*, pode ser sugerido pela sílaba -sar- do nome do deus, o signo SAR podendo ser lido como 'mú', 'crescimento', 'cultivo', 'produção', ou como 'ninda', 'vegetação' (cf. DNWP, p. 62).

Tutu, Tutu-Ziukkina, Tutu-Ziku, Tutu-Agaku, Tutu-Tuku (versos 9-34)

^{d}*Tutu bān tēdištīšunu šūma*	Tutu, é ele quem lhes engendra a restauração,
lillil sagîšunūma šunu lū pašḫū	[10] Purifique seus templos e eles repousem,
libnīma šipta ilānu linūḫu	Engendre um sortilégio, os deuses sosseguem,
aggiš lū tebû linē'ū'irasun	Furiosos, caso se alcem, voltem para atrás seus peitos,
lū šušqūma ina puhur ilāni abbīšu	Seja ele exaltado na assembleia dos deuses, seus pais,
mamman ina ilāni šuāšu lā umtaššalšu	Nenhum dentre os deuses a ele reflita!
^{d}*Tutu-*^{d}*Zi'ukkina napišti ummānīšu*	[15] Tutu-Ziukkina, vida de sua tropa,
ša ukinnu ana ilāni šamê ellūti	Que firmou para os deuses os céus puros,
alkassun iṣbatūma u'addû manzāssun	A sua conduta tomou, mostrou sua posição,
ai immaši ina apâti epšētāšu likillā	Não se olvide na multidão, suas ações ela conserve!
^{d}*Tutu-*^{d}*Ziku šalšis imbû mukil tēlilti*	Tutu-Ziku, terceira vez nomeado, que mantém as purificações,

[260] Cf. LBCM, p. 482. Os nomes dos três deuses se escrevem com os numerais que a eles correspondem: 60 = Ánu; 50 = Énlil; 40 = Ea.

il šāri ṭābi bēl tašmê u magāri	[20] Deus de vento bom, senhor que ouve e aquiesce,
mušabši ṣimri u kubuttê mukīn ḫegalli	Faz existir fortuna e opulência, firma a prosperidade,
ša mimmāni īṣu ana ma'dê utirru	O pouco que é nosso em fartura torna,
ina pušqi danni nīṣinu šāršu ṭābu	Em fortes agruras recende seu vento bom,
liqbû litta'idū lidlulā dalīlīšu	Proclamem, louvem, glorifiquem-lhe a glória!
^{d}*Tutu-*^{d}*Agaku ina rebî lišarriḫū abrāte*	[25] Tutu-Agaku, quarta vez, enalteça-o a raça humana,
bēlum šiptu elletim muballiṭ mīti	Senhor do sortilégio puro, faz viver os mortos,
ša ana ilāni kamûti iršû tayāru	Dos deuses encadeados teve compaixão,
abšāna endu ušassiku eli ilāni nakīrīšu	A canga imposta tirou de sobre os deuses seus inimigos,
ana padîšunu ibnû amēlūtu	Por piedade deles engendrou a humanidade,
rēmēnû ša bulluṭu bašû ittīšu	[30] Misericordioso, com quem o viver existe consigo,
likūnāma ai immašâ amātūšu	Sejam firmes e não se esqueçam suas palavras
ina pî ṣalmāt qaqqadi ša ibnâ qatāšu	Na boca dos cabeças-negras, que engendraram suas mãos!
^{d}*Tutu-*^{d}*Tuku ina ḫašši tâšu ellu pâšina littabbal*	Tutu-Tuku, em quinto, seu encantamento puro a boca deles conduza,
ša ina šiptīšu elletim issuḫu nagab lemnūti	Quem com seu sortilégio puro extirpa a totalidade dos malvados.

O grupo é constituído em torno do nome Tutu, um deus da cidade de Borsippa, próxima a Babilônia, com registros desde o fim da terceira dinastia de Ur, referido no prólogo das leis de Hammurábi. Com o tempo, confluiu com Marduk, sendo como um de seus nomes que se registra em listas de deuses, como em An = *Anum* (cf. LBCM, p. 483).

13.º nome: Tutu (^{d}tu-tu)

Esse é um importante exemplo da hermenêutica praticada pelo autor do *Enūma eliš*, a qual lhe permite seccionar os elementos do nome e relacioná-los através de procedimentos de homofonia e homografia:

a) Conforme o primeiro verso, Tutu é "quem lhes engendra a restauração", ou seja, a restauração dos deuses, o que tem em vista a leitura do signo TU como 'tu(d)', 'gerar (filhos)', o termo reduplicado 'tu-tu' indicando intensidade e significando algo como 'supremo criador', 'criador de tudo'. Dividindo-se todavia o nome, ele parece considerar, com relação ao segundo elemento, o homófono 'dù', que pode ter o sentido de 'construtor', em acádio *bānû*, mas também daquilo que é 'construído' ou 'reconstruído', isto é, 'restaurado', *tēdištu*, este último termo aplicando-se especialmente à renovação das imagens dos deuses.

b) Os versos seguintes esclarecem a que se refere essa restauração: "Purifique (*lillil*) seus templos e eles repousem, / Engendre um sortilégio (*libnīma sipta*), os deuses sosseguem". A ideia de pureza pode derivar do homófono de 'tu', 'tú', escrito com o signo UD, que, na sua forma redobrada, UD.UD, lê-se como 'bábbar' ou 'dadag', com a acepção de 'limpo', 'brilhante', correspondente ao acádio *ellu* (de que deriva o verbo *elēlu*, 'purificar'); por outro lado, 'tu_6', encantamento, de que o acádio recebe o empréstimo *tû*, é sinônimo de *šiptu*. Como explicam os versos, a purificação dos templos e o sortilégio têm como objetivo restaurar o repouso dos deuses, os quais, "Furiosos, caso se alcem", logo "voltem para atrás seus peitos", restaurados em sua tranquilidade.

c) Os dois últimos versos desse passo constituem o louvor do deus: "Seja ele exaltado na assembleia dos deuses (*puhur ilāni*), seus pais, / Nenhum dentre os deuses a ele reflita", o que, constituindo a reafirmação da grandeza inigualável de Marduk, a qual só se pode aquilatar em comparação com a assembleia dos deuses seus pais, abre a perspectiva para o nome seguinte, em que esse traço se explicita (cf. DNWP, p. 63-66).

14.º nome: Tutu-Ziukkinna (^{d}tu-tu ^{d}zi-ukkin-na)

Em Tutu Ziukkinna, a segunda palavra suméria, 'zi'ukkin-a(k)', é composta de 'zi', 'vida' + 'ukkin', 'assembleia', 'concílio' + 'ak', terminação de genitivo, significando, portanto, 'vida da assembleia', o que é glosado pelo autor como "Tutu-Ziukkinna, vida de sua tropa (*ummānišu*)", ou seja, dos seus deuses.

Antes de introduzir o louvor, o autor explora o sentido do nome em dois versos: "Que firmou (*ukinnu*) para os deuses os céus puros (*šamê ellūti*), / A sua conduta (*alkassun*) tomou, mostrou sua posição (*manzāssun*)". O verbo acádio *ukinnu* (raiz D de *kanû*, 'firmar', 'estabelecer'), sendo homófono de 'ukkin', permite que se abra uma outra interpretação do nome que não a etimológica. A esfera da pureza, existente já na entrada anterior, continua a ser explorada, desta feita com relação ao céu, remetendo ao relato de como Marduk define, nele, o caminho dos deuses (conforme o signo DU, lido como 'tù' = *alkātu*) e a suas posições ('tù' escreve-se com o signo DU, que pode ser lido como 'gub', 'erguer-se', 'estar de pé', equivalente ao acádio *izuzu*, de que deriva *manzāzu*, cf. DNWP, p. 66-67).

O louvor, voltado para os homens – "Não se olvide na multidão, suas ações ela conserve!" –, sugere uma correlação de sua multidão com a "tropa" dos deuses que Marduk vivifica.

15.º nome: Tutu-Ziku (^{d}tu-tu ^{d}zi-kù)

O verso – "Tutu-Ziku, terceira vez nomeado, que mantém as purificações (*mukil tēlilti*)" – tanto declara ser este um terceiro nome (que é antecedido por dois e seguido por outros dois do mesmo grupo) quanto dá seu sentido: "que mantém as purificações". De fato, 'ziku' pode ser traduzido como 'alento puro', a partir dos sentidos de 'zi', 'alento', 'vida', 'alma' + 'kù', 'puro'. A correspondência com *mukil tēlilti* se estabelece através do homófono de 'tu', 'du_8', cujo sentido é 'segurar', 'manter', 'sustentar', correspondente ao acádio *kullu*, de que *mukil* é um particípio; *tēlilti*, por sua vez, deriva de *elēlu*, 'purificar', traduzindo 'kù', 'puro'.

O verso seguinte propõe mais duas etimologias:

"Deus de vento bom (*il šāri ṭābi*)", cuja motivação decorre de 'zi-kù', 'alento puro', 'sopro puro' ou 'sopro suave', conforme a acepção de `kù', 'suave', a conexão com *šāru*, 'vento', podendo provir também do homófono de 'tu', 'tu_{15}', escrito com o signo IM, que significa 'tempestade'.

"Senhor que escuta e aquiesce (*bēl tašmê u magāri*)" explora a conexão de outro homófono de 'tu', 'du_{12}', escrito com o signo TUK, de que um dos sentidos é 'ouvir', 'dar ouvidos', equivalente do acádio *šemû*, 'ouvir', donde deriva *tašmê* (Dantzig acredita que *magāri* se use como um sinônimo de *šemû*).

Os versos seguintes desdobram a motivação desses nomes numa estrutura quiástica, ou seja, principiando pelo que se deduz do mais próximo, "Senhor que ouve e aquiesce", de modo que "faz existir fortuna e opulência, firma a prosperidade", para fechar com o que se expressou primeiro, "Deus de vento bom", de que "Em fortes agruras recende seu vento bom" – o verso intermediário, também em organização quiástica, relacionando-se com o que o antecede e segue: "o pouco que é nosso" (que remete às "agruras" referidas a seguir) "em fartura torna" (que ressoa "fortuna e opulência" ditas antes).

O louvor final – "Proclamem, louvem, glorifiquem-lhe a glória" – insiste na exaltação de Marduk, no modelo do que se fez com relação ao nome Tutu (cf. DNWP, p. 68-70).

16.º nome: Tutu-Agaku (^{d}tu-tu ^{d}aga-kù)

A segunda parte do nome tem o sentido simples de 'coroa pura', considerando-se sua composição: 'aga', 'coroa' + kù, 'puro' – mas essa interpretação em absoluto não é considerada pelo autor, que entende o nome como "Senhor do sortilégio puro (*bēl šiptu elletim)*". Isso leva Lambert a argumentar que 'aga', escrito com o signo DÙN, foi confundido com o signo EZEN, cujo sentido é 'šir', 'canto' – 'šir-kù' significando 'canção santa' ou 'encantamento' = acádio *šiptu elletim* (cf. LBCM, p. 483-484; outra proposta em DNWP, p. 72).

Os seis primeiros versos desta entrada têm uma organização em anel que é significativa, pois retoma o tema da criação da humanidade em benefício dos deuses. A primeira declaração marca tanto que se trata de uma quarta denominação, quanto refere-se aos homens, "Tutu-Agaku, quarta vez, enalteça-o a raça humana", a que se segue a explicação do nome, "Senhor do sortilégio puro, faz viver os mortos". No dístico seguinte, o primeiro verso esclarece em que se aplica esse sortilégio – "Dos deuses encadeados teve compaixão" –, enquanto o segundo – "A canga imposta tirou de sobre os deuses, seus inimigos" – aponta para o que virá na sequência, a criação da humanidade: "Por piedade deles engendrou a humanidade, / Misericordioso, com quem o viver existe consigo" (cf. DNWP, p. 71).

Enfim, considerando-se que "enalteça-o a raça humana" já constituía um breve louvor, este se desdobra no dístico derradeiro: "Sejam firmes e não se esqueçam suas palavras / Na boca dos cabeças-negras, que engendraram suas mãos".

17.º nome: Tutu-Tuku (^{d}tu-tu ^{d}tu$_{6}$-kù)

A etimologia do segundo elemento da composição é clara: 'tu$_{6}$' significa 'encantamento', 'sortilégio', conforme o acádio *tû* (que é empréstimo do próprio termo sumério) e seu sinônimo *šiptu*; o segundo elemento, 'kù', como já visto várias vezes, tem a acepção de 'puro', 'santo'. Os dois versos expõem de modo sucinto e claro essa leitura: "Tutu-Tuku, em quinto, seu encantamento puro (*tâ ellu*) a boca deles conduza, / Quem com seu sortilégio puro (*šipti elletim*) extirpa a totalidade dos malvados".

Shazu, Shazu-Zisi, Shazu-Suhrim, Shazu-Suhgurim, Shazu-Zahrim, Shazu-Zahgurim (versos 35-56)

^{d}Šazu mūde libbi ilāni ša ibarrû karšu	[35] Shazu, conhecedor do coração dos deuses, que examina as entranhas,
ēpiš lemnēti lā ušēṣû ittīšu	Quem faz o mal dele não escapa,
mukīn ukkinna ša ilāni muṭib libbīšun	Firmou o concílio dos deuses, bom para seus corações,
mukanniš lā māgirī ṣulūlšun rapšu	Inclinou os não submissos, sua proteção é vasta,
mušēšir kitti nāsiḫi itguru dabāba	Endireita a justiça, extirpa o falar intricado,
ša sarti u kittum umtassâ ašruššu	[40] É quem fraude e justiça distingue em seu lugar.
^{d}Šazu-^{d}Zisi mušeppi tēbî šanîš litta'idû	Shazu-Zisi, que emudeceu os que se alçam, segunda vez louvem,
mukkiš šuḫarratu ina zumur ilāni abbēšu	Rechaçou a mudez do corpo dos deuses, seus pais.
^{d}Šazu-^{d}Suḫrim šalšiš nāsiḫ ayābî gimiršunu ina ^{is}kakki	Shazu-Suhrim, terceira vez, que extirpa os oponentes, a íntegra deles, com a arma,
musappiḫ kipdīšunu mutirru šariš	Dispersa suas maquinações, torna-as vento,
muballi napḫar raggī mala iâršu	[45] Extermina a soma dos perversos, a plenitude dos que o enfrentam,
ilānu lišdallilū šunu ina puḫri	Os deuses o glorifiquem, eles em assembleia!
^{d}Šazu-^{d}Šuḫgurim ina rebî šākin tašmê ana ilāni abbīšu	Shazu-Suhgurim, em quarto, que dispôs escutarem-se os deuses, seus pais,
nāsiḫ ayābī muḫalliq niprīšun	Extirpa os oponentes, destrói sua prole,
musappiḫ epšētīšunu lā ēzibu	Dispersa suas ações, não deixa nenhum deles,

mimmêšun	
lizzakir liqqabi šumšu ina māti	[50] Seja dito e proclamado seu nome em sua terra!
^{d}*Šazu-*^{d}*Zaḫrim ina ḫašši lištaddinū arkûti*	Shazu-Zahrim, em quinto, ponderem os futuros,
muḫalliq nagab zāmânē lā māgirū kalīšunu	Que destrói a totalidade dos contendores não submissos, todos eles,
ša napḫar ilāni munnabtī ušēribu ešrēti	A plenitude dos deuses fugitivos fez entrar nos santuários,
likūnma annû zikiršu	Esteja firme esta sua alcunha!
Šazu-Zaḫgurim ina šešši appūna kališ lištamrū	[55] Shazu-Zahgurim, em sexto, de todo e em cada lugar seja honrado,
ša napḫar ayābī uḫalliqu šū taḫāziš	Quem a soma dos oponentes destruiu na contenda.

Tem início uma nova seção, integrada por Shazu e os nomes a partir dele compostos. Tudo leva a crer que se trata de uma divindade que tivesse importância local antes de confluir em Marduk. Todavia, Lambert ressalta que não se registra esse nome no período paleobabilônico, a não ser sob a forma ‘^{d}ša-zi’, bem conhecida como denominação ou título do rio de ordálio divino, o qual pode ser equiparado com Asalluhi (cf. LBCM, p. 484).

18.º nome: Shazu (šà-zu)

Como termo comum, ‘šà-zu’ significa ‘parteira’, não sendo este sentido, contudo, que aqui interessa, mas a leitura analítica de seus elementos: ‘šà’ = *libbu*, ‘coração’ + ‘zu’ = *edû*, ‘conhecer’ (de que *mūde* é particípio). Assim, o primeiro verso esclarece: “Shazu, conhecedor do coração dos deuses (*mūde libbi ilāni*)”, acrescentando ainda, na mesma linha, “que examina as entranhas (*ša ibarrû karšu*)”. Neste último caso, como ressaltam Lambert e Dantzig, o uso do verbo *barû* remete à adivinhação pelo exame das entranhas da vítima, indo ao encontro da hipótese de que Šazu, antes de identificado com Marduk, correspondesse a Šazi, o rio da provação, que traz à luz qualquer injustiça (cf. LBCM, p. 485; DNWP, p. 75).

De fato, todo passo se concentra em desdobramentos dessa ideia, numa estrutura cujo núcleo é a lembrança de como Marduk “inclinou os não submissos” e o reconhecimento de como “sua proteção é vasta”:

Quem faz o mal dele não escapa,
Firmou o concílio dos deuses, bom para seus corações,
Inclinou os não submissos, sua proteção é vasta,
Endireita a justiça, extirpa o falar intricado,
É quem fraude e justiça distingue em seu lugar.

Observe-se como os dois primeiros versos estão em relação com o início do terceiro, seu final abrindo-se para os dois últimos: a) quem faz mal não escapa de Marduk, que instituiu o concílio dos deuses e nele inclinou os não submissos; b) sua proteção é vasta, pois ele endireita a justiça, extirpa o falar intricado e distingue entre justiça e fraude.

19.º nome: Shazu-Zisi ([d]MIN [d]zi-si)

Essa é uma entrada breve, contando não mais que dois versos, nos quais se registra que se trata de um segundo louvor: "Shazu-Zisi, que emudeceu os que se alçam (*mušeppi tēbî*), segunda vez o louvem, / Rechaçou a mudez (*mukkiš šuẖarratu*) do corpo dos deuses, seus pais".

O entendimento do nome Zisi é expresso como o que "emudeceu os que se alçam", podendo ser explicado assim: 'zi(g)', 'levantar-se', 'reunir', como numa rebelião de tropas, equivale ao acádio *tebû*; 'si', 'silenciar', traduz-se em acádio por *šapû* (de que *mušeppi* é um particípio D). Marduk apresenta-se, portanto, como o que fez silenciar os que se levantavam ao lado de Tiámat.

O segundo verso insiste na mesma ideia, mas da perspectiva dos que estavam com Ánshar, utilizando termos cognatos: se Ea, ao ouvir dos planos de Tiámat, "quieto emudeceu (*ušẖarrirma*), calado sentou-se" (2, 6), e, ao tentar enfrentar a deusa, "parou, emudeceu (*ušḫarrirma*) e volveu atrás" (2, 82), o mesmo se passando com Ánu (2, 106), o que se mostra é o emudecimento como resultado do pavor, ressaltando-se como foi Marduk quem "rechaçou a mudez (*šuẖarratu*) do corpo dos deuses, seus pais", devolvendo-lhes a tranquilidade (cf. DNWP, p. 77).

20.º nome: Shazu-Suhrim ([d]MIN [d]suḫ-rim)

O primeiro verso, "Shazu-Suhrim, terceira vez, que extirpa os oponentes (*nāsih ayyābi*), a íntegra deles, com a arma (*ina kakku*)", dá duas traduções para Suhrim: a) "que extirpa os oponentes", considerando 'suh', 'extirpar', 'arrancar' + 'rim' (< 'erim'), 'povo', 'tropas', especialmente de inimigos; b) outra aproximação se faz a partir do homófono 'suh$_5$', escrito com o signo KU, de que 'tukul', 'arma', em acádio *kakku*, é um outro valor (cf. DNWP, p. 79).

Os dois versos seguintes desenvolvem essa característica, em conexão com os feitos de Marduk antes relatados: "Dispersa suas maquinações, torna-as vento, / Extermina a soma dos perversos, a plenitude dos que o enfrentam". Note-se como o trecho enfatiza a vitória sobre todos os oponentes, tanto no primeiro verso, em que se diz que se trata da "íntegra deles" (*gimiršunu*), quanto nestes, em que está em causa sua toda sua "soma" (*napḫar*) e sua "plenitude" (*mala*). Por outro lado, os verbos que expressam as ações de Marduk contra os inimigos são especialmente fortes: *nasāḫu* (particípio, *nāsiḫ*) 'arrancar' plantas, unhas, 'erradicar' (ou seja, arrancar as raízes), 'extirpar' animais, pessoas, demônios; *sapāḫu* (particípio, *musappiḫ*), 'dispersar' grãos, terra, pessoas, famílias, 'desaparecer', com referência a demônios, 'frustrar' planos; *balû/belû* (particípio, *muballû*), "exterminar', 'extinguir', 'chegar ao fim', dito de fogo, fumaça, braseiro, vida; finalmente, *mutirru šariš*, particípio de *târu šariš*, 'tornar vento', 'retornar a vento', 'mudar em vento', uma expressão idiomática nas línguas semíticas para dizer que algo se tornou nada.

O último verso contém o louvor, que reitera a grandeza de Marduk na assembleia dos deuses: "Os deuses o glorifiquem, eles em assembleia".

21.º nome: Shazu-Suhgurim (^{d}MIN ^{d}suh-gú-rim)

Esse nome é uma espécie de superlativo do anterior, pois acrescenta-lhe apenas um elemento: 'gú', 'todo', 'inteiro', o que o levaria ao sentido 'quem extirpa todos os inimigos', 'os inimigos por inteiro'. Assim, a explicação do nome, no segundo e no terceiro verso da passagem, retoma ideias e termos da entrada anterior: "Extirpa (*nāsiḫ*) os oponentes, destrói (*muḫalliq*) sua prole, / Dispersa (*musappiḫ*) suas ações, não deixa nenhum deles (*lā ezibu mumêšu*)".

A explicação contida no primeiro verso, contudo, é diversa: "Shazu-Suhgurim, em quarto, que dispôs escutarem-se (*šākin tašmê*) os deuses, seus pais", a conexão podendo estar em Šazu/Šazi, uma vez que o sentido de *šakānu* (particípio, *šākin*) se expressa em sumério como 'ĝar', cujo signo, GAR, pode também ser lido como 'šá', homófono de 'šà' de Šazu (cf. DNWP, p. 79-80).

O louvor insiste na glorificação do nome de Marduk, não mais na assembleia, mas no país.

22.º nome: Shazu-Zahrim (^{d}MIN ^{d}záh-rim)

O nome pode ser considerado sinônimo de Suhrim, uma vez que 'záh' significa 'desaparecer', 'remover', perder-se', 'fugir', ou, quando intensificado, 'destruir', em acádio *ḫalāqu*, sentidos que reverberam nos versos que afirmam Marduk ser quem "destrói (*muḫalliq*) a totalidade (*nagab*) dos contendores, não submissos, todos eles (*kalīšun*), / A plenitude (*napḫar*) dos deuses fugitivos fez entrar nos santuários". É curiosa a insistência no tema da totalidade, que procede da entrada anterior e seria mais próprio da seguinte (cf. DNWP, p. 81).

Os versos de abertura e fecho da passagem remetem para o futuro: "Shazu-Zahrim, em quinto, ponderem os futuros" e "Esteja firme esta sua alcunha!"

23.º nome: Shazu-Zahgurim (^{d}MIN ^{d}záh-gú-rim)

A introdução de 'gú' no nome tem o mesmo efeito de intensificação referido a propósito de Shazu-Suhgurim. A explicação retoma as ideias e palavras das entradas anteriores: "Quem a soma dos oponentes (*napḫar ayyābi*) destruiu (*uhalliqu*) na contenda".

Como no caso anterior, o primeiro verso contém o louvor: "Shazu-Zahgurim, em sexto, de todo e em cada lugar seja honrado".

Enbilulu, Enbilulu-Epadun,
Enbilulu-Gugal, Enbilulu-Hegal
(versos 57-69)

^{d}*Enbilulu bēlum mudeššūšunu šūma*	Enbilulu, senhor de abundância para eles ele é,
dannu nābušunu šākinu taklīmi	Forte, deles o zagal, que dispõe as dádivas,
ša rîta mašqīta uštešširu ukinnu ana māti	Que pastagem e açudes endireitou, dispôs para sua terra,
miṭrāti upattû uza''izu mê nuḫši	[60] Tanques abriu, repartiu água em profusão.

^{d}Enbilulu-^{d}Epadun bēl namê u atê šaniš izzakrū	Enbilulu-Epadun, senhor da estepe e da inundação, segunda vez o invoquem,
gugal šamê erṣetim mukinnu absinni	Inspetor dos canais do céu e da terra, que firma o sulco,
ša mērešta elleta ukinnu ina ṣēri	[62b] Que gleba pura firmou no campo,
īka u palga uštēšeru uṣṣiru apkīšu	Diques e escoadouros endireita, traça o rego.
^{d}Enbilulu-^{d}Gugal gugal miṭrāt ilāni linādū šalšiš	Enbilulu-Gugal, inspetor de canais dos deuses, louvem a terceira vez,
bēl ḫegalli ṭuḫdi išpikū rabiūti	[65] Senhor de prosperidade, profusão, grandes colheitas,
šākin mešrê munaḫḫiš dadmē	Firma riquezas, faz prosperar os povoados,
nādin šu'e mašabšu ašnan	Dá grão-de-bico, faz existir os cereais.
^{d}Enbilulu-^{d}Ḫegal mukammer ḫegalli ana nišī rebîš liqbû	Enbilulu-Hegal, que acumula prosperidade para o povo, a quarta vez proclamem,
mušaznin nuḫši eli erṣetim rapaštim mudeššû urqītim	Faz chover abastança sobre a vasta terra, faz abundante a vegetação.

Tem início uma nova série de quatro itens. Bilulu era um antigo deus sumério dos cursos d'água e da irrigação, o significado do nome sendo desconhecido (Danzig, todavia, especula que a acepção poderia ser 'Senhor que produz abundância', cf. DNWP, p. 83). Nada indica, em textos do terceiro e segundo milênio, alguma conexão com Marduk, esta podendo ter-se estabelecido pelo fato de que Enbilulu foi alguma vez considerado como o "Ádad de Babilônia" – a relação de Ádad, deus da tempestade, com Marduk podendo ser o elo (cf. LBCM, p. 485-486).

Condizente com o caráter do antigo deus, o tema geral é a abastança agrícola, provocada pela existência de água e irrigação.

24.º nome: Enbilulu (^{d}en-bi-lu-lu)

A interpretação do nome é dada no primeiro verso, "Enbilulu, senhor de abundância para eles (*bēlum mudeššušunu*)", considerando-se que 'en', 'senhor', traduz-se em acádio por *bēlum*; 'lu-lu', 'ser abundante', em acádio se diz *duššû* (de que *mudeššu* é um particípio); e 'bi' pode ser entendido como um possessivo, traduzido como *šunu*, 'deles' (cf. LBCM, p. 486; DNWP, p. 84).

Os demais atributos desdobram esse traço principal: "O forte escolhido deles, que dispõe as dádivas", isto é, que determina como devem ser as oferendas aos deuses; "Que pastagens e açudes endireitou, dispôs para sua terra, / Tanques abriu (*upattû*), repartiu água em profusão". O jogo de palavras com o nome parece fazer-se ver no uso de *petû*, 'abrir', correspondente ao sumério 'bad', comumente pronunciado como 'be', homófono de -bi- (cf. DNWP, p. 84).

25.º nome: Enbilulu-Epadun (^{d}MIN ^{d}e-pa_5-dun)

A segunda palavra do composto, 'e-pa-dun', tem o significado de 'escavador de canais', a saber: 'e', com o valor de 'eg', significa 'dique'; 'pa_5' tem a acepção de 'canal'; e 'dun', de 'cavar'. Isso é o que se explora nos versos de 2 a 4 da passagem: "Inspetor dos canais do céu e da terra, que firma o sulco, / Que gleba pura firmou no campo, / Diques e escoadouros endireita, traça o rego".

O lugar, contudo, da definição do nome, no primeiro verso, traz outra perspectiva: "Enbilulu-Epadun, senhor da estepe e da inundação (*bēl namê u atê*), segunda vez o invoquem". A referência a *bēlum*, 'senhor', remete ao sumério 'en', com o mesmo significado. Por outro lado, como 'lu' pode significar 'pastagem', é possível que 'lu-lu' seja tomado como um coletivo com o significado de 'toda a área de pastagem', a 'estepe', em acádio *namê*, isto é, as áreas em torno dos locais de cultivo ou das cidades, em geral habitadas por pastores nômades e seus rebanhos. Em mais um jogo de palavras, acrescente-se que *namê* se escreve com o logograma A.RI.A, cuja etimologia é 'distante de água' ('a' = 'água'+ 'ri' = 'distante'), semelhante a A.DÉ.A, 'derramamento de água' ('a' = 'água' + 'dé' = 'derramar'), ou seja, inundação, em acádio *atê*. A definição do nome, portanto, tem seu foco na administração do regime de águas pelo deus, o merismo "da estepe e da inundação", implicando que Marduk é senhor de toda a terra (cf. DNWP, p. 85-87).

26.º nome: Enbilulu-Gugal (^{d}MIN ^{d}gú-gal)

Na entrada precedente, Enbilulu-Epadun foi qualificado como *gugal šamê erṣetim*, 'inspetor dos canais do céu e da terra', esse traço do deus sendo agora explicitado em seu nome: "Enbilulu-Gugal, inspetor de canais dos deuses (*gugal miṭrat ilāni*), louvem a terceira vez". Danzig supõe que possa haver um jogo de palavras entre -ilu-, do nome Enbilulu, e o acádio *ilu*, 'deus'.

Os versos seguintes expõem os benefícios decorrentes da irrigação para a produção agrícola: "Senhor de prosperidade, profusão, grandes colheitas, / Firma riquezas, faz prosperar os povoados, / Dá grão-de-bico, faz existir os cereais".

27.º nome: Enbilulu-Hegal (^{d}MIN ^{d}hé-gál)

Esse nome é transparente, retomando em si um traço já referido outras vezes, em especial na última entrada, em que se afirmou que Marduk era *bēl ḫegalli*, "senhor de properidade", *ḫegallu* sendo um empréstimo do sumério 'hé-gal'. A definição do nome é explícita quanto a isso: "Enbilulu-Hegal, que acumula prosperidade (*mukammir hegalli*) para o povo (*nišī*), a quarta vez proclamem". A referência a 'povo' pode ser motivada pela sílaba -lu- do primeiro nome, interpretada como 'homem', sua reiteração sendo entendida como um coletivo: 'lu-lu' = *nišu*, 'povo'.

O segundo verso insiste no tema da abundância, relacionando-o com a existência de água: "Faz chover abastança sobre a vasta terra, faz abundante a vegetação".

Sirsir, Sirsir-Malah (versos 70-77)

^{d}*Sirsir šāpik šadî elēnuš Tiāmat*	[70] Sirsir, que empilhou a montanha sobre Tiámat,
šālil šalamta Tâwati ina ^{is}*kakkīšu*	Pilhou o cadáver de Tiámat com sua arma,
muttarrû māti rē'ūšina kīna	Condutor de sua terra, seu pastor firme,
ša šarkūšu mērešu šukussu šir'u	A quem foi dada a gleba, o cultivo, o canteiro,
ša Tiāmat rapašta itibbiru uzzuššu	Que a vasta Tiámat atravessou em sua cólera,
ki titūri itittiqu ašar šašmēša	[75] Como uma ponte, cruzou o lugar do duelo com ela.
Sirsir-Malaḫ ina šanî imbû šī lū kiām	Sirsir-Malah, em segundo lugar o nomearam, assim seja!
Tiāmat rukūbšūma šū malaḫša	Tiámat é sua embarcação, ele seu nauta.

Como acontece em outros casos, antes da conflução em Marduk, Sirsir aparece de início no círculo de Ea, constituindo mesmo um aspecto deste deus (para detalhes, LBCM, p. 486-487).

28.º nome: Sirsir (^{d}sir-sir)

As duas entradas dessa passagem têm como foco a vitória de Marduk contra Tiámat, o que pode decorrer da forma como o nome é escrito, com o signo BU/BU.AB, este último, AB, sendo o usado para 'mar'.

A explicação inicial – "Sirsir, que empilhou (*šāpik*) a montanha sobre Tiámat" – conforme Danzig, pode ser motivada pelos fonemas -ir-, contidos no nome, homófonos de IR, um dos signos com que se escreve 'dé', equivalente do acádio *šapāku* (de que *šāpik* é um particípio), 'amontoar', 'empilhar'. O mesmo acontece com o segundo verso, já que 'ir' significa, em acádio, *šalālu* (particípio, *šālil*), 'pilhar': "Pilhou (*šālil*) o cadáver de Tiámat (*Tâwati*) com sua arma" – o que não se explicita na narrativa, mas não a contraria, na medida em que Marduk se serviu do cadáver para fabricar o mundo, inclusive dividindo a deusa em duas partes, como um peixe seco.

O último dístico insiste na batalha: "Que a vasta Tiámat atravessou em sua cólera, / Como uma ponte, cruzou o lugar do duelo com ela". A relação com o nome deve provir de -sir-, de que o homófono 'sír' é escrito com o signo BU, que por sua vez pode ser lido como 'bu', 'passar' rapidamente, sinônimo dos acádios *ītibbiru*, iterativo de *ebēru*, e *ītittiqu*, iterativo de *etēqu*, ambos significando 'atravessar', 'cruzar'.

O dístico central – "Condutor de sua terra, seu pastor firme, / A quem foi dada a gleba, o cultivo, o canteiro" – parece não ter relação com o restante da passagem, voltando a enfocar o aspecto agrícola de Marduk, como um deus da fertilidade, o que Danzig considera que pode constituir uma contaminação procedente do nome anterior (cf. DNWP, p. 89-92).

29.º nome: Sirsir-Malah (^{d}MIN ^{d}má-lah$_{4}$)

Considerando que o sumério 'má-lah$_{4}$' (em acádio, *malāḫum*) significa 'nauta', a explicação do nome é bastante transparente: "Sirsir-Malah, em segundo lugar o nomearam, assim seja! / Tiámat é sua embarcação, ele seu nauta (*malāḫša*)".

Gil, Gilima, Agilima
(versos 78-83)

^{d}*Gil muštappik karê tīlī bitrûti*	Gil, que empilha grãos, colinas altaneiras,
bānû ašnan u laḫrī nādinu zēr mātim	Genitor dos cereais e do rebanho, doador da semente de sua terra.
^{d}*Gilima mukīn ṭurri ilāni bānû kīnāti*	[80] Gilima, que firmou o elo entre os deuses, genitor de firmeza,
rappu lā'issunu murabbitu damqāti	Amarra o que os controla, fá-los tomar bens.
^{d}*Agilima šaqû nāšiḫ agî āšir šalgi*	Agilima, o altíssimo, que extirpa a coroa, endireita a neve,
bānû erṣetim eliš mê mukīn elâti	Genitor da terra sobre a água, que firmou o cume.

As três formas desse grupo são apenas variantes fonéticas do mesmo nome. Lambert anota que, num mito de sucessão hitita, há um deus cujo nome se escreve ‘^{d}a-gili(m)’, que é certamente a mesma divindade. Há ainda o registro, na *Fundação de Eridu*, de Gilimma, em sumério, como o criador da terra, correspondente, em acádio, a Marduk (cf. LBCM, p. 487). A relação com este último pode dever-se, no entender de Danzig, ao nome do Esagil, seu templo em Babilônia.

Os termos ‘gil’, ‘gili’, ‘gilim’ e ‘gi$_6$’, escritos com o signo GI%GI, têm a acepção, quando nomes, de ‘corda de junco’ ou ‘joia’; como verbos, significam ‘entrelaçar’ ou ‘destruir’ (cf. DNWP, p. 93).

30.º nome: Gil (^{d}gil)

Na primeira entrada, o sentido do nome é dado como “Gil, que empilha grãos, colinas altaneiras, / Genitor de cereais e do rebanho, doador da semente de sua terra”. A motivação pode provir de um outro valor do signo GI%GI, ‘gib’, ‘trigo’. Assim, do trigo deificado, passa-se para o deus criador dos cereais, ampliando-se sua função também aos rebanhos (cf. DNWP, p. 94).

31.º nome: Gilima (^{d}gili-ma)

O sentido da denominação assim se expressa: “Gilima, que firmou o liame dos deuses, genitor de firmeza, / Amarra o que os controla, fá-los tomar bens”. O que está em jogo é o sentido de ‘gil’ como ‘corda’, remetendo ao Durmahu, a corda cósmica descrita na tabuinha 5, o papel de Marduk como 'senhor do Durmahu' (senhor da grande corda cósmica) voltando a ser referido nos versos 95-96 *infra*: "Lugaldurmah" (cf. DNWP, p. 95-97).

32.º nome: Agilima (^{d}a-gili-ma)

A explicação do nome é a seguinte: "Agilima, o altíssimo (*šaqû*), que extirpa a coroa, endireita a neve, / Genitor da terra sobre a água, que firmou o cume" – em que se explora a homofonia entre 'gil' e 'gìl', escritos com o signo IL, o qual, como adjetivo, significa 'elevado', 'honrado', equivalente ao acádio *šaqû*.

A segunda definição, "que extirpa a coroa", visa ao sentido de 'gil' como 'joia', categoria em que se inclui a 'coroa' (*agû*) referida. Em geral, tem-se essa metáfora por estranha, mas, considerando-se o restante do verso, parece que ela indica que Marduk, como um deus relacionado com o verão, faz derreter a neve que coroa as montanhas, o cume das quais é referido no verso seguinte (cf. LBCM, p. 488; DNWP, p. 97-100).

Zulum, Múmmu, Zulumummu (versos 84-88)

^{d}*Zulum mu'addi qerbēti ana ilāni pālik binûti*	Zulum, que assinala um campo para os deuses, divide a produção,
nādin isqi u nindabê pāqidu ešrēti	[85] Dá o lote e ofertas de cereais, a quem se confiam os santuários.
^{d}*Mummu bān šamê u erṣetim mušēšir parsī*	Múmmu, genitor do céu e da terra, que endireita os perdidos,
ilu mullil šamê u erṣetim šaniš ^{d}*Zulumummu*	Deus que purifica o céu e a terra, segunda vez é Zulumummu,
ša ana dunnīšu ina ilāni šanû lā mašlu	Que, por sua potência, entre os deuses um segundo não o reflete.

Essa passagem apresenta uma diferença de apresentação, uma vez que o terceiro nome que nela aparece, Zulumummu, não ocorre no início, mas no final do quarto verso. Além disso, sendo um terceiro nome, afirma-se que se trata do segundo (*šaniš*), levando a que se pergunte se segundo com relação a Zulum ou um segundo a partir de Múmmu. Com isso se especula se Múmmu e Zulumummu não deveriam ser considerados uma unidade, o que resolveria o problema de que, tendo-se anunciado que os nomes são cinquenta, na verdade sejam cinquenta e um, desconsiderado o último, que seria um caso excepcional, pois se trata de Ea dar a Marduk seu próprio nome. De qualquer modo, a questão permanece não resolvida, a atitude mais geral sendo considerar que os nomes são cinquenta mais dois – os dois últimos sendo dados a Marduk por Énlil e Ea.

33.º nome: Zulum (^{d}zu-lum)

A explicação do nome encontra-se no primeiro verso, desdobrando-se no seguinte: "Zulum, que assinala um campo para os deuses, divide a produção, / Dá o lote e ofertas de cereais, a quem se confiam os santuários". Está em causa, portanto, o provimento de oferendas aos deuses nos santuários, o que é uma função de Marduk enquanto provedor.

A relação do nome com a definição, "que reconhece o campo dos deuses" (*mu'addi qerbēti ana ilāni*), decorreria de 'zu', 'conhecer', o que se diz, em acádio, *edû/wadû*, verbo que, no modo D, *uddû* (de que *mu'addû* é um particípio), tem a acepção de 'reconhecer', 'fazer conhecer', 'informar', 'assinalar'. Por sua vez, 'lum', 'frutificar', é tomado nominalmente como 'lugar em que crescem frutos', correspondendo, em acádio, a *qerbētu*, 'campo', 'campina', 'prado'. As demais especificações informam que se trata, como dito, do provimento de alimentos para os deuses, conforme se descreve na narrativa como um dos feitos de Marduk.

34.º nome: Múmmu (^{d}mu-um-mu)

Essa denominação diverge das demais que se usaram até aqui por estar em acádio (ela ocorreu já na tabuinha 1, como nome do intendente de Apsu), ainda que possa ser derivada do sumério 'úmun', 'sabedoria' ou 'habilidade'. Em acádio, tem relação com a capacidade de criação (cf. LBCM, p. 218-219), que é o sentido que está em causa nesta passagem: "Múmmu, genitor do céu e da terra" (*bān samê u erṣetim*). A relação etimológica provém de que 'mú', em sumério, significa 'crescer', 'mud' tendo o sentido de 'gerar', 'criar', correspondendo ao acádio *banû*.

Os trechos seguintes introduzem a afirmação de que Múmmu "endireita os perdidos", sendo "Deus que purifica o céu e a terra", o que põe em realce sua capacidade de purificação. Isso pode basear-se no jogo de homofonia entre 'mu-um-mu' e 'mu$_7$-mu$_7$', cujo significado, em sumério, é 'encantamento', sabendo-se que um dos usos dos encantamentos visa à purificação e que o verbo correspondente em acádio é *ullullu* (forma D de *elēlu*), 'purificar' – aqui no particípio *mullil*, 'quem purifica' (cf. DNWP, p. 103-10).

35.º nome: Zulumummu (^{d}zu-lum-um-m[u])

O nome ocorrendo como a última palavra do verso anterior, seu sentido é exposto assim: "segunda vez (*šaniš*) é Zulumummu, / Que, por sua potência (*dunnīšu*), entre os deuses um segundo (*šanû*) não o reflete". Danzig acredita que *šaniš* deveria ser entendido não como 'em segundo lugar', mas como 'por outro lado', o que faria com que a passagem se entendesse como continuação da interpretação de Múmmu.

É possível que o jogo de palavras se faça assim: *dunnīšu*, 'sua potência', 'sua força' se diz, em sumério, 'lírum', escrito com o signo AŠ, que também se lê como 'zu', 'conhecer', parte do nome Zulumummu; já -ul- tem o homófono 'úl', escrito com o signo NU, que expressa negação, podendo ser o que justifica que a definição do nome se faça no negativo: um segundo deus não o reflete (cf. DNWP, p. 106-107).

Saliente-se, enfim, que a explicação do nome reitera a ideia de segundo: ainda que este seja um segundo nome – ao que tudo indica, com relação a Múmmu –, não há segundo que se lhe equipare dentre os deuses, o que é uma forma de indicar a superioridade de Marduk.

Gishnummunab
(versos 89-90)

^{d}*Gišnummunab bānû napḫar nišī ēpišu kibrāti*	Gishnummunab, genitor da soma das gentes, que fez o mundo,
ābit ilāni ša Tiāmat ēpiš nišī ina mimmīšun	Destruiu os deuses de Tiámat, fez as gentes com algo deles.

36.º nome: Gishnummunab (^{d}giš-numun-áb)

A composição do nome é a curiosa: 'giš', 'madeira'[261] + 'nummu', 'semente' + 'áb', 'vaca'. Isso indica que está em causa o atributo

[261] Esta é a palavra usada como classificador, indicando objetos feitos de madeira.

da fertilidade do deus, o conceito de 'semente' sendo central. Considerando um homófono de 'giš', qual seja, 'ĝiš', 'pênis', Danzig propõe que os dois primeiros elementos do nome possam remeter para o pênis ereto (um pênis de pau), indicando, portanto, o 'pênis que insemina a vaca', ou seja, o pênis do touro, como se afirma ser Marduk, na qualidade de 'bezerro de Utu'.

Isso converge na explicação do nome: "Gishnummunab, genitor (*bānû*) da soma das gentes (*nišī*), que fez o mundo" (*kibrāti*). Ressalte-se que *banû*, 'engendrar', 'criar', corresponde ao sumério 'mú', 'crescer', sílaba contida no nome; por outro lado, separando, no nome, a sequência -un-, obtém-se o termo sumério 'un', com o significado de 'gente', em acádio, *nišī*.

O verso seguinte, "Destruiu os deuses de Tiámat, fez as gentes com algo deles", além de insistir em Marduk como criador das gentes e do mundo, retoma sua vitória sobre Tiámat, considerando outra leitura possível da sequência 'numunab': 'numun' = 'semente', 'rebentos' + 'áb', 'vaca', o que remeteria à prole de Tiámat (considerada em sua forma bovina); ou ainda, lendo-se o homófono 'ab', 'mar', então se teria o sentido 'prole do mar', ou seja, de Tiámat (cf. DNWP, p. 108-111).

Lugalabdubur
(versos 91-92)

ᵈLugalabdubur šarru sāpiḫ epšēt Tiāmat nāsiḫu ⁱˢkakkīša	Lugalabdubur, rei, dispersou os feitos de Tiámat, extirpou suas armas,
ša ina rēši u arkati duruššu kunnu	De quem, à frente e atrás, o suporte é firme.

37.º nome: Lugalabdubur (ᵈlugal.áb.dúbur)

O nome é composto por 'lugal' (rei) + 'áb' (vaca) + 'dubur' (fundamento), sendo difícil entender seu sentido, a não ser que se leia 'ab' (mar), homófono de 'áb', o que daria o significado 'rei do fundamento do mar'. Na forma feminina, 'ᵈnin-ab-dubur' – 'rainha do fundamento do mar' –, o nome se aplica a Zarpanítu, esposa de Marduk (cf. LBCM, p. 489).

O sentido do nome é dado como "Lugalabdubur, rei que dispersou as ações de Tiámat, extirpou suas armas", em que a correspondência 'lugal' = *šarru* fica evidente, mas a sequência, não. Contudo, é preciso considerar os seguintes jogos de palavras que motivam a primeira definição: 'ab', homófono de 'áb', significa 'mar', ou seja, parece aplicar-se a Tiámat; a sílaba -du- contida no nome, lida como 'dù', significa 'fazer', em acádio, *epēšu*, de que deriva *epšētu*, 'feito', 'ação'; a grafia antiga de 'dúbur', qual seja, 'dubur', com o significado de 'espalhar', corresponde ao acádio *sapāḫu*, 'dispersar' (de que *sāpiḫ* é particípio). Já para a segunda definição – "extirpou suas armas" –, considere-se que a sílaba -bur-, contida no nome, se lida como 'bur$_{12}$', tem o sentido de 'arrancar', correspondente ao acádio *nasāḫu* (particípio, *nāsiḫu*), 'extirpar', e a sílaba -du-, lida como 'dù' e escrita com o signo KAK, que significa 'arma', corresponde ao acádio *kakku*.

O verso seguinte continua explorando as sugestões do nome: "De quem, à frente e atrás, o suporte é firme". Como já apontado, 'dubur' = *dūruššu*, 'fundamento', 'suporte', enquanto a sílaba -du- sugere o signo DU, o qual pode ser lido como 'gín' = *kânu*, firmar, na raiz D, *kunnu*, 'ser firme' (cf. DNWP, p. 111-114, com outras sugestões). A referência parece ser ao suporte com que Marduk conta, à frente e na retaguarda, constituído pelos demais deuses.

Pagalguenna
(versos 93-94)

^{d}Pagalgu'enna ašarēd napḫar beli ša šaqâ emūqāšu	Pagalguenna, primeiro da soma dos senhores, de quem exaltada é a força,
ša ilāni aḫḫīšu šurbû etel napḫaršun	Dos deuses, seus irmãos, é o supremo, insigne entre a soma deles.

38.º nome: Pagalguenna (^{d}pa$_{4}$-gal-gú-en-na)

O sentido de 'pagalgu'enna' deve ser 'grande líder de todos os senhores', conforme as seguintes correspondências: 'pa-gal', 'grande líder', corresponde ao acádio *ašarēdu*, 'primeiro', 'eminente'; e 'gú-en-na(-ak)', 'de todos os senhores', traduzido como *napḫar bēlī*. Assim, a primeira definição do nome é bastante transparente: "Pagalguenna, primeiro da soma dos senhores".

A outras definições consideram outros jogos de palavras: a) "de quem exaltada é a força" parece ter como motivação que 'gú', de que um dos sentidos é 'força', traduz-se em acádio por *emūqu*; b) "dos deuses, seus irmãos, é supremo, insigne entre a soma deles", joga com 'pa$_{4}$', que pode ter o sentido de 'parente', 'irmão', em acádio *aḫu*, bem como com 'gal', 'grande', que corresponde ao acádio *šurbû* (cf. DNWP, p. 114-115).

Lugaldurmah
(versos 95-96)

dLugaldurmaḫ šarru markas ilāni bēl durmāḫi	Lugaldurmah, rei, vínculo dos deuses, senhor do Durmahu,
ša ina šubat šarrūti šurbû an ilāni ma'diš ṣiru	Que no assento dos reis é supremo, entre os deuses o mais eminente.

39.º nome: Lugaldurmah (dlugal-dur-maḫ)

Trata-se outro nome de sentido transparente: 'lugal', 'rei' + 'dur', 'corda' + 'maḫ', 'grande', isto é, 'rei do Durmah', a corda cósmica já referida. A explicação é clara: "rei, vínculo (*markas*) dos deuses, senhor do Durmahu". No primeiro caso, *markasu* é uma tradução bem exata de 'dur', 'vínculo', a referência aos deuses podendo ser sugerida por 'mah', 'grande'. No segundo, trata-se de simples acadianização do nome.

No segundo verso – "Que no assento (*šubtu*) dos reis (*šarrūti*) é supremo, entre os deuses o mais eminente" –, as motivações parecem decorrer dos seguintes jogos de palavras: a) 'dúr', homófono de 'dur', significa 'assentar', equivalente do acádio *wašābu*, de que deriva *šubtu*; b) *šarruti* é uma forma de *šarru*, rei, que traduz 'lugal'; c) *šurbû* e *ṣīru* são traduções possíveis para 'mah', 'grande', 'eminente', 'majestoso' (cf. DNWP, p. 115-116).

Aranunna
(versos 97-98)

dAnunna mālik dEa bān ilāni abbêšu	Aranunna, conselheiro de Ea, engendrado pelos deuses, seus pais,
ša ana alakti rubûtīšu lā umaššalu ilu ayyumma	Cuja conduta soberana deus algum refletir pode.

40.º nome: Aranunna (da-rá-nun-na)

O nome Aranunna é atestado num encantamento sumério ("Aranunna, Aranunna, / Sou o homem de Aranunna, / Qualquer tipo de malfeito, não venhas para junto de mim!") e, mesmo que, neste caso, receba o classificador de 'divindade', Lambert acredita que se trata, na origem, de um epíteto, com o sentido de 'conselheiro do nobre'. Assim, a primeira definição, "conselheiro de Ea" (*mālik* ^{d}*Ea*), é bastante precisa (cf. LBCM, p. 489).

A segunda definição é especialmente difícil em seu teor contraditório, pois, lida literalmente, assevera que Aranunna é aquele "que engendra (*bān*) deuses, seus pais". Tendo em vista a existência de dois verbos exatamente homófonos, *banû*, o primeiro com a acepção de 'criar', 'construir', 'engendrar', o segundo significando 'ser/ficar bom', 'ser/ficar belo', aplicado a pessoas, objetos, palavras ou feitos, o verso poderia ser traduzido por "que é o mais belo dentre os deuses, seus pais" – ressaltando-se contudo que essa leitura não teria relação alguma com o nome Aranunna. Uma terceira alternativa é normalizar *ba-an* como *ban*, o que é o estado constructo do estativo, com o significado de 'construído', 'criado', 'engendrado', gerando a leitura que adoto: "engendrado pelos deuses, seus pais". A relação com o nome, neste último caso, estaria em tomar 'a-rá' como seu homófono 'a-ri-a', 'impregnado', sinônimo de *banû*, mais 'nun', cujo sentido é 'senhor', 'principal', o que remeteria a *abu*, 'pai'.

A terceira definição – "Cuja conduta soberana deus algum refletir pode" – supõe traduzir 'a-rá' por 'caminho', 'conduta', equivalente do acádio *alaktu*, bem como 'nun', 'nobre', por *rubûtu*, 'soberano'. A intenção é insistir no fato de que Marduk é um deus sem igual, superior a todos os outros (cf. DNWP, p. 116-118).

Dumuduku
(versos 99-100)

^{d}*Dumuduku ša ina duku ūtaddašu šubassu ellet*	Dumuduku, que em Duku renova para si seu assento puro,
^{d}*Dumuduku ša balīšu purussû lā iparrasu* ^{d}*Lugalduku*	Dumuduku, sem o qual sentença não sentencia Lugalduku.

41.º nome: Dumuduku (^{d}dumu-du$_{6}$-kù)

Dumuduku significa 'filho da montanha sagrada' ou 'cidadão da montanha sagrada', considerando: 'dumu', 'filho' ou 'cidadão' + 'du$_{6}$', 'montanha', 'colina' + 'ku', 'santo', 'puro'. Danzig acredita que possa estar em causa um jogo com o próprio nome Marūtuk, tomando-se seu início como o acádio māru, 'filho', e traduzindo-o para o sumério como 'dumu'.

Dentre vários lugares chamados de 'du$_6$-ku' encontra-se o "assento cósmico do rei dos deuses, na assembleia divina em que os destinos são determinados", em acádio conhecido como *parak šīmāti*. Duku é também um nome do templo de Énlil em Eridu, o Ekur, apropriado pelo trono de Marduk na assembleia dos grandes deuses no Esagil, em Babilônia.

Lugalduku, referido no segundo verso, era um antigo deus, considerado pai ou ancestral de Ea – o sentido do termo sendo "senhor da montanha pura".

Na explicação, 'du$_6$-ku' é traduzido por *šubassu ellet*, 'assento puro', esse assento, de acordo com o segundo verso, sendo o Duku onde se proferem as sentenças (*purussû iparrassu*), provendo a relação de Marduk com a administração da justiça (cf. DNWP, p. 119-122).

Lugalshuanna
(versos 101-102)

^{d}Lugalšuanna šarru ša ina ilāni šaqâ emūqâšu	Lugalshuanna, rei de que, entre os deuses, exaltada é a força,
bēlum emūq anim ša šūturu nibût anšar	Senhor, força de Ánu, que é superior, escolhido de Ánshar.

42.º nome: Lugalshuanna (^{d}lugal-šu-an-na)

A explicação do nome – "rei de que, entre os deuses, exaltada é a força" – considera as seguintes correspondências: 'lugal' = *šarru*, 'rei' + šu = *emūqu*, 'força' + 'an', 'céu', que pode ter também o significado, quando adjetivo, de 'alto', correspondendo ao acádio *šaqû*, 'elevado', 'exaltado'.

No segundo verso, a definição "Senhor, força de Ánu" segue a mesma lógica, entendendo-se o último elemento do nome Lugalšu'anna, ou seja, 'an', como o nome de Ánu (cf. DNWP, p. 122-124, especialmente para a discussão de variantes textuais nesta passagem).

Irugga, Irquingu, Kinma
(versos 103-108)

^{d}Irugga šālil gimrīšunu qerbiš Tiāmat	Irugga, que pilhou por inteiro os que no interior de Tiámat,
ša napḫar uzni iḫmumu hasīsa palkī	Que a soma da acurácia recolheu, sagaz de todo.

^{d}*Irqingu šālil* ^{d}*Qingu abiš taḫāzi*	[105] Irquingu, que pilhou Quíngu ---- na contenda,
muttabbil têret napḫari mukīn bēlûti	Que conduz dos decretos a soma, firma o senhorio.
^{d}*Kinma muma''ir napḫar ilāni nādin milki*	Kinma, comandante da soma dos deuses, que dá conselho,
ša ana šumēšu ilānu kīma qanê meḫê išubbū palḫiš	A cujo nome os deuses, como numa borrasca, se dobram em tremor.

Lambert considera que esses três nomes constituem um grupo (que aparece na mesma ordem em duas listas, uma das quais An = *Anum*), o traço do deus em causa sendo a vitória sobre coisas no mar ou sobre Quíngu (cf. LBCM, p. 490).

43.º nome: Irugga (^{d}ir-ug_5-ga)

Neste primeiro caso, o nome pode significar, a partir de sua formação, 'portador de morte', considerando-se: 'ir', 'portador' + 'ug', 'morrer'. A explicação fornecida, contudo, relaciona 'ir' com *šalālu*, 'pilhar', o que daria ao nome o significado de 'pilhagem de morte': "Irugga, que pilhou por inteiro os que no interior de Tiámat", o que remete à narrativa.

O segundo verso – "Que a soma da acurácia recolheu (*napḫar uzni iḫmumu*), sagaz de todo" – propõe, em sua primeira parte, uma nova definição, baseada no seguinte jogo de palavras: a) 'ir' pode ser tomado como seu homófono 'ur_4', 'colher', 'recolher', equivalente ao acádio *ḫamāmu*; b) 'u' pode ser traduzido por *uznu*, 'acurácia', 'sabedoria'; c) 'gú', homófono de 'gu', tem o sentido de 'inteiramente', ou seja, o mesmo que *napḫar* (cf. DNWP, p. 125-126).

44.º nome: Irquingu (^{d}ir-qin-gu)

Em sumério, há várias possibilidades de entendimento do significado desse nome, a melhor das quais, segundo Danzig, seria 'mensageiro', considerando 'ir' como 'levar' e 'kin' como 'mensagem'.[262]

---

[262] Neste caso, a sílaba -gu- corresponderia a -ĝu-, constituindo um prolongamento de -kiĝ-.

A explicação, contudo, vai noutra direção: "Irquingu, que pilhou Quíngu (*šālil Qingu*) ---- na contenda",[263] em que se traduz, como para o nome anterior, 'ir' por *šalālu*, remetendo aos feitos de Marduk.

A segunda explicação – "Que conduz dos decretos a soma, firma o senhorio" – contém duas definições. A primeira delas, *muttabbil têret napḫari* ("que conduz dos decretos a soma") joga com o sentido de 'ir' como 'levar/trazer', correspondente ao acádio *tabālu* (de que *muttabbil* é um particípio), mais 'kin', como 'comando', 'decreto', em acádio *terêtu*, seguido de 'gú', 'inteiramente', em acádio, *napḫaru*. A segunda definição, *mukīn bēlūti* (o que "firma o senhorio"), joga com a palavra 'qin', de que um dos homófonos é 'gin$_6$', 'estabelecer', 'firmar', equivalente de *kānu* – o final do mesmo termo sumério, -in-, sendo lido como seu homófono 'en', 'senhor', que se traduz em acádio como *bēlum* (cf. DNWP, p. 127-128).

45.º nome: Kinma (^{d}kin-ma)

Kinma é provavelmente uma pronúncia alternativa para Kinga, usando uma substituição, registrada no emesal, de -ĝá- por -ma-. Considerando o primeiro elemento da composição, seu significado pode ser 'mensageiro' ('kin' = mensagem).

A definição ensina, todavia, que se trata do "comandante da soma dos deuses" (*muma''ir napḫar ilāni*), o que imporia equacionar 'kiĝ-ĝa' com seu homófono 'kingal', 'comandante'.

Os acréscimos insistem em dois aspectos do poder de Marduk, seu papel como conselheiro e como aquele "a cujo nome os deuses, como numa borrasca, se dobram em tremor", esta última imagem podendo ter sido sugerida pela sequência -in-, cujo homófono 'im' significa 'borrasca' (cf. DNWP, p. 129-132).

---

263 A linha pontilhada indica não quebra na tabuinha, mas a ocorrência de um termo cujo significado se desconhece: *abiš*. Talon (TBCM, p. 107) e Elli (EEE, p. 287) conjecturam que a expressão *abiš tahāzi* possa ser traduzida por "*en plein (?) combat*" e "*in pieno (?) combattimento*", respectivamente. Lambert deixa o termo sem tradução (LBCM, p. 131), como também faço aqui.

Esiskur
(versos 109-114)

^{d}*Esiskur šaqiš ina bīt ikribi lišibma*	Esiskur, altivo, na casa de prece se assente,
ilānu maḫrīšu lišēribū kadrāšun	[110] Os deuses defronte dele introduzam seus presentes;
adi iribšunu imaḫḫarūni	Até que suas prendas recebam,
mamman ina balīšu lā ibannâ niklāte	Ninguém sem ele não engendra prodígios;
erba ṣalmāt qaqqadi binâtūšu	Quatro cabeças-negras são suas criaturas,
ela šâšu ṭēmi ūmēšina lā i'adda ilu mamman	Exceto ele, o veredito de seus dias não conhece deus algum.

46.º nome: Esiskur (^{d}é-sískur)

O termo 'é-sískur' significa 'casa de prece' ('é', 'casa', 'templo' + 'sískur', 'prece', 'sacrifício'), sendo este o nome do templo para o qual se transportava a imagem de Marduk no início da festa do *Akītu*.

O primeiro verso fornece uma tradução literal do nome – "altivo, na casa de prece (*bīt ikribi*) ele se assente" –, ao mesmo tempo que declara a supremacia de Marduk em sua altivez. Isso se confirma nos versos seguintes, sob dois aspectos: com relação aos deuses, estes lhe devem presentes e honras; com relação aos homens, o fato de serem suas criaturas e de apenas ele conhecer seu destino. Danzig considera que tudo isso remete à instalação do *Akītu*, no início da festa de ano novo, uma vez que a procissão retornava à Babilônia e os destinos da humanidade eram decretados (cf. DNWP, p. 132-133).

Girru, Áddu, Asháru, Néberu
(versos 115-135)

^{d}*Girru mūkin aṣât* ^{is}*kakki*	[115] Girru, que firma o que sai da arma,
ša ina taḫāzi Tiāmat ibannâ niklāti	Na contenda com Tiámat engendrou prodígios,
palka uzni itpēša ḫasīsa	De todo agudo, experto, sagaz,
libbu rūqu ša lā ilammadū ilānu gimrassun	Coração profundo, o qual não alcançam os deuses, todos eles.
^{d}*Addu lū šumšu kiššat šamê līrimma*	Áddu seja seu nome, a totalidade do céu ele cubra,

ṭâbu rigmāšu eli erṣetim lirtaṣṣin	[120] Seu bom bramido sobre a terra ribombe,
mummu erpēti lištakṣibamma	O mugido das nuvens diminua,
šapliš ana nišī te'ûta liddin	[121b] Embaixo, para a gente sustento dê.
^{d}*Ašāru ša kīma šumīšūma īšuru ilāni šīmāti*	Asháru, que, conforme seu nome, reuniu os deuses do destino,
kullat kal nišī šū lū paqid	O montante de toda gente a ele se confie.
^{d}*Nēberu nēberit šamê u erṣetim lū tameḫma*	Néberu, travessias do céu e da terra ele retenha,
eliš u šapliš lā ibbirū liqi''ūšu šâšu	[125] No alto e abaixo não atravessam, esperam por ele;
Nēberu kakkabšu ša ina šamê ušapû	Néberu é sua estrela, a que no céu ele fez surgir,
lū ṣabit kunsaggî šunu šâšu lū palsūšu	Tome dele o eixo, elas a ele fitem;
mā ša qerbiš Tiāmat ītebbiru lā nāḫiš	Eia!, ele que, no interior de Tiámat, atravessou sem sossegar,
šumšu lū ^{d}*Nēberu āḫizu qerbīšu*	Seu nome seja Néberu, que tem seu interior,
ša kakkabī šamāmi alkassunu likīmma	[130] Ele que, das estrelas do firmamento, a conduta faça firme,
kīma ṣēni lir'â ilāni gimrāšun	Como gado pastoreie os deuses, a íntegra deles,
likmi Tiāmat napištāšu lisīq u likri	Encadeie Tiámat, sua vida estreite e encurte:
aḫrātas nišī labāriš ūmê	No vindouro para as gentes, em pósteros dias,
lissēma lā uktallu līrik ana ṣâti	Siga e não se retenha, vá longe no porvir.

Esses quatro nomes têm em comum o fato de serem acádios, o que faz com que a explicação seja diferente do que se observava anteriormente. Isso não implica, todavia, abandonar o jogo com o sumério, presente nas traduções e mesmo na exploração do sentido das sílabas das palavras acádias como se fossem sumérias (em jogos semelhantes aos praticados no *noṭariqon* dos hermeneutas judeus).

Danzig acredita que essas entradas foram postas no final da lista por dois motivos: de um lado, os nomes sumérios teriam precedência, em vista do caráter antigo e venerável da língua; por outro, dois dos quatro, Gírru e Áddu, são deuses bem-estabelecidos, cuja conflução com Marduk não é comum, o fato de virem no fim tendo o efeito de mostrar que se trata de novos sincretismos (cf. DNWP, p. 134).

47.º nome: Girru (^{d}bil.gi)

A definição do nome encontra-se no primeiro verso: "Girru, que firma o que sai da arma (*mūkin aṣât* ^{iš}*kakki*)".[264] Tanto Lambert quanto Danzig acreditam que está em causa o atributo de Gírru não como deus do fogo, mas como ferreiro (conforme Lambert, o Vulcano babilônico). Os jogos de palavras que ligam o nome à definição podem ser assim supostos: a sílaba -gi- do nome pode ser tomada pelo signo GI, com o valor da palavra suméria 'gin$_6$', cujo significado é 'estabelecer', 'firmar', equivalente ao acádio *kânu* (de que *mūkin* é um particípio); a vogal -i-, também parte do nome, pode ser uma variante fonética do termo sumério 'è', 'sair', equivalente ao acádio *waṣû*, de que deriva *aṣītu/aṣâtu*, 'o que sai'; finalmente, a sílaba -gir- é lida ao contrário como -rig-, homófona do sumério 'rìg', 'arma', como o acádio *kakku*. Note-se como os jogos remetem ao sumério, mesmo que tanto o nome quanto a explicação sejam em acádio, configurando procedimentos extremamente refinados de busca de significado, tendo-se sempre em mente que nomear, para os antigos mesopotâmicos, implicava dotar algo ou alguém de existência – neste caso, dando ser aos atributos de Marduk.

O segundo verso provê a passagem do primeiro, com sua referência à arma com que Marduk vence Tiámat, aos demais, que se concentram em sua sagacidade: "Que na contenda com Tiámat" (que remete ao verso anterior) "engendrou prodígios" (o que introduz os versos seguintes): "De todo agudo, experto, sagaz, / Coração profundo, o qual não alcançam os deuses, todos eles" (cf. DNWP, p. 135-136).

---

264 A compreensão e tradução de *mūkin aṣât* ^{iš}*kakki* oferece dificuldades quase instransponíveis, relativas ao significado de *aṣâtu* nesse contexto (*wāṣītu* significa literalmente 'aquilo que sai', substantivo derivado do verbo *waṣû*, 'sair'). Lambert, com hesitação, traduz a expressão por "*who makes weapons hard (?)*" (LBCM, p. 131); Danzig, como "*who ensconced the protusion(s) of the weapon*" (DNWP, p. 134); Talon, "*celui qui a instauré l'issue de l'arme*" (TBCM, p. 107); em sua nova tradução, Talon opta por deixar uma lacuna no texto: "*qui assure le... des armes*" (TEE, p. 199); Elli deixa o termo sem tradução: "*che ha stabilito la aṣītu dell'arma*" (EEE, p. 290). Na tradução que ofereço busquei ser literal: "que firma o que sai da arma".

48.º nome: Áddu (^{d}ad-du)

Áddu/Ádad é um deus autônomo, em sumério chamado de Ishkur, relacionado com o poder da tempestade. Ainda que Lambert considere que "a base para conectar Marduk com Ádad não seja clara", parece que se trata de enfocar o atributo de Marduk como deus da tempestade, esta, a par do ventos, constituindo uma de suas armas.

Uma vez que o primeiro verso da passagem contém o louvor – "Áddu seja seu nome, a totalidade do céu ele cubra" –, a definição propriamente dita aparece no segundo: "Seu bom bramido (*ṭābu rigmāšu*) sobre a terra ribombe". A motivação vem de 'ad' ter, em sumério, o sentido de 'voz', correspondendo ao acádio *rigmu*, a sílaba -du- (mesmo que o nome seja acádio) sendo tomada como seu homófono sumério 'du_{10}', 'bom', equivalente ao acádio *ṭābu* (cf. DNWP, p. 137).

Que no primeiro verso se faça referência a "céu" e no segundo a "terra" funciona como um merismo, para indicar a potência de Marduk sobre tudo, o que é reforçado pelo paralelismo dos versos: notem-se os dois verbos finais no optativo (*līrimma/lirtaṣṣin*); céu (*šamê*), no primeiro verso, e terra (*erṣetim*), no segundo, na penúltima posição; abstraído o nome próprio (Áddu), *šumšu* (seu nome) e *rigmāšu* (seu bramido), na segunda posição:

> ^{d}*Addu lū šumšu kiššat šamê līrimma*
> *ṭâbu rigmāšu eli erṣetim lirtaṣṣin*

A mesma alternância alto-baixo repete-se nos dois últimos versos: "O mugido das nuvens diminua, / Embaixo, para a gente sustento dê" – e ata o atributo de deus da tempestade com o de deus da fertilidade e fartura.

49.º nome: Asháru (a-šá-ru)

A explicação do nome, neste caso, é precedida de "conforme seu nome" (*kīma šumīšūma*): "Asháru, que, conforme seu nome, reuniu (*īšuru*) os deuses do destino". De fato, Asháru significa 'mestre de cerimônias', 'inspetor', sendo natural, portanto, que seja ele a reunir (*ašāru*) os deuses.

No segundo verso essa função de controle estende-se também à humanidade: "O montante de toda a gente (*kullat kal nišī*) a ele se confie!". Ora, 'de toda a gente' se diria em sumério 'un-šár-ra' ('un' = gente + 'šar' = totalidade), que é um homólogo de *Ašāru* (cf. DNWP, p. 138).

50.º nome: Néberu (dné-bé-ru)

O nome Néberu é uma forma *mapras* do verbo *ebēru*, 'atravessar', 'cruzar', seu sentido sendo, portanto, 'atravessador', 'cruzador', o local que ele cruza, a cada noite, não podendo ser outro que o céu.[265] O termo designa um corpo celeste, identificado às vezes com Júpiter, outras com um planeta diferente ou uma estrela. Recorde-se que, no início da tabuinha 5, quando Marduk se ocupa de confeccionar o céu:

> Desde o dia em que, do ano, traçou o traçado,
> Fixou a posição de Néberu, para expor seus liames.
> Para não haver quebra nem incúria de ninguém,
> A posição de Énlil e de Ea firmou com aquela.

Trata-se, portanto, de um astro que tem um papel nuclear, enquanto releva os liames que garantem a própria estrutura do firmamento.

A explanação de Néberu é a mais longa dos cinquenta e dois nomes, totalizando onze versos, em que se exploram as seguintes conexões:

a) O primeiro verso oferece uma explicação em parte tautológica, ao afirmar que d*Nēberu* significa *nēberit* (estado constructo de *nēbertu*, que é uma forma *maprast* do mesmo verbo *ebēru*), 'lugar que se cruza', 'travessia', qualificada por meio de um merismo e expressa num voto: "Néberu, travessias do céu e da terra ele retenha, / No alto e abaixo não atravessam, esperam por ele".

b) O dístico seguinte é atributivo, pois afirma que o nome decorre de que é dele a estrela que também se chama Néberu – "Néberu é sua estrela (*kakkabšu*)", acrescentando-se, como reforço de identificação, que se trata daquela "que no céu fez ele surgir" (o que implica uma remissão aos feitos narrados),

[265] Diz-se "forma *mapras*" o substantivo derivado de raízes verbais com esta estrutura: o prefixo *ma-* ou, no caso de raízes cujo primeiro fonema é uma labial, *na-* + as duas primeiras consoantes da raiz + vogal a/e + a última consoante da raiz. Por exemplo, de *šakānu* (raiz *škn*), 'pôr', 'localizar' > *ma* + *šk* – *a* + *n* = *maškanu*, 'lugar onde se põe', 'localização'; de *paḫārum* (raiz *pḫr*), 'reunir', 'ajuntar', 'somar' > *na* + *pḫ* + *a* + *r* = *napḫarum*, 'soma'.

para concluir com um voto: "Tome dele o eixo (*kunsaggû*)", isto é, o eixo do céu, "elas a ele fitem". O termo *kunsaggû* parece que nomeia o ponto de cruzamento dos astros, o que poderia ser entendido como o próprio eixo do céu, ocupado por Néberu, como indicado nos comentários ao início da tabuinha 5. A motivação, neste caso, pode provir dos signos com que se escrevem Néberu, a saber, SAG.ME.GAR, este último, GAR, sendo o logograma para *ṣabātu*, 'pegar', 'tomar' (cf. *ṣabit kunsaggî*).

c) Principiando de um modo particular, com uma interjeição, o terceiro dístico relaciona o nome com a luta contra Tiámat, cujo interior (*qerbiš*) Marduk "atravessou (*ītebbiru*) sem sossegar", por isso sendo merecedor do nome de Néberu (atravessador), a que se ajunta a qualificação: "aquele que tem seu interior (*āḫizu qerbīšu*)".[266] A motivação para esta última definição pode vir, mais uma vez, de SAG.ME.GAR, uma vez que *ṣabātu* pode ser considerado sinônimo de *aḫāzu*, 'ter', 'reter', 'pegar'.[267]

d) Os versos seguintes desdobram das três explicações o caráter de Marduk: ele é o astro que regula os movimentos celestes ("Ele que, das estrelas do firmamento, a conduta faça firme"); ele é quem conduz os movimentos dos deuses, qualificados como seu gado ("Como gado pastoreie os deuses, a íntegra deles"), devendo-se recordar que foi declarado antes pastor dos cabeças-negras (6, 107) e pastor firme de sua terra (7, 72), o que implica consideração de sua realeza; finalmente, é aquele que, vencendo Tiámat, formou o céu e a terra ("Encadeie Tiámat, sua vida estreite e encurte"), o que conduz ao louvor final:

---

266 O possessivo em *qerbīšu* está no masculino, quando seria de esperar *qerbīša*, uma vez que parece que se trata do interior de Tiámat.

267 Cf. DNWP, p. 143-144. Para uma leitura desta passagem da perspectiva de gênero, ver Helle, Marduk's penis, p. 70: "Aqui, o corpo monstruosamente fértil da fêmea volta na forma de Tiámat, e a ameaça desse retorno é bastante para requerer uma eterna renovação da sujeição. Na ansiosa lógica da misoginia, o corpo feminino não pode ser completamente subjugado, de uma vez por todas, mas tem de ser infatigavelmente apreendido e contido".

No vindouro para as gentes, em pósteros dias,
Siga e não se retenha, vá longe no porvir,
Porque os lugares celestes engendrou e formou o mundo inferior.[268]

Enkurkur
(versos 135-136)

aššu ašrī ibnâ iptiqa dannina	Porque os lugares celestes engendrou e formou o mundo inferior,
ᵈEnkurkur šumšu ittabi abu ᵈEnlil	Enkurkur o seu nome ser declarou o pai Énlil.

51.º nome: Enkurkur (ᵈen-kur-kur)

Enkurkur traduz o acádio *Bēl Mātāti*, cujo significado é 'Senhor de toda terra' ('en' = *bēl* + 'kur' = terra, a repetição indicando totalidade). A explicação, diferentemente de na maior parte dos outros casos, antecede o nome: porque Marduk é quem "os lugares celestes (*ašrī*) engendrou e formou o mundo inferior (*dannina*)", o que constitui um merismo para falar do todo.

É significativo que esse nome seja dado por Énlil, chamado de "pai", considerando, como já foi insistentemente salientado, que Marduk assimila funções e relatos daquele deus. De uma certa forma, portanto, isso implica que, com este último nome, a conflução dos demais deuses em Marduk atinge um ponto de destaque, o que pode justificar que seja algo que se acrescenta aos cinquenta anteriores, considerada a interpretação de que constitua de fato o quinquagésimo primeiro. Mas caso Múmmu e Zulumummu contassem como um único nome, pelas razões já expostas, Enkurkur seria o quinquagésimo nome, o que também configuraria uma posição de realce.

[268] O enunciado "siga e não se retenha" (*lissēma lā uktallu*) é de difícil compreensão. Além do sentido a ser atribuído ao verbo *nesû* (conforme o CAD, dentre outros, 'afastar', 'partir'), há ainda a questão sobre quem é o sujeito, Marduk ou Tiámat. Assim, Elli entende que se trata de Tiámat ("*che ella si allontani e non venga trattenuta*", EEE, p. 294), enquanto Lambert opta por Marduk ("*may he continue unchecked*", LBCM, p. 131). Talon fez de início a primeira opção ("*elle s'écarte sans qu'on puisse la retenir*", TBCM, p. 108, livro publicado em 2005), mas modificou posteriormente sua tradução ("*qu'il continue sans être retenu*", TEE, p. 203, livro de 2019). Considero mais provável que se trate de Marduk, não de Tiámat, em vista do verso antecedente e do seguinte.

Ea
(versos 137-142)

zikrī ^{d}Igigi imbû nagašun	As alcunhas os Ígigi declararam, a totalidade delas,
išmēma ^{d}Ea kabattāšu ittangi	E ouviu Ea, seu ânimo cantou:
mā ša abbēšu ušarriḫū zikiršu	Eia!, ele de que seu pai enalteceu a alcunha,
šū kīma yâtīma ^{d}Ea lū šumšu	[140] Dele, como o meu, Ea seja o seu nome!
rikis parṣīya kalīšunu libēlma	Dos liames de meus ritos, de todos eles, seja ele o senhor,
gimri têrētīya šū littabbal	Meus decretos por inteiro ele conduza.

Se pode haver dúvidas com relação à posição ordinal do nome dado por Énlil, fica evidente que, no caso de Ea, trata-se de uma honraria que se acrescenta à lista anterior, a qual se declara estar encerrada: "As alcunhas os Ígigi declararam, a totalidade delas". E é por alegrar-se com a audição dos nomes que Ea então decide dar o seu ao filho, com esta exclamação enfática: "Eia! ele de que seu pai enalteceu a alcunha" (*zikiršu*), afirmando ainda: "Dele, como o meu, Ea seja o seu nome!" (*šumšu*). É significativo que os dois versos terminem com os sinônimos *zikru e šumu*, e que seja através do nome que se processe a fusão entre pai e filho, radicalizando o sentido reflexivo que presidira a geração de Ánu por Ánshar, bem como de Ea por Ánu, pois não se trata mais só de reflexo, mas de conflução, na medida da coalescência entre nomes e coisas.

Os dois versos seguintes apenas tiram as consequências disso, numa entrada que, em sua diferença com o que a antecede, prescinde da explicação do nome. De fato, uma vez que Marduk recebe o nome de seu pai, recebe também o senhorio (*libēl*) dos ritos (*parṣī*) e decretos (*têrētī*) de Ea, pode-se dizer que seu poder, o que em sumério se expressa pelo termo 'me'. Não é sem importância que se inscreva no verbo usado (*libēl*) o principal nome de Marduk, *Bēl* (Senhor), marcando como é neste exato momento, em que lhe é dado o senhorio de seu pai, que ele se torna plenamente o Senhor dos deuses tanto quanto dos homens e de tudo o que há no mundo por ele criado.

O canto de Marduk
(versos 143-164)

ina zikrī ḫanšā ilānu rabiūtu	Em cinquenta alcunhas os grandes deuses
ḫanšā šumēšu imbû ušatirū alkassu	Cinquenta seus nomes declararam,

	excelsa fizeram-lhe a conduta!
liṣṣabtūma maḫrû likallim	[145] Sejam apreendidos e um antigo os revele,
enqu mudû mitḫāriš limtalkū	O ciente e o perito como um só ponderem,
lišannīma abu māri lišāḫiz	Repita o pai, ao filho ensine,
ša ^{amēl}*rē'ê u nāqidi lipattâ uznāšu*	Do pastor e zagal abram seu ouvido,
lā iggīma ana ^{d}*Enlil ilāni* ^{d}*Marduk*	Não seja desatento com o Énlil dos deuses, Marduk,
māssu liddiššâ šū lū šalma	[150] Sua terra tenha abundância e ele próprio saúde!
kīnat amassu lā enât qibissu	Firme é sua palavra, não se modifica ordem sua,
ṣīt pîšu lā uštepil ilu ayyumma	O que vem de sua boca não altere deus algum!
ikkilimmūma ul utāri kišāssu	Ao olhar em fúria, não volta sua nuca,
ina sabāsīšu uzzāšu ul imaḫḫaršu ilu mamman	Quando em ira, sua cólera não equivale à de deus algum!
ruqu libbāšu rapaš karassu	[155] Profundo seu coração, vastas suas entranhas,
ša anni u gillati maḫaršu ba'û	O que é de castigo e crime defronte dele segue!
taklimti maḫrû idbubu pānuššu	Revelações um antigo falou-lhe em face,
išṭurma ištakan ana šimê arkūti	Escreveu e dispôs para ser ouvidas no futuro:
epšāt ^{d}*Marduk ša ibnû ilāni Igigi*	Os feitos de Marduk, que exaltaram os deuses Ígigi.
ēma mû išattû šumšu lizakrū	[160] Onde quer que água se beba, seu nome seja invocado,
lišassûma zamāru ša Marduk	Proclamem o canto de Marduk,
ša Tiāmat ikmûma ilqû šarrūti	Que a Tiámat encadeou e assumiu a realeza!
[x x x] x *bit* ^{d}x[...	---- casa de ---
[x x x x] x ká-dingir-[ra?$^{ki?}$...	---- Babilônia ----

Os versos 143-144 são o encaixe entre os cinquenta nomes e a conclusão do poema, remetendo para uns e outra: ao mesmo tempo que insistem como "em cinquenta alcunhas os grandes deuses / seus cinquenta seus nomes declararam", cada nome implicando uma "conduta" (*alaktu*), um modo de ser, abrem-se para a admoestação de que os nomes sejam apreendidos, expostos, ponderados, repetidos e ensinados. Acredito que esse epílogo tenha como mote justamente o movimento nessa dupla direção, visando ao passado e ao futuro. Dessa perspectiva, o termo-chave de sua organização é *maḫrû* (que aparece nos versos 145 e 157), cujo significado se desdobra em duas direções:

'primeiro', 'antigo', 'precedente', 'mais velho', remetendo ao passado; 'seguinte', 'próximo', visando ao futuro.

Outro aspecto a realçar é que se trata de um excurso metapoético, em que se expõem as perspectivas de recepção da obra – pelo sábio, o ciente, o pai, o filho, o pastor e zagal –, apresentando-se também seu processo de composição como o canto de Marduk.

A passagem tem sido dividida de modo diferenciado pelos comentadores (cf. GEE, p. 83), sendo contudo relativamente pacífico que os versos iniciais (145-149) e os finais (157-162) constituem sequências facilmente identificáveis. Para a análise que segue, divido o texto em três porções, cada qual com exatos seis versos: a) o cuidado com os cinquenta nomes (v. 145-150); b) o louvor de Marduk (v. 151-156); c) o canto de Marduk (157-162). Observe-se como se trata de uma sucessão bem balanceada, o que não é estranho em vista da habilidade do poeta na composição de discursos, aspecto já mais de uma vez salientado. Acrescente-se como é no primeiro verso da primeira e da terceira parte que se encontra a menção ao *maḫrû*, fazendo com que correspondam uma à outra.

Uma observação de ordem geral é feita por Helle, que chama a atenção para como o epílogo, cuja importância é destacada, uma vez que manifesta a expectativa do poeta com relação à recepção da obra, se constrói inteiramente no masculino, na sequência de ações atribuídas ao antigo sábio, o ciente e o perito, o pai e o filho, o pastor e zagal, em coerência com o protagonismo concedido, na narrativa, aos deuses, em detrimento das deusas (Helle, Marduk's penis, p. 71-72).

O cuidado dos cinquenta nomes

O primeiro trecho tem em vista os cinquenta nomes e concentra-se em admoestações visando a sua conservação e transmissão. Isso se faz numa gradação de agentes, pacientes e ações, estas últimas expressas no precativo (com o prefixo *li-*), o que constrói um jogo de efeitos sonoros em líquidas, em virtude tanto das formas verbais (*liṣṣabtūma, likallim, limtalkū, lišannīma, lišāḫiz, lipattâ, liddiššâ*) quanto de outros termos (*lā iggīma,* ᵈ*Enlil ilāni, lū šalma*), os quais se desdobram de verso em verso, atingindo todos os seis e emprestando ao trecho uma articulação bem coesa.

Considerando a sucessão do que se enuncia, o primeiro problema surge no verso 145 ("Sejam apreendidos e um antigo os revele"), relativamente a qual é o sujeito de "sejam apreendidos" (*liṣṣabtū*), se os cinquenta nomes (*šumū*) ou todas as sete tabuinhas (*ṭuppū*) – pois, ambos os termos são masculinos, tal como o verbo, ambos os entendimentos sendo possíveis (cf. GEE, p. 84-85). Acredito, contudo, que se deva tratar do imediatamente antes referido, ou seja, dos nomes. A esfera semântica do verbo *ṣabātu* abrange as noções de 'tomar', 'segurar', e, no radical D, que se usa neste caso, também 'prender', 'fixar', ou seja, trata-se de apreender os nomes e conservá-los para que não se percam.

No mesmo verso se acrescenta "um antigo os revele", o que traduzi por "antigo" sendo *maḫrû*, uma figura de proa, um primeiro no tempo ou dentre os pares. O verbo *likallim*, precativo de *kullumu*, 'expor', 'mostrar', 'revelar', usa-se com objeto direto nulo, o contexto permitindo recuperar que se trata dos nomes (por isso, na tradução, em vista de obter uma estrutura sintática afeita ao português, acrescentei o pronome objeto direto). Lambert acredita que *mahrû* remeta ao autor do poema, o "antigo" ao qual cabe conservar os nomes de Marduk e expô-los, entendimento que se ampliaria mais adiante (v. 157-159), quando se afirma que as "revelações" que tal "antigo falou" dizem respeito não só aos cinquenta nomes, mas a todo o "destino de Marduk" (cf. LBCM, p. 439).

O verso seguinte prescreve que "O ciente (*enqu*) e o perito (*mudû*) como um só ponderem" (*limtalkū*), o objeto direto, de novo, sendo omitido. Parece, entretanto, que se têm em vista as práticas eruditas de interpretação dos nomes, em que os sábios se empenham, consultando-se uns aos outros (para uma discussão mais ampla, GEE, p. 85-86).

O contexto do verso que segue lança luz sobre a transmissão em ambiente familiar – "Repita (*lišanni*) o pai, ao filho ensine (*lišāḫiz*)" –, o que parece continua a ter como objeto os cinquenta nomes. Ressalte-se que, introduzindo um processo educativo, não se deve considerar que se trata apenas de uma referência à família, mas que se abrange também a escola.

Na divisão do texto que proponho, os três versos seguintes devem ser lidos em conjunto:

> Do pastor e zagal (*rē'û u nāqidu*) abram seu ouvido,
> Não seja desatento com o Énlil dos deuses, Marduk,
> Sua terra tenha abundância e ele próprio saúde!

Um primeiro entendimento, mais direto, suporia que "pastor e zagal" remeteriam a uma esfera social mais abrangente, considerada a gradação que parte do *mahrû*, passa pelo sábio e o ciente, o pai e o filho, até desembocar nas pessoas comuns. Mais elaborada, todavia, é a alternativa de que, ao invés de remeter de algum modo à gente comum, o que se tem é vista é o rei. Conforme as palavras de Gabriel,

> [...] até este ponto as instruções para o uso correto do texto se limitavam à prática dentro da comunidade de especialistas religiosos. No verso 148 uma nova instância é introduzida, começando com um genitivo, posto em primeiro lugar, dos substantivos *rē'û* e *nāqidu*, que são, ambos, termos para "pastor". Ambas as expressões estão aqui para designar o rei, o governante humano da terra (Babilônia), o que pode ser constatado por vários motivos. Em primeiro lugar, *nāqidu* e o abstrato *rē'ūtu* aparecem na explicação dos 50 nomes de Marduk, onde se aplicam exclusivamente ao soberano dos deuses. Em segundo lugar, ambos os substantivos representam uma instância singular (pelo menos em dois dos textos conservados), uma vez que são referidos pelo pronome possessivo [singular] *šu* ['dele'] no final do mesmo verso. [...] Assim, o dícolon *rē'û u nāqidu* refere-se muito provavelmente ao rei, como interpretam Claus Wilcke e Michal Streek. Visto que o *Enūma eliš* é uma obra sem dúvida babilônica, certamente a referência é ao soberano babilônico, que assim é introduzido no epílogo. (GEE, p. 90-91)

A referência sendo ao rei, entende-se que os dois versos seguintes abordem Marduk como Énlil dos deuses (isto é, como o Senhor dos deuses), seu soberano, bem como que se afirme que a atenção do rei para com o deus tem como consequência abundância para sua terra e saúde para ele próprio. Nessa leitura, o ponto de chegada da conservação e transmissão dos cinquenta nomes é o soberano babilônico.

O louvor de Marduk

O último dístico da parte anterior fornece a abertura para a retomada, uma última vez, da doxologia de Marduk, suas qualidades, expostas no decorrer da narrativa, compreendendo:

a) a firmeza de sua palavra ("Firme é sua palavra, não se modifica uma ordem sua, / O que vem de sua boca não altere deus algum!");
b) o vigor de sua ira ("Ao olhar em fúria, não volta sua nuca, / Quando em ira, sua cólera não equivale à de deus algum!");
c) a amplidão de sua sabedoria ("Profundo seu coração, vastas suas entranhas");
d) a certeza de sua justiça ("O que é de castigo e crime defronte dele segue!").

Note-se como se trata de atributos ligados à sabedoria e à justiça do deus, virtudes eminentemente políticas, o que coaduna bem com a referência ao rei na passagem anterior.

O canto de Marduk

A última parte retoma o viés metapoético da primeira, o que logo salta à vista pelo paralelismo entre o verso 145 – "Sejam apreendidos e um antigo (*mahrû*) os revele (*likallim*)" – e o verso 157 – "Revelações (*taklimti*) um antigo (*mahrû*) falou-lhe em face" –, considerando-se a nova referência tanto ao *mahrû* quanto a revelações (*taklimtu* é substantivo abstrato derivado de *kullumu*, de que *likallim* é precativo). Esses são, portanto, os dois termos que dão coesão ao epílogo.

O que agora de principal se acrescenta na descrição do *mahrû* é a informação de que ele não só proferiu revelações mas também as escreveu: "Revelações um antigo falou-lhe em face, / Escreveu e dispôs para ser ouvidas no futuro". Sendo explícita essa referência a escritura (cf. *išṭur*, pretérito de *šaṭāru*, 'escrever'), Lambert considera que *mahrû* designaria "certamente um homem culto" e, tendo em vista como, "no período ao qual se atribui a composição da obra, os estudiosos eram geralmente sacerdotes, se pode conjecturar que prestava ele algum tipo de serviço no templo de Marduk, em Babilônia" (LBCM, p. 439; sobre a questão de saber se o sujeito de *išṭur* seria *mahrû*, GEE, p. 97). Trata-se, portanto, de uma referência do poeta a si mesmo, ainda que em terceira pessoa (cf. Foster, On authorship in Akkadian literature, p. 21-23).

Entretanto, além do que possa nos informar sobre o poeta, o mais importante nos três versos é seu teor performático:

Revelações um antigo falou-lhe em face,
Escreveu e dispôs para ser ouvidas no futuro:
Os feitos de Marduk, que exaltaram os deuses Ígigi.

Considerando que, diferentemente de na primeira parte, o objeto da revelação esteja bem determinado (o destino de Marduk, ou seja, o conteúdo inteiro de sua saga), bem como o modo como ela se faz (de início foi proferida, em seguida, escrita visando ao futuro), fica em aberto saber diante de quem o *mahrû* falou pela primeira vez. Uma alternativa plausível seria que o tivesse feito em face de Marduk,[269] dado que o trecho imediatamente anterior é sobre o deus, mas uma outra opção seria considerar a relação dessa parte do epílogo com a primeira, que terminara com a remissão à figura do rei. A favor dessa interpretação milita o fato de que audição seja o que está em causa tanto no primeiro caso ("Do pastor e zagal abram o ouvido") quanto no segundo ("falou-lhe em face [...] para ser ouvidas no futuro", cf. GEE, p. 95-97).

Em ambos os entendimentos, prevalece o sentido de que o poeta pretenderia referir-se à primeira performance do canto de Marduk, a qual se repete a cada ano por ocasião do *akītu*, o que, pelo menos de acordo com um testemunho do primeiro milênio, acontecia no quarto dia: o poema era recitado [*ištu rēš*]*īšu adi qītīšu* (de cabo a rabo), na câmara santa do Esagila (Sommer, The Babylonian Akitu Festival). Assim, "o verso 157 poderia constituir uma descrição da recitação da obra [...] em frente da estátua de Marduk, no E-umuša (a cela de Marduk no Esagila)", o termo *pānūšu* (em face dele) referindo-se a essa imagem. Desse modo, nos termos de Gabriel, "o epílogo constituiria uma referência à vinculação original do *Enūma eliš* com o culto, a qual já estaria definida quando a obra ou apenas o epílogo foram escritos" (GEE, p. 96).

Os versos finais têm fundamental importância, pois, a par de determinarem que o nome do deus seja sempre invocado, dão uma denominação precisa ao poema, "o canto de Marduk", e definem também com precisão seu escopo:

---

[269] Este é o entendimento de Lambert: "*Instructions which a leading figure repeated before him (Marduk)*" (LBCM, p. 133).

> Onde quer que água se beba, seu nome (*šumšu*) seja invocado (*lizakrū*),
> Proclamem (*lišassûma*) o canto de Marduk (*zamāru ša Marduk*),
> Que a Tiámat encadeou e assumiu a realeza!

Ressalte-se que o uso de *zamāru*, ainda que haja dúvidas sobre o sentido exato do termo, indica que a recitação do texto se fazia em contexto musical. De fato, a palavra se aplicava, de modo bastante amplo, a várias obras poéticas, como à chamada *Canção de Agushaya* ou o *Poema de Erra*. Todavia, conforme Gabriel, "*zamāru, p*elo menos no período paleobabilônico, designa peças que eram acompanhadas por um instrumento de cordas ou executadas apenas com a voz", ficando aberta a questão de até que ponto isso se aplica também ao fim do segundo e ao primeiro milênio a.C. De qualquer modo, "o lexema *zamāru* indica uma prática recitativa com conotação musical" (GEE, p. 100).

Voltado para a glorificação de Marduk, não deixa de ser significativo que, em seu último verso, o deus divida as atenções com sua antagonista, Tiámat, uma vez que foi a vitória contra ela que o alçou à suprema realeza.[270]

---

[270] Os dois fragmentos de linhas que se seguem ao verso final são difíceis de interpretar.

Referências

Texto e traduções do *Enūma eliš*

BOTTÉRO, Jean; KRAMER, Samuel Noah. *Lorsque les dieux faisaient l'homme*: Mythologie mésopotamienne. Paris: Gallimard, 1993.

DALLEY, Stephany. The epic of creation. In: *Myths from Mesopotamia*. Translation by Stephany Dalley. Oxford: Oxford University Press, 2008. p. 228-277.

ELLI, Alberto. *Enūma eliš: il mito babilonese della creazione*. Testo cuneiforme, traslitterazione, trascrizione, traduzione e commento delle sette travolette. Itália: Mediterraneoantico.it, 2015.

FOSTER, Benjamin R. Epic of creation. In: *Before the Muses*: An anthology of Akkadian literature. Bethesda: CDL Press, 1996. p. 350-401.

HEIDEL, Alexander. *The Babylonian Genesis*: The story of creation. Chicago & London: University of Chicago Press, 1951.

KÄMMERER, T. R.; METZLER, K. A. *Das babylonische Weltschöpfungsepos Enūma eliš*. Münster: Ugarit-Verlag, 2012.

LABAT, René; CAQUOT, André; SZNYCER, Maurice; VIEYRA, Maurice. *Les religions de Proche-Orient asiatique*: Textes babyloniens, ougaritiques, hittites. Paris: Fayard/Denoël, 1970.

LAMBERT, Wilfred G. *Babylonian creation myths*. Winona Lake: Eisenbrauns, 2013.

LAMBERT, Wilfred G. *Enūma eliš*: The Babylonian Epic of Creation. The Cuneiform Text by Wilfred G. Lambert and S. B. Parker. Oxford: Clarendon, 1966.

SMITH, George. *The Chaldean Account of Genesis*. New York: Scriber, Armstrong & Co., 1876.

TALON, Philippe. *The standard Babylonian Creation Myth* Enu¯ma Eliš: Introduction, cuneiform text, transliteration, and sign list with a translation and glossary in French by Philippe Talon. Helsinki: Univesity of Helsinki Neo-Assyrian Text Corpus Project, 2005.

TALON, Philippe; ANTHONIOZ, Stéphanie. *Enūma Eliš*: Lorsqu'en haut... Textes édités, traduits et présentés para Philippe Talon et Stéphanie Anthonioz. Paris: Les Éditions du Cerf, 2019.

Obras de referência

BLACK, Jeremy; GEORGE, Andrew; POSTGATE, Nicholas. *A concise dicionary of Accadian*. Wiesbaden: Harrassowitz, 2000.

BLACK, Jeremy; GREEN, Anthony. *Gods, demons and symbols of Ancient Mesopotamia*. Illustrations by Tessa Rickards. Austin: University of Texas Press, 2003.

BOTTERWECK, G. Johannes; RINGGREN, Helmer; FABRY, Heinz-Josef (Ed.). *Theological Dictionary of the Old Testament*. Translated by Douglas W. Stott. Grand Rapids/Cambridge: William B. Eerdmans, 1997.

EBELING, Erich; MEISSNER, Bruno (Ed.). *Reallexikon der Assyriologie und Vorderasiatischen Archäologie*. Berlin/Leipzig: Walter de Gruyter, 1934.

HOUAISS, Antônio *et al*. *Dicionário Houaiss da língua portuguesa*. Rio de Janeiro: Objetiva, 2001.

The Assyrian dictionary of the Oriental Institute of the University of Chicago. 21 volumes. Chicago: The Oriental Institute/Glückstadt: J. J. Augustin Verlagsbuchlandlung, 1956-2010.

TOORN, Karel van der; BECKING, Bob; HORST, Peter van der. *Dictionary of deities and demons in the Bible*. Leiden: Brill, 1999.

Outras obras

A Bíblia de Jerusalém. São Paulo: Paulinas, 1985.

ABUSCH, Tzvi. Ishtar's proposal and Gilgamesh's refusal: an interpretation of "The Gilgamesh Epic", tablet 6, lines 1-79. *History of religions*, v. 26, n. 2, p. 143-187, 1986

ALDERETE, Matías. La monstruosidad de Tiāmat: *Enūma eliš* y la copa de Ain Samiya. *Bibliotheca augustiniana*, v. 8, tomo 1, p. 11-38, 2017.

ANNUS, Amar. *The standard Babylonian Epic of Anzu*. Introduction, cuneiform text, transliteration, score, glossary, indices and sign list by Amar Annus. Helsinki: The Neo-Assyrian Text Corpus Project, 2001.

ANTHONIOZ, Stéphanie. De l' *Enūma Eliš* à l'Écrit sacerdotal: influences et divergences. In: TALON, Philippe; ANTHONIOZ, Stéphanie. *Enūma Eliš*: Lorsqu'en haut... Paris: Les Éditions du Cerf, 2019. p. 231-298.

ARENDT, Hanna. *A condição humana*. Tradução de Roberto Raposo. Rio de Janeiro: Forense Universitária, 1993.

ARISTÓTELES. *Metafísica*. Edición trilingüe por Valentín García Yebra. Madrid: Gredos, 1982.

ARNAUD, Daniel. *Corpus des textes de bibliothèque de Ras Shamra-Ougarit (1936-2000) en sumérien, babylonien et assyrien*. Aula Orientalis Supplementa 23. Sabadell: Editorial Ausa, 2007. (ACU)

ASHER-GREVE, Julia M.; WESTENHOLZ, Joan Goodnick. *Goddesses in context*: On divine powers, roles, relationships and gender in Mesopotamian textual and visual sources. Fribourg/Göttingen: Academic Press/Vandenhoeck Ruprecht, 2013.

ASSUNÇÃO, Teodoro Rennó. O banho de Diomedes e Odisseu no fim do canto X da *Ilíada* (572-577). *Nuntius antiquus*, v. 14, p. 13-32, 2019.

ASSUNÇÃO, Teodoro Rennó. Um brevíssimo esboço sobre comida/bebida nas "assembleias" dos deuses em Homero (manuscrito inédito).

AYALI-DARSHAN, Noga. The other version of the history of the Storm-god's combat with the Sea in the light of Egyptian, Ugaritic, and Hurro-Hittite texts. *Journal of Ancient Near-Eastern Religions*, v. 15, p. 20-51, 2015.

AYALI-DARSHAN, Noga. The question of the order of Job 26, 7-13 and the cosmogonic tradition of Zaphon. *Zeitschrift für die alttestamentliche Wissenschaft*, v. 126, p. 401-417, 2014.

BACKER, Fabrice De. Cruelty and military refinements. *Res antiquae*, v. 6, p. 13-50, 2009.

BACKER, Fabrice De. Fragmentation of the enemy in Ancient Near East during the Neo-Assyrian period. In: MICHAELS, Axel (Ed.). *Ritual dynamics and the science of ritual*. v. 3. Wiesbaden: Harrassowitz Verlag, 2010. p. 393-412.

BARTASH, Vitali. *Puḫru*: Assembly as a political institution in *Enūma eliš* (preliminary study). In: KOGAN, L. *et al.* (Ed.). *Language in the Ancient Near East*. v. 1, part 2. Winona Lake: Eisenbrauns, 2010. p. 1083-1108.

BATTO, Bernard F. The sleeping god: An ancient Near Eastern motif of divine sovereignty. *Biblica*, v. 68, n. 2, p. 153-177, 1987.

BAUMANN, Gerlind. Das Opfer nach der Sintflut für die Gottheit(en) des Altes Testaments und des Alten Orients: eine neue Deutung. *Verbum et Ecclesia*, v. 34, n. 2. p. 1-7, 2013

BLASCHKE, Theresa. *Euphrat und Tigris im Alten Orient*. Wiesbaden: Harrassowitz Verlag, 2018.

BOTTÉRO, Jean. Antiquités assyro-babyloniennes. *Annuaire 1975-1976 de l'École pratique des hautes études*, Sciences historiques et philologiques, p. 77-126, 1976.

BOTTÉRO, Jean. *Il était une fois la Mésopotamie*. Paris: Gallimard, 1993.

BOTTÉRO, Jean. *La religión más antigua: Mesopotamia*. Traducción de María Tabuyo y Agustín López. Madrid: Trotta, 2001.

BOTTÉRO, Jean. *Mythes et rites de Babylone*. Paris: Librairie H. Champion, 1985.

BOTTÉRO, Jean. *Nascimento de Deus*: A Bíblia e o historiador. Tradução de Rosa Freire D'Aguiar. São Paulo: Paz e Terra, 1993.

BRANDÃO, Jacyntho Lins. A "Epopeia de Gilgámesh" é uma epopeia? *Art-Cultura*, v. 31, n. 38, p. 9-24, 2019.

BRANDÃO, Jacyntho Lins. *Ao Kurnugu, terra sem retorno*: Descida de Ishtar ao mundo dos mortos. Curitiba: Kotter, 2019.

BRANDÃO, Jacyntho Lins. *Em nome da (in)diferença*: o mito grego e os apologistas cristãos do segundo século. Campinas: Editora da Unicamp, 2014.

BRANDÃO, Jacyntho Lins. *Epopeia de Gilgámesh*. Texto, tradução e notas por J. L. Brandão. Belo Horizonte: Autêntica, 2021.

BRANDÃO, Jacyntho Lins. Grécia e Mesopotâmia: o mundo dos mortos, o rio e o barqueiro. *Revista de estudos de cultura*, v. 7, n. 18, p. 23-36, 2021.

BRANDÃO, Jacyntho Lins. No princípio era a água. *Revista da UFMG*, v. 20, n. 2, p. 22-41, 2013.

BRANDÃO, Jacyntho Lins. *Sin-léqi-unninni, Ele que o abismo viu*: Epopeia de Gilgámesh. Introdução, tradução e comentários por Jacyntho Lins Brandão. Belo Horizonte: Autêntica, 2017.

BURSTEIN, Stanley Mayer. *The Babyloniaca of Berosus*. Malibu: Undena Publication, 1978.

CARAMELO, Francisco. Os calendários mesopotâmicos, o culto e as hemerologias. *Cultura*, v. 23, p. 77-88, 2006.

CASSIN, Elena. *La splendeur divine*: introduction à l'étude de la mentalité mésopotamienne. Paris-Le Haye: Mouton, 1968.

CHARPIN, Dominique. *Reading and writing in Babylon*. Translated by Jane Marie Todd. Cambridge: Harvard University Press, 2010.

CHIODI, S. M. Introduzione. In: PETTINATO, Giovanni. *Nergal ed Ereškigal, il poema assiro-babilonese degli Inferi*. Roma: Atti della Accademia Nazionale dei Lincei, 2002.

COHEN, Mark E. *The cultic calendars of the ancient Near East*. Bethesda: CDL Press, 1993.

COLLINS, Paul. Gods, Heroes, Rituals, and Violence: Warfare in Neo-Assyrian Art. In: BROWN, Brian A.; FELDMAN, Marian H. (Ed.). *Critical approaches to Ancient Near Eastern Art*. Boston/Berlin: Walter de Gruyter, 2014. p. 619-644.

CONNERY, Christopher. *There was no more sea*: the supersession of the ocean, from the Bible to cyperspace. *Journal of historical geography*, v. 32, p. 494-511, 2006.

DALLEY, Stephanie. *Myths from Mesopotamia*: Creation, The Flood, Gilgamesh and others. Oxford: Oxford University Press, 2008.

DAMASCIUS. *Traité des premiers principes*. Texte établi par Leendert Gerrit Westerink et traduit par Joseph Combès. Vol. 3. Paris: Les Belles Lettres, 1991.

DANZIG, David. *Name word play and Marduk's fifty names in Enūma eliš*. New Haven: Yale University, 2013. (tese)

DUCHEMIN, Jacqueline. *Prométhée*: histoire du mythe, de ses origines orientales à ses incarnations modernes. Paris: Les Belles Lettres, 2000.

EBELING, Erich. *Tod und Leben nach den Vorstellungen der Babylonier*. Berlin/ Leipzig: Walter de Gruyter, 1931.

ESPAK, Peeter. *Ancient Near Eastern gods Enki and Ea*: Diachronical analysis of texts and images from the earliest sources to the Neo-Sumerian period. Tartu: Tartu University, 2006. (tese)

EVANS, Geoffrey. Ancient Mesopotamia assemblies. *Journal of The American Oriental Society*, v. 78, n. 1, p. 1-11, 1958.

FLORES, Guilherme Gontijo; SCANDOLARA, Adriano. *Inana: antes da poesia ser palavra, era mulher*. São Paulo: sobinfluencia edições, 2022.

FOSTER, Benjamin R. On authorship in Akkadian literature. *Annali dell'Istituto Orientali di Napoli*, v. 51, p. 17-32, 1990.

FRAHM, Eckart, JIMÉNEZ, Enrique. Myth, ritual, and interpretation: The commentary on *Enūma eliš* I-VII and a commentary on Elamite month names. *Hebrew Bible and ancient Israel*, v. 4, n. 3, p. 293-343, 2015.

GABRIEL, Gösta Ingvar. *Enūma eliš – Weg zu einer globalen Weltordnung*: Pragmatik, Struktur und Semantik des babylonischen "Lieds auf Marduk". Tübingen: Mohr Siebeck, 2014.

GELB, Ignace J. The name of Babylon. In: HESS, Richard S.; TSUMURA, David Toshio (Ed.). *I studied inscriptions from before the flood*: Ancient Near Eastern, literary and linguistic approaches to *Genesis* 1-11. Winona Lake: Einsenbrauns, 1994. p. 266-269.

GELLER, Markham J. *Ancient Babylonian Medicine: theory and practice*. Chichester: Wiley-Blackwell, 2010.

GEORGE, Andrew R. Cosmogony in ancient Mesopotamia. In: GINDHART, Marion; POMMERENING, Tanja. *Aufgang & Ende*: vormoderne Szenarien von Weltenstehung und Weltuntergang. Darmstadt: von Zabern, 2016. p. 7-25.

GEORGE, Andrew R. Sennacherib and the Tablet of Destinies. *Iraq*, v. 48, p. 133-146, 1986.

GEORGE, Andrew R. *The Babylonian Gilgamesh Epic*. Introduction, critical edition and cuneiform texts by Andrew George. Oxford: Clarendon, 2003.

GEORGE, Andrew G. *The Epic of Gilgamesh*: The Babylonian epic poem and other texts in Akkadian and Sumerian. Translated with an introduction by Andrew George. London: Penguin Books, 1999.

GEYER, J. B. Twisting Tiamat's tail: a mythological interpretation of Isaiah XIII 5 and 8. *Vetus Testamentum*, v. 37, n. 2, p. 164-179, 1987.

GREENSTEIN, Edward L. Sages with a sense of humor: The Babylonian dialogue between a master and his servant and the Book of Qohelet. In: CLIFFORD, Richard J. (Ed.). *Wisdom literature in Mesopotamia and Israel*. Atlanta: Society of Biblical Literature, 2007. p. 55-66.

HARRIS, Rivkah. *Gender and aging in Mesopotamia*: The *Gilgamesh Epic* and other ancient literature. Norman: University of Oklahoma Press, 2003

HAUBOLD, Johannes. Conflict, consensus and closure in Hesiod's *Theogony* and *Enūma eliš*. In: BASSINO, Paola; CANEVARO, Lilah; GRAZIOSI, Barbara. *Conflict and consensus in early Greek hexameter poetry*. Cambridge: Cambridge University Press, 2017. p. 17-38.

HAUBOLD, Johannes. From text to reading in *Enūma eliš*. *Journal of Cuneiform Studies*, v. 69, p. 221-246, 2017.

HAUBOLD, Johannes. *Greece and Mesopotamia*: dialogues in Literature. Cambridge: Cambridge University Press, 2013.

HEIDEL, Alexander. *The Gilgamesh epic and Old Testament parallels*. Chicago: The University of Chicago Press, 1949

HEIMPEL, Wolfgang. Anthropomorfic and bovine Lahmus. In: DIETRICH, M.; LORETZ, O. (Ed.). *Dubsar anta-men*: Studien zur Orientalistik (Festschrift für Willem H. Ph. Römer). Münster: Ugarit-Verlag, 1998. p. 129-156.

HEIMPEL, Wolfgang. The Sun at night and the doors of heaven in Babylonian texts. *Journal of Cuneiform Studies*, v. 38, n. 2, p. 127-151, 1986.

HELLE, Sophus. Marduk's penis: queering *Enūma eliš*. *Distant Worlds Journal*, v. 4, p. 63-77, 2020.

HÉSIODE. *Théogonie, Les travaux et les jours, Le bouclier*. Texte établi et traduit par Paul Mazon. Paris: Les Belles Lettres, 1982.

HESÍODO. *Teogonia*: A origem dos deuses. Estudo e tradução de Jaa Torrano. São Paulo: Iluminuras, 1991.

HOMERUS. *Odyssea*. Ed. David B. Monro et Thomas W. Allen. Oxford: Clarendoniano, 1951.

HOROWITZ, Wayne. *Mesopotamian cosmic geography*. Winona Lake: Einsenbrauns, 2011.

HOROWITZ, Wayne. The Babylonian map of the world. *Iraq*, v. 50, p. 147-165, 1988.

HUEHNERGARD, John. *A grammar of Akkadian*. Winona Lake: Eisenbrauns, 2005.

HUTTER, Manfred. *ammatu*: Unterwelt in Enuma Elis I 2. *Revue d'assyriologie et d'archéologie orientale*, v. 79, n. 2, p. 187-188, 1985.

HUXLEY, Margaret. The shape of the cosmos according to cuneiform sources. *Journal of the Royal Asiatic Society*, 3d serie, v. 7, n. 2, p. 189-198, 1997.

JACOBSEN, Thorkild. Primitive democracy in ancient Mesopotamia. *Journal of Near Eastern Studies*, v. 2, n. 3, p. 159-172, 1943.

JACOBSEN, Thorkild. *The treasures of darkness*: a History of Mesopotamian religion. New Haven-London: Yale University Press, 1976.

JAGERSMA, Abraham Hendrik. *A descriptive grammar of Sumerian*. Leiden: Universiteit Leiden, 2010. (tese)

KATZ, Dina. *The image of the Netherworld in the sumerian sources*. Bethesda: CDL, 2003.

KEE, Min Suc. A study on the dual form of *mayim*, water. *Jewish Bible Quartely*, v. 40, n. 3, p. 183-189, 2012.

KELLY, Adrian. ΑΨΡΟΟΥ *ΩΚΕΑΝΟΙΟ*: A babylonian reminiscence? *The Classical Quartely*, v. 57, n. 1, p. 280-282.

KELLY, Adrian. Gendrificando o mito de sucessão em Hesíodo e no antigo Oriente Médio. *Classica*, v. 32, n. 2, p. 119-138, 2019.

KOCH-WESTENHOLZ, Ulla. *Mesopotamian astrology*: an introduction to Babylonian and Assyrian celestial divination. Copenhagen: Museum Tusculanum Press, 1995.

KRAMER, Samuel Noah. Poets and Psalmists: Goddesses and Theologians. In: SCHAMDT-BESSERAT, D. (Ed.). *The legacy of Sumer*. Malibu: Undema, 1976. p. 3-21.

LAMBERT, Maurice. Polythéisme et monolatrie des cités sumériennes. *Revue d'histoire des religions*, v. 57, n. 1, p. 1-20, 1960.

LAMBERT, Wilfred G. A Catalogue of texts and authors. *Journal of Cuneiform Studies*, n. 16, p. 59-77, 1962.

LAMBERT, Wilfred G. *Babylonian wisdom literature*. Oxford: Clarendon Press, 1960.

LAMBERT, Wilfred G. Berossus and Babylonian eschatology. *Iraq*, v. 38, n. 2, p. 171-173, 1976.

LAMBERT, Wilfred G. Mesopotamian creation stories. In: GELLER, Markham J.; SCHIPPER, Mineke (Ed.). *Imagining creation*. Leiden: Brill, 2008.

LAMBERT, Wilfred G.; MILLARD, A. R.; CIVIL, M. *Atra-hasis*: The Babylonian story of the flood, with the Sumerian flood story, ed. by M. Civil. Winona Lake: Einsenbrauns, 1999.

LAMBERT, Wilfred G. Ninurta mythology in the Babylonian Epic of Creation. In: LAMBERT, W. G. *Ancient Mesopotamian religion and mythology*. Edited by A. R. George and T. M. Oshima. Tübingen: Mohr Siebeck, 2016. p. 143-147.

LAMBERT, Wilfred G. Technical terminology for creation in the Ancient Near East. In: PROSECKY, J. (Ed.). *Intellectual life of the Ancient Near East: Papers presented at the 43rd Rencontre assyriologique internationale, Prague, July 1-5, 1996*. Prague: Academy of Sciences of the Czech Republic – Oriental Institute, 1998. p. 189-193.

LAMBERT, Wilfred G. The pair Lahmu-Lahamu in cosmology. *Orientalia*, nova series, v. 54, n. 1-2, p. 189-202, 1985.

LANDSBERGER, B.; WILSON, J. V. The fifth tablet of *Enūma Eliš*. *Journal of Near Eastern Studies*, v. 20, n. 3, p. 154-179, 1961.

LAPINKIVI, Pirjo. *The Neo-Assyrian Myth of Ištar's Descent and Resurrection*. Introduction, cuneiform text, and transliteration with a translation, glossary and extensive commentary by P. Lapinkivi. Helsinki: The Neo-Assyrian Text Corpus Project, 2010.

LISMAN, Jan J. W. *Cosmogony, theogony and anthropogeny in Sumerian texts*. Münster: Ugarit Verlag, 2013.

LIVINGSTONE, Alasdair. *Court poetry and literary miscellanea*. Helsinki: Helsinki Universitary Press, 1989.

LIVINGSTONE, Alasdair. *Mystical and mythological explanatory works of Assyrian and Babylonian scholars*. Oxford: Clarendon Press, 1986.

LÓPEZ-RUIZ, Carolina. How to start a cosmogony: on the poetics of the beginnings in Greece and Near East. *Journal of Ancient Near Eastern Religions*, v. 12, p. 30-48, 2012.

MACDOUGAL, Renata. *Remembrance and the dead in second millenium BC Mesopotamia*. Leicester: University of Leicester, 2014. (tese)

MICHALOWSKI, P. Negation as description: the metaphor of evereday life in early Mesopotamian literature. *Aula Orientalis*, v. 9, p. 131-136, 1991.

MICHALOWSKI, P. Presence at the creation. In: ABUSCH, Tzvi; HUEHNERGARD, John; STEINKELLER, Piotr. *Lingering over words*: Studies in Ancient Near Eastern Literature in Honor of William L. Moran. Leiden: Brill, 1990.

MIEROOP, Marc van de. *Philosophy before the Greeks*: The pursuit of truth in ancient Babylonia. Princeton: Princeton University Press, 2015.

MIEROOP, Marc van de. *The ancient Mesopotamian city*. Oxford: Oxford University Press, 2004.

MILSTEIN, Sara J. *Reworking ancient texts*: revision through introduction in Biblical and Mesopotamian literature. New York: University of New York, 2010. (tese)

MROZEK, Andrej; VOTTO, Silvano. The motif of the sleeping divinity. *Biblica*, v. 80, p. 415-419, 1999.

NOEGEL, Scott B. God of heaven and Sheol: the "Unearthing" of creation. *Hebrew Studies*, v. 58, p. 119-144, 2017.

OPPENHEIM, A. Leo. The interpretation of dreams in the ancient Near East: With a translation of an Assyrian Dream Book. *Transactions of the American Philosophical Society*, new series, v. 46, parte 3, p. 179-373, 1956.

OSHIMA, Takayoshi. "Let us sleep!": The Motif of Disturbing Resting Deities in Cuneiform Texts. In: DIETRICH, Manfried; METZLER, Kai A.;, NEUMANN, Hans. *Studia Mesopotamica*: Jahrbuch für altorientalische Geschichte und Kultur. v. 1. Münster: Ugarit Verlag, 2014. p. 271-289.

PÉLICIER, Yves. A origem. In: BRENOT, Philippe (Ed.). *As origens*. Tradução de José Carlos Almeida. Lisboa: Presença, 1991. p. 17-35.

PEZZOLI-OLGIATI, Daria. Erkundungen von Gegenwelten: Zur Orientierungsleistung "mythischer" Reisen am Beispiel zweier mesopotamischer Texte. *Numen*, v. 52, p. 226-254, 2005.

RACKLEY, Rosana. *Kingship, struggle, and creation*: The story of *Chaoskampf*. Birmingham: University of Birmingham, 2014. (dissertação)

REDE, Marcelo. The image of violence and the violence of the image: War and ritual in Assyria (ninth-seventh centuries BCE). *Varia Historia*, v. 34, n. 64, p. 81-121, 2018.

ROCHBERG, Francesca. The catalogues of *Enūma Anu Enlil*. In: STEINERT, Ulrike. *Assyrian and Babylonian scholarly text catalogues*. Boston-Berlin: De Gruyter, 2018.

SASSON, Jack M. Prologues and poets: on the opening lines of the Gilgamesh epic. In: COLLINS, Billie Jean; MICHALOWSKI, Piotr. *Beyond Hatti*: a tribute to Gary Beckman. Atlanta: Lockwood Press, 2013. p. 265-277.

SAUNERON, Serge; YOYOTTE, Jean. La naissance du monde selon l'Égypte ancienne. In: ESNOUL, Anne-Marie *et al.* (Ed.). *La naissance du monde.* Paris: Du Seuil, 1959.

SAVIGNAC, Jean de. La sagesse du Qôhéléth et l'Épopée de Gilgamesh. *Vetus Testamentum*, v. 28, n. 3, p. 318-323, 1978.

SCHELLENBERG, Annette, KRÜGER, Thomas. *Sounding sensory profiles in the ancient Near East.* Atlanta: SBL Press, 2019.

SCURLOCK, JoAnn; BEAL, Richard H. (Ed.). *Creation and Chaos*: A reconsideration of Herman Gunkel's hypothesis. Winona Lake: Eisenbrauns, 2013.

SERI, Andrea. Some notes on *enūma eliš. Journal of the American Oriental Society*, v. 137, n. 4, p. 833-838, 2017.

SERI, Andrea. The fifty names of Marduk in *Enūma eliš. The Journal of the American Oriental Society*, v. 126, n. 1, p. 507-519, 2006.

SERI, Andrea. The role of creation in *Enūma eliš. Journal of Ancient Near Eastern Religions*, v. 12, p. 4-29, 2012.

SODEN, Wolfram von. Untersuchungen zur babylonischen Metrik, Teil I. *Zeitschrift für Assyriologie und Vorderasiastische Archäologie*, v. 71, p. 161-204, 1981.

SODEN, Wolfram von. Untersuchungen zur babylonischen Metrik, Teil II. *Zeitschrift für Assyriologie und Vorderasiastische Archäologie*, v. 74, p. 213-234, 1984.

SOMMER, Benjamin D. The Babylonian Akitu Festival: rectifying the king or renewing the cosmos? *Journal of the Ancient Near Eastern Society* (*JANES*), v. 27, p. 81-95, 2000.

SONIK, Karen. Bad king, false king, true king: Apsû and his heirs. *Journal of the American Oriental Society*, v. 128, n. 4, p. 737-743, 2008.

SONIK, Karen. From Hesiod Abyss to Ovid's *rudis indigestaque moles*: Chaos and cosmos in the Babylonian "Epic of Creation". In: SCURLOCK, JoAnn; BEAL, Richard H. *Creation and Chaos*: A reconsideration of Hermann Gunkel's *Chaoskampf* Hypothesis. Winona Lake: Eisenbrauns, 2013. p. 1-25.

SONIK, Karen. Gender Matters in Enūma eliš. In: BEAL, Richard H.; HOLLOWAY, Steven W.; SCURLOCK, JoAnn (Ed.). *In the Wake of Tikva Frymer-Kensky.* Piscataway: Gorgias Press, 2009. p. 85-101.

SONIK, Karen. The Tablet of Destinies and the transmission of power in *Enūma eliš.* In: WILHEM, Gernot. *Organization, representation, and symbols of power in the Ancient Near East*: Proceedings of the 54th Rencontre Assyriologique Internationale at Würzburg. Winona Lake: Eisenbrauns, 2012. p. 387-396.

SOOHOO, Anthony P. *Violence against the enemy in Mesopotamian myth, ritual and historiography.* New York: New York University, 2019. (tese)

STEINKELLER, P. Early semitic literature and third millennium seals with mythological motifs. In: FRONZAROLI, P. (Ed.). *Literature and literary language at Ebla*. Firenze: Università di Firenze, 1992. p. 243-275.

SYNCELLUS, Georgius. *Ecloga chronographica*. Ed. A. A. Mosshammer. Leipzig: Teubner, 1984.

TALON, Philippe. *Enūma Eliš* and the transmission of Babylonian cosmology to the West. In: WHITING, R. M. (Ed.). *Mythology and mythologies*: Methodological approaches to intercultural influences (Proceedings of the Second Annual Symposium of the Assyrian and Babylonian Intellectual Heritage Project). Helsinki: Univesity of Helsinki Neo-Assyrian Text Corpus Project, 2001. p. 265-277.

TALON, Philippe. La transmission du savoir en Mésopotamie ancienne. *Civilisations*, v. 52, n. 1, p. 25-36, 2004.

TALON, Philippe. Le premier épisode de l'*Enūma eliš*. In: BRENT, M., TALON, P. (Ed.). *L'atelier de l'orfèvre*: Mélanges offerts à Philippe Derchain. Leuven: Lettres Orientales, 1992. p. 131-146.

TIGAY, Jeffrey H. *The evolution of the Gilgamesh epic*. Philadelphia: University of Pensylvania, 1982.

Torah Nevi'im vKtuvim. Israel: The United Bible Society, 1978.

TÖYRÄÄNVUORI, Joanna. Weapons of the Storm God in ancient Near Eastern and Biblical traditions. *Studia Orientalia*, v. 112, p. 147-180, 2012.

VAZ, A. S. *A visão das origens em* Génesis *2, 4b-3, 24*: coerência temática e unidade literária. Lisboa: Edições Didaskalia, 1996.

VERDERAME, Lorenzo. Aspetti spaziali nella costruzione dell'immaginario infero dell'antica Mesopotamia. *Studi e materiale di Storia delle Religioni*, v. 80, n. 1, p. 23-41, 2014.

VERDERAME, Il pianeta Giove nella tradizione mesopotamica. *Rivista degli Studi Orientali*, v. 83, p. 443-452, 2010.

VOGELZANG, Marianna E. *Bin Šar Dadmē: Edition and Analysis of the Akkadian Anzu Poem*. Groningen: Styx, 1988.

VOGELZANG, Marianna E. Patterns introducing direct speech in Akkadian literary texts. *Journal of Cuneiform Studies*, v. 42, n. 1, p. 50-70, 1990.

WALCOT, Peter. *Hesiod and the Near East*. Cardiff: Wales University Press, 1966.

WEST, Martin L. *The East face of Helicon*: West Asiatic Elements in Greek Poetry and Myth. Oxford: Clarendon, 1997.

WIGGERMANN, F. A. M. Exit *talim*! Studies in Babylonian demonology, I. *Jaarbericht Ex Oriente Lux*, n. 27, p. 90-105, 1981-82.

WISNOM, Laura Selena. *Intertextuality in Babylonian narrative poetry*: *Anzû*, *Enūma eliš*, and *Erra and Ishum*. Oxford: University of Oxford, 2014. (tese)

WISNOM, Laura Selena. Stress patterns in *Enūma Eliš*: a comparative study. *Kaskal: Rivista di storia, ambiente e culture del Vicino Oriente Antico*, v. 12, p. 485-502, 2015.

WORTHINGTON, Martin. *Ea's duplicity in the Gilgamesh flood story*. London: Routledge, 2020.

XIANG, Zairong. Below either/or: Rereading feminity and monstruosity inside *Enūma Eliš*. *Feminist Theology*, v. 26, n. 2, p. 115-132, 2018.

YINGLING, E. Odin. Give me back my idol: Investigating the dating of Enuma Elish. *Studia Antiqua*, v. 9, n. 1, p. 33-38, 2011.

Sobre o tradutor

Jacyntho Lins Brandão é professor emérito da Universidade Federal de Minas Gerais, onde lecionou língua e literatura grega de 1977 a 2018, tendo exercido ainda os cargos de diretor da Faculdade de Letras e vice-reitor. Doutor em Letras Clássicas pela Universidade de São Paulo, é sócio-fundador da Sociedade Brasileira de Estudos Clássicos, da qual foi o primeiro secretário, além de presidente e tesoureiro. Foi professor-visitante da Universidade de Aveiro, em Portugal. Atualmente, é professor-visitante da Universidade Federal de Ouro Preto e membro da Academia Mineira de Letras. Vive em Belo Horizonte. É casado com Magda Guadalupe dos Santos, tem três filhos e quatro netos.

É autor dos ensaios *A poética do hipocentauro* (Editora UFMG, 2001), *A invenção do romance* (Editora UnB, 2005), *Em nome da (in)diferença* (Editora Unicamp, 2014), *Antiga musa: arqueologia da ficção* (Relicário, 2015), bem como de obras de ficção: *Relicário* (José Olympio, 1982), *O fosso de Babel* (Nova Fronteira, 1997), *Que venha a Senhora Dona* (Tessitura, 2007), *Mais (um) nada* (Quixote+Do, 2020). Traduziu do grego *Como se deve escrever a história*, de Luciano de Samósata (Tessitura, 2009), bem como, do acádio, *Ao Kurnugu, terra sem retorno: descida de Ishtar ao mundo dos mortos* (Kotter, 2019).

Pela Editora Autêntica publicou, em 2017, *Ele que o abismo viu: epopeia de Gilgámesh*, tradução do acádio acompanhada de extensos comentários ao texto.

IMAGENS:

Capa e páginas 12-13: Cena associada à batalha de Marduk contra Tiámat. Desenho de L. Gruner, 1853, baseado no baixo-relevo escavado nas ruínas de Nínive.

Páginas 44-45: Selo cilíndrico neoassírio. 900 a.C-750 aC. Imagem do Museu Britânico.

Página 46: Fragmento de tabuleta de argila de *Enūma eliš III*, 47-105?. Babilônico tardio. Imagem do Museu Britânico.

Página 102-103: Fragmento superior de uma tabuleta de argila neo-assíria, parte da lenda da Criação *Enūma eliš I*, 14 + 8 linhas de inscrição. Imagem do Museu Britânico.

Página 428-429: Selo cilíndrico neoassírio, 800 a.C-750 a.C. Imagem do Museu Britânico.

Esta edição do *Enūma eliš* foi impressa para a Autêntica
pela Formato Artes Gráficas em março de 2024, no ano em que se celebram

c. 4700 anos do reinado de Gilgámesh em Úruk (c. 2700 a.C.);
c. 4100 anos dos primeiros textos sobre Gilgámesh (c. 2100 a.C.);
c. 4000 anos da mais antiga tabuinha com textos sobre Gilgámesh (c. 2000 a.C.);
c. 3800 anos da versão babilônica Proeminente entre os reis (c.1800 a.C.);
c. 3500 anos das traduções para o hurrita e o hitita dos poemas de Gilgámesh (c.1500 a.C.);
c. 3300 anos da versão de Sin-léqi-unnínni (c.1 300 a.C.);
c. 2800 anos de Hesíodo (séc.VIII a.C.);
c. 2800 anos de Homero (séc.VIII a.C.);
c. 2500 anos dos mais antigos textos bíblicos (séc.VI a.C.);
2121 anos de Júlio César (102-44 a.C.);
2089 anos de Virgílio (70-19 a.C.);
2084 anos de Horácio (65-8 a.C.);
2062 anos de Ovídio (43 a.C.-18 d.C.);
2019 anos do fim do uso da escrita cuneiforme (1 d.C.)
e
25 anos da fundação da Autêntica (1997).

O papel do miolo é Off-White 70g/m².
A tipografia é a Bembo Std.